周裕锴 著

中国古代阐释学研究

复旦大学出版社

周裕锴,1954年生,成都华阳人。文学博士,四川大学文新学院二级教授、博士生导师,中国俗文化研究所研究员。四川省学术与技术带头人,国务院特殊津贴获得者。任中国苏轼学会会长,韩国东方学会、中国宋代文学学会、中华诗教学会副会长,《文学遗产》、《中国诗学》、人大复印资料《古代近代文学研究》等刊编委。日本大阪大学客座研究员,台湾大学、东华大学客座教授。著有《中国禅宗与诗歌》《宋代诗学通论》《文字禅与宋代诗学》《禅宗语言》《中国古代阐释学研究》《宋僧惠洪行履著述编年总案》《法眼与诗心》《语言的张力》《梦幻与真如》等书,为《苏轼全集校注》三位主编之一。

目 录

内容提要 / 1
ABSTRACT / 1

前言 / 1

第一章　先秦诸子论道辩名 / 6
　　一、循名责实：指称与世界 / 7
　　二、知者不言：真理与体验 / 18
　　三、尽言尽意：形上等级制 / 25
　　四、以意逆志：意图的重建 / 35
　　五、知言知人：理解的循环 / 47
　　六、见仁见知：象喻性文本 / 55

第二章　两汉诸儒宗经正纬 / 64
　　一、阴阳谶纬：神学的诠释 / 66
　　二、教化讽谏：政治的诠释 / 78
　　三、训诂笺注：语言的诠释 / 94

第三章　魏晋名士谈玄辨理 / 107
　　一、言意之辨：正名与无名 / 108

二、得意忘言：九方皋相马 / 121
三、辨名析理：清谈的妙用 / 131

第四章　隋唐高僧译经讲义 / 141
一、译经：橘化为枳 / 143
二、义解：移花接木 / 161
三、习禅：见月亡指 / 184

第五章　两宋文人谈禅说诗 / 201
一、疑古：理性批判 / 203
二、心解：情性体察 / 213
三、论世：本末探究 / 223
四、释事：密码破译 / 238
五、活参：自由解读 / 245
六、亲证：存在还原 / 255

第六章　元明才子批诗评文 / 267
一、水月镜花：抗诠释文本 / 268
二、醉翁廋语：不说破原则 / 287
三、借杯浇臆：主观性阐发 / 302
四、赏文析义：艺术性诠解 / 315

第七章　清代学者探微索隐 / 329
　　一、返经汲古：文本的复原 / 331
　　二、通诂明道：本义的确立 / 342
　　三、实事求是：诠释的验证 / 354
　　四、诗史互证：背景的指认 / 366
　　五、抉隐阐幽：意图的索解 / 382

主要参考文献 / 401

后记 / 418

重版说明 / 421

内容提要

　　从阐释学的角度来重新审视中国古代传统学术是一个饶有兴味的课题。本书试图通过搜集分析散见于各种典籍中有关言说和文本的理解与解释的论述，演绎经学、玄学、佛学、禅学、理学、诗学中蕴藏着的丰富的阐释学理论内涵，由此揭示出中国古代阐释学理论发展的内在逻辑以及异于西方阐释学的独特价值。

　　全书约三十三万字，共分为七章。本书一方面按照历史编年的方法，阐述了中国古代不同时期、不同学派关于理解与解释的重要看法，并揭示这些看法产生的哲学背景或文化背景。另一方面将典籍中零星的观点分类汇集，发现贯穿于其间的一系列平行的学术传统和基本原则，并追寻这些学术传统中贯穿的中国独有的思维方式和言说方式。

　　本书考察了先秦诸子关于语言、思想与现象世界的关系的各种论述，提出儒家的"正名"与道家的"无名"，在对语言有效性问题上，分别持信任和怀疑的态度。并借用西方哲学家"形上等级制"

的概念，分析了先秦诸子对文字、语言、思想和真理之间关系的不同认识，指出儒家的"言以足志，文以足言"与道家的"书不尽言，言不尽意"奠定了中国阐释学的基石，前者成为后来各种意图论阐释学的源头，相信读者的理解能与作者的意图达到同一；后者则派生出来一种"得意忘言"的方法，形成重视读者个人体验的阅读传统。

本书认为，"以意逆志"是针对"断章取义"和"以诗为史"的两种错误的诠释倾向而提出来的，不能简单称为"意图论阐释学"，而包含着"多元论阐释学"的思路，因为"意逆"的说法意味着承认读者各种不同的推测都有合理性。在先秦儒家"知人"和"知言"的阐释循环中，"以意逆志"和"知人论世"在互为前提和预设的情况下，为正确进入循环实现完美的理解提供了一种可能。

关于诗歌文本的理解，本书发现中国古代诗歌实际上可划分为记事性文本和象喻性文本两种不同类型，文本类型的差异规定了各自有效的阐释方法。"以意逆志"和"知人论世"的结合只对记事性文本的解释起作用，象喻性文本是一种不确定的、变动性的因而也是开放性的文本，"见仁见知"、"诗无达诂"的说法正是对这种文本的阐释差异的承认。在后世的诗歌阐释实践中，各个时代对不同类型文本的强调造成了中国诗歌阐释方法的不断演变，这种演变甚至影响到诗歌文本的编辑和解释方式。宋代读者倾向于把诗歌看作记事性文本，发明了"诗史"的概念，醉心于诗人年谱、诗集编年本以及诗人诗篇纪事的编纂，提倡一种以诗为史的阅读态度。他们相信弄清了诗人创作的本事，就能了解诗人的本意，并能正确领会诗歌的本义。元代明代的读者则倾向于把诗歌看成象喻性文本，像"水月镜花"一样不可解析，因而最好的阐释态度是"不说破"，以个人阅读体验为中心的评点形式压倒传统的笺注形式成为这一时期诗歌诠释的主流。

本书探讨了从汉代到清代儒家解经传统的演变，揭示了各个学派阐释理论的合理价值及其缺陷。今文经学家"亿度"的方法建立了以读者自身观念为中心的"六经注我"的诠释模式,而古文经学家对语言文字的信赖,则建立了以通古今异言、各方殊语为目的的训诂学诠释模式。魏晋的解经者力图超越语言文字的桎梏,以辩名析理的手段直接领悟形而上的意义。宋代经学的疑古思潮旨在摒弃那些偏离儒家思想体系的曲说和杂说,恢复儒家经典的原始本义。清代由经学而衍生出来的考据学,则相信语言文字是阐释学中唯一的先决条件,以文字、声音、训诂的研究确定文本文字的字形、读音和意义,恢复文本的原始形态,探明文本的原始意义,以跨越时间距离造成的理解障碍。而清代校勘、辑佚、辨伪与金石、地理、典章制度等学术的勃兴,均与注意经籍阐释的有效性验证相关。

佛教阐释学是本书关注的又一内容。鉴于翻译涉及文本理解,本书将各种汉译佛经的翻译理论纳入了阐释学的研究范围,讨论了翻译作为跨文化的理解与接受的意义。本书还探讨了佛经义疏中从定义的比附、原义的诠释到己意的发挥等各种现象,总结出佛经义疏的附会性、扩展性、细密性与多元性的特点。本书提出这样一个观点:禅宗"不立文字,教外别传"的方式,表面上看是反对任何对佛教教义的解释,而实质上是佛教义理更深刻的本土化的解释。不同于义疏的是,禅宗以超越语言的本体诠释取代了依赖语言的文本诠释。

在对中国诗歌注释中使用的"诗史互证"的方法进行考察时,本书发现中国古代阐释学中有一种根深蒂固的"互文性"的观念,在解释者的意识中,任何文本和其他文本都存在着互文关系。因此,本书提出了中国古代阐释学是一种"互文性阐释学"的观念。中国学术史上儒、释、道融通以及文、史、哲不分家的现象,就是这种"互文性阐释学"的体现。

本书还对中国古代一系列常见的阐释学术语的理论内涵进行了分析。

 ABSTRACT

Study of traditional Chinese scholarship from the perspective of hermeneutics provides new insights into and appreciation for the tradition. This book explores the rich and varied theories of hermeneutics that have formed the Chinese tradition; it bases its findings on a thorough collection and analysis of discourse on textual interpretation that is scattered throughout ancient codes and records. The primary sources are studies of the Confucian classics, teachings of the Metaphysical School, translations and interpretations of Buddhist sutras, quotations of Chan masters, the works of Neo-Confucianism, and annotations of poetry from Pre-Qin times to the Qing Dynasty. This work also clarifies how the process of ancient Chinese hermeneutics and its theoretical values differed from Western theories of hermeneutics.

The book is divided into seven chapters. It is organized historically, expounding the major ideas on understanding and interpretation advanced by the various schools at specific historical periods. In this context, it presents the philosophical and cultural background of these ideas. Moreover, through gathering expositions dispersed in numerous documents, it discovers a series of traditions and principles of research; it seeks to clarify the unique mode of thought and expression that has permeated the Chinese tradition of scholarship.

Consequent to a review of the arguments presented by the various Pre-Qin schools of thought regarding the relationship between language or thought and existence, the author concludes that the idea of "zheng ming"(rectification of names) maintained by the Confucian school reflects a trustful attitude regarding the idea that words can effectively express one's thought. In contrast, the Taoist concept of "wu ming" (no name) reflects a skeptical attitude.

This study then provides an analysis of the "metaphysical hierarchy" regarding written and spoken languages, as well as thought and truth in the argumentation of Pre-Qin schools. On the basis of this analysis, it concludes that there are two conceptions which provide the foundations of Chinese hermeneutics. The Confucians stated that spoken words can be used to express ideas and written words can be used to express spoken words. Taoists claimed that "writing can not perfectly express speech and speech can not perfectly express ideas". The Confucian view provided a common source for varied intentional interpretations that suggest a reader can understand what an author means. On the other hand, from the Taoists emerged a way of understanding that advocated, "forget the words by which the meaning is attained". From this understanding, a tradition that emphasized the reader's reception and response came into being.

This study contends that an issue raised by Mencius, known as "to infer the author's intention by the reader's understanding", was directed against two fallacies of interpretation known as "quoting out of context" and "reading poetry as though it were history". This viewpoint should be termed "pluralistic hermeneutics" rather than "intentional hermeneutics" because the term "infer" means to recognize that various conjectures from readers have rationality.

In accordance with the hermeneutic circle between "knowing the author" and "understanding the words", there were two ways in Pre-Qin Confucian thought of saying "inferring the author's intention by the reader" and "knowing the author's thought through researching his career". When each aspect presupposed the other aspect, it provided the possibility of coming into the circle in the appropriate way and thus realizing perfectly the assimilation of understanding and interpretation.

Regarding the topic of understanding of poetic text, this book shows that poetry in ancient China can be divided into two types, namely the recording text and the imaging text. The different textual types determined which method used to interpret them were valid. The method that combines "inferring the author's intention by the reader" with "knowing the author's thought through researching his career" is effective only when it is used to interpret the recording text. The imaging text is an indeterminate and changeable text, thus an open text. The wording of "a poem has no best interpretation" simply calls for acknowledgement that varied interpretations are reasonable.

In the poetic textual interpretation of later ages, the emphases on different types of texts from previous ages resulted in a various interpretive methods. This variety even influenced the way in which poetic texts were compiled and annotated. Scholars of the Song Dynasty preferred to view poetry as a recording text. Because they advocated the attitude of "read poetry as history", they preferred to compile the chronological lives of poets, to organize poetic works in the annalistic style, and to present records regarding poets and poems. They believed that a reader could completely understand a poet's intention and a poem's meaning only if he were familiar with the background of the composition of the poem.

In contrast, the critics of the Yuan and Ming Dynasties preferred to regard poetry as an imaging text, which could not be explained by words like "the moon in the water or flowers in a mirror ". They thought that the best interpretation was an incomplete or unclear interpretation. In fact, the critical method based on the reader's impressions of poems, which substituted for the traditional annotation method based on historical records or literary quotations, became an important method in these periods.

This book also discusses the development of the Study of Confucian Classics from the Han Dynasty to the Qing Dynasty, and it provides an analysis of the relative value of the hermeneutical theories raised by the various schools. The way of "conjecture" used by the School of Modern Script in the Han Dynasty established an interpreting mode known as "the six Confucian classics are precisely the explanatory notes of my theory". This mode regarded the reader's own method as the dominant factor.

Because of its confidence in the spoken and written language, the School of Ancient Script founded a interpreting method of semantics which aimed to interpret different languages at various times or various places.

And yet the exegetes of Metaphysical School in Wei and Jin Dynasties tried to avoid semantic explanations; instead, they endeavored to understand metaphysical meanings directly through the methods of naming discrimination and logical argumentation. The interpreters of Confucian classics in the Song Dynasty proposed discarding the misinterpretations and fallacies that had deviated from the ideological system of Confucianism since the Han Dynasty, in order to rediscover the original meaning or intention of the Confucian classics. In the Qing Dynasty, the scholars of textual criticism believed that spoken and written languages were the only prerequisites in textual interpretation. They researched grammatology, phonetics and semantics in order to define the form of written characters, the pronunciation and semantic meaning of words in the Confucian classics. In order to surmount an obstacle in understanding from temporal distance, they tried to restore the original texts of the classics and to reveal the original meanings of texts.

A review of Buddhist hermeneutics is an important and interesting component of this book. In view of the fact that translation relates to textual interpretation, the book brings various theories regarding Chinese translations of Buddhist sutras into the scope of hermeneutical study thereby discussing the significance of translation as a mode of crosscultural understanding and interpretation.

It also researches various features in commentaries and sub-commentaries to Buddhist sutras. For example, it comments on farfetched comparisons with Confucianism or Taoism, explanations of the original text and expressions of the interpreter's own opinions. Accordingly, this study summarizes the characteristics of forcibility, expansibility, deliberateness and plurality in Buddhist textual interpretation. The book advances a new idea regarding the saying from the Chan Buddhist sect : "Don't use any written language and spread Buddhism beyond Buddhist sutras." While this statement seems to oppose any textual interpretation of Buddhism, it actually expresses a deep understanding of Buddhist philosophy from the

Chinese visual perspective. The Chan sect replaced the "text-hermeneutics", that relied on language, with "onto-hermeneutics" which was based on paralanguage.

By taking careful cognizance of verification both in history and poetry, this book discerns the deep-rooted idea of intertextuality in ancient Chinese hermeneutics. In the Chinese interpreter's opinion, there are textual relations between one text and another text in any work, such that ancient Chinese hermeneutics may be termed "intertextual hermeneutics". In the history of Chinese scholarship, combining Confucianism with Buddhism or Taoism and then conducting a comprehensive study of various subjects, such as literature, historiography and philosophy, was simply the embodiment of "intertextual hermeneutics".

This book also analyzes the theoretical connotations of common terms in ancient Chinese hermeneutics.

前　言

如果按照德国哲学家海德格尔（Martin Heidegger）所说"理解"（Versteben）是人的存在方式的话[①]，那么，关于文本理解的学问"阐释学"就决不只是西方学术界的专利。只要面对语言与世界的关系问题，就有阐释的现象发生；只要有文本需要阅读和理解，就一定有相应的阐释学理论，不论其理论形态如何。因此，尽管"阐释学"一词译自西文（德文称Hermeneutik，英文称hermeneutics），尽管阐释学作为一种理论是从德国传统中发展出来的，但这并不妨碍中国文化中同样存在着一套有关文本理解的阐释学思路。换言之，西方阐释学所研究的问题和所提出的精辟见解，也曾为中国哲人所思考过和讨论过。在中国卷帙浩繁的经、史、子、集四部典籍中蕴藏的语言和理解的资料，完全可以和西方由圣经诠释发展起来的阐释学传统相媲美。

---

① Martin Heidegger, *Sein und Zeit*, Max Niemeyer Verlag, 1949, p.148.

自20世纪80年代以来，阐释学作为理解和解释的艺术，越来越多地出现于若干学科的研究讨论中，特别是文学作品的理解和解释，更是当前文学理论的重要话题，如伽达默尔（Hans-Georg Gadamer）的文学阐释学（literary hermeneutics）、尧斯（Hans Robert Jauss）的接受美学（reception aesthetics）、费什（Stanley E. Fish）的读者反应批评（reader-response criticism），等等，代表着西方文论的新走向。不过，大多数这样的讨论仍主要局限于西方文化的传统之内，中国古代哲人的睿思隽语在相当大的程度上受到忽视。甚至不少有关中国文学作品的阐释，也往往是西方阐释学术语和概念的天下，一些貌似雄辩的比较文学研究论著，在以西方为标准参照系的同时，已阉割了中国文学赖以生存的文化之根。就学术研究而言，这是很难令人满意的现象。

近来，已有不少学者意识到中国古代阐释学理论的重要价值，中国古代一些阐释学命题如"以意逆志"、"诗无达诂"等得到现代的解释。特别值得一提的是留美华人学者张隆溪教授的《道与逻各斯》一书[①]，这部富有挑战性的著作在西方学者把中国文化视为异己的落后的"他者"的理论背景下，特别强调了中西文化、文学中的共有（the shared）、共通（the common）、同一（the same），从而批判了西方学术传统对中国文化的无知和误解。作为一部比较文学研究的著作，《道与逻各斯》在揭示中国和西方文学阐释的共同点方面作出了巨大贡献，其观点和方法都极富启示意义。但也许正是因为强调东西方文学传统的同一性，张著在实现了"视野的融合"和"跨文化的对话"的同时，也或多或少抹煞了中国和西方某些类似观点之间的精神差异，使人感觉到中国古代阐释理论不过是西方阐释

---

① 张隆溪《道与逻各斯》，冯川译，四川人民出版社1998年版。英文原名 *The Tao and the Logos: Literary Hermeneutics, East and West*，1992年由美国杜克大学出版社（Duke University Press）出版。

学的一种印证,是认同于西方文化的"他者"。当然,由于面对英语世界的读者,张著不得不采用上述的叙述立场,不仅无可厚非,而且很有必要,但对于中国古代阐释学研究本身,却留下了一些空白和遗憾。

事实上,当我们把散布在浩如烟海的中国古代典籍中的真知灼见汇集在一起时,就会发现中国古代自有一套内在具足的阐释学理论和诞生于中国文化土壤的阐释学传统。它之于西方阐释学,有如笔直的铁路旁那蜿蜒的公路,尽管与铁路颇有交叉重叠之处,但其随意曲折的风景段却非西方严谨的逻辑轨道所能望及。换言之,由于中国和西方的阐释学是在不同的存在方式的基础上对不同的言说文本的理解,因而在其同一普遍的理论原则之后,存在着一种历史背景和文化精神的深刻差异。而只有认识到这种差异,才能避免"把西方的研究方法生硬地强加在非西方的作品之上"的做法[①],才能避免在运用西方阐释学术语和概念解释中国古代理论时的削足适履。

我所理解的跨文化的对话,应该是不同的文化传统之间有体系的对话,而非某些相似观点的比较,更非一种文化向另一种文化的认同。既然如此,只有将中国古代散若繁星的真知灼见建构成有理论形态的阐释学体系,才能真正完成中国和西方跨文化之间的平等对话。本书撰述的初衷正是有感于此,即力图将中国古代内在具足的阐释学理论和传统尽可能全面系统地介绍给当代学者,让世人充分认识中国古代阐释学的丰富内涵和独到价值。

正如人的存在是一种时间和空间的存在一样,"理解"也属于特定的时间和空间。在考察中国古代阐释学时我们会发现,一方面,很多有关经典文本的阅读和评论的理论问题,是在一个纵向的历史过程中逐渐被人们意识到的,或者说是产生于不同的时代。另一方

---

① 刘若愚遗著语,转引自《道与逻各斯》,页20—21。

面，这些理论问题一旦提出，就超越了特定的时代，形成了一系列平行的学术传统。例如，先秦诸子论道辩名，两汉诸儒宗经正纬，魏晋名士谈玄辨理，隋唐高僧译经讲义，两宋文人谈禅说诗，元明才子批诗评文，清代学者探微索隐，各有其标举的阐释理论或阐释方法，体现出鲜明的时代特色。而产生于不同时代、不同学派的一些重要理论命题，如"断章取义"、"以意逆志"、"知人论世"、"见仁见知"、"得意忘言"、"诗无达诂"、"以史证诗"、"涵泳体认"、"通诂明道"等，则共同构成中国古代文本阅读和批评的基本原则。正因如此，本书有意采用了时间和空间（纵向和横向）相结合的叙述方法。一方面从历史编年的角度阐述中国古代不同时期、不同学派有关言说和书面文本理解的看法，并揭示产生这些看法的哲学背景或文化背景；另一方面试图将中国古代零散的观点分类汇集，发现贯穿其间的学术传统，并追寻这些学术传统中所蕴藏的思维模式、言说方式、心理经验和价值体系。我之所以采用多角度的研究方法，固然是因为这样处理较符合中国古人"理解"的实际，同时也是由于自己知识结构和思辨能力的缺乏，这好比盲人摸象，多换几个角度去摸，总比拘于一端更能得到相对接近事实的印象。

鉴于研究对象的特殊性，本书的工作分四步进行：

首先是发掘。中国古代没有真正意义上的阐释学著作，阐释理论散见于经、史、子、集四部各种典籍中，往往一鳞半爪，吉光片羽，其中有的为人们所熟知，而更多的则为人们所忽视，特别是佛教禅宗的阐释理论，几乎无人问津。本书在力所能及的范围内尽量搜罗片玉遗珠，以飨读者。

其次是阐释。中国古代阐释理论并不以逻辑分析见长，往往是三言两语，说出精辟的见解，但其文言文的表述方式，易使现代读者相对感到隔膜。本书力图在保留古代哲人言说精神实质的基础上，运用现代学术术语演绎其丰富的理论内涵。

再次是建构。中国阐释学从表面看似乎缺乏体系性,其实内在有所谓一以贯之的"道";古代哲人对道、物、意、言、书之间关系的透彻阐述,构成了富有民族特色的阐释学之网。本书的任务就是在貌似孤立的、自发的偶见后面发现系统的、自觉的理论网络。

最后是评价。无论中国古代阐释学有何等精彩的观点,它毕竟是过去时代的产物,是特定的时间空间中的"理解"。因此,本书旨在以一种批判的眼光,对其精华和糟粕作出相应的扬弃,对其理论价值作出相应的评价。当然,这种评价其实也体现于发掘、阐释和建构的过程中。

本书的研究对象是中国古代阐释理论,但在讨论某些重要命题时,我并不打算将自己的眼光仅囿于中国文化传统,而准备引进一些西方理论作参照,甚至可能比较中西阐释理论的异同,如"以意逆志"与"心理重建","见仁见知"和读者反应批评,等等。但这种参照和比较的目的不在于对西方的印证或认同,而在于换一个视角去更好地洞见中国这些命题的丰富内涵。

在开始实施写作计划时,我才真正意识到这一课题的难度、研究对象的庞杂和我知识储备的匮乏之间形成的不小反差,所谓绠短汲深,自不量力。尽管本书是笔者第一部研究中国阐释学的专著,但当我坐在电脑旁时(相当于古人的"方其搦翰"),已无"气倍辞前"的自信。好在近年来海内外学者在此领域多有创获,为我提供了一些值得借鉴的观点和富有启示意义的思路;而对中国传统文化的钟爱,对文本的理解与解释的兴趣,也支持我将这一勉为其难的任务进行下去;再者,存在的历史性决定理解的历史性这一阐释学原则,也可以成为我此时此地大放厥词的最好借口。

且奉自珍之帚,继踵前贤;权抛引玉之砖,有俟来哲。

第一章
先秦诸子论道辩名

　　中国古代阐释学,滥觞于先秦诸子关于语言与世界的关系的讨论。

　　在阐释学中,语言是唯一的先决条件。用伽达默尔的话来说,即"能被理解的更好存在物就是语言"。(The preferred object of interpretation is a linguistic one.)①换言之,人的存在,其实就是一种语言的存在。通过语言的指称,人们认识了自己面前的现象世界;通过语言的演绎,人们构筑起完整的观念世界;借助语言的表述,人们把自己的认识与思考转化为言说或书面文本;依靠语言的分析,言说、文本中运载的思想观念得以传递延续,道德与知识得以传授流播。

　　然而,语言(言)包括文字(书)到底能否真实地说明现象世界(物)?能否恰切地契合形上本体(道)?能否准确地传达人们的观念世界(意)?主观的语言指称(名)能否真正切合客观的现

---

① Hans-Georg Gadamer, *Truth and Method*, English translation revised by Joel Weinsheimer and Donald G. Marshall, second edition, Sheed & Ward, 1989, p.351.

象世界（实）呢？先秦诸子早已注意到这一系列问题，并作出了相应的回答。这些回答大致表现出对语言表意功能的两种态度：信任与怀疑。相对而言，富有实践理性精神的儒、墨、法诸家大致相信语言能说明世界，表达思想，而有虚无主义色彩的道家则怀疑语言能把握存在，并由此进一步怀疑语言表达思维的能力。

先秦诸子言意理论的两大向度奠定了中国阐释学的基石："言以足志，文以足言"的观念成为后来各种意图论阐释学的源头，即相信阐释的有效性，幻想读者的理解能与作者的意图达到同一；而"道不可言"、"言不尽意"的观念则开启了各种以审美体验为中心的阐释学理论，即强调文本意义的不确定性，将阐释变为一种超越作者、超越语言文字的纯粹个人体验。

与此同时，先秦诸子在诗歌文本的阅读与理解方面也进行了一些有益的实践，"断章取义"的引诗方法成为后世多元化阐释理论的源头，"以意逆志"的说诗方法更被奉为亘古不变的原则，在后来各种主观性、客观性、印象式、实证式的注释中不断得到阐发和深化。

一、循名责实：指称与世界

"名"与"实"的关系是先秦诸子关心的重要问题。"必也正名乎"这句口号[①]，在春秋战国时期引起了广泛的回应。概括地说，"名"是用来指称事物的语词，"实"是被指称的事实。《墨子·经说上》指出："所以谓，名也；所谓，实也。"[②] 然而，"名"究竟指代什么"实"，"循名"是否可以"责实"，各家的回答并不相同。

---

① 《论语注疏》卷一三《子路》，《十三经注疏》本，页2506，中华书局1980年影印本。
② 孙诒让《墨子间诂》卷一〇《经说上》，《新编诸子集成》本，页317，中华书局1986年版。

以孔子为代表的儒家学派相信语言具有调整社会秩序的功能，通过"正名"来解释宗法社会礼乐制度的合理性。所以"名"在孔子那里主要是指"名分"，即对等级关系的说明，语言系统之"名"规定着或调节着社会秩序之"实"。孔子强调说：

> 必也正名乎！……名不正则言不顺，言不顺则事不成，事不成则礼乐不兴，礼乐不兴则刑罚不中，刑罚不中则民无所措手足。①

名称的失调将导致语言的混乱，而语言的混乱将造成社会的失控。所以孔子认为："乱之所生也，则言语以为阶。"②或如《吕氏春秋·离谓》所说："言者以谕意也。言意相离，凶也。乱国之俗，甚多流言，而不顾其实，务以相毁，务以相誉。毁誉成党，众口熏天，贤不肖不分。"③言与意的乖离，也就是名与实的乖离。因此，所谓"正名"，实质就是通过语词的秩序化来使其所指的社会关系秩序化。

由于强调"名分"，儒家典籍使用言词特别考究，董仲舒指出："《春秋》慎辞，谨于名伦等物者也。是故小夷言伐而不得言战，大夷言战而不得言获，中国言获而不得言执，各有辞也。有小夷避大夷而不得言战，大夷避中国而不得言获，中国避天子而不得言执。名伦弗予，嫌于相臣之辞也。是故小大不逾等，贵贱如其伦，义之正也。"④而这种由"必也正名"的叙述原则产生的"慎辞"文本，不仅维护了天经地义的"君君臣臣父父子子"的伦理秩序，而且衍生出后代"微言"中见"大义"的阐释学传统。因此，儒家的"名"

---

① 《论语注疏》卷一三《子路》，页2506。
② 《周易正义》卷七《系辞上》，《十三经注疏》本，页80。
③ 《吕氏春秋》卷一八《审应览第六·离谓》，《诸子集成》第6册，页224，中华书局1959年版。
④ 《春秋繁露》卷三《精华第五》，《四部丛刊》本。

与其说是与现象世界的"实"相符,不如说是与观念世界的"义"相配。尽管现象世界已发生"礼崩乐坏"的变化,但观念世界的伦理秩序却不可移易,例如,臣子杀君主的事实颠覆了社会秩序,而一个"弑"字却可以在"名分"上将此秩序恢复。语言因此不仅有了描述世界的功能,而且有了规范世界的功能。

如果说孔子的"名"主要是指向"礼"的话,那么,后来的儒家却更多地把"名"与"刑"联系起来。《礼记·王制》就申明:"凡听五刑之讼,必原父子之亲、立君臣之义以权之。"① 既然社会秩序是由"名分"维系的,那么,破坏这种"名分"就该受到法律的制裁,所以《礼记·王制》极其严厉地规定:"析言破律,乱名改作,执左道以乱政,杀。"② 语言对应着社会的等级制度、纲常伦理,因而使用语言是一件极其严肃庄重的事情。按照《荀子·正名》的解释,"名"与"实"的混乱,会导致"贵贱不明,同异不别"③,从而使是非失去标准,刑法失去依据,"守法之吏,诵数之儒,亦皆乱也"④,直接影响到社会的稳定。所以荀子的"正名",不是因实而命名,而是"制名以指实",规定名称,用它来确认和调整实在现象与事物,"上以明贵贱,下以辨同异"⑤,将社会秩序和自然秩序统统规范化。

除了儒家之外,先秦的其他思想家也常常把"名实"之辩和政治学相联系,看作治理社会的重要一环,如《管子·九守》曰:"名实当则治,不当则乱。"⑥ 尤其是法家学派申不害、韩非等人的"刑名"之术,"循名以责实",更把"名实"这一语言学命题,纳入法

---

① 《礼记正义》卷一三《王制》,《十三经注疏》本,页1343。
② 同上,页1344。
③ 王先谦《荀子集解》卷一六《正名》,《新编诸子集成》本,页415,中华书局1988年版。
④ 同上,页414。
⑤ 同上,页415。
⑥ 《管子校正》卷一八《九守》,《诸子集成》第5册,页302。

制主义讨论的范畴。

相对而言，墨子一派的"名实"之辩更倾向于讨论语言与现象世界的关系问题。墨子承认，"名"只是概念符号，并不等于"实"本身，但如果没有语言的"所以谓"，现象世界的"所谓"也就无法显示出来。因此，"有实必待文名也"①，现象世界之"实"有待语言指称之"名"去把握。墨子把"名"分为"达"、"类"、"私"三个层次的概念②。按照墨子后学的解释，"物，达也"，"达"指通称事物的总名，比如，用"物"这一词去通称一切事物，这就是"达名"。"类"是指事物的分类名称，比如，"命之马，类也"，不管牝牡骊黄，各种马都属"马"这样一个"类名"。"私"是指每个事物的名称，"命之臧，私也，是名也止于是实也"，也就是说"臧"这个名只能用于身份低贱的人，好比人的姓字，是个别的"私名"③。"名"的"达"、"类"、"私"即大、中、小概念，表述为内涵和外延不同但又互相包容的三种语词，分别对应着世界上大、中、小不等的门类种属的各种事物，将世界上林林总总的事物用语词系统化、秩序化。墨子一派相信，语言有指称世界、传递知识、表达思想的作用，语言与世界并不是分离的，而是可以契合的，所谓"名实耦，合也"④。"名"可以举"实"，"名"可以符"实"，这其实就是充分肯定了语言作为人们认识世界的经验和知识载体的有效性。在战国的名辩之风中，墨家学者对各类语词概念作了最详尽的说明，并建立了一些逻辑推理的辩论方法，这一点他们和名家颇有类似之处。不过，墨家的语言始终是为了切合现实世界，辩论的目的是：

---

① 《墨子间诂》卷一〇《经说上》，页316，原作"有实必待文多也"，依孙校改。
② 同上，页285。
③ 同上。
④ 同上，页317。

夫辩者，将以明是非之分，审治乱之纪，明同异之处，察名实之理，处利害，决嫌疑焉。摹略万物之然（状），论求群言之比，以名举实，以辞抒意，以说出故，以类取，以类予。①

与儒家的"正名"相比较，墨家的辩说不是为了维系旧有的社会等级制度的"名分"，而是为了讨论从现实世界中得到的经验和知识可靠与否。这些经验与知识既有人类社会的"治乱"、"利害"，又有自然界的"万物之状"，既有价值论上的"是非"，又有认识论上的"同异"。总之，墨家要求语言从各个角度各种层次上切中事实，符合经验，契合真理，正确把握世界。

谈到名辩之学，自然会使我们想起名家公孙龙、惠施的"坚白同异"之论。《公孙龙子·坚白论》云："坚白石三，可乎？曰：不可。曰：二，可乎？曰：可。"②就具体的现象世界而言，坚硬的白色的石头是一体的，"坚"、"白"、"石"是不可分离的。而公孙龙则首先把这一具体事物转化为三个抽象的语词，再把"坚"和"白"这两个语词的内涵转化为人的感知，从"石"中分离出来，并进一步依据人的感官的不同，把"坚"和"白"分离成视觉和触觉。因此"坚"和"白"是可以独立存在的："视不得其所坚而得其所白者，无坚也。拊不得其所白而得其所坚，无白也。"③显然，公孙龙认为"坚"这种表示触觉的语词和"白"这种表示视觉的语词可以从具体的"石"中抽象出来并彼此分离，这就是所谓"离坚白"。当然，对于认识世界和描述世界来说，"离坚白"的命题是没有意义的。但作为纯粹的语言分析，它在推进人们的逻辑思维能力方面作出了贡献。公孙龙把语词看作一种与实存脱离的运思符号："指也者，天下之所

---

① 《经说上》卷一一《小取》，页379。
② 王琯《公孙龙子悬解》，《新编诸子集成》本，页77，中华书局1992年版。
③ 同上，页78。

无也；物也者，天下之所有也。"① 现象世界（物）是真实的物质存在，而语词指称（指）却没有真实的物质形态，只是语言世界中虚拟的符号。然而，这些符号本身并非没有意义，因为如果"天下无指，物无可以谓物"②，真实的现象世界只有通过虚拟的语言符号才能在观念世界中显现出来。

惠施的"合同异"则希望超越语言造成的区别和知识造成的局限，他认为：大同而与小同异，此之谓小同异；万物毕同毕异，此之谓大同异，③ 成玄英解释说："物情分别，见有同异，此小同异也"，死生交谢，寒暑递迁，形性不同，体理无异，此大同异也"。④ 宇宙间一切事物各有其名称，不同的名称意味着形、色、性的不同，但这种"物情分别"的门类种属的相同和差异，相对于万物之理来说，只能叫做"小同异"。而万物都有存亡变化之理，这是"毕同"，万物都有千差万别的形性，这是"毕异"。这种相同和差异叫作"大同异"。《庄子·天下》记载惠施的七个论辩命题如"天与地卑，山与泽平"等⑤，其思路是以"齐物"来瓦解语言的差异，以名辩来破坏语言，解构人们对理智和语言的习惯与执著，从而探究自由与超越的境界。而受惠施影响的辩者，提出了更多的诸如"卵有毛"、"鸡三足"、"郢有天下"、"犬可以为羊"、"马有卵"、"丁子有尾"、"火不热"、"山出口"、"龟长于蛇"、"矩不方"等命题⑥。这些命题经过

---

① 《指物论》，《公孙龙子悬解》三，页50。
② 同上，页49。
③ 《庄子·天下》，郭庆藩《庄子集释》，《新编诸子集成》本，页1102，中华书局1982年版。
④ 同上，页1104。
⑤ 同上，页1102。胡适、冯友兰称惠施所论为"十事"，葛兆光认为首尾二事是总的理论，非具体论辩的内容，"南方无穷而有穷"和"今日适越而昔来"两则是从时空两方面论说一事，不必分为二事。此从葛说。见葛兆光《中国思想史：七世纪前中国的知识、思想与信仰世界》，页296，复旦大学出版社1998年版。
⑥ 见《庄子集释》，页1105—1106。

辩者的诡辩，在逻辑上似乎找不出破绽，但显然与经验世界的事实不合，因此，这种论辩"能胜人之口，不能服人之心"①，并不具备哲理上的意义。

事实上，名家在强调语言自身逻辑的同时，已消除了语言认识世界、传递思想的作用，"名"与"实"在纯粹的语言逻辑推论中逐渐分离，"名"不再具有亘古不变的意义，可以通过语言思辨将其拆解。"犬可以为羊"之所以成立，是因为有这样的例子："郑人谓玉未理者为璞，周人谓鼠未腊者为璞。"②"故形在于物，名在于人"③，"名"只是约定俗成的语言符号，并不等于"实"本身。

司马谈《论六家要旨》评名家的学术思想说："名家苛察缴绕，使人不得反其意，专决于名而失人情，故曰'使人俭而善失真'。若夫控名责实，参伍不失，此不可不察也。"④这种概括基本符合事实。"苛察"是指名家对各种概念的严格辨析，如公孙龙把现象世界与语言世界细分成"物"、"实"、"名"、"指"⑤，论"白马非马"的理由是"色非形，形（马）非色（白）"⑥。"缴绕"是指名家纠缠于语言概念，事实上，公孙龙的论辩就非常像绕口令，如《指物论》曰："天下无指，而物不可谓指也；不可谓指者，非指也；非指者，物莫非指也。""天下无指而物不可谓指者，非有非指也。非有非指者，物莫非指也。物莫非指者而指非指也。""天下无指者，物不可谓无指也。不可谓无指者，非有非指也。非有非指者，物莫非指，指非非指也，指与物非指也。"⑦一大段话，只有十三个字翻来覆去地出

---

① 见《庄子集释》，页1111。
② 《尹文子·大道下》，《诸子集成》第6册，页10，中华书局1954年版。
③ 《庄子集释》，页1107，"犬可以为羊"句《释文》引司马云。
④ 《史记·太史公自序》，页3291，中华书局1975年版。
⑤ 如《指物论》区分"名"与"指"的不同："天下无指者，生于物之各有名，不为指也。"《公孙龙子悬解》，页51。
⑥ 《迹府》，《公孙龙子悬解》，页33。
⑦ 《指物论》，《公孙龙子悬解》，页50、52。

现。这种缠绕的结果,并未阐明有意义的理论问题,或有助于更好地认识现象世界,而纯粹成为一种辩论的技巧。依中国传统学术观点来看,这就是所谓"不通大体"[1],有"术"而非"道"。需要特别注意的是,司马谈称名家"控名责实",晋灼注为"引名责实"[2],似乎更接近申不害、韩非之徒的"循名责实",而与公孙龙和惠施那种"循名离实"的诡辩作风并不相符。这大约是因为"名家"这一概念,本身就是一个大杂烩,辩士、礼官、法吏的名辩之学都可置之门下。

当公孙龙、惠施之流从严谨的语言逻辑推导出与事实相违背的荒谬命题时,他们也就不自觉地宣告了语言在探寻现象世界和表达观念世界方面的无效性,因而从某种意义上说,他们与持虚无主义语言观的道家学派并无二致。

在春秋战国一片"必也正名乎"的呼声中,老子、庄子学派打出了"无名"的旗帜,对"名"本身的确定性表示怀疑。本来,在同一个语言系统中,每一个"名"都与它所指称的一个事物或一种现象("实")相对应,并使其所指称的事物或现象具有确定性。但从另一个角度看,"名"只是约定俗成的符号,并不等于"实"本身,因此并无绝对的确定性。如前所说,比如"璞"这个名,郑人用来称玉未理者,周人用来称鼠未腊者。至于"是非"、"彼此"之类的名,更因人所处的立场、位置而异,所谓"彼亦一是非,此亦一是非"[3]。"名"与"实"之间这种虚拟性、变异性的客观存在,是老庄学派语言怀疑论的基础。

更重要的是,老庄感兴趣的不是经验世界的具体事物和现象,而是抽象的关于世界的本原和本体问题,即"道"的问题。由于

---

[1] 裴骃《史记集解》引如淳曰:"缴绕犹缠绕,不通大体也。"《史记》,页3292。
[2] 同上。
[3] 《庄子·齐物论》,《庄子集释》,页66。

"道"贯穿于一切事物现象之中或超越于一切事物现象之上,所以任何一个"名"都无法和它恰切对应,任何一种言说都无法将它准确阐明。《老子》开篇即云:

道可道,非常道;名可名,非常名。①

大意是说,用语言可以表述的"道",不是真正的、恒常不变的"道";用语言可以指称的"名",不是真正的、恒常不变的"名"。换言之,"常道"不可用语言表述,"常名"不可用语言指称,因为"常道"是浑沌虚无的、形而上的本体,而"常名"是一种不依赖于能指(signifiant)的所指(signifié)②。

换一个角度,"名可名,非常名"也可以有另外的解释,"名"特指为"道"命名,"非常名"意思是不能常用某种名称给"道"命名。比如"道"这一概念,本是不依赖于有声语言或有形文字而恒常存在的"常名";因此"道"这一名称(有声的词、有形的字)不过是老子对此"常名"的一种权宜的称呼("非常名"),"吾不知其名,字之曰'道'"③,而有时也可用其他词语来为之命名:"强为之名曰'大','大'曰'逝','逝'曰'远','远'曰'反'。"④"视之不见名曰夷,

---

① 《老子》一章,王弼《老子注》,页1,《诸子集成》第3册。
② 瑞士语言学家索绪尔在《普通语言学教程》(Cours de linguistique générale)中给词即语言符号下了这样的定义:"语言学的符号不是把一个事物与一个名称统一起来,而是把一个概念与一个有声意象统一起来。"(The linguistic sign unites, not a thing and name, but a concept and a sound-image.)有声意象又称能指(signifiant),概念又称所指(signifié),两者合起来就构成一个符号(signe)。用能指去命名所指概念是任意的,例如树的概念叫作"tree"(英文)、"arbor"(法文),完全是约定俗成。参见 Ferdinand de Saussure, *Course in General Linguistics*, trans. Wade Baskin, Fontana/Collins, 1974, pp.65-67。
③ 《老子》二十五章,《老子注》,页14。
④ 同上。

听之不闻名曰希,搏之不得名曰微。"① 既然"道"无恒常之名,也就等于无名。所以《老子》一再说,"道常无名"②,"道隐无名"③。在老子看来,"无名"为"天地之始"④,是世界的本原,一切处于浑然的状态,无法命名;"有名"为"万物之母"⑤,万物的诞生,有了形迹的区别,也就有了名称。钱锺书先生说得好:"道之全体大用,非片词只语所能名言;多方拟议,但得梗概之略,迹象之粗,不足为其定名,亦即'非常名',故'常无名'。苟不贰不测之道而以定名举之,是为致远恐泥之小道,非大含细入、理一分殊之'常道'。"⑥

庄子的相对主义认识论,更容易引申出"名"的相对性。《庄子·齐物论》中有一段雄辩的论证:"且吾尝试问乎女:民湿寝则腰疾偏死,鳅然乎哉?木处则惴慄恂惧,猨猴然乎哉?三者孰知正处?民食刍豢,麋鹿食荐,蝍蛆甘带,鸱鸦耆鼠,四者孰知正味?猨猵狙以为雌,麋与鹿交,鳅与鱼游。毛嫱丽姬,人之所美也;鱼见之深入,鸟见之高飞,麋鹿见之决骤。四者孰知天下之正色哉?"⑦ 因为物各有性,各有其宜,谁也无法判定人与兽、鸟、虫、鱼不同物类"孰知正处"、"孰知正味"、"孰知正色"。以此类推,谁也无法判定夷夏不同群落"孰知正名"。正是人类认识的相对性,才导致"仁义之端,是非之涂,樊然殽乱"的局面⑧,因此,名辩将没有任何结果,"正名"也没有任何意义。庄子指出:

　　既使我与若辩矣,若胜我,我不若胜,若果是也,我果非

---

① 《老子》十四章,页7。
② 同上三十二章,页18。
③ 同上四十一章,页26。
④ 同上一章,页1。
⑤ 同上。
⑥ 钱锺书《管锥编》第2册,页409—410,中华书局1979年版。
⑦ 《庄子集释》,页93。
⑧ 同上。

"道"贯穿于一切事物现象之中或超越于一切事物现象之上,所以任何一个"名"都无法和它恰切对应,任何一种言说都无法将它准确阐明。《老子》开篇即云:

> 道可道,非常道;名可名,非常名。①

大意是说,用语言可以表述的"道",不是真正的、恒常不变的"道";用语言可以指称的"名",不是真正的、恒常不变的"名"。换言之,"常道"不可用语言表述,"常名"不可用语言指称,因为"常道"是浑沌虚无的、形而上的本体,而"常名"是一种不依赖于能指(signifiant)的所指(signifié)②。

换一个角度,"名可名,非常名"也可以有另外的解释,"名"特指为"道"命名,"非常名"意思是不能常用某种名称给"道"命名。比如"道"这一概念,本是不依赖于有声语言或有形文字而恒常存在的"常名";因此"道"这一名称(有声的词、有形的字)不过是老子对此"常名"的一种权宜的称呼("非常名"),"吾不知其名,字之曰'道'"③,而有时也可用其他词语来为之命名:"强为之名曰'大','大'曰'逝','逝'曰'远','远'曰'反'。"④"视之不见名曰夷,

---

① 《老子》一章,王弼《老子注》,页1,《诸子集成》第3册。
② 瑞士语言学家索绪尔在《普通语言学教程》(Cours de linguistique générale)中给词即语言符号下了这样的定义:"语言学的符号不是把一个事物与一个名称统一起来,而是把一个概念与一个有声意象统一起来。"(The linguistic sign unites, not a thing and name, but a concept and a sound-image.)有声意象又称能指(signifiant),概念又称所指(signifié),两者合起来就构成一个符号(signe)。用能指去命名所指概念是任意的,例如树的概念叫作"tree"(英文)、"arbor"(法文),完全是约定俗成。参见 Ferdinand de Saussure, *Course in General Linguistics*, trans. Wade Baskin, Fontana/Collins, 1974, pp.65–67。
③ 《老子》二十五章,《老子注》,页14。
④ 同上。

听之不闻名曰希,搏之不得名曰微。"① 既然"道"无恒常之名,也就等于无名。所以《老子》一再说,"道常无名"②,"道隐无名"③。在老子看来,"无名"为"天地之始"④,是世界的本原,一切处于浑然的状态,无法命名;"有名"为"万物之母"⑤,万物的诞生,有了形迹的区别,也就有了名称。钱锺书先生说得好:"道之全体大用,非片词只语所能名言;多方拟议,但得梗概之略,迹象之粗,不足为其定名,亦即'非常名',故'常无名'。苟不贰不测之道而以定名举之,是为致远恐泥之小道,非大含细入、理一分殊之'常道'。"⑥

庄子的相对主义认识论,更容易引申出"名"的相对性。《庄子·齐物论》中有一段雄辩的论证:"且吾尝试问乎女:民湿寝则腰疾偏死,鳅然乎哉?木处则惴慄恂惧,猨猴然乎哉?三者孰知正处?民食刍豢,麋鹿食荐,蝍蛆甘带,鸱鸦耆鼠,四者孰知正味?猨猵狙以为雌,麋与鹿交,鳅与鱼游。毛嫱丽姬,人之所美也;鱼见之深入,鸟见之高飞,麋鹿见之决骤。四者孰知天下之正色哉?"⑦ 因为物各有性,各有其宜,谁也无法判定人与兽、鸟、虫、鱼不同物类"孰知正处"、"孰知正味"、"孰知正色"。以此类推,谁也无法判定夷夏不同群落"孰知正名"。正是人类认识的相对性,才导致"仁义之端,是非之涂,樊然殽乱"的局面⑧,因此,名辩将没有任何结果,"正名"也没有任何意义。庄子指出:

    既使我与若辩矣,若胜我,我不若胜,若果是也,我果非

---

① 《老子》十四章,页7。
② 同上三十二章,页18。
③ 同上四十一章,页26。
④ 同上一章,页1。
⑤ 同上。
⑥ 钱锺书《管锥编》第2册,页409—410,中华书局1979年版。
⑦ 《庄子集释》,页93。
⑧ 同上。

也邪？我胜若，若不吾胜，我果是也，而果非也邪？其或是也，其或非也邪？其俱是也，其俱非也邪？我与若不能相知也，则人固受其黮闇。吾谁使正之？使同乎若者正之？既与若同矣，恶能正之！使同乎我者正之？既同乎我矣，恶能正之！使异乎我与若者正之？既异乎我与若矣，恶能正之！使同乎我与若者正之？既同乎我与若矣，恶能正之！然则我与若与人俱不能相知也，而待彼也邪？①

每一个精神主体都被相对性所围困，谁能作出超越自身局限的绝对正确的裁判呢？既然如此，"必也正名乎"就只能是一厢情愿的幻想。

从本体论的角度看，庄子哲学也极易导致对"名"乃至"言"的否定。《庄子·则阳》曰："有名有实，是物之居；无名无实，在物之虚。可言可意，言而愈疏。"② 有了"名"与"实"，世界万物便可对号入座，所以可把"名"与"实"看作万物的家园，这正如老子把"有名（有实）"看作万物所居的母腹（"万物之母"）。但名实只适用于形而下的具象的"物"，而无法说明形而上的抽象的"物之虚"，即世界万物的本体。因为"虚"就是"无实"，按照名实对应的原则，"无实"也就应当"无名"。既然"物之虚"是"无名"的，那么称之为"道"，也是权宜的假名，所谓"道之为名，所假而行"③。由于"道"是虚无的，不存在于经验世界，无实与之对应，所以"道不当名"④。这样，在《庄子》一书里，"无名"也成了"道"的代名词。作为世界万物本体的"道"，不仅超越了"名"与"实"，而且超越了"言"（语言）与"意"（思想）。正如成玄英

---

① 《庄子集释》，页107。
② 同上，页916—917。
③ 同上，页917。
④ 《庄子·知北游》，同上，页757。

解释说：ᅳ夫可以言诠、可以意察者，去道弥疏远也。故当求之于言意之表而后至焉。"①显然，正是这种对"道"的理解，启发了一种"求之于言意之表"的阐释学思路。对此，下文将详细论及，兹不赘述。

尽管老庄的"无名"是由对终极之"道"的理解而提出来的，似乎无关乎名实之辩，但由于这种"道"的性质是超语言的，因而对"道"的追求必然导致对语言的怀疑，从而解构"必也正名乎"的合理性。正是从这个意义出发，我们可把老庄的"无名"看作儒、墨、名、法诸家"正名"的反题。事实上，庄子不仅针对儒家的"正名"说提出"圣人无名"说②，而且一再批评墨家、名家斤斤于各种名词概念的辩论。③

然而，从阐释学的角度看，老庄对"名"的消解和否定并非毫无意义，它那种超越语言的态度，有可能把文本的阅读从纯粹语言学中解放出来，而成为一种富有哲学意味的神秘体验；它那种相对主义的认识论，有可能在动摇"名"的确定性时，也为文本阅读中的多元性理解和解释提供了辩护的理由。

二、知者不言：真理与体验

在先秦时期，"名"出自礼官已有定论④，而"道"源于史官亦

---

① 《庄子·则阳》，《庄子集释》，页918。
② 《庄子·逍遥游》，同上，页17。
③ 如《庄子·骈拇》抨击杨朱、墨翟之徒"游心于坚白同异之间，而敝跬誉无用之言"。又如《天下》批评惠施、公孙龙等"辩者之徒""逐万物而不反，是穷响以声，形与影竞走"，完全是徒劳的。
④ 班固《汉书·艺文志》曰："名家者流，盖出于礼官。古者名位不同，礼亦异数。孔子曰：'必也正名乎！名不正则言不顺，言不顺则事不成。'此其所长也。"页1737，中华书局1983年版。

非比附之谈①。与礼官颇有瓜葛的儒、法、名家由重视"正名"进而表示出对"立言"、"名辩"的强烈兴趣，而"柱下史"出身的老子则由强调"道常无名"进而怀疑语言概念把握真理的有效性。所以，从某种意义上说，"正名"与"无名"这一针锋相对的反题，实际上水米无干，因为前者讨论的是"礼"或其派生的"刑"，属于伦理学或政治学的问题；后者探究的是"道"，属于哲学问题，二者并非一个层次。如果明白这一点，也就可以理解为何在孔子的言论中，"立言"与"废言"两种倾向会同时存在。

当孔子站在"礼"的立场时，他对语言规范社会秩序的功能充满信心，相信名正则言顺，言顺则事成。而当他站在"道"的角度看问题时，立即意识到语言的苍白无力。如《论语·阳货》记载：

> 子曰："予欲无言。"子贡曰："子如不言，则小子何述焉？"子曰："天何言哉？四时行焉，百物生焉。天何言哉？"②

孔子这里虽然讨论的是道德和知识如何传授给弟子，但当他用四季运行、万物发生所遵循的"无言"的自然法则来类比理想的传授方式时，实际上意味着他已认识到语言不能企及天道，天道只有在静默中才能保持完整。天地、四时、万物按其本然的规律运行，按其素朴的面貌呈现，天然和谐，何须人为的语言去分析、说明或描述。这一点，孔子的思想颇接近老子的"圣人处无为之事，行不言之教"或庄子的"天地有大美而不言，四时有明法而不议，万物有成理而不说"③。

---

① 《汉书·艺文志》曰："道家者流，盖出于史官。历记成败存亡祸福古今之道，然后知秉要执本，清虚以自守，卑弱以自持，此君人南面之术也。"页1732。
② 《论语注疏》卷一七《阳货》，页2526。
③ 《老子》二章，《老子注》，页2。又《庄子·知北游》，《庄子集释》，页735。

不过，孔子在说"天何言哉"之时，主要是站在教育家的立场仿效自然法则来进行教化，而并非像哲学家那样探究天道的性质。正如王弼给这段文字作注时所说："是以修本废言，则天而行化。"[①]儒家出自古代司徒之官，专司教化之职[②]，也就是传播道德与知识。作为伟大的教育家，孔子深知如果不使用语言，教化便根本不可能进行。因此，孔子对语言的使用价值始终持一种矛盾的态度，这只要把他的名言"有德者必有言，有言者不必有德"和老子的"知者不言，言者不知"相比较[③]，就可看出二者的区别，老子显然彻底否定了语言的任何价值，而孔子虽然意识到言说表白和实际德行之间可能脱节，但却坚信有德行的人一定会有语言表白，也就是语言具有表现德行的功能。所以，孔子声称"予欲无言"，并非真正要抛弃语言，只是希望道德和知识的教化能像宇宙天道运行一样臻于完善，正如张隆溪所说，"这正是一位精神导师和哲学家的梦想：梦想知识和道德在传授中能够不失其纯真，不经过词语的过滤，也无须乎一再地解释；梦想整个文化的传承无须乎借助于语言；梦想没有任何东西能够阻隔在思想和思想的实现之间"[④]。

就春秋时期的知识系统来说，四时、万物运行的规律可称为"道"，道家思想即源于史官对天文历算知识和阴阳五行观念的掌握。不过，作为思想者的老子学说已超越了天算历象的观测和人间祸福的预测，将一般规律之"道"提升为宇宙终极之"道"。这种终极之"道"是"玄之又玄"的"众妙之门"[⑤]，是"渊兮"、"湛兮"、"窈兮

---

① 《论语释疑》，《王弼集校释》，页633，中华书局1980年版。
② 《汉书·艺文志》曰："儒家者流，盖出于司徒之官，助人君顺阴阳明教化者也。"页1728。
③ 《论语注疏》卷一四《宪问》，页2510。又《老子》五十六章，《老子注》，页34。
④ 《道与逻各斯》，页53。
⑤ 《老子》一章，《老子注》，页1。

冥兮"、"寂兮寥兮"的幽微深远、飘忽无形的状态[1],是感官无法把握的"夷"、"希"、"微"境界[2]。司马谈《论六家要旨》,认为道家"以虚无为本"[3],这个结论揭橥了老庄之"道"的本质。老庄贵重宇宙的本然状态,不赞成万物的独立分离,呼唤它们归守虚无。他们认为"道"的最高境界是"无"、"无有"或未分化的"浑沌"。《老子》指出:"天下万物生于有,有生于无。"[4] 万事万物"当其无"才能发生作用,"无"是根本。《庄子·知北游》描绘"无有"的状态是:"窅然空然,终日视之而不见,听之而不闻,搏之而不得也。"[5] 在老庄的哲学体系中,"无"是"道"的异名,它是宇宙的本体,也是人类认识所追求的终极境界。所以《庄子》在描述"无有"的状态后,借光曜之口对其大加赞叹:"至矣!其孰能至此乎?"[6]

既然宇宙的本体是"无",那么,人类的认识就应是对"无"的体悟。在道家的哲学中,"无"并非绝对的虚无,而是"其中有象"、"其中有物"[7],老子称其状态为"恍惚",庄子称其状态为"浑沌"。在老庄眼里,人类的所有智力活动和思辨行为都是对"无"、对"道"亦即对"浑沌"的戕害。正如《庄子·应帝王》中一则著名的寓言所昭示的那样,"中央之帝为浑沌",却被"日凿一窍,七日而浑沌死"[8]。思辨活动就是为"浑沌"凿窍,它试图剖析"无"的整体状态,使对象世界分离,从而给世界带来死亡。按照老庄的逻辑,"道"既是虚无、浑沌的状态,那么与之对应的认识方式就应是"无为"。因此任何企图通过"有为"的语言或思辨来体"道"的方式,都将是

---

[1] 《老子》四章、二十一章、二十五章,《老子注》,页3、12、14。
[2] 同上十四章,页7。
[3] 《史记·太史公自序》,页3292。
[4] 《老子》四十章,《老子注》,页25。
[5] 《庄子集释》,页759。
[6] 同上,页760。
[7] 《老子》二十一章,《老子注》,页12。
[8] 《庄子集释》,页309。

南辕北辙。庄子坚信"虚静恬淡寂漠无为者,万物之本也"①,而要认识此"本",就需要采用同样虚静恬淡、寂寞无为的"心斋"方式②,排除一切感官受到的外物干扰,处于一种无思维的精神状态。

很显然,在庄子的哲学体系中,思想和语言是没有认识功能的,思想因破坏心斋而与"道"背离,至于语言,则因对思想的规范抽象而离"道"愈远。庄子分析了人类认识世界的三个层次,他指出:

> 可以言论者,物之粗也;可以意致者,物之精也;言之所不能论,意之所不能察致者,不期精粗焉。③

也就是说,语言所能讨论者,只是现象世界粗疏表面的东西;思想所能企及者,则是现象世界精微深层的东西。然而,既然有"精粗"之分,就说明仍局限于形名之域。因此,面对"不期精粗"的浑沌之"道",语言与思维都无从措手。这就意味着,人类只有用同样一种"不期精粗"的认识方式,即"无言"、"无意"的直觉,才可能楔入此"道"。与此类似的观点也蕴藏于轮扁斫轮的寓言中:

> 桓公读书于堂上。轮扁斫轮于堂下,释椎凿而上,问桓公曰:"敢问,公之所读者何言邪?"公曰:"圣人之言也。"曰:"圣人在乎?"公曰:"已死矣。"曰:"然则君之所读者,古人之糟魄已夫!"桓公曰:"寡人读书,轮人安得议乎!有说则可,无说则死。"轮扁曰:"臣也以臣之事观之。斫轮,徐则甘而不固,疾则苦而不入。不徐不疾,得之于手而应于心,口不能言,有数存焉于其间。臣不能以喻臣之子,臣之子亦不能受之于臣,是以

---

① 《庄子·天道》,《庄子集释》,页457。
② 《庄子·人间世》:"唯道集虚。虚者,心斋也。"同上,页147。
③ 《庄子·秋水》,同上,页572。

行年七十而老斫轮。古之人与其不可传也死矣,然则君之所读者,古人之糟魄已夫!"①

轮扁斫轮的经验,是一种个人内心的体验,属直觉范畴,不是一种清晰的思想或所谓"深层语言",因此根本无法转换为外在的"表层语言"。所以有时虽然"得之于手而应于心",却"口不能言"。口不能言而强言,那么听者或读者所接收到的信息只能是言说者所要传达的内容的糟粕而已。事实上,轮扁即使能告诉他人的,也只是斫轮之"技",而真正的斫轮之"道",他虽然已"得之于手而应于心",却是想道(言说)而不可道(言说)的。《吕氏春秋》里有一个类似的寓言,借厨师出身的伊尹论"味"的言论,类比"道"的性质:"鼎中之变,精妙微纤,口弗能言,志不能喻,若射御之微,阴阳之化,四时之数。"②有如轮扁斫轮,厨师烹调鼎中之味,其各种调料的比例,火候的掌握,是极为精妙微纤的变数,不仅语言无法表达,思想(志)也难以企及。它如同射箭驾车的技巧,阴阳四时的变化,是可以体察而无法思辨更无法言喻的存在。后世有"味道"一词,极为精彩地说明了"味"与"道"相似的性质。

自20世纪初马丁·布伯(Martin Buber)用赫拉克利特(Heraclitus)的"逻各斯"(Logos)解说老庄的"道"开始,中国和西方学者用"道"与"逻各斯"互译的例子便随处可见。张隆溪更是根据《老子》"道可道,非常道;名可名,非常名"中"道"这个双关词的二重意义,指出"道"这个汉字与"逻各斯"一样包含了思想与言说的二重性③。应该说,"道"与"逻各斯"的确有很多共同之处,这两个范畴,都有万物本原、万物生成发展的必然性一类共同涵义。

---

① 《庄子·天道》,《庄子集释》,页490—491。
② 《吕氏春秋》卷一四《孝行览第二·本味》,页141。
③ 《道与逻各斯》,页72—73。

但值得注意的是，在"逻各斯"一词中，思想与言说的涵义是二重性的统一；而在"道"一词中，作为万物本原之"道"与言说之"道"却相互矛盾对立。"逻各斯"是需要语言指称的，而且其原本涵义就是"言说"。正如海德格尔所说："Logos的基本含义是言说……后来的历史，特别是后世哲学的形形色色随心所欲的阐释，不断掩蔽着言说的本真含义。这含义其实是够显而易见的。Logos被'翻译'为，也就是说，一向被解释为：理性（Vernunft）、判断（Urteil）、概念（Begriff）、定义（Definition）、根据（Grund）、关系（Verhältnis）。"[①] 由此可见，"逻各斯"含义在西方的衍变，基本上是在语言符号的制约下进行的，并形成了一种语言逻辑传统。而"道"则是不能被语言指称的，正如庄子所说："道不可言，言而非也。"[②] 即使《老子》中用了"道"这一双关语，也只是出于修辞学上的目的，"道"的言说这一义项，与"道"的另一个义项是冲突的，很显然，在"道可道，非常道"中，第一、三两个"道"不能被第二个"道"所"道"（解说）。更重要的是，"道"的另一个义项也并非指"思想"，它与"逻各斯"包含的理性或思想的意思并不相同，至少在老庄的哲学中，"道"具有非理性、超思想的性质，而且在"道"和"言"两极之间，另有"意"（思想）这一层次的概念存在。也就是说，"道"是思的对象，而非思之本身。由此可见，所谓"道"包含了思想与言说二重性的说法，并不符合老庄的本意。我在此之所以要指出这一点，是为了提起学术界的注意，在对"道"与"逻各斯"的求同比较时，要特别注意二者之间隐藏着的中西文化的深刻差异，尤其是老庄之"道"与"逻各斯"更是形同胡越，前者衍生出中国直观感悟的思维方式，在审美方面取得辉煌成就，后者

---

① Martin Heidegger, *Sein und Zeit*, p.32.
② 《庄子·知北游》，《庄子集释》，页757。

则演变为西方的语言逻辑传统，在科学方面获得巨大成功。

在某种程度上，庄子和古希腊哲学家高尔吉亚（Gorgias）可以对话。高尔吉亚曾提出关于本体论和认识论的三原则：无物存在，即使存在也无法认识它，即使可以认识它也无法把它告诉别人[①]。这种看法与庄子的观点如出一辙。但庄子在中国有很多呼应者，而高尔吉亚在古代西方却找不到知音。赫拉克利特认为逻各斯是宇宙的原则，语言在他眼里是解释宇宙秩序的关键和根本原则。这种语言至上观植根于古希腊的理性思维传统。尽管早期希腊哲学的最高原理也是浑沌，但并不同于老庄所说的整一、静守的浑沌，而是动的旋涡、旋流的别名。亚里士多德就认为最高原理是"能分立的"。自古希腊以降，几乎整个西方形而上学皆以思维（尤其是逻辑思维）为最高原则，显示出人类对浑沌、对虚无的反抗和征服[②]。道家则不然，在老庄看来，思维使认识对象从整体浑沌的状态中独立出来，无异于宰杀戕害了它，从而带来"道"的死亡。古希腊有发达的逻辑思维，这种思维与语言之间有深刻的同一性。而老庄提倡的却是一种整体思维和直觉体验，与语言之间有深刻的矛盾性。尽管中国先秦时期同样有发达的逻辑思维，如墨翟、公孙龙、惠施的名辩之学，但在儒道两家的夹击下，逐渐退出思想史的舞台，以至最终湮没无闻。

三、尽言尽意：形上等级制

在儒家的经典中，语言不仅作为调节社会秩序的工具而得到肯定，而且作为各种思想观念的载体而受到相当的重视。

---

① 《西方哲学原著选读》，页56，商务印书馆1981年版。
② 参见陈张婉莘《追求道家形而上学的中心思想》，《道家文化研究》第四辑，上海古籍出版社1994年版。

荀子坚信，在语言、思想和真理之间完全可能存在着同一性，这是辨说正名之所以合理有效的前提，他指出：

> 名也者，所以期累实也。辞也者，兼异实之名以论一意也。辨说也者，不异实名以喻动静之道也。……辨说也者，心之象道也。心也者，道之工宰也。道也者，治之经理也。心合于道，说合于心，辞合于说，正名而期，质请（情）而喻。①

"名"指概念，"辞"指能表述一种意义的不同事物名称（即概念）的组合，"辨说"指遵循名实相符的原理来明辨是非的言语，"心"指主观思想意识，"道"指贯穿于一切事物现象中的规律。这里共有五个等级，"名"、"辞"、"辨说"可以合并为一个等级，即"说"或者"言"。这样，荀子所讨论的问题其实可看作"说"（speech）、"心"（thought）、"道"（way）三者之间的关系。在荀子看来，语言世界的"说"可以显示观念世界的"心"，观念世界的"心"可以主宰现象世界的"道"，而现象世界的"道"又可以指导社会领域的"治"。由名与辞建立起来的语言系统和主观思想、客观真理之间完全没有隔阂，可合为一体，而前提仅仅是"正名"，即确立最基本的定义概念和建立最基本的语言秩序。

与西方逻各斯主义贬低文字的倾向不同，在先秦儒家那里，记载语言的文字因其能超越时间和空间限制的特点而格外受到尊崇，文字构成的经典作为先哲思想的载体具有无比的权威性。

《左传·襄公二十五年》载孔子说："《志》有之：'言以足志，文以足言。'不言，谁知其志？言之无文，行而不远。"②在这段话中，

---

① 王先谦《荀子集解》卷一六《正名》，页423，中华书局1988年版。案："兼异实之名以论一意也"句，王念孙曰："'论'，当为'谕'字之误也。"
② 《春秋左传正义》，《十三经注疏》本，页1985。

"文"字通常被解释为修辞性装饰性的文辞,联系孔子说话的语境来看,这种解释无疑是正确的。不过,孔子所引用《志》的说法值得注意,由于这段话的语法结构是一种递进关系,所以应该按照先秦时期的"形上等级制"(metaphysical hierarchy)的观念来理解[1],即"志"指思想或意志,"言"指口头语言,"文"指书面文字[2]。联系到先秦儒家对文字记载的典籍的尊重,我们有充分的理由认为《志》的原意是:语言足以充分表达思想,而文字足以充分表达语言。当然,孔子将《志》的原意改造为重视辞令之美,即把"文"视为有文采的言辞。但倘若我们据《论语》而不是《左传》中孔子的语言观,这段话似更应作这样的理解,即:如果一个人不说话,谁能知道他的思想?而如果他说的话没有用书面文字记载下来[3],也不能传播久远。换言之,孔子不仅重视语言表达思想的功能,也承认文字在传递信息方面的价值。如《论语·八佾》记孔子语:

> 夏礼吾能言之,杞不足征也;殷礼吾能言之,宋不足征也;文献不足故也,足,则吾能征之矣。[4]

---

[1] 古希腊哲学家亚里士多德(Aristotle)认为:"口说的话象征着内心体验,而书面文字象征着口说的话。"(Spoken words are the symbols of mental experience and written words are the symbols of spoken words.) 法国哲学家雅克·德里达将此说法称为"形上等级制"。参见 Jacques Derrida, *Of Grammatology*, trans. Gayatri Chakravorty Spivak (Johns Hopkins University Press, 1976), pp.11-13; *Positions*, trans. Alan Bass (University of Chicago Press, 1982), p.41。
[2] 《日知录集释》卷二一《字》曰:"春秋以上,言文不言字。"页937,花山文艺出版社1990年版。
[3] 高亨释"文言"二字曰:"其名《文言》者,《左传·襄公二十五年》:'言以足志,文以足言,……言之无文,行而不远。'然则《文言》者,谓用文字以记其言也,以记其解《乾》、《坤》两卦之言也。"《周易大传今注》,页3,齐鲁书社1979年版。按照这段话递进式的句法结构,"言之无文"当为"言之不文"。而后世文献引用此句亦有作"言之不文"者,如《金史·文艺传序》等。
[4] 《论语注疏》卷三《八佾》,页2466。

这段话可看作"文以足言"的另一种绝妙注释。汉、宋学者给"文献"作注时,都把"文"解为典籍,"献"解为贤人。也就是说,"文"指书本记载,"献"指耆旧言论①。孔子这段话的意思是:夏礼、殷礼我之所以能评说,是因为有足够的文献资料可参考,杞、宋之礼却因没有足够的文献可征引而无法评说。显然,是"文"(或"文献")的充足才使得孔子能"言"。需要说明的是,在"文献"一词中,"文"(典籍)的重要性要超过"献"(贤人),正如《诗经·大雅·荡》中所说:"虽无老成人,尚有典刑。"郑玄笺云:"老成人谓若伊尹、伊陟臣扈之属,虽无此臣,犹有常事故法可案用也。"②老成人作为肉体的生命形式必然会消亡,而后代那些不可能亲耳听到他们的言说的继承者,只能通过文字的记录才能领会其政治思想和措施。所谓"典刑"其实就是可资凭借("案用")的以文字形式流传的典章制度。由此可见,老成人之"言",是通过"文"的形式才得以"行远"的。《左传·襄公二十四年》载穆叔之言曰:"大上有立德,其次有立功,其次有立言,虽久不废,此之谓不朽。"③"立言"是指创立学说,其主要形式当指著书作文。也就是说,语言不仅可以表达思想,而且可以通过文字书写而成为永远供后世学习的经典文本。

事实上,言说只能在一时一地进行,无法穿越遥远的空间和时间。因此,使"言"能"行远"的不应是具有修饰性的"文",而应是书面文字的"文"。这种理解可以扬雄《法言·问神》中的一段话为旁证:"面相之辞相适,捈中心之所欲,通诸人之嚍嚍者,莫如言。(此即'不言,谁知其志')弥纶天下之事,记久明远,著古昔之㖧㖧,传千里之忞忞者,莫如书。(此即'言之无文,行而不远')"④

---

① 参见张舜徽《中国文献学》页1,中州书画社1982年版。
② 《毛诗正义》卷一八,《十三经注疏》本,页554。
③ 《春秋左传正义》卷三五,页1979。
④ 《扬子法言》卷五《问神》,《四部丛刊》本。

当然，在儒家哲学著作《易传》里，可看到一种与"言以足志，文以足言"的排列形式正好相反的说法：

> 子曰："书不尽言，言不尽意。然则圣人之意其不可见乎？"
> 子曰："圣人立象以尽意，设卦以尽情伪，系辞焉以尽其言，变而通之以尽利，鼓之舞之以尽神。"①

在"书不尽言，言不尽意"的形上等级制中，文字成为最低级的东西。这种言意观明显地背离了孔子的一贯主张，而倾向于老子的"非言"，以至于有学者认为，"子曰：'书不尽言，言不尽意'"一语中的"子"，应该按其真实思想渊源读作"老子"②。但《易传》不是《庄子》的"寓言"，"子曰"就是孔子曰，应当毫无疑问。这正如我在前面指出的那样，当孔子站在"道"（哲学）的立场而不是"礼"（政治）的立场考虑问题之时，很容易对语言文字的表意能力感到失望，从而提倡"无言"。何况，在《周易·系辞》中，"书不尽言，言不尽意"是在"圣人之意其不可见乎"的疑问句中出现的，是"夫子自发其问"③，而非夫子"断言"。同时，即使这段话表达了孔子对语言文字传递思想的有效性的疑惑，他仍相信"圣人之意"可以通过另一套象征性系统而表现出来，即"立象以尽意，设卦以尽情伪，系辞焉以尽其言"。按孔颖达的注疏，"情伪"指"实象"和"假象"④，笼统言之都是"象"；而按《易经》的文本本身，"系辞"的目的在于说

---
① 《周易正义》卷七《系辞上》，《十三经注疏》本，页82。
② 汪裕雄《意象与中国文化》，《中国社会科学》1993年第5期，页94。
③ 《周易正义》卷七，页82。孔颖达疏："此一节夫子自发其问。"
④ 《周易正义》卷八《系辞下》："情伪相感而利害生。"孔颖达疏："情谓实情，伪谓虚伪。"页91。又同上卷一《乾象》孔疏："万物之体，自然各有形象，圣人设卦以写万物之象。……或有实象，或有假象。实象者，若地上有水比也，地中生木升也。皆非虚，故言实也。假象者，若天在山中，风自火出，如此之类，实无此象，假而为义，故谓之假也。虽有实象假象，皆以义示人，总谓之象也。"页14。

明"卦"的吉凶等,"卦"所未尽之言,通过"辞"可以尽之。因此,这一套象征性系统也可理解或翻译为:"立象以尽意,设卦以尽象,系辞以尽卦。"而用公式便可排成这样一个"形上等级制":

$$\boxed{辞} \rightarrow \boxed{尽\ 卦} \rightarrow \boxed{尽\ 象} \rightarrow \boxed{尽\ 意}$$

"意"是认识现象世界而得到的概念(concept),"象"是象征概念的形象(image),"卦"是指示形象的抽象符号(sign),"辞"是解说符号意义的言词(words)。虽然"言不尽意",但"立象"可以充分象征圣人之意;虽然"书不尽言",但"系辞"可以充分表达圣人之言。由此可见,孔子一方面推崇符号的象征意义,另一方面仍对解释符号的语言系统保持了相当的信任。事实上,《周易·系辞》就不止一处肯定了语言表达思想、情感、事物、现象的功能,不仅"圣人之情见乎辞"[1],而且"将叛者其辞惭,中心疑者其辞枝,吉人之辞寡,躁人之辞多,诬善之人其辞游,失其守者其辞屈"[2]。语言表现和指示着人的心理,并譬况和凸显着事物的情状,"其称名也小,其取类也大"[3]。因此,联系"书不尽言,言不尽意"的上下文来看,这两句话与其说是孔子提出的观点,不如说是孔子要反驳的一个命题。

真正的"书不尽言,言不尽意"的提倡者是老子和庄子。老子是中国历史上主张"非言"即对语言功能进行哲学批判的第一人。他敏锐地察觉到,对于"道"的运行所显示的精微玄理,凭借语词和概念(言与名)是难以穷尽表达的。因此,尽管老子从未讨论过言与意的关系,但他的"道不可道"的思想却是后来庄子"言不尽意"论的理论基础。

鉴于《庄子·天下》篇对先秦各派思想的评述,我们有理由相信

---

[1] 《周易正义》卷八《系辞下》,页86。
[2] 同上,页91。
[3] 同上,页89。

庄子一派的言意理论是在扬弃诸子观点的基础上展开的。正因如此，庄子对言意关系的辨析，较诸子似更深入透彻，达到一定的思辨高度。

首先，庄子认为语言是人为的产物，非自然形成，"言非吹也"①，风吹发于自然，语言却出于"成心"。而在庄子的思想体系中，人为是远较自然低级的概念。并且，这低级的东西又被其所使用者所误导，于是"言隐于荣华"②，语言运载的真义被浮华之词所遮蔽。因此，语言作为异于自然、遮蔽意义的东西就不可相信，不值得重视。

由此出发，庄子讨论了"书"（文字）、"语"或"言"（语言）、"意"（思维）、"道"（真理）之间的主从关系，他指出：

> 世之所贵者书也，书不过语，语有贵也。语之所贵者意也，意有所随。意之所随者，不可以言传也，而世因贵言传书。世虽贵之，我犹不足贵也，为其贵非其贵也。故视而可见者，形与色也；听而可闻者，名与声也。悲夫，世人以形色名声为足以得彼之情！夫形色名声果不足以得彼之情，则知者不言，言者不知，而世岂识之哉！③

这里庄子共设置了依次由低到高的四个等级："书"、"语"、"意"、"道"（意之所随者），比儒家的形上等级制——"书"（文）、"言"、"意"（志）多出一级。他分析了世俗观念中这四个等级形成的"认识的递进"：世所贵者，在于书；所贵书者，在于语；所贵语者，在于意；而意之所随者，在于道。但由于"意"尤其是"道"是一种形而上的超越感性经验的境界，因而在实际操作上，人们都看重形

---

① 《庄子·齐物论》，《庄子集释》，页63。
② 同上。
③ 《庄子·天道》，同上，页488—489。案："世之所贵者书也"原本作"世之所贵道者书也"，语意欠通，此据敦煌写本残卷斯1603号。

而下的可闻的有声语言和可见的文字图像,即所谓"贵言传书"这两个环节。而庄子则与世俗看法相反,特别贵"意"重"道"。他所说"意之所随者",是指人的主观意识所作用的对象,即"意"所体悟的"道",是超越于"形色名声"之上的,非视听感官所能"得彼之情",其本质"渊乎其不可测"①。换言之,人类对"道"的默然体验,是无法转换为"形色"(文字)、"名声"(语言)的。因此,"意之所随者",不可以言传。

显然,庄子在将传统的三重等级制换为四重等级制时,其目的不仅在于论证"书不尽言,言不尽意"的观点,更在于强调"言不尽道"。按照庄子的逻辑,语言是人为的,文字更是人为的,仅相对于"意"而言,"书"已是模仿的模仿,影子的影子,和天道自然的真理更是隔着三层。于是,孔子所尊重的"文献",儒家所推崇的"典刑",在《庄子》寓言中人物轮扁的眼里,自然而然都成了"古人之糟魄"②。

于是,庄子在"言不尽意"的基础上,顺理成章地提出了否定语言和取消语言的观点。既然语言无法真正切近"道",那么任何语言的表述都意味着对"道"的戕害,而只有沉默才能使"道"保持其完整。所以庄子一再强调"知者不言,言者不知","至言去言,至为去为"③,认为圣人之言是"不言之言"、"不言之辩"④。

然而,如果真是像轮扁一样"臣不能以喻臣之子,臣之子亦不能受之于臣",知识的横向传播岂非成为一场闹剧?倘若"古之人与其不可传也死矣"情况属实,知识的纵向积累岂非只是一片废墟?如此一来,人类的认知能力、实践能力岂非一代不如一代?倘若真

---

① 《庄子·天道》,《庄子集释》,页486。
② 同上,页490。
③ 《庄子·知北游》,同上,页765。
④ 《庄子·徐无鬼》,同上,页850、852。

是"知者不言,言者不知",或真如后来禅宗居士所谓"眼见如盲,口说如哑"①,岂非盲哑人便成了证道之典范?既然如此,老庄又为何要著书立说,宣扬自己的思想和体验呢?

这的确是不可避免的反讽,哲学家总是不得不对他认为不可说的东西说许多话,不得不为了阐明他认为文字无法表达的东西写许多书。作为有生命智慧的哲人,老庄似乎早已料到后世的诘难,因而事先在理论上为"言不尽道"、"言不尽意"留下回旋的余地。当老子迫于关令尹喜之请不得不著五千言之书时②,他开宗明义便提醒读者注意文字是无力的甚至是徒劳的。正如清人魏源(1794—1857)解释的那样:

> 道固未可以言语显而名迹求者也。及迫关尹之请,不得已著书,故郑重于发言之首,曰道至难言也。使可拟议而指名,则有一定之义,而非无往不在之真常矣。③

老子事实上是在宣称他的五千言不过是权宜性的假说,而真理在这五千言以外。这样,他便已为自己的言行悖谬准备了下台的台阶。

庄子更为自己不得已而言找到了应对诘难的充足理由。

首先,庄子用典型的反讽形式提出了使用语言的态度:"言无言,终身言,未尝言;终身不言,未尝不言。"④意思是说如果懂得什么是"无言"然后再言说,那么就会从语言的迷恋中解脱出来,从而

---

① 释普济《五灯会元》卷三《庞蕴居士》,页186,中华书局1984年版。
② 《史记·老子韩非列传》曰:"老子修道德,其学以自隐无名为务。居周久之,见周之衰,乃遂去。至关,关令尹喜曰:'子将隐矣,强为我著书。'于是老子乃著书上下篇,言道德之意五千余言而去,莫知其所终。"
③ 魏源《老子本义》,《诸子集成》第3册,页1。
④ 《庄子·寓言》,《庄子集释》,页949。案:"未尝言"原作"未尝不言",依此段文意,"不"字疑衍,否则"未尝不言"就是多余的废话。

所言的内容也就具有"无言"的意义。于是，沉默与否就变得并不重要，判断"知者不言"的标准并不在于你是否言说，而在于你是否把语言作为"无言"来权宜使用。同时，"言"而"无言"也可以作另一种解释，即强调语言使用的澄明性，就像皇帝的新衣一样，虽然言说却使人感觉不到语言的存在，语言对意义毫无遮蔽。

其次，庄子试图使用一种独特的言说方式来摆脱人类社会"言不尽意"的尴尬处境。《庄子》一书，所谓"寓言十九，重言十七，卮言日出，和以天倪"①。这是因为庄子"以天下为沉浊，不可与庄语"，世人沉溺于"小辩"，难以与之讨论"大言"（庄语），所以他"以卮言为曼衍，以重言为真，以寓言为广"②，或以寄托之言（寓言）彰明语言的工具性质，或以重复之言（重言）突出语言的芜杂特点③，或以无心之言（卮言）暗示语言的随意自由，故意通过"谬悠之说，荒唐之言，无端崖之辞"④，把读者对语言本身的注意和信任转移到对所寓之意的领悟上来。德国哲学家雅斯贝尔斯称其为"伟大的间接言传"⑤，这是颇有见地的。

最后，庄子提出了"得意忘言"的接受方法："筌者所以在鱼，得鱼而忘筌；蹄者所以在兔，得兔而忘蹄；言者所以在意，得意而忘言。"⑥正如筌是捕鱼的工具、蹄是捉兔的工具一样，语言也只是捕

---

① 《庄子·寓言》，《庄子集释》，页947。
② 《庄子·天下》，同上，页1098。
③ "重言"，《庄子·寓言》郭象注、成玄英疏、陆德明释文都解释为"为人所重之言"，是读为"重（zhòng）言"。而郭庆藩《庄子集释》引郭嵩焘（家世父）曰："重，当为直容切。《广韵》：'重，复也。'庄生之文，注焉而不穷，引焉而不竭者是也。郭（象）云'世之所重'，作柱用切者，误。"《庄子集释》，页947。又郭嵩焘解"重言十七，所以已言也"曰："已言者，已前言之而复言也。"《庄子集释》，页949。根据庄子对语言的态度，似亦可从郭嵩焘说，"重言"读作"重（chóng）言"。
④ 《庄子·天下》，《庄子集释》，页1098。
⑤ 《德国思想家论中国》，页201，江苏人民出版社1989年版。
⑥ 《庄子·外物》，《庄子集释》，页944。

捉意识的工具和手段。言者与听者的交流,其根本目的不在于语言的碰撞,而在于思想感情的沟通。庄子的语言本体观可概括为"工具说",语言(包括文字)是外在的、可有可无的符号,一旦它们的意义、内涵、所指被提取出来,它们的形式就应该被抛弃。庄子曾感叹:"吾安得夫忘言之人而与之言哉!"他呼唤的这个人,的确是哲学信息的合乎理想的接受者,这个人完全忽视了作为外在表达的言词,却记住了内在把握到的东西。显然,庄子不仅希望有"忘言"之人能与之交谈,而且希望有读者能用"忘言"的方法阅读他不得不表述的文本。

综上所述,儒家的"言以足志,文以足言"与道家的"书不尽言,言不尽意"正好构成一对有趣的反题,既似针锋相对,却又互为补充。而这一对反题从不同的角度引发了两种影响深远的中国古代阐释学理论:由前者引申出来的"以言求志"的方法,逐渐形成一种重视文字训诂的解释传统;由后者派生出来的"得意忘言"的方法,则发展为一种重视个人内心体验的阅读传统。

四、以意逆志:意图的重建

儒家对于语言表意功能的信任在关于"诗"的定义的讨论中表现得极为充分。《尚书·尧典》揭橥出中国儒家诗论的开山纲领"诗言志"[①],认为诗歌是用语言来表达人的意志的。《史记·五帝本纪》作"诗言意"[②],也是同样的意思。这句话实际上是"言以足志"的说法在诗歌这一特殊文本上的体现,即相信语言与思想之间存在着同一性。在先秦典籍中,"诗言志"几乎是一个无须争辩的定理,一

---

① 《尚书正义》卷三,《十三经注疏》本,页131。案:《十三经注疏》本依伪《古文尚书》将此段文字划归《舜典》,据孙星衍《尚书今古文注疏》当属《尧典》。
② 《史记·五帝本纪》,页39。

个天经地义的古老观念。①

　　这个古老观念在汉儒那里得到更详细的说明，《诗大序》曰："诗者，志之所之也。在心为志，发言为诗。"②《说文解字》曰："诗，志也。志发于言。从'言'，'寺'声。""诗"与"志"古音相同，互为假借③，所以"诗"就是"言"所表达之"志"。按照闻一多先生《歌与诗》一文的考证："志与诗原来是一个字。志有三个意义：一记忆，二记录，三怀抱，这三个意义正代表诗的发展途径上三个主要阶级。""志"和"诗"的三个阶级是：一作为记诵的歌诀，二作为记事的史书，三作为抒情的诗歌④。这一论断非常精彩，抓住了中国古代诗歌的本质。不过，在"诗言志"这一特殊语境里，志和诗是应该分训的。诗是有声的志，是具有语言形态的志；志是无声的诗，是保存于观念形态中的诗。换言之，诗既是"志之所之"即诗人怀抱的意向性活动的结果，也是"志发于言"即藏在心中的记忆语言化的产物。倘若说"诗言志"之"志"还真保留着"诗即史"那种记录的含义的话，那也已经是经过主观意识内化的心灵史了。钱锺书区别"志"的字义为"言之在外者"和"意之在内者"两种，而"《诗》言志"之"志"正是后一种⑤。

　　既然诗歌能利用语言来表达诗人的意志，那么按逻辑来说，通过对诗歌语言的理解就可以知道诗人的意志。然而，这种"以言求志"的方式往往是造成误解的根源，因为诗歌语言并不仅仅是记载

---

① 如《左传·襄公二十七年》："《诗》以言志。"《礼记·乐记》："《诗》言其志也。"《荀子·儒效》："《诗》言是，其志也。"《庄子·天下》："《诗》以道志。""诗"字虽然特指专书，但在先秦，实可泛指一切诗歌。
② 《毛诗正义》卷一，页269。
③ 案：《说文解字》中"志发于言"四字，今本无，杨树达《释诗》一文据《韵会》引《说文》补入。参见朱自清《诗言志辨》引杨树达《释诗》，《朱自清古典文学论文集》，页193—194，上海古籍出版社1981年版。
④ 《闻一多全集·歌与诗》，页184—191，开明书店1948年版。
⑤ 参见《管锥编》，页173。

性或说明性的语言,诗人的意图通常不会从字面意义上直接体现出来。关于这一点,孟子有很好的辨析,而且提出了理解和解释诗义的有效办法,这就是《孟子·万章上》所载的可称为中国诗歌阐释学开山纲领的"以意逆志"说:

> 咸丘蒙曰:"舜之不臣尧,则吾既得闻命矣。《诗》云:'普天之下,莫非王土;率土之滨,莫非王臣。'而舜既为天子矣,敢问瞽瞍之非臣,如何?"曰:"是诗也,非是之谓也。劳于王事,而不得养父母也。曰:'此莫非王事,我独贤劳也。'故说诗者,不以文害辞,不以辞害志。以意逆志,是为得之。如以辞而已矣,《云汉》之诗曰:'周余黎民,靡有孑遗。'信斯言也,是周无遗民也。"①

这段著名的对话引起后世众说纷纭的解释,分歧的焦点在于对几个关键词及其之间关系的不同理解。

其一,关于"文"、"辞"、"志"的字义训释以及"不以文害辞,不以辞害志"的解说。汉代赵岐认为:"文,诗之文章,所引以兴事也。辞,诗人所歌咏之辞。志,诗人志所欲之事。……孟子言说诗者当本之(志),不可以文害其辞,文不显乃反显也,不可以辞害其志。"② 鉴于赵岐措辞比较含糊,清代焦循对此作出进一步的解释:"辞则孟子已明指'周余黎民,靡有孑遗'为辞,即'普天之下'四句为辞,此是诗人所歌咏之辞已成篇章者也。……赵氏以文为文章,是所引以兴事即篇章上之文采。如'我独贤劳',辞之志也。'莫非王臣',则辞之文也。说诗当以辞之志为本而显之。若不以意逆志,

---

① 《孟子注疏》卷九上赵岐注,《十三经注疏》本,页2735。
② 同上。

则志宜显而反不显,文不显而反显矣。文字于说诗非所取,故解为诗之文章,诗之文章即辞之文采也。"① 概括说来,这种说法以"文"为文采,以"辞"为篇章。宋代朱熹则解为:"文,字也;辞,语也。……言说诗之法,不可以一字而害一句之义,不可以一句而害设辞之志。"② 姚勉也认为:"文之为言,字也;辞之为言,句也。"③

这两种说法自然是各有其理由,但从逻辑上看,似都未能做到"义解圆足"。在《孟子》的原文中,"不以文害辞,不以辞害志"因排比句式而构成一种递进关系。倘若依赵岐等人的解说,则这种递进关系不复存在,既然"莫非王臣"是辞之文,"我独贤劳"是辞之志,那么,"害志"的并不是"辞",而是"文",这与孟子原话不合。同时,因文采而妨害篇章的说法也没有阐释学学理的依据。再者,"普天之下"四句很难称得上有文采,"周余黎民"两句虽是夸张修饰,但孟子明确将其称为"辞"而不是"文"。朱熹等人注意到这种递进关系,但将"文"、"辞"直接释为"字"、"句"或"字眼"、"辞句",似又太拘泥,难以与孟子说诗的例证相对应,因为孟子对咸丘蒙的批评并不涉及一字与一句的关系。

显然,若要对孟子这一观点作出合理圆融的解释,必须紧扣原文,并严格遵循语言学和逻辑学的基本规则。关于"文"与"辞"的含义,清代语言学家段玉裁有较为科学的解释,他在《说文解字注》中释"词"时曾涉及"不以文害辞"的理解问题:

> (许书原文:)词,意内而言外也。(段注:)有是意于内,因有是言于外,谓之词。……意者,文字之义也。言者,文字之声也。词者,文字形声之合也。……词与辛部之辞,其义迥

---

① 《孟子正义》卷一八,页640,中华书局1987年版。
② 《孟子集注》卷九,《四书章句集注》,页306,中华书局1983年版。
③ 《雪坡舍人集》卷三七《诗意序》,《豫章丛书》本。

别。辞者,说也。……犹理辜,谓文辞足以排难解纷也。然则辞谓篇章也。词者,意内而言外,从司言。此谓摹绘物状及发声助语之文字也。积文字而为篇章,积词而为辞。孟子曰"不以文害辞",不以词害辞也。①

根据段玉裁的解释,"文"就是"文字",也就是"词"(word);"辞"就是"篇章"(text);而"志"就是诗人的志向,即创作意图(intention)②。由于"词"(即"文")是"意内而言外",因而"文"有其意义,同理,由"文"积成的"辞"也有其意义。这样,三者之间的递进关系应是,由文字之义组成篇章之义,由篇章之义显示作者之志。

按照《孟子》中的对话,"以文害辞"就是断章取义的读诗方法。所谓"断章",就是不考察"辞"(text)的"终始"(context)③,把篇章割断为文字的片段,只管文字片段的意义,而不顾篇章整体的意义。这里的"文"不必仅限于个别的字眼,而应理解为整篇"辞"(text)中的一部分,可以是词,也可以是词组(words)甚至句子(sentence)。如"普天之下,莫非王土;率土之滨,莫非王臣"四句,本出自《诗·小雅·北山》,原诗全文如下:

> 陟彼北山,言采其杞。偕偕士子,朝夕从事。王事靡盬,忧我父母。溥天之下,莫非王土。率土之滨,莫非王臣。大夫不均,我从事独贤。四牡彭彭,王事傍傍。嘉我未老,鲜我方将。旅力方刚,经营四方。或燕燕居息,或尽瘁事国。或偃息在床,或不已于行。或不知叫号,或惨惨劬劳。或栖迟偃仰,或王事鞅

---

① 段玉裁《说文解字注》九篇上司部,页429—430,上海古籍出版社1988年影印经韵楼藏版。
② "志"的本义无论是"止在心上"(如闻一多考证),还是"心之所之"(如《说文》原作"从心之声"),都主主观意向。
③ 参见钱锺书《管锥编》:"而观'辞'(text)必究其'终始'(context)耳。"页170。

掌。或湛乐饮酒，或惨惨畏咎。或出入风议，或靡事不为。①

相对于全诗的"辞"来说，"普（溥）天之下"四句可以称作"文"。孤立地看，这四句"文"说的是天子对土地和臣民的绝对占有。咸丘蒙正是根据这样的理解向孟子提出疑问，既然舜为天子，为何瞽瞍还是"非臣"。然而，这四句"文"在整个诗篇"辞"的上下文（context）中另有其意义，根据这四句前后的描写，它抒发的是对于同属王臣而苦乐不均的遭遇的怨恨，即"此莫非王事，我独贤劳也"。显然，"不以文害辞"的意思就是不要拘泥于文字片段的意义来理解篇章整体的意义，换言之，理解诗歌要"考其辞之终始"，注意整个文本的上下文，不要断章取义。

按照孟子的解释，"以辞害志"就是错把篇章的言词义（meaning）当作诗人的本意（intention）。我们说，"辞"是外在的语言，"志"是内在的思想，但在诗歌里，语言和思想常常错位。正如《孟子·尽心下》所云："言近而指远者，善言也。"② 由于诗歌这一文体最"善言"，诗人常使用夸张、比喻等修辞手段，因而在篇章之义和诗人之志之间就有"近"和"远"（直接和间接）的跨度问题。比如《小雅·北山》的"辞"是说"此莫非王事，我独贤劳也"，而诗人之"志"却在于感叹"不得养父母"，"志"在"辞"义之外。诗歌的修辞手段也会使"辞"和"志"之间脱节，比如《诗·大雅·云汉》"周余黎民，靡有孑遗"两句，所言当然不是事实，而是文学描写的艺术夸张，意义另有所在，所谓"志在忧旱，灾民无孑然遗脱不遭旱灾者，非无民也"③。如果相信它的真实性，周朝真的

---

① 《毛诗正义》卷一八，页463。
② 《孟子注疏》卷一四，页2778。
③ 同上卷九上，页2735。案：焦循曰："'靡有孑遗'乃虚设之辞，谓旱灾如此，先祖若不助我恐惧，使天雨，则昊天上帝既不欲使我民有遗留，周余黎民必将饥馑饿病，无有孑遗也。"《孟子正义》卷一八，页640。

无一人存活,那就是"以辞害志"了。需要指出的是,这两句诗之所以被孟子称为"辞"而不是"文",就在于孟子把它看作独立的文本,并没有从"断章"的角度去评价,因为它和整首诗悲天悯人的描述是一致的①。显然,"不以辞害志"的意思就是说不要拘泥于篇章的言词义来理解诗人的创作意图,换言之,理解诗歌要注意"言近而指远"的特点,懂得其语言所暗示、讽喻的意义,不要把诗歌文本当作真实的历史记载。

其二,关于"意"字的训释及"以意逆志"的解说。大致有两种观点:第一种释"意"为说诗者自己的心意,如赵岐注云:"意,学者之心意也。""人情不远,以己之意逆诗人之志,是为得其实矣。"②即读者或解说者以自己的心意去体会作者的创作意图。后世的学者大多都同意这种解释③。第二种释"意"为作者的意旨,如清吴淇《六朝选诗定论缘起》云:"诗有内有外。显于外者曰文曰辞,蕴于内者曰志曰意。此意字与'思无邪'思字皆出于志,然有辨。思就其惨澹经营言之,意就其淋漓尽兴言之,则志古人之志而意古人之意,故选诗中每每以古意命题是也。汉、宋诸儒以一志字属古人,而意为自己之意。夫我非古人,而以己意说之,其贤于蒙之见也几何矣。不知志者古人之心事,以意为舆,载志而游,或有方,或无

---

① 如《大雅·云汉》"靡有孑遗"下文又云:"昊天上帝,则不我遗。"《毛诗正义》,页562。
② 《孟子注疏》卷九上,页2735。案:赵岐《孟子题辞》曰:"孟子长于譬喻,辞不迫切而意已独至。其言曰:'说诗者不以文害辞,不以辞害志。以意逆志,为得之矣。'斯言殆欲使后人深求其意,以解其文,不但施于说诗也。"《孟子注疏题辞解》,《孟子注疏》卷首,页2663。顾易生、蒋凡据此认为:"此处所谓'意',是指孟子文章之'意',即作者作品之'意',而不是读者、评说者之'意',与其注中的解释不一致。"《先秦两汉文学批评史》,页116,上海古籍出版社1990年版。然而值得注意的是,赵岐此处是在提醒读《孟子》的人要深知孟子做文章的用"意",而不是在解释"以意逆志"的"意",否则,就该说"殆欲使后人深求其意以逆其志"。可见此处与注中的解释并无"不一样"之处。
③ 如朱熹解释为:"当以己意迎取作者之志,乃可得之。"《孟子集注》卷九,页306。

方,意之所到,即志之所在,故以古人之意求古人之志,乃就诗论诗,犹之以人治人也。即以此诗论之,不得养父母,其志也;普天云云,文辞也。'莫非王事,我独贤劳',其意也。其辞有害,其意无害,故用此意以逆之,而得其志在养亲而已。"①意思是用古人作品中的意旨去推测古人的创作意图。

吴淇反对诗歌阐释的主观臆断,提倡客观的文学批评,因而颇为当代学者所吸收②。但他的解说有这样一些问题:一是常识上的不通,如敏泽所说,"因为'说《诗》者'已经了解了作者之意,再去'钩考'作者之'志'就属多余了"③;二是训诂学上的乏据,所谓"意出于志"、"意就其淋漓尽兴言之"、"以意为舆,载志而游"的说法,乃是依汉魏以后的文艺观念而臆造出来的,在先秦的典籍中找不到相关的旁证;三是理论上的缺陷,"以古人之意求古人之志"的方法看似客观,但这所谓客观的"古人之意",仍然只有通过说诗者的主观臆测才能获得,或者说这"古人之意"不过是说诗者的主观预设,仍然摆脱不了他自己批评的"以己意说之"的陷阱。退一步说,即使吴淇的说法完全正确,那也不是孟子的原意,因为他脱离了《孟子》原文的逻辑,在"文"、"辞"、"志"的三重等级中硬塞进一个"意"的等级。

倘若不将后世的文学理论观点强加于原始文本上,应该承认还是赵岐代表的传统解说最接近《孟子》的原意。不过,从知识考古的角度来看,赵岐的注解仍有两点需要补正。其一,"以意逆志"之

---

① 吴淇《六朝选诗定论》卷一《六朝选诗定论缘起·以意逆志节》,转引自郭绍虞主编《中国历代文论选》第一册,页36—37,上海古籍出版社1980年版。
② 如敏泽《中国文学理论批评史》认为这种理解"强调了'说《诗》者'评论任何作品都不应以己之意为依据,而应以作品表现的实际为依据。应该说,这一见解总的说是比较合理的。"页55,吉林教育出版社1993年版。顾、蒋《先秦两汉文学批评史》也吸收了吴淇观点,页116—117,上海古籍出版社1990年版。
③《中国文学理论批评史》,页55。

"意"字,似可据段玉裁的说法训为"测度"①,因为《孟子》一书"意"字仅二见,除了"以意逆志"之外,另一见于《离娄上》"我不意子学古之道,而以铺啜也"②,"意"正可训为"测度"。换言之,在《孟子》一书中,凡是有关主观意识的概念都使用"心"、"志"等字,而不使用"意"字。当然,由于测度是由说诗者发出的,所以"意"也可引申为说诗者的"己意"。其二,"逆"字,除了据《说文》训为"迎"外,还可从《玉篇》训为"度"③,或从《周礼》郑玄注训为"钩考"④。《论语·宪问》:"不逆诈,不亿不信。"⑤"逆"和"亿"二字都是揣度猜测之义,"亿"就是"意",孟子的"意逆"用法正与此相同。我作此补正的理由在于,孟子是在谈《诗》的阐释方法问题,如果把"以意逆志"解为"以己意迎取作者之志",那么仅仅意味着读者和作者之间的心灵接触,理解和解释还未开始,所以不能说"是为得之"。真正的理解和解释有待于"测度"和"钩考"。

根据以上的辨析,孟子关于"说诗者"应遵循的阐释原则和应采用的阐释方法,就可按照原文顺序串讲如下:解说《诗》的人,不要因为文字片段的意义而妨害对篇章整体的意义的理解,不要因为篇章整体的言词义而妨害对作者创作意图的理解;应该采用设

---

① 《说文解字》"意,志也。从心音,察言而知意也",段注:"志即识,心所识也。意之训为测度,为记。训测者,如《论语》'毋意毋必'、'不逆诈,不亿不信'、'亿则屡中',其字俗作億。训记者,如今人云记忆是也,其字俗作憶。"《说文解字注》十篇下心部,页502,上海古籍出版社1988年影印经韵楼藏版。
② 《孟子注疏》卷七下,页2723。
③ 《玉篇·辵部》:"逆,……迎也,度也。"《字典汇编》第11册,页50,国际文化出版公司1993年版。案:《周易·说卦》"是故《易》,逆数也",韩康伯注:"作《易》以逆睹来事。"也是测度之意。
④ 《说文解字》:"逆,迎也。"《周礼·地官司徒·乡师》"以逆其役事",郑玄注:"逆,犹钩考也。"《周礼注疏》卷一一,页713,《十三经注疏》本。
⑤ 《论语注疏》卷一四《正义》曰:"此章戒人不可逆料人之诈,不可亿度人之不信也。"页2512。

身处地的测度方法来考察作者的创作意图,这样才能获得《诗》的本义。

我们要追问的是,如何来判定"说诗者"理解与解释的有效性呢?如何才能避免"意逆"不成为"臆断"呢?根据《孟子》一书的上下文,"以意逆志"的方法大致有这样一个伦理学和心理学的前提,即所谓"人情不远",就是儒家主张的共同人性,或曰审美的共同性。孟子相信:"口之于味也有同耆(嗜)焉,耳之于声也有同听焉,目之于色也有同美焉。至于心,独无所同然乎?心之所同然者何也?谓理也义也。圣人先得我心之所同然耳。"[①]正是这种"心之所同然"才使得读者设身处地的推测成为可能且变得有效,而"同然"植根于"理"、"义",即一般规律和常识。比如,依据常识可知"周余黎民,靡有孑遗"肯定不是事实,从而可推导作者之志另有所指。正如张伯伟所论述的那样,"以意逆志"与孟子"推扩此心"的思维方式是一致的[②]。

"以意逆志"的提出,主要是反对"断章取义"和"以诗为史"两种诠释倾向。前一种倾向的毛病在于过于随便,完全不顾《诗》的本旨;后一种倾向的毛病又在于过分认真,把诗歌文本与历史文本完全混同起来。

"断章取义"源于春秋以来赋《诗》明志之风,赋《诗》者在外交、政治等场合以及著书立说时,往往借取《诗》中的部分章句来表述自己的意见,甚至孟子本人也常用"赋《诗》断章"的方法来阐明观点。在这种情况下,《诗》的章句成了没有背景和语境的抽象格言,这些脱离了文本和作者的格言,就像从鸟身上拔下来的羽毛一样。赋《诗》者尽可如工艺家一样,凭其喜好任意用羽毛来

[①] 《孟子注疏》卷一一《告子上》,页2749。
[②] 张伯伟《中国古代文学批评方法研究》第一章《以意逆志论》,页3—15,中华书局2002年版。

装饰衣帽,倘若他硬要充作说《诗》者,就好比生物学家试图凭借片羽来断定整只鸟的形态状况,那就非常荒谬了。孟子有时尽管也会"以文害辞",比如以"忧心悄悄"言孔子,以"肆不殄厥愠,亦不陨厥问"言文王①,但那只是"引诗",所以他申明"说《诗》者不以文害辞",就是强调在解说诗歌本旨时所应持的严肃态度。事实上,后来就有不少学者混淆了"引诗"和"说诗"的区别,《孟子》中的咸丘蒙是如此,汉代的《韩诗外传》更是如此。当然,由断章取义的引诗方法发展为诗无达诂的阐释观念,形成中国历史上影响深远的多元化诠释传统,自有重要的理论价值,不过,就追求文本的本旨以及诠释的有效性来看,断章取义是毫不可取的。

"以诗为史"则与上古诗的功能有关。文字产生前的"诗言志",所言乃是藏于心中的记忆,凭记忆口耳相传;文字产生后的"诗言志",则用文字记载取代记忆,而诗便用来记事。在散文产生之前,很可能"诗即史"。然而,至少在殷周之际,诗与史已开始分流,而与歌开始结合。诗虽然仍有记事的功能,但显然加进了抒情的成分。古希腊哲学家亚里士多德有句名言:"历史学家描述已发生的事,而诗人却描述可能发生的事。"②这句话虽讲的是希腊史诗与历史书的区别,却也可借用来说明先秦诗歌和史志的差异。在《诗》的文本里,作者采用的是异于历史学家的叙述立场,如"周余黎民,靡有孑遗",不过是夸张的"虚设之辞",即"可能发生的事",倘若读者带着读史的态度,把这两句诗看成是"已发生的事",那就大错特错了。所以孟子特别指出,不能相信诗人辞章的表面意义,而应该

---

① 《孟子·尽心下》:"《诗》云:'忧心悄悄,愠于群小。'孔子也。'肆不殄厥愠,亦不陨厥问。'文王也。"页2775。
② 亚里士多德《诗学》第九章,转引自朱光潜《西方美学史》上册,页73,人民文学出版社1979年版。

推测其心灵之"所趋"。当然,孟子曾说过"《诗》亡然后《春秋》作"的话①,论者有理由相信他具有"诗即史"的观念,不过,他说的《诗》与《春秋》的相通之处包括其褒贬美刺的社会功能,并非仅指其记事的立场一致。更何况先秦时期"史"的概念并不仅限于真实地记载已发生的事,即要求记"事",而不要求记"实"。在"文胜质则史"之类的说法中,可知"史"也有修饰浮夸的"虚设之辞"②。遗憾的是,在春秋以来诗与史的界限日趋分明的情况下,由于受到古代史学观念的强大影响,这种将诗歌文本当作真实的历史文本来理解从而导致"以辞害志"的现象,仍在阐释学领域中如"隔日疟"一般广泛流行,汉儒牵合《春秋》释《国风》自是如此,宋儒比照唐史解杜诗同出一源,清儒各种编年注本的毛病亦不例外。

值得一提的是,作为中国古代阐释学的开山纲领,"以意逆志"的说诗方法绝非简单的"意图论"三字可以概括。事实上,孟子这一学说中含有极丰富的互相对立的阐释学因子,具有极富弹性的理论空间。一方面,他肯定作者之志是一切阐释的目标,提倡一种所谓"意图论的阐释学";而另一方面,他实现这一目标的手段却依赖于读者的主观推测,这就意味着承认不同读者的推测都具有合法性,从而成为一种"多元论的阐释学"。一方面,他看出诗歌文本不同于历史文本的虚拟之处,即"诗非史";另一方面,他这种眼光又得益于对诗人历史背景的了解,从而包含着"诗即史"的阐释学思路。正因如此,尽管孟子主张"不以文害辞,不以辞害志",但后世"害辞"、"害志"的注释者及其辩护者偏偏从孟子那里寻找理论依据,不仅"以

---

① 《孟子注疏》卷八《离娄下》,页2727。
② 如《孟子·离娄下》:"其事则齐桓、晋文,其文则史。"《论语·雍也》:"文胜质则史。"《仪礼·聘礼记》:"辞多则史。"《韩非子·难言》:"捷敏辩给,繁于文采,则见以为史。"《韩非子·说难》:"米盐博辩,则以为多而史之。"

意逆志"被借为"断章取义"的幌子①,而且本来有关"尚友之道"的"知人论世"之说,也被扯进阐释领域,当作"以诗为史"的护照②。

五、知言知人:理解的循环

语义学的分析往往有助于我们弄清中国文学批评史中一些似是而非的概念。比如"志"与"意"二字,汉儒常通用,后世谈艺者亦多不加分别。而当我们仔细辨析春秋至战国前期诸子著述中的用例时,就可发现"志"与"意"的含义其实有较大的差异。

"志"的字形"从心之",会意心之所之,即一种精神的走向,指抱负、志向、信念、欲望、情怀,有强烈的意向性,是主体人格的显现,与伦理学层面的政治教化相关。而"意"的字形则"从心音",会意心之音,即一种心灵的语言,指思维、推测、记忆、认知、体验,是认识世界的产物,与哲学层面的现象本体相关。

在儒家著作《论语》和《孟子》中,表示抱负志向之义的"志"字分别为17例和44例,而"意"字分别仅有1例和2例,且均为推测之义③。有趣的是,在道家著作《老子》中也只有"志"字而无"意"字,不过,儒道两家对"志"的态度却截然不同,孔孟一再倡

---

① 如卢文弨《校本韩诗外传序》:"诗无定形,读诗者亦无定解。试观公卿所赠答,经传所援引,各有取义,而不必尽符乎本旨,则三百篇犹夫三千也。《外传》所称,亦曷有异哉!善读者融会而贯通之,将孔子所谓'告往知来',孟子所谓'以意逆志',举可于斯观焉尔。"《抱经堂文集》卷三,《四部丛刊》本。
② 如何永绍《昌谷集注序》:"夫诗近《春秋》,属词比事。注诗者远于时地,唯知人论世而后著其是非邪正之辨焉。其以昌谷诗为诗史者,无论其诗之得如少陵不得如少陵,归之于史则一而已。"《李贺诗歌集注》,页379,上海人民出版社1977年版。
③ 参见《论语逐字索引》、《孟子逐字索引》,香港中文大学中国文化研究所编,商务印书馆(香港)有限公司1995年版。案:此处未统计作为文字记载含义的"志"或《志》》字。

导"志"的强化,所谓"匹夫不可夺志"①;而老子却极力主张"志"的弱化,所谓"弱其志"②。同时,孔孟所说的"志"多有强烈的道德内容,如"志于仁"、"志于道"、"志于学",等等,老子所说的"志"则是一般的欲望、情怀,如"不可以得志于天下"、"强行者有志",等等。

而在《庄子》一书中,"意"字的用例大为增加,而且由推测之义引申为思想之义,大多与认识世界的命题相关。换言之,"意"字大多有一个对象,如前文已引"可以意致者"、"意之所随者"。正如"志"字的含义可以在道家著作中得到旁证一样,"意"字的用法在儒家著作中也完全相同,《易传》所谓"圣人之意"指的正是圣人仰观俯察后获得的对世界的认识,而无论是形而上之"道",还是形而下之"器",都是"意"所致或所随的对象。

由此可见,"言以足志"与"言不尽意"这一对相反的命题其实并无多少交涉。前者是说语言可以充分展示自己内心的主观愿望和想法,后者是说语言难以真正穷尽自己对世界的认识和体验。换言之,"志"涉及的是伦理学层面的"德"的问题,可以通过语言来展现,所以说"有德者必有言,有言者不必有德"③。而"意"涉及的是哲学层面的"知"的问题,难以一一和语言对应,所以说"知者不言,言者不知"④。进一步而言,"德"所关涉的是人之道,即人性问题;"知"所关涉的是物之道,即本体问题。这样,儒家所说的"逆志"其实相当于"知人",道家所说的"得意"其实意味着"得道"。"得意"者可以"忘言",超越语言,直契本体,而"知人"者却不得不"知言",通过语言来判断人性。

---

① 《论语注疏》卷九《子罕》,页2491。
② 《老子注》三章,《诸子集成》第3册,页2。
③ 《论语注疏》卷一四《宪问》,页2510。
④ 《庄子·天道》:"意之所随者,不可以言传也,……则知者不言,言者不知,而世岂识之哉!"可见"意"与"知"的关系。

作为本体论阐释学的"得意忘言"前文已作论述，而作为人本主义阐释学的"以意逆志"却还大有探讨的余地，特别是其阐释目的和手段"知人"、"知言"之间的位置互换，构成颇有中国特色的阐释学循环。

孔子曾经指出："不知言，无以知人也。"① 因为言辞是人品的表现，所以通过分析言辞，也可以了解其人的品质。这一过程可简化为"知言→知人"。用这个方法，孔子可以知道"巧言令色，鲜矣仁"②。然而，孔子又是凭什么来断定一个人的言辞是"巧言"呢？难道仅仅根据其言辞有文采吗？孔子不是也主张"修饰""润色"吗？当孔子声称"有德者必有言，有言者不必有德"时，显然是意识到"言"与"德"之间有可能脱节，这既有语言与思想分离的问题，也包括语言与行为错位的问题。也就是说，一个人不仅可能想一套，说一套，还可能说一套，做一套。所以，在这种情况下，孔子察知言与人之间的关系时使用的方法是"听其言而观其行"③，即通过了解一个人的品质来判断其言辞的性质，所谓"仁者其言也讱"④，便是因为知其人为"仁"，故知其言为"讱"。这个过程可简化为"知人→知言"。这样一来，孔子的整个阐释理论便形成了一个首尾衔接的圈：如果要了解一个人的人品，必须先考察他的言辞；而要判断一个人的言辞，又必须先知道他的人品。这个圈可称之为"理解的循环"（understanding circle）。

孟子也相信通过语言分析能了解一个人的精神品质，而且对"知言"的含义作了进一步的解释：

---

① 《论语注疏》卷二〇《尧曰》，页2536。
② 同上卷一七《阳货》，页2525。
③ 同上卷五《公冶长》，页2474。
④ 同上卷一二《颜渊》，页2502。

> 诐辞知其所蔽,淫辞知其所陷,邪辞知其所离,遁辞知其所穷。①

他自诩有这样的能力,对那些偏颇的、过分的、歪曲的、晦涩的言辞都能察知其蒙蔽、欺骗、悖谬、理穷的实质。虽然言辞不一定直接和思想对应,但可以根据经验、逻辑来分析言辞,从而推断出说话者的意向性,即所谓"我闻能知其所趋也"②。这就意味着,即使语言与思想脱节,"知言者"仍可通过外在的语言形态来认识内在的思想形态,从而了解其人品。正如《周易·系辞下》所说:"将叛者其辞惭,中心疑者其辞枝,吉人之辞寡,躁人之辞多,诬善之人其辞游,失其守者其辞屈。"③在这里,"辞"与"人"的关系远比"言"与"意"的关系来得重要,语言的意义不在于表达了什么信息,而在于显示了什么性格;语言不再是运载思想的工具,而成了区别人品的标签。

需要指出的是,阐释学涉及"言辞"(口头语言)的理解和"文辞"(书面文本)的理解的问题,二者之间颇有差别。事实上,"言辞"直接出自活生生的言说者,不可避免地带有语气口吻、面部表情等因素,而听者不仅与之面对面,且处于同一场景,因而可较容易地综合各种因素而判断出言说者的人品,这就是孔子所谓"察言而观色"④。比如孔子之所以知道"巧言"者"鲜矣仁",恐怕也因领教了"令色"的缘故。理解"言辞"的过程其实就是听者和言说者之间的直接对话,而理解"文辞"的过程则只能算是隐喻意义上的读者与作者之间的间接"对话"(dialogue)。因为"文辞"以冷冰冰

---

① 《孟子注疏》卷三上《公孙丑上》,页2686。
② 同上赵岐注。
③ 《周易正义》卷八《系辞下》,页91。
④ 《论语注疏》卷一二《颜渊》,页2504。

的纸墨为媒介，没有物理的声波，只有抽象的符号，失去了与语境的联系，对话者之间横亘着不可逾越的时空距离，因此读者只能猜测而不能断定作者的真实意图和可靠人品。"心画心声总失真"，然而，"心声"多少还能根据口吻表情来辨别真假，而"心画"则很难根据字面意义来判断其诚伪。①

当孟子谈及"知言"时，实际上已将这一概念从口头语言的考察扩展到书面文本的阅读。因为"诐辞"、"淫辞"、"邪辞"、"遁辞"既可指那些实施政治阴谋的"言辞"，如宾孟誉子朝而蔽子猛，骊姬劝晋献公与申生，竖牛劝仲壬赐环之事等②，也可指那些推行异端邪说的"文辞"，如《春秋》、《左传》邪说之惑人，杨子、墨子之淫辞之害政等③。孟子对《诗经》文本《小弁》、《凯风》的解说可看作"知言"的扩展：

> 公孙丑问曰："高子曰：'《小弁》，小人之诗也。'"孟子曰："何以言之？"曰："怨。"曰："固哉！高叟之为诗也。有人于此，越人关弓而射之，则己谈笑而道之；无他，疏之也。其兄关弓而射之，则己垂涕泣而道之；无他，戚之也。《小弁》之怨，亲亲也。亲亲，仁也。固矣夫，高叟之为诗也！"曰："《凯风》何以不怨？"曰："《凯风》，亲之过小者也；《小弁》，亲之过大者也。亲之过大而不怨，是愈疏也；亲之过小而怨，是不可矶也。愈疏，不孝也；不可矶，亦不孝也。"④

---

① 元好问《论诗三十首》之六："心画心声总失真，文章宁复见为人。高情千古《闲居赋》，争信安仁拜路尘。"《遗山先生文集》卷一一，《四部丛刊》本。案：元好问虽以"心画"、"心声"并提，而批评的实际上是心画失真，即"文章"(《闲居赋》)与"为人"(拜路尘)的错位。
② 《孟子注疏》卷三上《公孙丑上》赵岐注，页2686。
③ 焦循《孟子正义》卷六引万斯大《学春秋随笔》及己疏，页212—213。
④ 《孟子注疏》卷一二上《告子下》，页2756。

《小弁》是放臣逐子怨君父之诗，中有"何辜于天，我罪伊何"这样激切号呼的怨愤之辞。高子依照温柔敦厚的诗教，认为臣子不应当如此愤激地怨君父，所以称之为"小人之诗"。孟子则透过怨愤的文辞体会到诗人对君父的真爱，因为儒家有"诗可以怨"的传统，对于有过错的君父的怨，实出于对亲人的仁爱。也就是说，怨与不怨取决于与对象的亲疏关系，亲人有过错就应该怨，怨中体现出对亲人的忧虑和关心。他进一步比较了主题相类似的两首诗《小弁》和《凯风》，认为前者是因为亲人的过错太大，所以不得不怨，如果"不怨"就相当于视亲人为路人（愈疏），是不孝的表现；后者是因为亲人的过错较小，所以不能怨，如果"怨"就意味着对亲人意有不平（不可矶），也是不孝的表现。也就是说，由于作者的遭遇不同，其亲人的过失大小不同，因而诗中怨与不怨的感情色彩与其强烈程度大有区别。

的确，孟子的解释远比高子的简单判断更有说服力，他靠分析《小弁》的怨愤之辞、《凯风》的不怨之辞分别"意逆"出诗人的"亲亲"之志、孝子之情，做到了"不以辞害志"。可以说孟子比高子更"知言"因而也更"知人"，问题在于，他是何以知道"亲之过大"、"亲之过小"这样的区别呢？显然，他在评价这两首诗时对作者的创作背景已相当熟悉。事实上，孟子在阅读书面文辞时就非常强调了解有关作者的情况，这就是著名的"知人论世"说：

  颂其诗，读其书，不知其人，可乎？是以论其世也[1]。

阅读和理解"诗"、"书"这样的书面文辞的难度在于，读者再也无法与作者进行面对面的交谈，聆听其声音，观察其表情，只有通过文辞所表达出来的意义猜想推测。倘若文辞与思想错位，则猜想推

---

[1] 《孟子注疏》卷一〇《万章下》，页2746。

测难免误解和歪曲作者的意图。所以,要知道文辞表达的"志",必须先了解作者是什么样的人;要了解作者是什么样的人,必须先分析作者所处的时代和环境。换言之,考察时代和环境对作者的影响,就可了解其人品和思想;了解其人品和思想,就可领会文辞中蕴藏着的真实意图。值得注意的是孟子的表述,如果抛开上下文有关"尚友"的讨论,那么这段话中的"知其人"、"论其世"便成了前提,而"颂其诗"、"读其书"并理解其内容便成了目的。

这样一来,孟子有关书面文本的阐释学理论中就有可能包含了两个循环。第一个循环是前面所说"理解的循环"的扩展,这个循环的过程可以简化为:

(知文)→ 知辞 → 知志 → 知人 →(知世)→ 知人 → 知志 → 知辞 →(知文)[①]

比如孟子讲解《小弁》,他阅读"何辜于天"这样的怨愤之"辞"后,体会到作者的"亲亲"之"志",体会到"亲亲"之"志"后,判断出作者是个有孝心的"人"。而在这"以意逆志"的过程中,却有个"知人论世"的前提,即孟子已知道《小弁》的创作背景,熟悉君父迫害作者这一"大过"之"世",由此了解作者这一无辜而善良的"人",进而理解作者因"戚之"而怨之"志",从而真正读懂激切怨愤之"辞"。

由于作者及其生活的时代已成为过去,只是在文献中留下印迹,这就意味着要"知人论世",必须阅读文献。如果"文献不足征",也就无从稽考作者的身世。这就形成第二个循环,或可称之为"阅读的循环"(reading circle):阅读书面文本必须了解作者及其

[①] 案:"知文"和"知世"是可以省略的两个环节,可分别并入"知辞"和"知人"。

身世，而要了解作者及其身世又必须阅读书面文本。当然，这个循环并非在原地兜圈子，而类似一种螺旋（spiral），可以不断地追寻下去。

的确，这两种循环对于文本的理解和解释来说是摆脱不了的困境，不过，儒家学者似乎从来就对此毫不介怀，自由地穿梭于"知言"和"知人"的环行轨道中。正如海德格尔所说："决定性的不是要走出这个循环，而是要以正确的方式进入这个循环。"①孟子的"以意逆志"和"知人论世"两种方法的结合，在互为前提和预设的情况下，为正确进入循环、实现完美的理解提供了一种可能。王国维在《玉溪生诗年谱会笺序》中，以东汉郑玄的《诗经》诠释为例，说明这两种方法的结合对于文本阐释的有效性：

> 善哉，孟子之言诗也，曰："说诗者不以文害辞，不以辞害志；以意逆志，是为得之。"顾意逆在我，志在古人，果何修而能使我之所意，不失古人之志乎？此其术，孟子亦言之曰："诵其诗，读其书，不知其人可乎？是以论其世也。"是故由其世以知其人，由其人以逆其志，则古诗虽有不能解者寡矣。汉人传《诗》，皆用此法，故四家诗皆有序。序者，序所以为作者之意也。《毛序》今存，鲁诗说之见于刘向所述者，于诗事尤为详尽。及北海郑君出，乃专用孟子之法以治《诗》。其于《诗》也，有谱有笺。谱也者，所以论古人之世也；笺也者，所以逆古人之志也。故其书虽宗毛公，而亦兼采三家，则以论世所得者然也。又《毛诗序》以小雅《十月之交》、《雨无正》、《小旻》、《小宛》四篇为刺幽王作，郑君独据《国语》及纬候以为刺厉王之诗，于

---

① Martin Heidegger, *Sein und Zeit*: "Das Entscheidende ist nicht, aus dem Zirkel heraus fondern in ihn nach der rechten Weise hineinzukommen." p.153.

谱及笺，并加厘正。尔后王基、王肃、孙毓之徒，申难相承。洎于近世，迄无定论。逮同治间，函皇父敦出于关中，而毛、郑是非，乃决于百世之下。信乎论世之不可以已也。①

王国维认为，孟子的两种方法正好可以互补。郑玄所作诗谱，采用了"知人论世"的历史学方法，通过各种史籍的对勘比较，确定诗歌的写作背景；所作诗笺，则采用了"以意逆志"的语言学和文学方法，通过词语的训诂、上下文的考察，确定诗歌的文辞意义。一方面，依靠丰富的史实考证，弄清了作者的创作意图；另一方面，凭借准确的文字训诂，恢复了文本的原初话语。史实和文字相印证，意图和话语相对照，完美的诠释就这样实现。特别需要指出的是在阐释循环过程中"知世"与"知人"的相互依赖，比如《十月之交》，郑玄据《国语》等史籍判断为刺厉王之诗，然而这结论有待于文辞"皇甫艳妻"的支持，据王国维考辨，《毛诗》"艳"字，《鲁诗》作"阎"，均为"函皇父敦"之"函"的假借字。②

六、见仁见知：象喻性文本

当孟子提倡"逆志"、"论世"时，他心目中的诗歌肯定属于某一个特定的诗人，具有非常明确的创作意图，并与历史有相当深的瓜葛。《诗》所言之"志"，不光有伦理层面的意向性的因素，还有历史层面的记载性的成分。在《孟子》一书所引用或论及的36例诗中，从体制

---

① 《观堂集林》卷二三，《民国丛书》本，上海书店1992年版。
② 《玉溪生诗年谱会笺序》"而毛、郑是非，乃决于百世之下"句原注："……周娊犹言周姜，即函皇父之女，归于周，而皇父为作媵器者。《十月之交》'艳妻'，鲁诗本作'阎妻'，皆此敦'函'之假借字。'函'者，其国或氏；'娊'者，其姓。而幽王之后，则为姜为姒，均非娊姓。郑长于毛，即此可证。"同上。

来看,《雅》(包括大小《雅》)、《颂》共计30例,《国风》仅6例;从写作手法来看,"赋"占了34例,"比"有2例,没有一句"兴"的例子;从内容上来看,这些句子均是有关教化的格言、政治的教训以及记载事件的史诗。我们有理由相信,孟子的"《诗》亡然后《春秋》作"的名言,暗示着他理想中的诗歌是熔美刺和记事于一炉的文本。

然而,如果诗歌的作者无从考证,而且文本中伦理意向的"志"和历史因素的"世"都淡化甚至隐没时,以意图论为基础的"理解的循环"便无法找到恰当的切入口。而不少出自春秋时代的《风》诗正是如此。

众所周知,《风》诗与《雅》、《颂》相比,史诗的成分明显减少,"由《击鼓》、《绿衣》以至《蒹葭》、《月出》,是'事'的色彩由显而隐,'情'的韵味由短而长"[①]。与之相对应,是"赋"的手法递减而"比兴"的手法递增,特别是"兴",几乎是《风》诗的专利。"赋"的特点是"敷陈其事而直言之",因而以赋为主的作品有很强的记事性。"兴"的特点一是"先言他物","举诸草木鸟兽",也就是取诸物象;二是"依微以拟议",也就是所谓隐喻,因而以兴为主的作品有很强的象喻性[②]。在象喻性的《风》诗中,作者悄然隐退。正如清劳孝舆《春秋诗话》所说:

> 风诗之变,多春秋间人所作……然作者不名,述者不作,

[①] 《闻一多全集·歌与诗》,页190。
[②] 关于"赋"与"兴"的解释:朱熹《诗集传》卷一《周南·葛覃》:"赋者,敷陈其事而直言之者也。"页3;《关雎》:"兴者,先言他物以引起所咏之词也。"页1,上海古籍出版社1980年版;《毛诗正义》卷一孔颖达疏:"兴者,起也,取譬引类,起发己心。诗文诸举草木鸟兽以见意者,皆兴辞也。"页271。刘勰《文心雕龙·比兴》:"兴者,起也。附理者切类以指事,起情者依微以拟议。起情故兴体以立,附理故比例以生。"

> 何欤？盖当时只有诗，无诗人。古人所作，今人可援为己诗；彼人之诗，此人可赓为自作，期于言志而止。人无定诗，诗无定指，以故可名不名，不作而作也。①

春秋"无诗人"的原因当然并非只此，这不仅因为大多《风》诗本身就是民歌，是民间的集体创作，不属于某个具体诗人，而且因为"兴"所取之"象"是集体无意识的积淀，是上古的文化原型，是超个人的集体意象。按照孟子的意图论标准，这些因"无诗人"而难以"逆志"、无法"论世"的文本大概是不能算作"诗"的，所以"《诗》亡然后《春秋》作"的说法，并不是真的认为诗歌销声匿迹，而只是感叹符合意图论的诗歌的衰亡。

由上所述，《诗》三百篇实际上可划分为两种类型的文本：记事性文本和象喻性文本。前者以《雅》、《颂》为主，包括部分以赋为主的《国风》；后者以《风》诗为主，包括部分以兴为主的《小雅》。当然，这两种类型文本的划分主要取决于记事和象喻成分所占的比例，并非泾渭分明，有时毋宁说取决于读者的视角。比如，清章学诚在宣称"六经皆史"时，很可能是从记事性的角度去理解《诗经》；而在申明《易》之象"六艺莫不兼之"时，则可能是从象喻性的角度去看待《诗经》②。

两种不同类型的文本无形之间规定了各自有效的阐释方法。面对记事性文本游刃有余的"论世"、"逆志"的循环，在解释象喻性文本时却不免方枘圆凿，扞格不通，并往往成为穿凿附会的根源。例如郑玄的诗谱诗笺，在解释《小雅·十月之交》这样有"皇甫艳妻"一类背景提示的文本时非常有效，而在推测《秦风·蒹葭》、《陈

---

① 劳孝舆《春秋诗话》卷一，页1，《岭南丛书》本，广东高等教育出版社1996年版。
② 《文史通义新编》内篇一《易教上》，页1，《易教下》，页7，上海古籍出版社1993年版。

风·月出》这类"'事'的色彩由显而隐"的作品时则未必可靠①。显然,对待象喻性文本应另有一套异于"论世"、"逆志"的阐释学原则,而这套原则正好存在于研究"易象"之作用的《易传》之中。

要明白象喻性文本的阐释学原则,先得弄清《易》之象和《诗》之兴的关系。值得讨论的是,从纯文本形式的角度看,《周易》只有"卦"(signs)和"辞"(words),即由三画推演为六画的抽象符号以及解释这些符号的文辞,而无所谓的"象"。那么,《易》之"象"到底是指什么呢?根据《周易·系辞》中"象"字的用例以及有关解释进行分析,可知其大致有以下几种含义:

其一,现象(phenomena)或物象(visible phenomena),包括自然现象和社会现象。《周易·系辞》认为,《易》的原始符号八卦的创造源于先哲对各种现象的观察:"古者包犠氏之王天下也,仰则观象于天,俯则观法于地,观鸟兽之文,与地之宜,近取诸身,远取诸物,于是始作八卦,以通神明之德,以类万物之情。"②并从象数的角度指出:"太极生两仪,两仪生四象,四象生八卦。"③"太极"指世界的本原,"两仪"指天地,"四象"指金木水火,"八卦"指乾、坤、坎、离、震、巽、艮、兑。也就是说,八卦是由禀天地之气的金木水火四种现象派生出来的。

其二,象征(symbol)或用象征表示(symbolize)。所谓"圣人有以见天下之赜,而拟诸其形容,象其物宜,是故谓之象"④。"赜"指幽深难见的抽象的哲理,如所谓"刚理"、"柔理";"形容"指虚拟的卦象符号,如所谓"乾"、"坤";"象其物宜"指以此符号来象征事

---

① 如《蒹葭》郑笺云:"喻众民之不从襄公政令者,得周礼以教之则服。"(《毛诗正义》卷六,《十三经注疏》本,页372)而朱熹则承认:"然不知其何所指也。"(《诗集传》卷六,页76)不从郑笺,而宁存疑。
② 《周易正义》卷八《系辞下》,《十三经注疏》本,页86。
③ 同上卷七《系辞上》,页82。
④ 同上,页79。

物运动变化的规律,如以"乾"象征"阳物"的"刚理",以"坤"象征"阴物"的"柔理"。换言之,"象"是一种以富有形象性的符号象征抽象哲理的方法。

其三,征象,迹象(sign, indication),即卦象和卦辞所表达或暗示的自然变化和人事休咎的征兆。所谓"见乃谓之象",韩康伯注:"兆见曰象。"① 所谓"爻象动乎内",孔颖达疏:"兆数见于卦也。"②《周易》的目的在于认识和解释万事万物的变化规律:"圣人设卦观象,系辞焉而明吉凶,刚柔相推而生变化。是故吉凶者,失得之象也;悔吝者,忧虞之象也;变化者,进退之象也;刚柔者,昼夜之象也。"③ 设卦和系辞是为了显示出自然与人生各种复杂而隐微的迹象。

其四,形象,意象(image),指显示概念的成套的原型意象,包括实象(情)和假象(伪)。先哲通过形象来暗示思想,通过卦象来指代形象,所谓"圣人立象以尽意,设卦以尽情伪"(即前文所说相当于"立象以尽意,设卦以尽象")。以"乾"卦为例,卦象辞曰:"天行健,君子以自强不息。"其中"天行健"就是圣人所立之象,而"自强不息"就是"天"之象欲尽之意④。据《周易·说卦》,"乾为马"、"为首"、"为天"、"为君",等等,"乾"的符号就是圣人所设之卦,而"马"、"首"、"天"、"君"等就是乾卦所指代的各种实象假象。可见,"乾"卦符号中的"刚理"概念是通过一组具有刚强的、男性的特征的原型意象显示出来的。

其五,模仿,效法(imitate),远古先哲模仿自然而建立人类的文

---

① 《周易正义》卷七《系辞上》,页82。
② 同上卷八《系辞下》,页86。
③ 同上卷七《系辞上》,页76。
④ 同上卷一"乾":"象曰:天行健,君子以自强不息。"孔颖达疏:"虽有实象假象,皆以义示人,总谓之象也。天行健者,谓天体之行,昼夜不息,周而复始,无时亏退,故云天行健。此谓天之自然之象。君子以自强不息,此以人事法天所行,言君子之人用此卦象自强勉力,不有止息。"页14。

明,所谓"天垂象,见吉凶,圣人象之",前一"象"字是现象,后一"象"字是模仿。而《周易》的原始文本更是来自对天地万物的仿效。《周易·系辞》一再强调这一点:"是故《易》者,象也。象也者,像也。彖者,材也。爻也者,效天下之动者也。"① "爻也者,效此者也;象也者,像此者也。"② "像"就是相似③,引申为模仿。可以说,模仿意义上的"象"是先哲创造《周易》文本所使用的最基本的方法。

其六,模范(abstract model),理式(ideal)。卦象所表示的形象是一种虚拟假设的形象,存在于想象之中,相对于客观具体的物象来说,它算得上是一种抽象的理念的模式。所谓"以制器者尚其象",无非是说,制造具体的形器,须得模仿爻卦之象,"若造弧矢,法睽之象;若造杵臼,法小过之象"④。显然,睽、小过之象在制器者的眼中是弧矢、杵臼的理念形式。换言之,弧矢、杵臼是形而下之器,睽、小过之象是形而上之道。"象事知器"⑤,大抵也是这个意思。《周易·系辞》中常以"法"、"象"对举⑥,互文见义,而"法"的含义正是"模范"⑦。

总括《周易·系辞》中"象"字的各种用法,大致可归属于两大义项:

一种是从相似得义,如象征、模仿、模范等。相似的两极,为符号与哲理,具象与抽象,形而下与形而上。就此意义而言,《易》

---

① 《周易正义》卷八《系辞下》,页87。
② 同上,页86。
③ 段玉裁《说文解字注》八篇上人部:"似,像也。像,似也。"页375,上海古籍出版社1988年影印经韵楼藏版。
④ 《周易正义》卷七《系辞上》:"以制器者尚其象。"孔疏:"谓造制刑器法其爻卦之象,若造弧矢,法睽之象;若造杵臼,法小过之象也。"页81。
⑤ 《周易正义》卷八《系辞下》孔疏:"观其所象之事,则知作器物之方也。"页91。
⑥ 如"成象之谓乾,效法之谓坤"、"法象莫大乎天地"、"仰则观象于天,俯则观法于地",页78、82、86。
⑦ 《说文解字注》十篇上廌部"法"字注:"引伸为凡模范之偁。木部曰:'模者,法也。'竹部曰:'范者,法也。'土部曰:'型者,铸器之法也。'"页470。

之"象"是指一种哲学的隐喻,一种用符号或意象体示概念的哲学表现方式,可简称为"悬象见义"。如果我们把文字看作一种特殊的符号,把文字描写的物象看作意象,那么《诗》之比兴和《易》之象便有相当多的共同点。如钱锺书先生所说:"是'象'也者,大似维果所谓以想象体示概念。盖与诗歌之托物寓旨,理有相通。"①

另一种是从具象得义,如现象、意象、迹象等。这是《周易》"形上等级制"中的一级,与意、卦、辞属同一层次概念,如"立象以尽意,设卦以尽象,系辞以尽卦"的排列。或是《周易》"演绎的循环"中的一环,与抽象的符号和概念相对待。所谓"演绎的循环",这里是指圣人由见理而拟象而设卦、又由设卦而观象而见理的过程。而这种意义的"象",相当于《诗》由"兴"的手法使用的文字所唤起的语言形象。

更简要地说,《易》之"象"实际上包括设卦所使用的象喻方法和系辞所指示的意象系统两层意思,而这两层意思都和《诗》的"兴"有对应之处。"象"的"拟诸其形容,象其物宜"固然类似"兴"的"托事于物"、"取譬引类",《易》之爻辞的意象及其韵文形式也每与《诗》的文本相近。历代学者注意到《易》之象和《诗》之比兴的关系,明李梦阳说:"知《易》者可与言《诗》,比兴者,悬象之义也。"②陈骙《文则》:"《易》之有象,以尽其意;《诗》之有比,以达其情。文之作也,可无喻乎?"③章学诚也认为:"《易》之象也,《诗》之兴也,变化而不可方物矣;……《易》象虽包六艺,与《诗》之比兴,尤为表里。……《易》象通于《诗》之比兴。"④

由于《易》和《风》诗一样具有很强的象喻性,因而从某种意

---

① 《管锥编》第1册,页11。
② 李梦阳《空同集》卷六六《论学上篇第五》,文渊阁《四库全书》本。
③ 陈骙《文则》卷上,《四库全书》本。
④ 《文史通义新编》内篇一《易教下》,页7—9。

义上说,有关《易》的理解和解释的原则,也同样可适用于《风》诗文本。那么,什么是《周易》的阐释学原则呢?试看下面一段说明:

> 极天下之赜者存乎卦,鼓天下之动者存乎辞,化而裁之存乎变,推而行之存乎通,神而明之存乎其人。默而成之,不言而信,存乎德行。①

《易》的文本以"卦"象征着天下最幽微深远的道理,以"辞"隐喻着天下变动不居的万事万物。然而,这种象征和隐喻绝非一对一的关系,绝非有一个圈定的死义,不仅"卦"的象征极具弹性,而且"辞"的隐喻也包蕴丰富。这就意味着《易》之"卦"、"辞"的意义始终处于不断的"变"、"通"之中。换言之,《易》的真义只有在"通"和"变"的演绎中才能被揭示出来。八卦和六十四卦中的"象"不仅有旁通重叠的立体性,而且像万花筒或魔方可以变化无穷。本来,《易》一名而含三义:一是"简易",是说其卦象以六画之简单符号象征复杂的事理,其系辞以简约的语言暗示事物运动的征兆;二是"变易",是说其文本所指示之"象"、所象征之"道"不断处于变动不居之中;三是"不易",是说自然现象有其不变的客观规律,人类社会有其不变的基本法则。不过,这三义中以"变易"最为突出,是《易》这一文本区别于其他经典的最鲜明的特征,以至于有的英译本直接将其译为"变易之书"(*Book of Changes*)。由此看来,《易》实际上就是一个不确定的、变动性的因而也是开放性的文本。

显然,在这样的文本面前,任何一种意图论的阐释都只能是南

---

① 《周易正义》卷七,页83。

辕北辙，因为《易》原来就无所谓"本义"。而一切对于圣人之意的"变"、"通"领悟都取决于读《易》的人，所谓"神而明之存乎其人"，意味着《易》象蕴涵的最高智慧有待于理想读者的阐发。因此，当《周易·系辞》感叹《易》的文本"仁者见之谓之仁，知者见之谓之知"之时，与其说是指出对"道"的每一种特定领悟都有其局限，不如说是承认各种特定的理解都有其合理性。正如张隆溪所说："这句话为中国人对阐释差异的理解奠定了哲学的基础。"①

同样，那些无从判断其作者或无从判断作者意图的象喻性诗歌文本，也始终处于不确定的、变动性的状态之下。这样一来，每一个读者的理解都可能是"见仁见知"，而"诗无达诂"的现象因此而不可避免，也不必避免。

---

① 《道与逻各斯》，页284。

第二章
两汉诸儒宗经正纬

两汉时期,是中国经学高度发达的时期。所谓经学,包括传经之学和注经之学,其实就是围绕儒家经典文本的阅读与理解而形成的阐释学。汉武帝于建元五年(前136年)设置"五经博士",使儒家经典取代黄老之学而处于官方学术的主流地位。"五经"指《诗》、《书》、《礼》、《易》、《春秋》①,阐释"五经"的著作有传、说、记、章句、笺注等多种形式②。汉代经学著作多如牛毛,令人生厌,但正

---

① 汉代著作中也有"六经"的提法,如《史记·封禅书》说,汉文帝"使博士诸生刺六经作《王制》",页1382。又如《汉书·匡衡传》引衡上疏有"臣闻六经者"语,页3343。"六经"乃于"五经"外加一《乐经》,但《乐经》实无文本流传。
② "传"是权威性的解经著作的通称,如《春秋》有《公羊传》、《穀梁传》,《礼》有《丧服传》,《易》有《大传》等。"说"是汉代较晚经师口说的记录,如《尚书》有《尚书欧阳说义》,《诗》有《韩说》,《易》有《略说》等。"记"是那些经传本应载有但却没有提到的事件和学说的记录,近于史学的著述形式,如《礼》有《礼记》,《乐》有《乐记》,《书》有《五行传记》,《春秋》有《公羊杂记》等。"章句"是对经书逐章逐句进行解释的著作形式,如《书》有《欧阳章句》,《春秋》有《公羊章句》、《穀梁章句》等。"笺注"是将注文夹杂在经文中间逐字逐句进行解释的著作形式,如郑玄的《毛诗笺》、《周礼注》等。参见王葆玹《今古文经学新论》页66—72,中国社会科学出版社1997年版。

是这一套经典性文本及其衍生出的一大批诠释性著作，才使中华民族赖以安身立命的儒家文化得以代代相传。

自秦始皇统一中国以来，"别黑白而定一尊"，战国时代学术自由的空气被窒息，百家争鸣的思想原野上顿时万马齐喑。然而，尽管秦始皇"焚书坑儒"的文化专制政策以其酷烈性而受到后代（包括汉代）儒家士大夫的反复抨击，但实行思想一统乃是君主专制政治下无可回避的历史任务。正因如此，当西汉王朝取得政治上的稳定和经济上的繁盛后，统一思想的论题便再次被提出。董仲舒对策，"推明孔氏，抑黜百家"，汉武帝制诏，"罢黜百家，表章六经"。其态度虽与"焚书坑儒"截然相反，但禁绝异端、统一意志的实质则完全相同。这一切，使得阐释儒家经典文本"五经"的学术成为官方哲学，并抹上了浓厚的政治色彩。不过，汉代经学并非仅仅是专制制度的传声筒和辩护士，其灵活的阐释立场，不仅有可能接纳阴阳方术之学，而且可以衍生出限制皇权、改革制度的思路。就其阐释模式而言，既有政治的诠释（美刺）、神学的附会（谶纬），也有文字的注解（训诂）、哲理的发挥（义理）。学术争鸣在专制制度下以一种扭曲的方式通过经学传承的纷纭流派而表现出来。士大夫的文化理想和帝王的政治权势之间的配合与冲突，在汉代阐释学中打下深深的烙印。

汉代经学有今文学派和古文学派的区分，所谓"今文"，是指汉代的隶书，所谓"古文"，是指汉代以前的文字。这两大学派不仅围绕"今文经"与"古文经"的版本、文字以及真伪展开激烈论争，而且在学术观点以及学术研究的原则、方法上也有重大分歧。因而从某种意义上说，今古文学派之争就是汉代两种阐释学之争。概要说来，今文经学倾向于政治性，讲阴阳灾变，讲微言大义，往往就原典借题发挥，建立了一种"六经注我"的诠释模式。古文经学则倾向于历史主义，讲文字训诂，明典章制度，力图申说经典的原始意义,建立了一种"我注六经"的诠释模式。当然,这种区别只是相对的,今文经学亦有文字之学,讲究训诂,而古文经学亦有谶纬之说,屈从神学。其间各种阐释学理论,与其所产生的时代有密切的关系,沉积着丰厚的政治和文化的内涵。就其主要倾向而言,乃是从神学走向哲学,从训诂走向义理。

一、阴阳谶纬:神学的诠释

自汉武帝"罢黜百家,独尊儒术"起,儒家理论便开始通过经书的诠释对汉代的政治教化产生巨大的影响。但与先秦儒家"法先王"的思路有所不同,汉代经学对神学化的"天"怀有深深的敬畏和信赖。因此,汉儒在阐释经书时,往往脱离原典文本另作阴阳五行方面的发挥。在西汉居"官学"正统地位的今文经学中,这种现象尤为突出。

西汉今文经学的著述形式都是独立成书,不与经书合编,更不与经文相杂,这样著书名义上是为了尊经,实际上却保持了解经著作的独立性,使经学家享有独立思考和论辩的自由。这种解经方式,是典型的"六经注我"的方式。在今文诸经传中,《春秋公羊传》尤为重要,以治《春秋公羊传》起家的董仲舒,在其著名的今文经学著作《春秋繁露》中,借解释《春秋》的"微言大义"而淋漓尽致地阐述了"天人感应"、阴阳五行、三统循环等学说,从而建构起天人一统的神学图式,对汉代经学产生了至为重要的影响。正如《汉书·五行志》所说:"汉兴,承秦灭学之后,景、武之世,董仲舒治《公羊春秋》,始推阴阳,为儒者宗。"

董仲舒的哲学思想学术界多有论及,这里仅从阐释学的角度谈谈其治《春秋》的特点。董仲舒继承先秦儒家"正名"的传统,对《春秋》文本"谨于名伦等物"的写法特别给予重视。《春秋繁

露》有《深察名号》一篇,专门探讨名号的依据及其意义。文章指出:

> 名众于号,号其大全名也者,名其别离分散也。号凡而略,名详而目。目者,遍辨其事也;凡者,独举其大事也。享鬼神者号一曰祭。祭之散名:春曰祠,夏曰礿,秋曰尝,冬曰烝。猎禽兽者号一曰田。田之散名:春苗,秋蒐,冬狩,夏狝,无有不皆中天意者。物莫不有凡号,号莫不有散名如是。是故事各顺于名,名各顺于天。天人之际,合而为一,同而通理,动而相益,顺而相受,谓之德道。《诗》曰:"维号斯言,有伦有迹。"此之谓也。①

其所谓"凡号"相当于《荀子》所说的"共名",其所谓"散名"相当于《荀子》所说的"别名"②。董仲舒对名号的认识和区别与先秦的语言逻辑学有一致之处,但在解释名号如何产生的问题上,他却完全抛开了经验世界的"实"与"形",将名号看作是"天意"的表现。也就是说,"名号"不是由"实"决定的,而是由"天"决定的。由于天意难测,唯有圣人才能了解,因而上天所规定的名号,唯有通过圣人的宣示才能受到人们的尊重。这就是所谓"名则圣人所发天意"的命题。在董仲舒逻辑推演的因果链条上,"形"、"象"、"实"、"事"、"物"之类具体的现象世界,都排列到人类约定俗成的语言符号"名号"之后,因为"名号"直接导源于"天意"。这个"天意"接近于古希腊哲学家柏拉图所谓的"理式"(Idee),是不依存于人的意识的存在,是绝对真实的世界。在董仲舒的认识

---

① 《春秋繁露》卷一〇《深察名号第三十五》。
② 《荀子·正名》:"物也者,大共名也。……鸟兽也者,大别名也。"《荀子集解》,页419。

等级制中,"名号"(语言世界)模仿着"天意"(理式世界),"事物"(现象世界)又模仿着"名号",即所谓"事各顺于名,名各顺于天"。

问题在于,"天意"并不仅仅是一种"理式",而且具有一种令人敬畏的神圣色彩。先秦儒家的"正名",其依据不过是先王制定的礼法,其初衷不过是使后代之"实"服从先代之"名"。但在礼崩乐坏的世风中,先王礼法到底有多大的权威性就很令人怀疑,孔子一生游说诸侯,四处碰壁,原因正在于此。董仲舒的"正名",其依据则由世俗的先王礼法归结到超世俗的上天意志,"名号"因其体现了上天意志而具有神圣的权威,因而对"名号"的尊崇就不仅只有理性认同,而更应带着宗教信仰。

在董仲舒的思想体系中,"圣人所发天意"实际上就是天授意给圣人,而圣人尧、舜、禹、汤等都是古代帝王,周公摄政也是实际的帝王,而孔子本是"不王之圣",公羊学者也给他加上"素王"的名分。所以,由"天人感应"的学说很容易推导出"君权神授"的观点,从而为证明汉代专制制度的合理性提供了理论依据。

然而,董仲舒的"天人感应"并非是单向发生的,而是天的系统与人的系统之间的控制和反馈。人类社会的一切都模仿宇宙自然而形成,所以人的系统应接受天的系统的控制。如果人类社会违背了上天的意志,上天就会作出不利于人类的种种反应,"先出灾害以谴告之","又出怪异以警惧之"。于是,从董仲舒开始,今文经学中出现了"推阴阳言灾异"的解经传统。灾异说意在恐吓皇帝,使他们在权力无限膨胀的情况下能有所节制收敛,并促使他们对政治上的弊端加以注意和纠正,其实质在于以上天的权威制衡帝王的权威。

灾异说的解经传统,与其说是对五经文本进行阴阳五行的解释,不如说是以五经作为阴阳五行的权威文本去解释现实政治。不仅历史文本《春秋》、哲学文本《易经》、政治文本《尚书》、伦理文本《礼经》被借用来批判现实，而且文学文本《诗经》也被当作阴阳灾异的权威记载。文本的原典意义并不重要，经学家需要的是五经提供的宇宙秩序和历史经验，以作为政治斗争的工具。治《春秋》的董仲舒"以《春秋》灾异之变，推阴阳所以错行"[1]；治《尚书》的刘向"集合上古以来历春秋六国至秦汉符瑞灾异之记"，作《洪范五行传论》[2]；治《易》的京房"言灾异，未尝不中"[3]；治《诗经》的学者，更将《大雅》、《小雅》中嗟怨天下多灾多难的诗句来讽喻现实的灾异。汉代经学家普遍确信"道"与"天"同样重要，"天不变，道亦不变"[4]，因此，天地变异所引起的大灾害，乃是上天对人类违背"道"的原则所作出的惩罚。他们以自己信奉的经书为依据，献上弹劾为政者的奏章，展示了经书解释的一种可行性。这种以灾异思想解经的具体步骤，首先是捕捉天的异常现象作为上天警告的伦理意识，接下来对此灾异进行种种复杂的阴阳五行的术数推导，最后是把抽象的理论思想变为具体的政治措施。哀帝时李寻的对策就是典型的例子：

> 考之文理，稽之五经，揆之圣意，以参天心。夫变异之来，各应象而至，臣谨条陈所闻。……
> 臣闻五行以水为本，其星玄武婺女，天地所纪，终始所生。水为准平，王道公正修明，则百川理，落脉通；偏党失纲，则踊溢为败。《书》云："水曰润下。"阴动而卑，不失其道。天下有道，则河出图，洛出书，故河、洛决溢，所为最大。今汝、

---

[1] 《汉书·董仲舒传》，页2524。
[2] 《汉书·刘向传》，页1950。
[3] 《汉书·京房传》，页3164。
[4] 《汉书·董仲舒传》，页2519。

> 颍畎浍皆川水漂踊,与雨水并为民害,此《诗》所谓"烨烨震电,不宁不令,百川沸腾"者也。其咎在于皇甫卿士之属。唯陛下留意诗人之言,少抑外亲大臣。①

考察事物的文理,依据五经的思想,揣度圣人的心意,参照上天的意志,打通现象世界(文理)、语言世界(五经)、观念世界(圣意)、理式世界(天心)之间的界限,将其统统纳入阴阳五行的宇宙系统,从而使政治批判具有令人敬畏、不容置疑的权威性。儒生们力图使帝王相信,如果天子采纳儒家学说来施政的话,那么他就肯定不会遇到灾异。偶尔感到天地变异,接受上天的谴责,对于为政者来说则是一件荣幸的事情。

然而,当已经作出相应悔改的为政者仍旧面临灾异而不见瑞祥嘉应之时,灾异思想的破绽便暴露无遗,而言灾异者也往往受到严厉的惩罚。班固在《汉书·李寻传》中,对言灾异的经学家们作了总括评价:

> 汉兴,推阴阳言灾异者,孝武时有董仲舒、夏侯始昌,昭、宣则眭孟、夏侯胜,元、成则京房、翼奉、刘向、谷永,哀、平则李寻、田终术。此其纳说时君著明者也。察其所言,仿佛一端。假经设谊,依托象类,或不免乎"亿则屡中"。仲舒下吏,夏侯囚执,眭孟诛戮,李寻流放,此学者之大戒也。京房区区,不量浅深,危言刺讥,构怨强臣,罪辜不旋踵,亦不密以失身,悲夫!

这些经学家敢于这样冒着危险陈述自己的政治主张,无疑对"天人感应"的学说怀着坚定的信仰,而其遭遇也就有了殉道者的悲壮。

---

① 《汉书·李寻传》,页3184、3189。

灾异说固然有神学色彩，但其实质乃在于借用上天的权威来抗衡帝王的权势，制裁统治者的劣迹，其动机与效果均有值得称赞的一面。

这里使我感兴趣的并不只是灾异说的政治批判功能，而更在于它的"假经设谊，依托象类"的诠释方式。经典文本由诠释的对象转化为批判的武器，解经的目的不在于追寻准确的原义，而在于灵活地运用经书以适应现实的需要。今文经学的阐释成了一种"億度"（揣度），虽然不时能切中经书的精神，但已非对经书原文的忠实解读[①]。从灾异说与经书的关系上看，可以分为三种情况：一是以"稽之五经，揆之圣意"为主，虽多億度，仍属解经的范畴；二是确信"以参天心"之事，即脱离经书的范畴来解释阴阳五行的术数观点；三是不相信经书本义就是天意，而只是一味地把灾异思想作为政治斗争的工具。

耐人寻味的是，尽管《易经》和《尚书》较多阴阳五行的思想，但在灾异说中，作为文学文本的《诗经》却更常被儒者所引用和解释。悲天悯人的诗句成了阴阳灾变的谴告，不平则鸣的呼声成了攻击政敌的箴言。造成这一现象的原因，一方面是自春秋以来就有"赋诗断章"的传统，同时《诗》作为韵文形式的文本在五经中最易记诵，更为当政者所熟悉，便于儒者的说教；另一方面是《诗》的《大雅》、《小雅》之中，嗟怨天下灾难的诗句特别多，如《小雅》中的"昊天不傭，降此鞠讻。昊天不惠，降此大戾"[②]、"正月繁霜，我心忧伤。民之讹言，亦孔之将"[③]、"浩浩昊天，不骏其德。降丧饥馑，斩伐四国"[④]等，《大雅》中的"天降丧乱，灭我立王。降此蟊贼，稼穑卒痒"[⑤]、"王曰於乎，何辜今之人？天降丧乱，饥馑荐

[①] 《汉书·李寻传赞》"或不免乎'億则屡中'"句颜师古注曰："言仲舒等億度，所言既多，故时有中者耳，非必道术皆通明也。"页3195。
[②] 《诗·小雅·节南山》，《十三经注疏》本，页441。
[③] 《诗·小雅·正月》，页441。
[④] 《诗·小雅·雨无正》，页447。
[⑤] 《诗·大雅·桑柔》，页559。

臻"①、"瞻卬昊天,则我不惠。孔填不宁,降此大厉"②、"旻天疾威,天笃降丧。瘨我饥馑,民卒流亡"③等。其中最有代表性的是《小雅·十月之交》中的一些诗句,如"十月之交,朔日辛卯。日有食之,亦孔之丑"、"日月告凶,不用其行"、"烨烨震电,不宁不令。百川沸腾,山冢崒崩"、"高岸为谷,深谷为陵"、"艳妻煽方处"、"抑此皇父,岂曰不时"、"无罪无辜,谗口嚣嚣。下民之孽,匪降自天。噂沓背憎,职竞由人"、"天命不彻,我不敢效,我友自逸"④。

《诗经》中关于日蚀、地震、洪水、山崩等天灾的描写,往往伴随着对王者失道、纲纪紊乱、谗言无辜、徭役繁重的人祸的谴责,所以最切合言灾异的经学家们政治斗争的需要。特别是《十月之交》,写周幽王宠褒姒、任小人而造成天地变异,与西汉后期嬖姬惑主、外戚擅权、宦官乱政的政治现实非常相近,最易引起经学家的共鸣。仅以引用《十月之交》的经学家而言,就有齐诗派的翼奉,鲁诗派的刘向、刘歆、谷永、李寻、梅福等⑤。而谷永针对成帝永始二年二月星陨如雨的灾异现象,在对策时引了《小雅》、《大雅》中的其他诗句为证:

> 王者失道,纲纪废顿,下将叛去,故星叛天而陨,以见其象。……臣闻三代所以丧亡者,皆繇妇人群小,湛湎于酒。《书》云:"乃用其妇人之言,四方之逋逃多罪,是信是使。"《诗》曰:"赫赫宗周,褒姒灭之。"(《小雅·正月》)"颠覆厥

---

① 《诗·大雅·云汉》,页561。
② 《诗·大雅·瞻卬》,页577。
③ 《诗·大雅·召旻》,页579。
④ 《诗·小雅·十月之交》,页445—447。
⑤ 参见《汉书·翼奉传》,页3173;《汉书·刘向传》,页1935;《汉书·五行志》下之下载刘歆说,页1494;《汉书·谷永传》,页3444—3447;《汉书·李寻传》,页3189;《汉书·梅福传》,页2922。

德,荒沉于酒。"(《大雅·抑》)①

所引的诗句同样是警诫嬖姬外戚乱政的现实。至于东汉,君主幼弱、外戚干政的现象更为严重,所以儒者引用《十月之交》说灾异也就相当普遍。②

事实上,不只是《诗经》中的诗句,《春秋》、《尚书》、《易经》中的文句,也被经学家们用作干预现实的工具,如《汉书·五行志》多载有董仲舒《灾异之记》的文字,大致是将春秋以来的各种灾异与当时统治者的各种劣迹弊政相联系,希望以此引起汉帝对灾异的恐惧感。由于儒家"五经"的原文在不同的场合为了适应不同的需要,常常被赋予不同的意义,因时制宜,随机应变,用董仲舒的话来说,叫作"从变从义",因而便自然出现了"《诗》无达诂,《易》无达占,《春秋》无达辞"的现象③。值得注意的是,"《诗》无达诂"在后来的文学批评中渐渐被误读为"诗无达诂",成了主张走向诠释多元化的名言,而推寻其原始意义,不过是西汉今文经学家"六经注我"的灵活阐释方式的真实写照罢了。

如果说灾异思想体现了"天人感应"观念的政治批判性的话,那么,同样建立在"天人感应"基础上的谶纬之学则更多地突出了神秘化的一面。谶纬包括谶书和纬书两类文本。谶书是预言吉凶得失,尤其是预言改朝换代之事的文字、图记。谶书大约产生于秦汉之际④,从西汉末期开始,不断有"符命"问世。由于"符命"一般

---

① 《汉书·五行志》下之下,页1510—1511。
② 参见《后汉书·丁鸿传》,页1265;《后汉书·杨赐传》,页1776;等等。中华书局1982年版。
③ 《春秋繁露》卷三《精华第五》。
④ 《史记·秦始皇本纪》载燕人卢生奏录图书曰:"亡秦者胡也。"集解引郑玄曰:"胡,胡亥,秦二世名也。秦见图书,不知此为人名,反备北胡。"《史记》页252—253。王充《论衡·实知篇》谓"亡秦者胡"是《河图》之文。《论衡》页252,《诸子集成》第7册,中华书局版,此即谶书之例。

采用预言的形式,所以有"谶记"、"谶录"、"谶言"、"谶书"等名称。纬书相对于经书而言,其书以儒家经义附会吉凶祸福,预言治乱兴废。这些作品因依附于"七经"("五经"加《乐经》、《孝经》),所以有"纬"、"七经纬"、"纬书"等名称。纬书产生于秦汉之际[①],兴盛于西汉之末。在新莽和东汉时期,谶纬赢得朝廷的尊崇,谶书的权威超过了五经和《论语》,纬书的权威超过了汉人的传、说、记和章句。谶书在王莽时假托为天帝诏命之符,在东汉则假托为《河图》、《洛书》。纬书有《易纬》、《书纬》、《诗纬》、《礼纬》、《乐纬》、《春秋纬》、《孝经纬》等七纬三十五种书[②]。《四库全书总目》辨证谶和纬的异同曰:

> 儒者多称谶纬,其实谶自谶,纬自纬,非一类也。谶者,诡为隐语,预决吉凶。《史记·秦本纪》称卢生奏录图书之语,是其始也。纬者,经之支流,衍及旁义。《史记·自序》引《易》"失之毫厘,差以千里",《汉书·盖宽饶传》引《易》"五帝官天下,三王家天下",注者均以为《易纬》之文是也。盖秦汉以来,去圣日远,儒者推阐论说,各自成书,与经原不相比附。如伏生《尚书大传》、董仲舒《春秋阴阳》,核其文体,即是纬书,特以显有主名,故不能托诸孔子。其他私相撰述,渐杂以术数之言,既不知作者为谁,因附会以神其说。迨弥传弥失,又益以妖妄之词,遂与谶合而为一。然班固称"圣人作经,贤者纬之",杨侃称"纬书之类,谓之秘经;图谶之类,谓之内学;河洛之书,谓之灵篇"。胡应麟亦谓谶纬二书,虽相表里,而实不同。[③]

---

① 如李学勤《〈易纬·乾凿度〉的几点研究》认为纬书《周易乾凿度》产生于秦汉之际,文载《清华汉学研究》第一辑,清华大学出版社1994年版。
② 参见《后汉书·方术列传上·樊英传》李贤注"河洛七纬",页2721—2722。
③ 《四库全书总目》卷六《经部易类》六附,页47,中华书局1981年版。

近代中日学者研究指出，谶纬渊源于邹衍一系的齐学，汉代的谶纬之说也由以《公羊传》为中心的齐学出①。根据这个说法，董仲舒的《春秋繁露》当与纬书大有关系。就内容而言，董仲舒的阴阳五行说就与邹衍的"五德终始"说如出一辙，所以《四库全书总目》把《春秋繁露》看作纬书并非无稽之谈。事实上，不只是传《公羊》的齐学，鲁学和其他今文经学也带有谶纬的影子。尽管在成帝、哀帝之前的西汉今文经学家"莫或称谶"，"无谶一言"，"亦无谶录"②，但大多数学者推阴阳言灾异的思想与谶纬并无多大差异，虽无谶纬之名，却有谶纬之实。比如诗纬《诗推度灾》中关于政治得失与天地变化的见解，就很容易使我们联想到那些儒者言灾异的奏章，因为《十月之交》中的诗句，在这里以同样的观念被诠释："百川沸腾，众阴进；山冢崒崩，人无仰；高岸为谷，贤者退；深谷为陵，小临大。"③而东汉的樊英"习京氏（京房）《易》，兼明五经，又善风角、星算、《河》、《洛》七纬，推步灾异"④，不仅可看出灾异说和谶纬之间的关系，而且可发现儒者与术士的二位一体。尤其是东汉郗萌集图纬谶杂占为五十篇，谓之《春秋灾异》⑤，更直接把谶纬与董仲舒等人《春秋》学的灾异说混为一谈。由此可见，谶纬是汉代今文经学发展的必然归宿。

从阐释学的角度看，谶纬对两汉经学发生的影响表现在两方面：

其一，以谶纬为依据改造经学旧说，所谓"言五经者，皆凭谶为说"⑥。当统治者崇信谶纬之时，今文经学一派也不得不屈从或者主

---

① 参见葛兆光《中国思想史：七世纪前中国的知识、思想与信仰世界》页394—395引陈槃、本田成之、武内义雄诸人之说。
② 参见《后汉书·张衡传》载衡谏图纬疏，页1912。
③ 陈乔枞《诗纬集证》卷一《诗推度灾》，《纬书集成》，页1146，上海古籍出版社影印本，1994年。
④ 《后汉书·方术列传上·樊英传》，页2721。
⑤ 《隋书·经籍志》，页941，中华书局1982年版。
⑥ 同上。

动地依附谶纬,修改其解释性著作系统,以与朝廷的意向保持一致。这种修改,称为"减省章句"或"改定章句",王莽之时,"省五经章句皆为二十万"①;东汉光武帝中元元年诏书批评"五经章句烦多,议欲减省";明帝永平元年,樊儵建议施行光武大业,"使诸儒共正经义";而章帝建初四年,更召集官员、儒生会白虎观,"讲议五经同异",章帝亲自"称制临决"②。修改的标准,是"以谶记正五经异说"③,"正五经章句,皆命从谶"。④

其二,以纬书依附于经书而另立新说,所谓"经之支流,衍及旁义"。与"六经注我"的今文经学的传、说、记、章句相比较,纬书更远离经书的原义,臆说成分大大增加,神学色彩更为浓厚。试以若干则《诗纬》对《诗经》的阐释为例:

> 及其食也,君弱臣强,故天垂象以见征。辛者,正秋之王气;卯者,正春之臣位。日为君,辰为臣。八月之日交,卯食辛矣。辛之为君,幼弱而不明;卯之为臣,秉权而为政。故辛之言新,阴气盛而阳微,主其君幼弱而任卯臣也。⑤

> 《大明》在亥,水始也;《四牡》在寅,木始也;《嘉鱼》在巳,火始也;《鸿雁》在申,金始也。⑥

> 卯,《天保》也;酉,《祈父》也;午,《采芑》也;亥,《大明》也。⑦

---

① 《论衡·效力篇》,页128。
② 《后汉书·章帝纪》,页138。
③ 《后汉书·樊儵传》,页1122。
④ 《隋书·经籍志》,页941。
⑤ 《诗纬集证》卷一《推度灾》,《纬书集成》,页1145。案:此段解说《十月之交》,周历十月为夏历八月。见《十月之交》正义,《十三经注疏》本,页445。
⑥ 《诗纬集证》卷二《氾历枢》,页1153。
⑦ 同上。

卯酉之际为革政，午亥之际为革命，神在天门，出入候听。①
　　孔子曰：《诗》者，天地之心，君德之祖，百福之宗，万物之户也。②
　　北极天皇大帝，其精生人。③
　　五精星坐，其东苍帝坐，神名灵威，仰精为青龙。④

《诗经》的文本完全成了推度灾异、测算阴阳的术数之书，其文学意义在纬书的演绎中丧失殆尽。

正因为考虑到谶纬对两汉经学的影响，我们有必要重新理解董仲舒的"《诗》无达诂，《易》无达占，《春秋》无达辞"三句话的原义。董氏这三句话之前有"所闻"二字，可见这种说法在西汉已流行，并非他自己的创见。刘向《说苑·奉使》谓"《传》曰：《诗》无通故，《易》无通占，《春秋》无通义"，"通"即"达"，"故"即"诂"，意思相同。而所谓"所闻"、"《传》曰"，很可能就是出自纬书《氾历枢》⑤。清人陈乔枞《诗纬集证》推测这段话与汉代经学家以《诗》、《易》、《春秋》合论灾异的情况有关，他指出："'《诗》无达诂'，谓有四始五际也；'《易》无达占'，谓有六日七分也；'《春秋》无达辞'，谓有三科九旨也。《汉书·翼奉传》言《易》有阴阳，《诗》有始际，《春秋》有灾异，皆列终始，推得失，考天心，以言王道之安危。翼氏称师说，以《齐诗》五际之要与《易》阴阳、《春秋》灾异并论，合于纬义。"⑥这段话大体符合西汉今文经学尤其是齐学的实际情况。也就是说，"《诗》无达诂"这一阐释学的名言，其

---

① 《诗纬集证》卷二《氾历枢》，页1154。
② 同上卷三《含神雾》，页1164。
③ 同上，页1168。
④ 同上。
⑤ 见同上卷二《氾历枢》，录自《说郛》。
⑥ 《诗纬集证》卷二《氾历枢》，页1163。

原始意义与文学阐释完全无关，它仅仅是《齐诗》学派以"四始"、"五际"的谶纬之说解释《诗经》所得出的结论①，或者说仅仅是今文经学"假经设谊，依托象类"的解经方法所产生的结果。它之所以在后世被误读，并由此引出影响深远的诗歌阐释学观念，乃是因为它提出了一种对文本的理解和解释的多元化态度，即对文本确定性意义的解构。换言之，"诗无达诂"的根源在于诗的文本的不确定性，诗的意义产生于不同的读者和解释者的理解过程中。

二、教化讽谏：政治的诠释

在两汉经学中，先秦儒家正统的礼乐精神更多地被羞言谶纬的学者们继承下来。这些学者相信，调节人伦比尊崇天命更能建立理想社会，讽喻君王比推演五行更能干预现实政治。于是，经典文本从阴阳灾异的阴影中走出来，成为纲纪人伦的教材或针砭时政的谏书。这以汉儒对《诗经》原典意义的改造最为典型。

孔子说《诗》的精神，最全面、最集中地体现在下面这段话中："小子何莫学乎《诗》？《诗》可以兴，可以观，可以群，可以怨，迩之事父，远之事君，多识于鸟兽草木之名。"②"兴"是所谓"引譬连类"，即一种联想功能，将鸟兽草木等自然物象看作人伦社会和观念世界的对应物，甚至直接看作说理喻意的工具。"观"是所谓"观风俗之盛衰"，即一种认识功能，通过读《诗》来认识社会风俗的演变，观察时政措施的得失。"群"是所谓"群居相切磋"，即一种协

---

① 案："四始"即《泛历枢》所谓"《大明》在亥，水始也；《四牡》在寅，木始也；《嘉鱼》在巳，火始也；《鸿雁》在申，金始也"。见《毛诗·关雎序》（即《诗大序》）正义引，《十三经注疏》本，页272。"五际"为《齐诗》之说，《汉书·翼奉传》"《诗》有五际"颜师古注引孟康曰："《诗内传》曰：'五际，卯、酉、午、戌、亥也，阴阳终始会之岁，于此则有变改之政也。'"《汉书》，页3173。参见《毛诗·关雎序》正义，页272。
② 《论语注疏》卷一七《阳货》，页2525。

调功能，通过学《诗》，协调群居社会中人与人之间的关系。"怨"是所谓"怨刺上政"，即一种批判功能，指斥君王，针砭时弊①。这里虽讲的是《诗》的几种政治教化功能，但也可以看作解《诗》几大基本原则。汉儒关于《诗经》的政治阐释模式，就由此生发而来，举凡《诗经》所有文本，均作"兴"、"观"、"群"、"怨"的解释。古文经学的《毛诗》自然是概莫例外，今文经学的《齐》、《鲁》、《韩》三家诗也多少具有这种倾向。

今文经学的《齐诗》本以阴阳五行见长，但该学派中仍有人坚持用儒家的教化思想说《诗》，重视礼乐对人心的潜移默化作用。如匡衡就属齐诗派，并是研究《诗经》的专家，但从《汉书》所载他的诗说来看，其引用的诗属于《国风》的有《周南·关雎》、《郑风·大叔于田》、《秦风·黄鸟》、《陈风·宛丘》、《唐风·山有枢》；属于《大雅》的有《文王》、《抑》、《皇矣》；属于《周颂》的有《闵予小子》、《桓》、《敬之》；属于《商颂》的有《殷武》等②。我们注意到，匡衡所引的诗中没有一首出自《小雅》，更未言及《十月之交》。那么，匡衡为什么不言及《小雅》呢？这可能和他的诗说倾向有关。匡衡论《诗》曰：

> 臣窃考《国风》之诗，《周南》、《召南》被贤圣之化深，故笃于行而廉于色。③
>
> 放《郑》、《卫》，进《雅》、《颂》，……然后大化可成，礼让可兴也。④
>
> 《传》曰："审好恶，理情性，而王道毕矣。"能尽其性，然

---

① 以上关于"兴"、"观"、"群""怨"的解释，参见何晏《论语集解》，页2525。
② 参见《汉书·匡衡传》，页3335—3344；《汉书·郊祀志》，页1255—1256。
③ 《汉书·匡衡传》，页3335。
④ 同上，页3337。

后能尽人物之性；能尽人物之性，可以赞天地之化。①

《诗》始《国风》，《礼》本《冠》、《婚》。始乎《国风》，原情性而明人伦也。②

孔子论《诗》以《关雎》为始，言太上者民之父母，后夫人之行不侔乎天地，则无以奉神灵之统而理万物之宜。……此纲纪之首，王教之端也。③

显然，匡衡的诗说是以纲纪人伦、教化情性为主要内容。他认为，孔子编纂《诗经》之所以把《国风》放在首位，是因为其中的《周南》、《召南》表现出来的情性是笃实廉贞的；他之所以要"放《郑》、《卫》，进《雅》、《颂》"，是因为前者放荡不羁，情性不正，后者礼义温恭，可以效法。总之，《诗经》是匡衡教化民众情性、实现王道政治的思想工具。特别需要指出的是，匡衡面对元、成两朝的女宠之祸，不是用《十月之交》中描写女宠引发日蚀地震等灾异的诗句去警告统治者，而是用《关雎》中"美后妃之德"的诗句去规劝统治者，反面的恐吓变为正面的诱导，神学的"臆度"变为伦理的诠释。

燕人韩婴所传《诗经》，分为《内传》和《外传》，估计分别包含两方面的内容。一方面，韩婴精通《易》学，以《易》授人，并著有《韩氏易传》两篇④，因此其说《诗》很可能夹杂有阴阳五行之类的东西。而这些内容很可能糅合在现已失传的《韩诗内传》中。东汉儒士薛汉"世习《韩诗》，父子以章句著名"，"尤善说灾异谶纬"⑤，可以证明这一点。另一方面，《韩诗》中也有大量的以《诗》成教化、正风俗、行讽谏的内容，这在今存的《韩诗外传》中保留

---

① 《汉书·匡衡传》，页3339。
② 同上，页3340。
③ 同上，页3342。
④ 参见《汉书·儒林列传·韩婴传》，页3613—3614；又见《汉书·艺文志》，页1703。
⑤ 参见《后汉书·儒林列传·薛汉传》，页2573。

得很完整。兹举数例如下：

> 《传》曰：不仁之至忽其亲，不忠之至倍其君，不信之至欺其友。此三者，圣王之所杀而不赦也。《诗》曰："人而无礼，不死何为？"

> 《传》曰：所谓士者，虽不能尽备乎道术，必有由也；虽不能尽乎美者，必有处也。言不务多，务审所行而已。行既已尊之，言既已由之，若肌肤性命之不可易也。《诗》曰："我心匪石，不可转也；我心匪席，不可卷也。"

> 《传》曰：君子洁其身，而同者合焉；善其音，而类者应焉。马鸣而马应之，牛鸣而牛应之。非知也，其势然也。故新沐者必弹冠，新浴者必振衣，莫能以己之皭皭，容人之混污然。《诗》曰："我心匪鉴，不可以茹。"

> 孔子曰："君子有三忧：弗知，可无忧与？知而不学，可无忧与？学而不行，可无忧与？"《诗》曰："未见君子，忧心惙惙。"①

其解《诗》特点，仍然是将诗句作为自己观点的印证，所谓"假经设谊"，不过灾异谶纬的推演被政教义理的阐释所代替，毕竟与原始儒家的教化思想更有共同之处。

《鲁诗》已失传，其具体内容不得而知，但从《汉书》的记载来看，最正统的鲁诗学者大致继承了孔门诗教的精神。班固评价《齐》、《鲁》、《韩》三家诗，以为"咸非其本义"，相比较而言，"鲁最为近之"②。也就是说，《鲁诗》较《齐》、《韩》两家诗相对更接近《诗经》原典的意义，相对较符合孔子提倡的"兴"、"观"、"群"、"怨"的学

---

① 《韩诗外传》卷一，《四部丛刊》本。
② 《汉书·艺文志》，页1708。

《诗》原则。如韦氏家族以治《鲁诗》称,其先韦孟为楚元王傅,数次作诗讽谏楚元王;韦贤治《诗》兼治《礼》,应该是以礼乐观念解《诗》;韦玄成作诗自劾责,又作诗戒子孙,正是有取于《诗经》纲纪人伦的精神①。更典型的是治《鲁诗》的王式。王式为昌邑王师,昭帝死后,昌邑王即位,因行淫乱被废,昌邑群臣皆下狱诛,唯有王吉、龚遂以数谏减死论。王式系狱当死,使者责问:"师何以亡谏书?"式对曰:"臣以《诗》三百五篇朝夕授王,至于忠臣孝子之篇,未尝不为王反复诵之也;至于危亡失道之君,未尝不流涕为王深陈之也。臣以三百五篇谏,是以亡谏书。"②显然,王式把《诗经》当作政治性的"谏书",当作君王行为的规范。和王式同事昌邑王的龚遂,同样把《诗经》作为引导君王实行王道政治的教科书。③

不过,从今文经学三家诗的解经方式来看,他们似乎并未真正想去追寻《诗经》的本义(作者的意图或文本显示出来的意义),而只是借用《诗经》的权威话语来证明自己的政治主张。换言之,与其说是他们在阐释《诗经》,不如说是用《诗经》来阐释他们。无论是以《诗》论阴阳术数,还是以《诗》言教化讽谏,无论是"取《春秋》",还是"采杂说","咸非其本义"。

从严格的意义上说,只有古文经学的《毛诗》才是对《诗经》原典文本的真正理解和诠释,即使《毛诗》的诠释在今天看来似乎问题很多,但从《毛诗》学者的阐释立场和方法来看,他们挖掘和开发《诗经》文本的原始意义的努力无疑是真诚的。与三家诗相比,《毛诗》更多地抛弃了神学谶纬的色彩,与孔门诗教的关系最为密切。《毛诗序》的观点,虽然未必是由孔子而传子夏,由子夏而传

---

① 参见《汉书·韦贤传》,页3101—3115。
② 《汉书·儒林列传·王式传》,页3610。
③ 《汉书·昌邑王贺传》载龚遂谏昌邑王:"大王诵《诗》三百五篇,人事浃,王道备,王之所行中《诗》一篇何等也?"页2766。

毛公，但《毛诗序》、毛《传》、郑《笺》说诗的精神方向，无疑是源于周秦旧说、师承孔门诗教的。《毛诗》坚持了先秦儒家以礼乐诗书调节社会秩序、教化人的情性的传统，继承并发挥了孔子"兴"、"观"、"群"、"怨"的诗学观点。

《毛诗》于五经中与《礼》、《书》二经关系较密，于《春秋》三传中与《左传》观点接近。以《毛诗序》（《诗大序》）所论为例：

其一，"诗者，志之所之也，在心为志，发言为诗"[1]，这种说法已见于《尚书·尧典》的"诗言志"[2]，以及《荀子·儒效》的"《诗》言是，其志也"[3]。

其二，"情动于中而形于言，言之不足故嗟叹之，嗟叹之不足故永歌之，永歌之不足，不知手之舞之，足之蹈之也"[4]，《尚书·尧典》有类似的说法，所谓"歌永言"[5]。

其三，"情发于声，声成文，谓之音"[6]，《礼记·乐记》有相同的论述，所谓"情动于中，故形于声，声成文，谓之音"[7]。

其四，"治世之音安以乐，其政和；乱世之音怨以怒，其政乖；亡国之音哀以思，其民困"[8]，与《礼记·乐记》所言一字不差[9]。而其言政治、风俗与诗歌音乐的关系，似乎也受到《左传·襄公二十九年》季札观乐一段议论的启示[10]。

其五，"诗有六义焉：一曰风，二曰赋，三曰比，四曰兴，五曰

---

[1] 《毛诗正义》卷一，页269。
[2] 《尚书正义》卷三，页131。
[3] 《荀子集解》卷四《儒效》，页133。
[4] 《毛诗正义》卷一，页270。
[5] 《尚书正义》卷三，页131。
[6] 《毛诗正义》卷一，页270。
[7] 《礼记正义》卷三七，页1527。
[8] 《毛诗正义》卷一，页270。
[9] 《礼记正义》卷三七，页1527。
[10] 《春秋左传正义》卷三九，页2006—2008。

雅,六曰颂"①,这种说法源于《周礼·春官宗伯·大师》:"教六诗:曰风,曰赋,曰比,曰兴,曰雅,曰颂。"②

其六,"发乎情,止乎礼义"③,即《礼记·经解》所谓"温柔敦厚,诗教也"④。

《毛诗序》对"四始"的解释也继承了孔子说《诗》的精神,并集中代表了汉儒政教性解经的倾向:"是以一国之事,系一人之本,谓之风;言天下之事,形四方之风,谓之雅。雅者,正也,言王政之所由废兴也。政有小大,故有小雅焉,有大雅焉。颂者,美盛德之形容,以其成功告于神明者也。是谓四始。"郑玄笺云:"始者,王道兴衰之所由。"⑤这种解释与《氾历枢》中的"水始"、"木始"、"火始"、"金始"的"四始"完全不同,而接近于《史记·孔子世家》的说法:"《关雎》之乱以为《风》始,《鹿鸣》为《小雅》始,《文王》为《大雅》始,《清庙》为《颂》始。"⑥《史记》作者司马迁习鲁诗,而《毛诗序》一开头就说《关雎》是"《风》之始也"⑦,与《史记》如出一辙。考虑到齐诗学派的匡衡也说过"《诗》始《国风》"、"孔子论《诗》以《关雎》为始"的话,我们有理由相信《毛诗序》的说法来自先秦儒家的《诗》论,是今文学派(《鲁诗》、《齐诗》可能也包括《韩诗》)和古文学派共同信奉的权威观点。只不过今文学派说《诗》往往"取《春秋》,采杂说",加进些阴阳五行、灾异谶纬的内容,而《毛诗》则基本上把诠释局限在政治伦理的范

---

① 《毛诗正义》卷一,页271。
② 《周礼注疏》卷二三,页796。
③ 《毛诗正义》卷一,页272。
④ 《礼记正义》卷五〇,页1609。
⑤ 《毛诗正义》卷一,页272。案:孔颖达正义云:"郑(玄)答张逸云:'《风》也,《小雅》也,《大雅》也,《颂》也,此四者,人君行之则为兴,废之则为衰。'又笺云:'始者,王道兴衰之所由。'然则此四者是人君兴废之始,故谓之四始也。"
⑥ 《史记》,页1936。
⑦ 《毛诗正义》卷一,页269。

围之内,并根据汉代现实社会的需要,对"四始"的政教内涵作了特别的引申发挥。

最能体现《毛诗》的政教性阐释原则的是关于所谓《诗》的"六义"的理解。比如"风",本为"民俗歌谣"[①],《毛诗》则添加"风教"一义,尤其重视"上以风化下,下以风刺上"的教化讽谏[②]。"赋",本为"不歌而诵",《毛诗》学者却将其改造为"赋之言铺,直铺陈今之政教善恶"[③]。"比",本为譬喻,《毛诗》学者则解之为"见今之失,不敢斥言,取比类以言之"[④]。"兴",本为触物起情,《毛诗》学者则解释为"见今之美,嫌于媚谀,取善事以喻劝之"[⑤]。"雅",原为"中原之正声","颂",原为"庙堂乐章",均为音乐学概念,而《毛诗》则转换为"雅者,正也,言王政之所由废兴也","颂者,美盛德之形容"[⑥]。总之,《毛诗》学者解《诗》,无不由"美刺"二字入手,《诗》三百篇的原典意义完全被教化、讽谏二义所囊括。

以《国风》为例,本来多为民间婚姻爱情之诗,而《毛诗》均从"美刺"的角度作解释,与人伦、君主、时政联系起来。这样,《国风》就成了一部纲纪人伦、指斥君王、批评时政的政教读本。

首先,《诗》中有不少男女情思的比兴,《毛诗》都解释为夫妇人伦的风教。特别是《周南》、《召南》中的诗,基本上被理解为"后妃之德"的颂歌,男女之情都成了君妃模范夫妻的德行的体现。试以《毛诗序》(诗小序)所解为例:

> 《关雎》,后妃之德也,《风》之始也。所以风天下而正夫妇

[①] 朱熹《诗集传》卷一,页1,上海古籍出版社1980年版。
[②] 《毛诗正义》卷一,页269、271。
[③] 《周礼注疏》卷二三《春官宗伯·大师》郑玄注,页796。
[④] 同上。
[⑤] 同上。
[⑥] 《毛诗正义》卷一,页272。

也。故用之乡人焉，用之邦国焉。……是以《关雎》乐得淑女，以配君子，忧在进贤，不淫其色，哀窈窕，思贤才，而无伤善之心焉，是《关雎》之义也。①

《葛覃》，后妃之本也。后妃在父母家，则志在于女功之事，躬俭节用，服澣濯之衣，尊敬师傅，则可以归安父母，化天下以妇道也。②

《卷耳》，后妃之志也。又当辅佐君子，求贤审官，知臣下之勤劳，内有进贤之志，而无险诐私谒之心。朝夕思念，至于忧勤也。③

《樛木》，后妃逮下也，言能逮下而无嫉妒之心焉。④

《螽斯》，后妃子孙众多也。言若螽斯不妒忌，则子孙众多也。⑤

《桃夭》，后妃之所致也。不妒忌，则男女以正，婚姻以时，国无鳏民也。⑥

《兔罝》，后妃之化也。《关雎》之化行，则莫不好德，贤人众多也。⑦

《芣苢》，后妃之美也。和平则妇人乐有子矣。⑧

《汉广》，德广所及也。文王之道被于南国，美化行乎江汉之域，无思犯礼，求而不可得也。⑨

《汝坟》，道化行也。文王之化行乎汝坟之国，妇人能闵其

---

① 《毛诗正义》卷一，页269、273。
② 《周南·葛覃序》，同上，页276。
③ 《周南·卷耳序》，同上，页277。
④ 《周南·樛木序》，《毛诗正义》，页278。
⑤ 《周南·螽斯序》，同上，页279。
⑥ 《周南·桃夭序》，同上。
⑦ 《周南·兔罝序》，同上，页281。
⑧ 《周南·芣苢序》，同上。
⑨ 《周南·汉广序》，同上。

君子，犹勉之以正也。①

《麟之趾》，《关雎》之应也。《关雎》之化行，则天下无犯非礼，虽衰世之公子，皆信厚如麟趾之时也。②

《鹊巢》，夫人之德也。国君积行累功，以致爵位，夫人起家而居之，德如鸤鸠，乃可以配焉。③

《采蘩》，夫人不失职也。夫人可以奉祭祀，则不失职矣。④

《草虫》，大夫妻能以礼自防也。⑤

《采蘋》，大夫妻能循法度也。能循法度，则可以承先祖共祭祀矣。⑥

凡《周南》、《召南》之诗，不管是《关雎》的求偶，《卷耳》的怀人，《桃夭》的出嫁，还是《芣苢》的劳者之歌，《汉广》的游女之思，《汝坟》的王室之叹，都被当作"上以风化下"的典型。也不管其表达的情绪是喜是悲，是乐是怨，一律看作颂美风教之诗。在《毛诗序》的基础上，《毛传》尤其是郑笺进一步用"礼"字释《诗》，如《周南·汉广》本意只是对可望而不可即的爱情的喟叹，而郑笺却释"汉广"为"喻女之贞洁，犯礼而往，将不至也"⑦。《召南·草虫》本以草虫起兴写男女思念之情，而《毛传》则释为"卿大夫之妻待礼而行，随从君子"；郑笺更释为"草虫鸣，阜螽跃而从之，异种同类，犹男女嘉时以礼相求呼"⑧。《国风》中其他主题非常鲜明的爱情诗，无法作政治性的比附影射，《毛诗》也尽量将其纳入纲纪人

---

① 《周南·汝坟序》，《毛诗正义》卷一，页282。
② 《周南·麟之趾序》，同上，页283。
③ 《召南·鹊巢序》，同上。
④ 《召南·采蘩序》，同上，页284。
⑤ 《召南·草虫序》，同上，页286。
⑥ 《召南·采蘋序》，同上。
⑦ 《周南·汉广》"汉之广矣，不可泳思"郑笺，同上，页282。
⑧ 《召南·草虫》"喓喓草虫，趯趯阜螽"毛传、郑笺，同上，页286。

伦的范围，如《鄘风·桑中》，本是男女约会的情诗，而《序》则云："刺奔也。"《毛传》亦云："卫之公室淫乱，谓宣惠之世，男女相奔，不待媒氏以礼会之也。"①用"礼"或"非礼"的标准来评价男女的婚姻爱情。

其次，《毛诗》大大强化了孔子所说"《诗》可以怨"的一面，将不少比兴之辞都视为指斥君王之辞，即所谓"下以风刺上"。应该说，其中有一部分理解是符合作诗者本意的，如《鄘风·墙有茨》云："墙有茨，不可扫也。中冓之言，不可道也。所可道也，言之丑也。"《序》曰："《墙有茨》，卫人刺其上也。公子顽通乎君母，国人疾之，而不可道也。"郑笺云："国君以礼防制一国，今其宫内有淫昏之行者，犹墙上生蒺藜。"②又如《齐风·南山》刺齐襄公"鸟兽之行，淫乎其妹"③，《齐风·敝笱》刺鲁桓公"不能防闲文姜，使至淫乱"④，等等，这些文本中的语言本来就有讽刺意味，且能与《春秋》所载之事吻合，毛诗的解释应属原典意义。但有更多的婚恋、行役、怀人之辞，遭到政治化的曲解，正如《周南》、《召南》多被比附为"美"一样，《郑风》中的爱情诗也多被曲解为"刺"。如《郑风·山有扶苏》云："山有扶苏，隰有荷华。不见子都，乃见狂且。"显然是民间女子不得其所爱的一种怨恨之辞，而《序》云："刺忽也，所美非美然。"郑笺云："人之好美色，不往睹子都，乃反往睹狂丑之人。以兴忽好善不任用贤者，反任用小人。"⑤曲解为贤人不遇的政治牢骚。《郑风》共二十一篇，《毛诗序》标明"刺"的共十四篇，"刺"国君的就有八篇。而其中《将仲子》、《有女同车》、《山有扶苏》、《萚兮》、《狡童》等篇，明显是男女相赠答或相爱怨的内容。在毛诗

---

① 《鄘风·桑中》，《毛诗正义》卷三，页314。
② 《鄘风·墙有茨》，同上，页313。
③ 《齐风·南山》，同上卷五，页352。
④ 《齐风·敝笱》，同上，页353。
⑤ 《郑风·山有扶苏》，同上卷四，页341。

的其他《国风》中，指斥国君的"刺"也占有较大比例，如《毛诗序》言：

> 《雄雉》，刺卫宣公也。淫乱不恤国事，军旅数起，大夫久役，男女怨旷。国人患之，而作是诗。①
> 《匏有苦叶》，刺卫宣公也。公与夫人并为淫乱。②
> 《新台》，刺卫宣公也。纳伋之妻，作新台于河上而要之。国人恶之，而作是诗也。③
> 《君子偕老》，刺卫夫人也。夫人淫乱，失事君子之道，故陈人君之德，服饰之盛，宜与君子偕老也。④
> 《鹑之奔奔》，刺卫宣姜也。卫人以为宣姜鹑鹊之不若也。⑤
> 《考槃》，刺庄公也。不能继先公之业，使贤者退而穷处。⑥
> 《芄兰》，刺惠公也。骄而无礼，大夫刺之。⑦
> 《君子于役》，刺平王也。君子行役无期度，大夫思其危难以风焉。⑧
> 《扬之水》，刺平王也。不抚其民，而远屯戍于母家，周人怨思焉。⑨
> 《葛藟》，王族刺平王也。周室道衰，弃其九族焉。⑩
> 《甫田》，大夫刺襄公也。无礼义而求大功，不修德而求诸

---

① 《邶风·雄雉序》，《毛诗正义》卷二，页302。
② 《邶风·匏有苦叶序》，同上。
③ 《邶风·新台序》，同上，页311。
④ 《鄘风·君子偕老序》，同上卷三，页313。
⑤ 《鄘风·鹑之奔奔序》，同上，页315。
⑥ 《卫风·考槃序》，同上，页321。
⑦ 《卫风·芄兰序》，同上，页326。
⑧ 《王风·君子于役序》，同上卷四，页331。
⑨ 《王风·扬之水序》，同上。
⑩ 《王风·葛藟序》，同上，页332。

侯，志大心劳，所以求者非其道也。①

《载驱》，齐人刺襄公也。无礼义，故盛其车服，疾驱于通道大都，与文姜淫，播其恶于万民焉。②

《猗嗟》，刺鲁庄公也。齐人伤鲁庄公有威仪技艺，然而不能以礼防闲其母，失子之道，人以为齐侯之子焉。③

《蟋蟀》，刺晋僖公也。俭不中礼，故作是诗以闵之。欲其及时以礼自虞乐也。④

《山有枢》，刺晋昭公也。不能修道以正其国，有财不能用，有钟鼓不能以自乐，有朝廷不能洒扫，政荒民散，将以危亡，四邻谋取其国家而不知，国人作诗以刺之也。⑤

《扬之水》，刺晋昭公也。昭公分国以封沃，沃盛强，昭公微弱，国人将叛而归沃焉。⑥

《椒聊》，刺晋昭公也。君子见沃之盛强，能修其政，知其蕃衍盛大，子孙将有晋国焉。⑦

《无衣》，刺晋武公也。武公始并晋国，其大夫为之请命乎天子之使，而作是诗也。⑧

《有杕之杜》，刺晋武也。武公寡特兼其宗族，而不求贤以自辅焉。⑨

《葛生》，刺晋献公也。好攻战，则国人多丧矣。⑩

---

① 《齐风·甫田序》，《毛诗正义》卷五，页353。
② 《齐风·载驱序》，同上，页354。
③ 《齐风·猗嗟序》，同上。
④ 《唐风·蟋蟀序》，同上卷六，页361。
⑤ 《唐风·山有枢序》，同上。
⑥ 《唐风·扬之水序》，同上，页362。
⑦ 《唐风·椒聊序》，同上。
⑧ 《唐风·无衣序》，同上，页365。
⑨ 《唐风·有杕之杜序》，同上，页366。
⑩ 《唐风·葛生序》，同上。

《采苓》，刺晋献公也。献公好听谗焉。①
《蒹葭》，刺襄公也。未能用周礼，将无以固其国焉。②
《黄鸟》，哀三良也。国人刺穆公以人从死，而作是诗也。③
《晨风》，刺康公也。忘穆公之业，始弃其贤臣焉。④
《权舆》，刺康公也。忘先君之旧臣与贤者，有始而无终也。⑤
《宛丘》，刺幽公也。淫荒昏乱，游荡无度焉。⑥
《株林》，刺灵公也。淫乎夏姬，驱驰而往，朝夕不休息焉。⑦

以上诸例中，都有"刺"字出现，如果加上有"责"、"闵"、"伤"之类字眼的，那么直指君王的诗篇要占《国风》的三分之一以上。这个数量已经不少，如果加上《小雅》、《大雅》中众多的"刺宣王"、"刺幽王"、"刺厉王"的诗，数量更是惊人，这充分说明《毛诗》解《诗》对君王的"刺"远远多于"美"。

再次，《毛诗》对"《诗》可以怨"的强化还表现在批评时政、愤世嫉俗方面，即诠释比兴多用"刺时"、"闵乱"、"刺衰"、"疾乱"等词语。仅以《国风》为例，解作"刺时"者就有《邶风·静女》、《卫风·氓》、《伯兮》、《有狐》、《齐风·著》、《魏风·园有桃》、《十亩之间》、《唐风·杕杜》、《羔裘》、《鸨羽》、《陈风·东门之池》、《东门之杨》、《泽陂》，等等。此外，如《邶风·柏舟》言"仁人不遇，小人在侧"，《简兮》"刺不用贤"，《北门》"刺仕不得志"，《北风》"刺虐"，《王风·采葛》"惧谗"，《丘中有麻》"思贤"，《郑

---

① 《唐风·采苓序》，《毛诗正义》卷六，页366。
② 《秦风·蒹葭序》，同上，页372。
③ 《秦风·黄鸟序》，同上，页373。
④ 《秦风·晨风序》，同上。
⑤ 《秦风·权舆序》，同上，页374。
⑥ 《陈风·宛丘序》，同上卷七，页376。
⑦ 《陈风·株林序》，同上，页378。

风·子衿》"刺学校废",《野有蔓草》"思遇时也",等等,也都强调诗歌的现实批判作用。由此"刺时闵乱"的阐释模式出发,毛诗将本无时间性、无确定性的诗意,与特定的时间、具体的事件联系起来,以突出诗歌反映现实的功能,因此,表现一般情感的抒情诗,成了反映特定时代的纪实诗。如《邶风·静女》:"静女其姝,俟我于城隅。爱而不见,搔首踟蹰。"①分明是写一对情人相约在城隅幽会,或者用朱熹的话来说,"此淫奔期会之诗也"②,而《序》则解作"卫君无道,夫人无德",《毛传》更强为之辞,谓"以君及夫人无道德,故陈静女遗我以彤管之法,德如是,可以易之为人君之配"③。又如《唐风·绸缪》:"绸缪束薪,三星在天。今夕何夕,见此良人!子兮子兮,如此良人何!"分明是写新娘新郎相爱悦的缠绵之情,而毛诗认定"三星在天"象征"婚姻不得其时",郑笺更把"今夕何夕"这句"喜之甚而自庆之词",牵强地释为"言此夕何月之夕乎,而女以见良人,言非其时"④。又如《郑风·风雨》:"风雨凄凄,鸡鸣喈喈。既见君子,云胡不夷。"分明为夫妻或情人相逢惊喜之辞,而《序》云:"乱世则思君子,不改其度焉。"毛传云:"风且雨凄凄然,鸡犹守时而鸣喈喈然。"郑笺云:"喻君子虽居乱世,不变改其节度。"⑤总之,凡是情爱、婚姻、怀远、悼亡等人生普遍世相的咏叹,毛诗都指实为政治社会兴衰的借鉴。

由此可以看出,尽管《毛诗》学者从主观愿望上比三家诗更自觉地追寻《诗》的原典意义,而且有部分解释的确最接近真相,然而视"比兴"为"美刺"的思维模式,极大地制约了他们对原义的正确理解。不可否认,《诗》中的确存在着大量的引譬连类的"比

---

① 《邶风·静女》,《毛诗正义》卷二,页310。
② 《诗集传》卷二,页26。
③ 《毛诗正义》卷二,页310。
④ 《唐风·绸缪》,同上卷六,页364。
⑤ 《郑风·风雨》,同上卷四,页345。

兴"之辞,但《毛诗》学者对这些比兴都作教化讽谏的联想,则不仅曲解了许多优秀的爱情诗,而且限制了《诗》的多方面认识功能。所以,表面看来《毛诗》学者忠实地挖掘着《诗》三百篇固有的"风教"、"美刺"的意义和价值,但实际上他们更多的是以自己"风教"、"美刺"的观念去阐释《诗》三百篇。换言之,他们通过对《诗经》的诠释寄托了自己的政治理想,曲折地表达出一种士大夫特有的"以诗为谏"的政治关怀和"以诗为鉴"的忧患意识[1],虽然他们并没有像三家诗那样在"六经注我"的路上走得太远。

事实上,《毛诗》解释经典所表现出来的纲纪人伦、指斥君王、批评时政的三个倾向,都与汉代社会的政治状况有关。美后妃之德或刺夫人之淫,乃有感于汉代的政治痼疾女宠外戚之祸,匡衡论政常引《关雎》为证,正是出于这一点,这与《齐诗》、《鲁诗》学者引《十月之交》论灾异可谓殊途同归。刺国君淫乱暴虐、骄横无礼,乃有感于汉代自开国以来就存在的"士贱君肆"的君主专制制度,《毛诗》说《诗》多取"刺"义,与《鲁诗》学者王式以《诗》三百篇为谏书如出一辙,其目的在劝诫警告君王。至于诸多"刺时闵乱"、针砭时弊的解释,则一方面有感于汉代繁重的赋税、长期的征伐,另一方面有感于汉代的官僚选拔制度的不合理,其目的在于曲折地批评朝政,并抒发不平之鸣。总而言之,《毛诗》学者虽然在阐释方法上和三家诗有所不同,但其阐释学语境则完全一样,作为有限的、历史的存在物的人,他们不可能超越那个时代的认识限度和经验范围,因此不管他们是否主动自觉地"億度"经典,而其最终仍未能完全跳出"六经注我"的怪圈。

值得我们注意的是毛诗对《诗经》艺术语言的理解,所谓"主

---

[1] 参见胡晓明《中国诗学之精神》,页24,江西人民出版社1990年版。

文而谲谏,言之者无罪,闻之者足以戒"①,即将正面的批评化为一种婉曲隐晦的讽喻。这在后来的中国诗学中成了一条非常重要的写作原则和阐释原则。言说者(作者)把自己所要表达的政治意义隐藏于含蓄的文辞中,听者(读者)则可以通过这些文辞的暗示象征功能(引类连譬)把本义破译出来。对于汉儒来说,由于言说者和听者都处于相同的政治环境,而且具有相同的"比兴美刺"的思维模式,所以毛诗学者相信这种言说方式是非常有效的。在法律上,"主文而谲谏"的文字构不成诽谤罪;在情感上,"主文而谲谏"体现了温柔敦厚的性情;在面子上,"主文而谲谏"也让被谏的统治者有台阶可下。但从阐释学的角度看,"主文而谲谏"的说法往往将诗歌意象丰富的联想功能过分简单化,从而在貌似探幽洞微的索隐中僵化了"比兴"手法的意义和价值,它那种以政教解诗的立场,往往疑神疑鬼,穿凿附会,是造成曲解和误解的根源。不过,尽管"主文而谲谏"本来是汉儒在帝王政治权威压力下不得已采取的言说方式,用来解释周代各诸侯国言论相对自由时形成的诗歌文本未必恰切,但由于汉代以后两千年的专制制度具有基本相似的政治环境,因而它一直作为中国诗歌阐释学的基本原则之一被继承下来。

三、训诂笺注:语言的诠释

在汉语史研究学科中,两汉经学著作通常都被视为训诂学著作,而训诂学则基本上被等同于语义学(semantics)。尽管最近已有学者辨明,这是"借用训诂学母体之大名,代行语义学支子之小实",并不符合实际②,但至少有一点可以肯定,在作为综合性文本注释研究

---

① 《毛诗正义》卷一,页271。
② 冯浩菲《中国训诂学》,页1,山东大学出版社1995年版。

的训诂学中,语义学内容占有很重要的地位。由此可见,在两汉经学著作中,语义的诠释是最基本也是最重要的传统。

语义训释起源于先秦春秋以前,早在《尚书·洪范》中就已有"水曰润下,火曰炎上,木曰曲直,金曰从革,土爰稼穑"这样的训诂性语句出现[①]。到了春秋后期,各类文献中语义训释的内容大增,如《论语·颜渊》:"政者,正也。"《孟子·梁惠王下》:"从流下而忘反谓之流,从流上而忘反谓之连。"《老子》:"视之不见名曰夷,听之不闻名曰希。"[②]《庄子·齐物论》:"庸也者,用也;用也者,通也;通也者,得也。"[③]《荀子·非十二子》:"信信,信也;疑疑,亦信也。贵贤,仁也;贱不肖,亦仁也。言而当,知也;默而当,亦知也。"[④] 词义的训释包括义训与声训等多种方法。特别是《国语·周语下》记载的春秋时晋国叔向解释《诗·周颂·昊天有成命》的一段话,更体现出语义训释的成熟:

> 且其语说《昊天有成命》,颂之盛德也。其诗曰:"昊天有成命,二后受之,成王不敢康。夙夜基命宥密,於,缉熙!亶厥心肆其靖之。"是道成王之德也。成王能明文昭,能定武烈者也。夫道成命者,而称昊天,翼其上也。二后受之,让于德也。成王不敢康,敬百姓也。夙夜,恭也。基,始也。命,信也。宥,宽也。密,宁也。缉,明也。熙,广也。亶,厚也。肆,固也。靖,龢也。其始也,翼上德让,而敬百姓。其中也,恭俭信宽,帅归于宁。其终也,广厚其心,以固龢之。始于德让,中于信宽,终于固和,故曰成。[⑤]

---

① 《尚书正义》,页188。
② 《老子注》,《诸子集成》本,页7。
③ 《庄子集释·齐物论》,页70。
④ 王先谦《荀子集解·非十二子》,《新编诸子集成》本,页97,中华书局1988年版。
⑤ 《国语·周语下》,页116,上海古籍出版社1988年版。

这段话由语词的训释入手来串解诗意,用释词法和解句法系统地诠释了《昊天有成命》整首诗,表明先秦的阐释学已有深厚的训诂学基础。

两汉经学的高度繁荣导致训诂学的空前兴盛。经典文本多为先秦古籍,而到了汉代,语言和文字都有了很大的发展演变。就语言而言,由于时代变迁,地域相隔,语音语义发生了变化,有了古音今音的不同,方言雅语的区别,要读懂先秦古籍,必须借助于音义的训释。就文字而言,最早的甲骨文且不说,仅从西周到汉初这段经传典籍的写成期,就经历了籀文、古文、小篆和隶书四种形体的变化。汉初开始通行隶书,可是士大夫必读的重要典籍原都是用古文字写成的,要沟通古文字与隶书的联系,就必须依赖于文字的注释和说明。

然而,今文经学和古文经学对待语言和文字的态度却截然不同。由于今文经学所传典籍为师徒授受,用汉代通行的"今文"(隶书)书写,所以他们对文字的变化似乎并不介意,对语音语义也无多大兴趣,从而更多地把精力放在思想内容的阐发上。早期今文经学固然是"假经设谊",而汉宣帝时兴起的章句之学也仍然"咸非其本义"。所谓"章句",指"离章辨句,委曲枝派"[①],也就是在明确句读的基础上,给经典原文划分章节,概括章节大意,阐述义理。表面看来,章句注意到经典原文的语言形式,从"分文析字"、"离章辨句"入手,但实际上是在依附经文的幌子下妄加穿凿附会,把大量的谶纬内容加入解说中,从而大量的"烦言碎辞"完全吞没了经文的本义。宣帝时,夏侯建参考各家学说,"牵引以次章句,具文饰说",其叔父夏侯胜就批评说:"建所谓章句小儒,破碎大道。"[②] 到哀帝、平

---

① 《后汉书·桓谭传》"章句"李贤注,页955。
② 《汉书·夏侯胜传》,页3159。

帝之际，章句更为烦琐空疏，所谓"说五字之文，至于二三万言"，"幼童而守一义，白首而后能言"①，"一经说至百余万言"②，都是今文章句中的普遍现象。尤其是今文《尚书》学者秦恭仅解说《尧典》篇名，就用了十余万言，解说"曰若稽古"四字，也用了三万言③。显然，这些极为烦琐的解说已经完全脱离了经典原文的文字意义。

与此相对应的是古文经学的治学方式。因古文经学所依据的经典文本均由先秦文字写成，要诠释文本，首先得弄清古文字与今文字的关系，所以，凡属于古文学派的学者，都对文字表示出相当的兴趣。古文经学家对文字的重视表现在两方面：

其一，强调文字的起源独立于语言。在西汉刘安《淮南子·本经》中就有了"昔者苍颉作书而天雨粟，鬼夜哭"的传说，许慎在《说文解字叙》中更详细地叙述了文字诞生的过程："古者庖犧氏之王天下也，仰则观象于天，俯则观法于地，视鸟兽之文与地之宜，近取诸身，远取诸物，于是始作《易》八卦，以垂宪象。及神农氏结绳为治，而统其事，庶业其繁，饰伪萌生。黄帝之史仓颉，见鸟兽蹄迒之迹，知分理之可相别异也。初造书契，百工以乂，万品以察。"④不管这个过程是否完全合乎事实，有一点可以肯定，中国文字起源于"依类象形"，起源于人们对种种自然迹印的观察与模仿，不同于记录口语的拼音文字。班固和许慎都把"象形"置于"六书"之首⑤，可见在他们心目中，汉字是可以独立于语音之外的另一套符号系统。基于这一信念，古文经学家便对古籍中的文字记载有了一

---

① 《汉书·艺文志》，页1723。
② 《汉书·儒林列传赞》，页3620。
③ 《汉书·艺文志》"说五字之文，至于二三万言"颜师古注引桓谭《新论》语，页1724。
④ 《全后汉文》卷四九许慎《说文解字叙》，严可均辑《全上古三代秦汉三国六朝文》第1册，页740，中华书局1987年影印本。
⑤ 参见《汉书·艺文志》"小学"志，页1721。

种信任感和崇拜感,将它视为最接近自然的前语言的书写符号。换言之,文字并非是"道"和"意"的影子,而是"道"和"意"的一种感性显现形式。

其二,强调文字的载道功能。班固在《汉书·艺文志》关于"小学"的论述中,以为文字"宣扬于王者朝廷,其用最大"①。许慎更在《说文解字叙》中进一步指出:"盖文字者,经艺之本,王政之始,前人所以垂后,后人所以识古,故曰本立而道生,知天下之至啧而不可乱也。"②汉代小学的勃兴,正是这种观念的体现。据《汉书·艺文志》"小学"记载,与古文经学有关系的张敞、杜林、扬雄、班固等人分别传授、撰述《苍颉训纂》等书③。而属于古文的《春秋左氏传》也因"多古字古言,学者传训故而已"④。至于著名的文字学专著《说文解字》,其析形、解义、辨声读,所依据的"《易》孟氏、《书》孔氏、《诗》毛氏、《礼周官》、《春秋左氏》、《论语》、《孝经》,皆古文也"⑤。

与此相联系,古文经学家也对语言研究表示出极大兴趣。从西汉到东汉,语言学工具书有了长足发展。相传孔子门人所作的《尔雅》,因其"释六艺之言"而受到汉儒的重视⑥,《尔雅》释词所遵循的"通诂训之指归,叙诗人之兴咏,总绝代之离词,辨同实而殊号"的基本原则⑦,启发汉儒撰写适用于当代的语言词典,以作为"释六艺之言"的工具书。扬雄手执油素笔墨,遍访来京吏卒,采集各地"异俗之

---

① 参见《汉书·艺文志》"小学"志,页1721。
② 《说文解字叙》,页741。
③ 见《汉书·艺文志》,页1721。案:张敞修《春秋左氏传》,属古文学派,见《汉书·儒林列传》,页3620。杜林为张敞外孙之子,传其家学。据《汉书·扬雄传》,扬雄与刘歆友善,又为桓谭称赏,刘、桓均为古文学者,扬雄当与其同道。《后汉书·班固传》称班固为学,"不为章句,举大义而已",这是两汉古文经学的共同特征。
④ 《汉书·刘歆传》,页1967。
⑤ 《说文解字叙》,《全上古三代秦汉三国六朝文》,页741。
⑥ 《尔雅注疏·释天》邢昺疏引郑玄曰:"玄之闻也,《尔雅》者,孔子门人所作,以释六艺之言,盖不误也。"《十三经注疏》本,页2607。
⑦ 郭璞《尔雅序》,同上,页2567。

语",著《方言》一书,用活语言印证雅训经意,诠释"五经(博士们)之训所不解"的古言古语①,开辟了一条联系实际进行训诂的新途径。刘熙有鉴于"名号雅俗,各方名殊","百姓日用而不知其所以之意"②,因此撰写了《释名》这部开我国语源学之先河的专著。而古文经学大师贾逵则经常对汉章帝说,"古文《尚书》与经传《尔雅》诂训相应"③。总之,古文经学家以一种历史主义的态度对待经籍中的文字语言,力图通过训诂解决经籍中因时间上的古今异言、空间上的各方殊语造成的阅读困难,从而尽可能接近经籍的原典意义。

"训诂"原有广、狭二义,广义的训诂相当于注释、注解,凡是对文本内容的各种注释、说明、阐发甚至评价都包括在内,如西汉丁宽"作《易说》三万言,训故举大谊而已,今《小章句》是也"。"训故"就是"训诂"。据颜师古注:"故谓经之旨趣也。"④又如授鲁诗的申公,"独以《诗经》为训故以教,亡传"。颜师古注:"口说其指,不为解说之传。"⑤可见,训诂主要是对经典文本旨趣(指)的解说,包括章句的形式。狭义的训诂则特指文本的语词训释,如东汉许慎《说文解字》曰:"诂,训故言也。"⑥孔颖达解释《毛诗·周南·关雎诂训传》曰:"诂者,古也,古今异言,通之使人知也。训者,道也,道物之貌以告人也。"⑦也就是说,训诂特指对古籍中古代语词的解释。扬雄"少而好学,不为章句,训诂通而已"⑧;桓谭"遍习五经,皆诂训大义,不为章句"⑨,可见,狭义的训诂与章句是有区别的。

---

① 见《全汉文》卷五二《答刘歆书》,《全上古三代秦汉三国六朝文》,页410—411。
② 《全后汉文》卷八六刘熙《释名序》,同上,页938。
③ 《后汉书·贾逵传》,页1239。
④ 《汉书·儒林列传·丁宽传》,页3597—3598。
⑤ 《汉书·儒林列传·申公传》,页3608—3609。
⑥ 许慎《说文解字》三上"言部",页52,中华书局1979年版。
⑦ 《十三经注疏》,页269。
⑧ 《汉书·扬雄传》,页3514。
⑨ 《后汉书·桓谭传》,页955。

大致说来,今文经学的"训故",以章句为其主要形式,注重经之旨趣。而古文经学的"训诂",则以释词为主要内容,注重经之文字语言。如东汉刘陶"明《尚书》、《春秋》,为之训诂,推三家《尚书》及古文,是正文字七百余事"①。以古文经学《毛诗故训传》为例,其主要内容在于释词解句,不作脱离原文的自由发挥。其释词有义训法,例如:

(1) 专训名词:

《诗·鄘风·蝃蝀》:"蝃蝀在东。"《毛传》:"蝃蝀,虹也。"②(释以异名)

《诗·秦风·小戎》:"厹矛鋈錞。"《毛传》:"錞,镦也。"③(同类相释)

《诗·卫风·竹竿》:"桧楫松舟。"《毛传》:"桧,柏叶松身。"④(释以特征)

《诗·邶风·柏舟》:"我心匪鉴。"《毛传》:"鉴,所以察形也。"⑤(释以用处)

《诗·秦风·无衣》:"修我戈矛。"《毛传》:"戈,长六尺六寸。矛,长二丈。"⑥(释以规制)

(2) 专训动词:

《诗·周南·葛覃》:"是刈是濩。"《毛传》:"濩,煮之也。"⑦

---

① 《后汉书·刘陶传》,页1849。
② 《十三经注疏》本,页318。
③ 同上,页370。
④ 同上,页326。
⑤ 同上,页296。
⑥ 同上,页373。
⑦ 同上,页276。

(3) 专训形容词：

《诗·邶风·泉水》："娈彼诸姬。"《毛传》："娈，好貌。"①
《诗·周南·汝坟》："惄如调饥。"《毛传》："惄，饥意也。"②

(4) 专训助词：

《诗·周南·芣苢》："薄言采之。"《毛传》："薄，辞也。"③

(5) 专训叹词：

《诗·周南·麟之趾》："于嗟麟兮！"《毛传》："于嗟，叹词。"④

(6) 专训象声词：

《诗·召南·草虫》："喓喓草虫。"《毛传》："喓喓，声也。"⑤

又有声训法，例如：
(1) 以声通义：

《诗·小雅·采芑》："方叔涖止。"《毛传》："涖，临。"⑥（双声相通）

---

① 《十三经注疏》本，页309。
② 同上，页282。
③ 同上，页281。
④ 同上，页283。
⑤ 同上，页286。
⑥ 同上，页425。

《诗·小雅·巧言》:"君子信盗。"《毛传》:"盗,逃也。"①
(双声叠韵相通)

(2)明正借字:

《诗·鄘风·蝃蝀》:"崇朝其雨。"《毛传》:"崇,终也。"②
("崇"是借字,"终"是正字)

在阐明词义的基础上,《毛传》的解句也尽量忠实于原文,例如:

《诗·大雅·大明》:"明明在下,赫赫在上。"《毛传》:"文王之德明明于下,故赫赫然著见于天。"③(增补句子成分翻译)

《诗·大雅·云汉》:"上下奠瘗。"《毛传》:"上祭天,下祭地,奠其礼,瘗其物。"④(增补句子成分翻译)

《诗·邶风·二子乘舟》:"二子乘舟,泛泛其景。"《毛传》:"二子,伋、寿也。宣公为伋取于齐,女而美。公夺之,生寿及朔。朔与其母愬伋于公,公令伋之齐,使贼先待于隘而杀之。寿知之,以告伋,使去之。伋曰:'君命也,不可以逃。'寿窃其节而先往,贼杀之。伋至,曰:'君命杀我,寿有何罪?'贼又杀之。国人伤其涉危遂往,如乘舟而无所薄,泛泛然迅疾而不碍也。"⑤(介绍背景)

《诗·小雅·信南山》:"上天同云,雨雪雰雰。"《毛传》:"丰年之冬,必有积雪。"⑥(注明规律)

---

① 《十三经注疏》本,页454。
② 同上,页318。
③ 同上,页506。
④ 同上,页561。
⑤ 同上,页311。
⑥ 同上,页470。

由此可见，《毛传》无论释词还是解句，都始终围绕着《诗经》原文的语言文字展开，无论解释名物制度还是交待时代背景，都始终坚持着历史主义的阐释态度。或以今词释古词，或以雅语释俗语，或以本名释异名，或以详言释略言，试图通过诠释经典文本在文字上所具有的意义，从而最终恢复处于前文本状态的原始话语。

古文经学大师马融开创了以传附经的先例，即把自己所作注文夹杂在经文当中。孔颖达在《毛诗正义》卷一提到这件事的原委：

> 汉初为传、训者，皆与经别行。三传之文不与经连，故石经书《公羊传》皆无经文。《艺文志》云"《毛诗经》二十九卷，《毛诗故训传》三十卷"，是毛为诂训，亦与经别也。及马融为《周礼》之注，乃云"欲省学者两读，故具载本文"，然则后汉以来，始就经为注。①

这种注释形式的改变，是古文经学对经典原文尊重的必然结果。马融以前的今文学者所作传、记、章句等解经著作，都是独立成书，不与经书合编，更不与经文相混杂。这些著作从名义上说是为了尊经，实际上却保持了解经著作的独立性，使经学家有自由发挥经义的余地。正因为《公羊传》不与经连，所以董仲舒《春秋繁露》之类的著作可以任意"臆度"。而马融开创的"具载本文"的注释方式，迫使经学家必须依照经文本文逐字逐句解释，不得任作"六经注我"式的发挥。经典的意义始终局限在文字可能具有的意义的范围之内，任何解释都得有经典本文提供的语源学、文字学、历史学的依据。马融以后，郑玄发明出一种"笺注"的体裁，更进一步把注释的文字紧紧依附于经书，"笺"是"表"和"识"的意思，郑玄

---

① 《毛诗正义》卷一，页269。

解《诗》称"笺",是以为"毛(诗)学审备,遵畅厥旨,所以表明毛意,记识其事";"注"是"著"的意思,郑玄解其余诸经称"注",是"言为之界说,使其义著明也"①。就其笺《毛诗》而言,完全继承了《毛传》释词解句的训诂传统,只是注释的形式更灵活多样而已。

总之,东汉的古文经学家并不仅仅将儒家经典当作神学天命的预言或政治批判的武器,而且当作古代政治、哲学、伦理、历史的真实记录,因此,他们对儒家经典的阐释,在"古为今用"的同时,充分注意到其严肃的学术性。虽然古文经学家中并没有人提出过"《诗》有达诂"的口号,但从他们寸步不离经典原文的阐释态度来看,可以肯定他们决不会同意"《诗》无达诂"的说法,而相信必定有一个毋庸置疑的作品的本义存在,那就是他们训诂追寻的目的之所在。

先秦儒家"言以足志,文以足言"的观念在古文经学这里得到更进一步的加强。语言的表意功能受到充分信赖,而文字的权威性也得到充分肯定。扬雄《法言·问神》云:

> 君子之言,幽必有验乎明,远必有验乎近,大必有验乎小,微必有验乎著。无验而言之谓妄。君子妄乎?不妄。言不能达其心,书不能达其言,难矣哉!惟圣人得言之解,得书之体,白日以照之,江河以涤之,灏灏乎其莫之御也。面相之辞相适,捈中心之所欲,通诸人之嚍嚍者,莫如言。弥纶天下之事,记久明远,著古昔之㖟㖟,传千里之忞忞者,莫如书。故言,心声也;书,心画也。声画形,君子小人见矣。声画者,君子小人之所以动情乎!②

扬雄相信,只要言说者的态度是真实的而非虚妄的,那么任何幽、

---

① 《毛诗正义》卷一,页269。
② 《扬子法言》卷五《问神》,《四部丛刊》本。

远、大、微的思想意识都可以通过语言文字显现出来，语言文字要想不表达思想意识反而很困难。面对面的交谈可以打通人与人之间的隔阂，这是语言的功能；通过书面记载可以克服时间（古昔）、空间（千里）的障碍，这是文字的功能。反过来从理解的角度看，通过语言文字就可以充分了解言说者和写作者的思想意识。在扬雄眼里，"心"、"言"、"书"之间并不存在着等级制，在表达和理解的两个环节中，"心"、"言"、"书"可以自由地双向交流。

这种思想、语言、文字平等的观念在古文经学者的言论中普遍存在。王充《论衡·自纪》指出："夫文由（犹）语也，或浅露分别，或深迂优雅，孰为辩者？故口言以明志；言恐灭遗，故著之文字。文字与言同趋，何为犹当隐闭指意？"① 王充的本意是主张书面语言应当像口头语言一样明白易懂，不应当用"深迂优雅"的书面语言来遮蔽掩饰作者的思想。而作为他这种主张的权威依据，显然是先秦儒家"言以足志，文以足言"、"言之无文，行而不远"的传统观念。王充相信，文字像口语一样能非常澄明地表达思想，他作了一个非常形象的譬喻：当人的思想隐藏于胸中之时，"犹玉隐珠匿也"；而用语言文字将思想揭示出来时，"犹玉剖珠出乎"。所以，"高士之文雅，言无不可晓，指无不可睹"。语言文字之于思想不是"隐闭"，而是"核露"；造成"指意难睹"的并不是语言文字本身，而是使用语言时误入"深覆典雅"的歧途。王充认为，儒家经书之所以要通过训诂才能知晓，并不是因为贤圣的学问渊博（材鸿），"故其文语与俗不通"，而是因为"经传之文，贤圣之语，古今言殊，四方谈异也；当言事时，非务难知，使指闭隐也。后人不晓，世相离远，此名曰语异，不名曰材鸿"。王充本来是在阐明他的写作思想，但这里已涉及古文经学的一个重要阐释理论，即训诂的目的在于通过对

---

① 刘盼遂《论衡集解》卷三〇《自纪》，页584—585，古籍出版社1957年版。

"古今言殊"、"四方谈异"的经书文字的诠释,而最终像剖玉出珠一样"核露"(揭示)古圣先贤的"指意"。

当然,扬雄和王充算不上正统的古文经学家,不过从他们的言论来看,显然比埋头训诂五经的俗儒更深刻地理解了古文经学的精神。

在考察汉代经学时我们发现,一方面,有关经典文本的几种阐释模式分别属于不同的学派,是汉儒在特定的历史条件下(如女宠之祸,等等),借经典的理解和解释来表达自己的社会理想和学术思想的手段;另一方面,这些阐释模式一旦出现就超越了特定的时代,形成了一系列影响深远的学术传统。如由"《诗》无达诂"而引申出的"诗无达诂",由"假经设谊"而发展出的"六经注我",由"主文谲谏"而衍生出的"商度隐语",以及由"通古今异言"而建立起的训诂学,构成了中国古代文本阅读、注释和批评的基本原则。

第三章
魏晋名士谈玄辨理

东汉后期的党锢之祸以及随之而来的魏晋禅让易代,使得两汉经学赖以生存的根基彻底动摇,无论是天人灾异的恫吓,还是教化讽谏的规劝,在政治权势面前都变得苍白无力。谶纬成为改朝换代的工具,名教成为窃权弄柄的旗号,士大夫通经致用的文化理想遭到无情的嘲弄。一帮鄙弃政事或拙于政事的士大夫循着汉代非官方的异质学术传统,从老庄学说中找到一条超越现实的哲学思路。清议之士一变而为清谈之士,经术之学一变而为名理之学,由尚实而转向尚虚,由崇儒而转向崇道,其影响所至,最终成为被官方承认的"玄学"。

魏晋玄学,其特点是略于具体事物而究心抽象原理,或曰形而上学。玄学本出自两汉经学,但其经典诠释的对象和方法都有了较大变化。从对象来看,老庄的道家著作成为玄学诠释的重头戏,如王弼注《老子》,向秀、郭象注《庄子》,张湛注《列子》等;从方法来看,略训诂而重名理,略文句而贵意旨。与今文经学相比,王弼等人的解《易》抛弃了阴阳术数之学，以对象外之意的探讨取代了对卦象本身的演绎；与古文经学相比，何晏等人解《论语》的"性与天道"，也重在追寻人性的终极依据以及宇宙的深微大道，而非具体的人之行为品格或具体的天穹图像与星象的流转。换言之，与汉代经学相比，魏晋玄学的经籍解释更具有一种超越现实政治的品质，其阐释学理论和方法都更富哲学意味。

滥觞于先秦的言意之辨，在魏晋时代得到更深入的讨论。由此而生发出来的关于语言、思想与本体存在之间关系的认识，进一步在经籍诠释中得到广泛的运用，并形成一系列影响深远的阐释学原则。两汉经学的几种诠释模式，或在"言不尽意"中被颠覆，或在"得意忘言"中被解构，或被"寄言出意"所取代，或被"辩名析理"所置换。

一、言意之辨：正名与无名

魏晋玄学中最著名的阐释学论题就是"言意之辨"。正如汤用彤先生所说："玄学系统之建立，有赖于言意之辨。"[①]这是先秦儒家和道家关于语言与思想的讨论的继续，只不过论战的双方不约而同地聚焦于同一论题，"言尽意"和"言不尽意"仿佛是一场辩论会上预设的正反方。

辩论的题目出自《周易·系辞》中一段话："子曰：书不尽言，言不尽意，然则圣人之意其不可见乎？子曰：圣人立象以尽意，设卦以尽情伪，系辞焉以尽其言。"[②]其实这段话前后两个"子曰"本身就设置了正反论题。尽管如我在第一章所说，孔子从根本上说相信"圣人之意"可以通过几种符号系统的结合而表现出来，也就是说相信"言尽意"，但是断章取义者仍常常把"书不尽言，言不尽意"算在孔

[①]《言意之辨》，《汤用彤学术论文集》，页215，中华书局1983年版。
[②]《周易正义》卷七，页82。

子的名下，而无视后一个"子曰"的辩解。汉魏之际的荀粲大约是第一个"言不尽意"的提倡者，他与其兄的争论在学术史上很有意义：

> 粲诸兄并以儒术论议，而粲独好言道，常以为子贡称夫子之言性与天道，不可得闻，然则六籍虽存，固圣人之糠秕。粲兄俣难曰："《易》亦云圣人立象以尽意，系辞焉以尽言，则微言胡为不可得而闻见哉？"粲答曰："盖理之微者，非物象之所举也。今称立象以尽意，此非通于意（当作"象"）外者也；系辞焉以尽言，此非言乎系表者也。斯则象外之意，系表之言，固蕴而不出矣。"及当时能言者不能屈也。①

从这段记载可以看出，以儒学传家的荀氏家族发生了裂变，出现了独好言道的子弟。顺便说，这种裂变在汉魏之际很有代表性，如嵇康也是家世儒学而好言老庄。很有意思的是，这首例裂变正是从"言意之辨"开始的。"独好言道"的荀粲首先提出颠覆六经的观点，尽管他引《论语》为论据，但结论明显受《庄子》的影响。《庄子》中有一个著名论断："六经，先王之陈迹也。"②而轮扁斫轮的寓言故事也试图申说，所谓"圣人之言"皆是"古人之糠粕"③，荀粲"六籍虽存，固圣人之糠秕"的说法，与之如出一辙。以"儒术论议"为本的荀粲诸兄，以荀俣为代表，则以儒家"言尽意"的主张来反驳他，所引论据正是《周易·系辞》中后一个"子曰"的内容。"象"指

---

① 《三国志·魏书·荀彧传》裴松之注引《晋阳秋》载何劭《荀粲传》，页319—320，中华书局1982年版。案：《文选》卷一一孙绰《游天台山赋》"散以象外之说"李善注引《荀粲列传》粲答兄俣云："立象以尽意，此非通乎象外者也。象外之意，故蕴而不出矣。"页166，中华书局1977年影印胡克家本。《三国志》注引粲传"象外者"作"意外者"，疑误。
② 《庄子集释·天运》，页532。
③ 《庄子集释·天道》，页490—491。

《周易》的三要素之一卦象,是一种以象征的方式描述现象世界的抽象符号。荀俣的理解是,将经验世界抽象化的图像符号("象"),可以完全传达圣人对世界的认识("意"),而对卦象进行说明的文字符号("辞"),能充分表达圣人对世界的解说("言"),因此,圣人那些关于"性与天道"的精微言说是可以通过"象"和"辞"而得以闻见的。然而,荀粲则认为,圣人之"言"是"系表之言",圣人之"意"是"象外之意",是一种特殊的范畴。换言之,圣人对世界深微的认识体验,决非在图像符号所能象征的范围之内;圣人用以认识世界的语言,也超越文字符号所能运载的范围之外。所以,六经虽存,但那只是儒家思想的粗糙外表,孔子思想的真谛"性与天道"因语言文字的局限性而不可得而闻见。

概括说来,荀粲与荀俣的辩论涉及两个问题:其一,"立象"能否"尽意";其二,"系辞"能否"尽言"。这本是有关《周易》中特定的系辞、卦象和意旨关系的讨论,但由于《周易》中辞、象、意本身就是人们对现象世界的抽象概括,在认识论上具有相当的普遍性,因而在魏晋时期很快就演化为"言意之辨"和"象意之辨"两个论题。

就言意关系而言,荀粲的观点可概括为"言不尽意"。这一观点在汉末魏初尚有异端色彩,不过很快就得到一帮具有"通才达识"的名士的响应,引申到人物品评、名理辨析、诗文写作与欣赏等诸多领域。如同时代的"蒋公(济)之论眸子,钟(会)、傅(嘏)之言才性,莫不引此为谈证"[①]。到了西晋,"言不尽意"已是流行于社

---

① 见《艺文类聚》卷一九晋欧阳建《言尽意论》,页348,上海古籍出版社1982年版。案:据《三国志·魏书·荀彧传》注引何劭《荀粲传》,粲在家与诸兄论辩之后,于太和初年(227)到京邑与傅嘏谈。而《三国志·魏书·傅嘏传》谓"嘏常论才性同异,钟会集而论之"。则钟、傅所引"言不尽意"的观点,当来自荀粲的影响。《钟会传》载"中护军蒋济著论,谓'观其眸子,足以知人'",据《蒋济传》,济任中护军约在太和二年(228)冬以后,著论当更在其后。则其引"言不尽意",也在荀粲之后。《荀粲传》载,粲"所交皆一时俊杰。至葬夕,赴者裁十余人,皆同时知名士也",可见他在当时的影响。

会的普遍观点,甚至成为人们的口头禅,所谓"世之论者以为'言不尽意',由来尚矣",为世之"君子"所"雷同",而"言尽意"论者反倒成了"违众先生"①。兹举数条资料以窥一斑,如陆机《文赋序》云:"每自属文,尤见其情。恒患意不称物,文不逮意。"②卢谌《赠刘琨一首并书》曰:"《易》曰:'书不尽言,言不尽意。'然则书非尽言之器,言非尽意之具矣。况言有不得至于尽意,书有不得至于尽言邪?"③谢瞻《王抚军庚西阳集别时为豫章太守庾被征还东》诗曰:"谁谓情可书,尽言非尺牍。"④《世说新语·文学》载:"庾子嵩(庾敳)作《意赋》成,从子文康(庾亮)见,问曰:'若有意邪,非赋之所尽;若无意邪,复何所赋?'答曰:'正在有意无意之间。'"⑤在魏晋名士的眼中,"言不尽意"似乎是不言而喻的常识或无须争辩的事实,所以论文、答书、评赋都引以为据。

荀粲的另一个观点可概括为"象不尽意"。汉儒治《易》,推以阴阳数术,以建构其宇宙体系,所以认为《易》建爻象,应能尽意⑥。而荀粲则以为此所尽之意,只是象内之意,而非象外之意。对于此,魏晋名士也颇有讨论,如《世说新语·文学》注引《中兴书》载殷融著《象不尽意论》,"理义精微,谈者称焉"⑦。其论今虽不存,然而《世说新语·文学》载其从子殷浩(殷中军)在会稽王处与孙盛共论易象,妙于见形,很可能就吸收了他的观点。刘孝标注引殷浩论曰:

---

① 见欧阳建《言尽意论》。
② 《文选》卷一七,页239。
③ 同上卷二五,页358。
④ 同上卷二〇,页294,李善注引《周易》曰:"书不尽言,言不尽意。"
⑤ 余嘉锡《世说新语笺疏》,页256,上海古籍出版社1996年版。
⑥ 参看李鼎祚《周易集解》页289—292引虞翻、陆绩、侯果、崔憬之注,巴蜀书社1991年版。
⑦ 《世说新语笺疏》,页255。

> 圣人知观器不足以达变，故表圆应于蓍龟。圆应不可为典要，故寄妙迹于六爻。六爻周流，唯化所适。故虽一画，而吉凶并彰，微（疑当作"徽"）一则失之矣。拟器托象，而庆咎交著，系器则失之矣。故设八卦者，盖缘化之影迹也。天下者，寄见之一形也。圆影备未备之象，一形兼未形之形。故尽二仪之道，不与乾、坤齐妙；风雨之变，不与巽、坎同体矣。①

殷浩认为，圣人借用六爻卦象来表达对世界的认识，爻象只是圣人之意的"拟托"，只是一种象征性的符号，并不等于周流变化的世界。例如，爻象的一画，有时意味着"吉"，有时意味着"凶"，全在于"唯化所适"，不能固定其象征意义。因此，"乾"、"坤"、"巽"、"坎"等卦象，与自然界的天地运行、风雨变化不能等量齐观。换言之，这也就是前举荀粲所说"盖理之微者，非物象之所举也"，或是庾阐所说"夫至道玄妙，非器象所载；灵化潜融，非轨迹所传"②。而庾阐的《蓍龟论》，其立论的根基亦在于"象不尽意"，大致是说，蓍龟这类"器象"，只是通神之工具，妙理之标识。"且殊方之卜，或责象草木，或取类瓦石，而吉凶之应，不异蓍龟。此为神通之主，自有妙会，不由形器；寻理之器，或因他方，不系蓍龟。"③不同的地域使用不同的占卜方法和器具。由于神理自有定旨，而器象则可因俗而殊，因而可证明意不系于象（如蓍龟），而象不足以尽意。从性质上看，"象"其实是一种约定俗成的表意符号，近似于语言符号的作用，所以"象不尽意"可视为"言不尽意"的分论。

在"言不尽意"的讨论中，孔子关于"性与天道"不可企及的

---

① 《世说新语笺疏》，页238。
② 《艺文类聚》卷一一庾阐《虞舜像赞并序》，页216。
③ 同上卷七五，页1286。案：庾阐关于"殊方之卜"的讨论，可参见后文所引嵇康《声无哀乐论》关于"殊方异俗，歌哭不同"的论述。

嗟叹"成了使自身被颠覆的一道缝隙"①。在东汉初,桓谭曾据《论语·公冶长》里子贡所云"夫子之言性与天道,不可得而闻"一段话,以反对奇怪虚诞的谶纬之说,从而提倡圣人的"仁义正道"②。但从荀粲开始,却将这段话用作颠覆六经的以子之矛攻子之盾的权威言论。稍后的魏晋名士在此启发下,又发现孔子另一条可以用来解构六经的主张:"天何言哉?四时行焉,百物生焉。天何言哉?"③从此,"性与天道不可得而闻"与"天何言哉"几乎成为"言不尽意"论者两条最重要的经典论据④。

魏之何晏、王弼对此两段话的诠释颇能体现时代风气。何晏《论语集解》注"性与天道"云:

> 性者,人之所受以生也。天道者,元亨日新之道,深微,故不可得而闻也。⑤

而郑玄的注解是:"性,谓人受血气以生,有贤愚吉凶。天道,七政

---

① 《中国思想史:七世纪前中国的知识、思想与信仰世界》,页442。
② 《后汉书·桓谭传》载谭上光武帝疏曰:"观先王之所记述,咸以仁义正道为本,非有奇怪虚诞之事。盖天道性命,圣人所难言也。自子贡以下,不得而闻,况后世浅儒,能通之乎!今诸巧慧小才伎数之人,增益图书,矫称谶记,以欺惑贪邪,诖误人主,焉可不抑远之哉!"页959—960。
③ 《论语注疏》卷一七《阳货》,页2526。
④ 如西晋张韩《不用舌论》曰:"论者以为心气相驱,因舌而言。卷舌翕气,安得畅理?余以留意于言,不如留意于不言。徒知无舌之通心,未尽有舌之必通心也。仲尼云:'天何言哉?四时行焉。''夫子之文章,可得而闻也,夫子之言性与天道,不可得而闻。'是谓至精,愈不可闻。"《艺文类聚》卷一七,页318。严可均《全晋文》卷一〇七谓"韩疑翰之误"。案:《艺文类聚》卷一九晋苏彦《语箴》曰:"孔子曰:'余欲无言。'又曰:'天何言哉?'"页347。然而张韩《不用舌论》有二义:一谓道理玄妙,不可以言传;二谓人事是非,只缘多开口,所以卷舌不用。而苏彦《语箴》引孔子语,只取慎于出话之义。又如欧阳建《言尽意论》在叙述"言不尽意"的理由时亦先曰:"夫天不言,而四时行焉;圣人不言,而鉴识存焉。"
⑤ 《论语注疏》卷五《公冶长》,页2474。

变动之占也。"① 两相比较，何晏理解的"性"是人之为人的终极依据，"天道"是宇宙之为宇宙的深微大道，是本体论的问题，不同于郑玄"贤愚吉凶"、"七政变动"的阴阳五行的数术思路。同样，王弼在注"天何言哉"几句时也转向道家的玄思：

> 予欲无言，盖欲明本。举本统末，而示物于极者也。夫立言垂教，将以通性，而弊至于淫；寄旨传辞，将以正邪，而势至于繁。既求道中，不可胜御，是以修本废言，则天而行化。以淳而观，则天地之心见于不言；寒暑代序，则不言之令行乎四时，天岂谆谆者哉？②

这里的"天"被释为一切自然现象发生运行之"本"，是具体的现实的社会秩序和规则赖以成立的依据。王弼认为，这"本"更终极性的本原就是不可言说之"无"。《三国志·魏书·钟会传》注引何劭《王弼传》载王弼与裴徽的问答：

> 裴徽为吏部郎，弼未弱冠，往造焉。徽一见而异之，问弼曰："夫无者，诚万物之所资也，然圣人莫肯致言，而老子申之无已者何？"弼曰："圣人体无，无又不可以训，故不说也。老子是有者也，故恒言无所不足。"③

面对儒家莫肯言无的事实，王弼作了巧妙而又雄辩的解释：孔子体验到了"无"，但他深知"无"的不可言说性，所以有意回避；而老

---

① 《后汉书·桓谭传》注引，页960。
② 《论语释疑》，《王弼集校释》，页633—634，中华书局1980年版。
③ 《世说新语·文学》亦载此事，王弼所言稍异："圣人体无，无又不可以训，故言必及有。老、庄未免于有，恒训其（指无）所不足。"《世说新语笺疏》，页199。

子是承认"有"的,所以经常从"有"的角度来讨论"无"的不足。这个回答的巧妙之处在于,其一,借用老子自己"道本无言"的学说维护了圣人的神圣地位,认为孔子比老子高明之处正在于"莫肯致言"于无,老子大谈"无",反倒证明其执著于"有"。其二,由于提出"圣人体无"的观点,那么关于"无"的话题就有了被主流意识形态认可的合理性,从而道家的思想可以打着儒家的旗号,进入经典诠释的领域。其三,正因为圣人体验到"无"而不说,所以如何揭示圣人之体验,就是儒家经典阐释学所面临的首要任务。王弼之注《周易》、《论语》,无不以此为出发点。

显然,从王弼的"圣人体无"说和"修本废言"说很容易推导出对语言指称有效性的怀疑。何晏《无名论》的基本思想就从此生发出来①。汉儒对经籍的解释基本上是循着"正名"的思路,探讨语言和现象世界的对应关系,由此用语言之"名"来规范或调整社会秩序。而何晏则力图证明圣人的最高境界是"无名",儒家的精义"道"是没有任何语言可以与之对应的。他指出:"夫道者,惟无所有者也。"道是一切万有的终极依据,而它本身则与任何实存的现象或具体的事物都不同,它不拘于构成质料(Cosmology),是一种抽象的超越的"无所有"的本体存在(Ontology)②,不可用任何特定的语言文字指称,所谓"道本无名"。因此,孔子既称尧"荡荡无能名焉",又称其"巍巍成功",这就是老子所说的"强为之名","取世所知而称耳",即暂时用世人理解的指称来为"无名"之"道"命名,而这种指称只是权宜的、勉强的假借。换言之,正因"道"的

---

① 案:何晏虽年长于王弼,而思想多受其影响。如《世说新语·文学》曰:"何平叔(何晏)注《老子》始成,诣王辅嗣(王弼),见王注精奇,乃神伏,曰:'若斯人,可与论天人之际矣。'因以所注为《道》、《德》二论。"《世说新语笺疏》,页198。
② 汤用彤《言意之辨》论玄学的特点是"略于具体事物而究心抽象原理。论天道则不拘于构成质料(Cosmology),而进探本体存在(Ontology)"。《汤用彤学术论文集》,页214。

"无名"特质，它才不局限于任何一个"有名"的事物，从而可以"遍以天下之名名之"，成为天下一切有名万象之本原①。既然"无名"是世界的本原，那么一切通过语言指称去探寻世界的企图都将是枉费心机，由此自然可以推导出"言不尽意"的结论。

尽管王弼、何晏采用偷梁换柱的手法给道家学说披上儒家的外衣，但其初衷乃在于为儒家学说辩护，甚至欲以新思想来建构儒学体系，与糠秕六经的荀粲仍有不同。而稍后的竹林名士阮籍、嵇康则更以老庄的自然人性来对抗儒家的刑名礼乐。如嵇康在其《声无哀乐论》中直截了当地指出儒家传统的"滥于名实"的乖谬。嵇康讨论的是音乐问题，但其中也涉及他对"名"与"实"、"言"与"意"之间关系的看法。就音乐而论，儒家传统观点认为："治世之音安以乐，亡国之音哀以思。夫治乱在政，而音声应之。故哀思之情，表于金石；安乐之象，形于管弦也。"而嵇康则指出，音乐和情感之间，并无必然联系，因为"殊方异俗，歌哭不同，使错而用之，或闻哭而欢，或听歌而感"，歌哭之音声与哀乐之情感不一定相互对应。这正如"玉帛非礼敬之实，歌舞非悲哀之主"，玉帛的名分不等于礼教的实质，歌舞的形式不等于悲哀的精神，它们之间的联系只是一种人为的假定，所谓约定俗成。由此可见，声与哀乐是"外内殊用，彼我异名"的。他把音声看成一种"无系于人情"的"自然之和"，这显然不同于儒家以名教为核心的乐论。嵇康认为，意义与语言的关系也是如此，意义有定旨，而语言则可因俗而殊。比如，"圣人卒入胡域，当

---

① 《无名论》，《全三国文》卷三九，《全上古三代秦汉三国六朝文》，页1274—1275。案：何晏《无名论》引用孔子称尧"荡荡无能名焉"、"巍巍成功"来论证圣人无名，可能是受到王弼《论语释疑》中这段注释的启发："荡荡，无形无名之称也。夫名所名者，生于善有所章而惠有所存。善恶必须，而名分形焉。若夫大爱无私，惠将安在？至美无偏，名将何生？"《王弼集校释》，页626。又案：后秦僧肇著《涅槃无名论》，开宗则曰："夫涅槃之为道也，寂寥虚旷，不可以形名得。"其思路显然从何晏《无名论》"道本无名"而来，只不过其论更为雄辩邃密。见《肇论》，《佛藏要籍选刊》第11册，页8，上海古籍出版社1994年版。

知其所言否乎",显然,声音本身是不能"知其情"的,需通过"译传异言"的意义翻译。既然"言非自然一定之物,五方殊俗,同事异号,举一名为标识耳",那么,"心不系于所言,言或不足以证心"也就毫无疑义①。显而易见,"言不尽意"是"声无哀乐论"的重要论据之一。

正如"言不尽意"论者多为儒家学说的颠覆和解构者一样,持"言尽意"论的人则多为儒家名教的维护者。晋欧阳建著《言尽意论》,假借"违众先生"之口,反驳"雷同君子",正是从名理之辨入手。其观点如下:

> 夫天不言,而四时行焉;圣人不言,而鉴识存焉。形不待名,而方圆已著;色不俟称,而黑白以彰。然则名之于物,无施者也;言之于理,无为者也。而古今务于正名,圣贤不能去言,其故何也?诚以理得于心,非言不畅;物定于彼,非言不辨。言不畅志,则无以相接;名不辨物,则鉴识不显。鉴识显而名品殊,言称接而情志畅。原其所以,本其所由,非物有自然之名,理有必定之称也。欲辨其实,则殊其名;欲宣其志,则立其称。名逐物而迁,言因理而变,此犹声发响应,形存影附,不得相与为二。苟其不二,则无不尽,吾故以为尽矣。

欧阳建首先引孔子"天何言哉"的观点,承认"物"先于"名"而存在,"理"先于"言"而存在,"名"之于"物","言"之于"理",是一种人

---

① 《声无哀乐论》,《全三国文》卷四九,《全上古三代秦汉三国六朝文》,页1331。案:"五方殊俗,同事异号"的观点可与瑞士语言学家索绪尔的理论对读,用有声意象(能指)命名概念(所指),完全是任意的,完全是约定俗成。同一概念在不同的语言系统中采用不同的有声意象,如虎这一概念可称作"虎"、"大虫"、"菸菟"、"tiger",等等。

为的假定关系,"非物有自然之名,理有必定之称"①。但是他强调,一旦语言(言)指称(名)被人们用来认识现象世界(物)和观念世界(理)之后,在实际的认知活动中,"名"与"物"、"言"与"理"就转变为一种二而一的关系。换言之,语言与世界、语言与思维之间存在着同一性。圣人正是通过"正名"来规范调整社会秩序,通过"言理"来区别辨认现象世界。由于语言与其指称的对象具有同一性,"不得相与为二",所以"名"可以"尽物","言"可以"尽理"(亦即"尽意")。

值得注意的是,"言意之辨"实际上涉及魏晋名士在人生哲学和政治哲学上的根本分歧。与"言意之辨"相联系的是"名道之辨"。由"言意之辨"可窥见魏晋名士在本体论、认识论和人生哲学方面的一系列矛盾和冲突。对语言阐释有效性的信任,基于本体论上的"崇有",即所谓"夫总混群本,宗极之道也"②;认识论上的"正名",即所谓"方以族异,庶类之品也"③;人生哲学上的重"名教",即所谓"况乎行止,复礼克己"④。而对语言阐释有效性的怀疑,则出自本体论上的"贵无",即所谓"道者何,无之称也"⑤;认识论上的"无名",即所谓"夫惟无名,故可得遍以天下之名名之也"⑥;人生哲学上的重"自然",即所谓"天地以自然运,圣人以自然用"⑦。而这些正反映了儒家和道家学术思想的基本矛盾和冲突。

从逻辑上来看,我们很容易把魏晋名士分为两派:一派是崇有

---

① 案:嵇康《声无哀乐论》曰:"夫言非自然一定之物,五方殊俗,同事异号,举一名为标识耳。"此乃"言不尽意"论者的通识,故欧阳建特别拈出。
② 裴頠《崇有论》语,《全晋文》卷三三,《全上古三代秦汉三国六朝文》,页1647。案:裴頠虽无"言意之辨"的言论流传下来,然按其"崇有"的思路,是主张以"正名"来维护礼法名教制度的。
③ 同上《崇有论》语。
④ 李充《学箴》语,《全晋文》卷五三,《全上古三代秦汉三国六朝文》,页1766。
⑤ 《周易正义》卷七《系辞》"一阴一阳之谓道"韩康伯注,《十三经注疏》本,页78。
⑥ 何晏《无名论》,页1275。
⑦ 同上引夏侯玄语,页1275。

派,主"正名",重名教,倡"言尽意";另一派是贵无派,主"无名",尚自然,倡"言不尽意"。但实际上,有不少名士内心充满了矛盾和困惑,往往依违于名教与自然二者之间,如东晋宰相王导"过江左,止道'声无哀乐'(嵇康)、'养生'(嵇康)、'言尽意'(欧阳建)三理而已"①。而其中"声无哀乐"正如我在前面指出的那样,其主要依据就是"言不尽意",与欧阳建的观点正好相反。这似乎表明,王导这类官僚在人生哲学上有取于"自然之和",而在政治哲学上则倾向于"正名"、"言理"。郝隆讽刺谢安的处世态度是"处(隐居)则为远志,出(出仕)则为小草"②,刘勰批评晋人"志深轩冕,而泛咏皋壤,心缠几务,而虚述人外"③,若以同情理解的态度来看,正是这种人生价值困惑的反映。而魏晋玄学家中的几位哲学天才,如王弼、何晏、向秀、郭象等,则力求通过阐释学的努力,建构新的哲学体系,以调和或消泯儒家与道家、名教与自然之间的根本冲突,解除士大夫的人生价值的困惑,尽管他们或本无(如王、何),或尚有(如向、郭)。

关于魏晋玄学中名教与自然的冲突与调和,学术界已有深入的发明。这里使我感兴趣的是"言意之辨"带来的阐释学方面的革命。"言不尽意",对于言说者固然是一种遗憾,但对于倾听者未尝不是一种福音,语言在表意方面的缺陷,正好为文本的接受者留下阐释的自由空间;语言无法企及的意义阃奥,正是语言表意的巨大潜能之所在。如何在承认"言不尽意"的同时,否认六经为圣人之糠秕,坚持儒家经典的有效性,如何利用"言不尽意"的潜能,完成文本作者与读者之间思想信息的传递接收,这就是王弼等人所面临的不同于汉代以"言以足志,文以足言"为背景的经学的新挑战。

---

① 《世说新语笺疏》,页211。
② 同上,页803。
③ 《文心雕龙·情采》,范文澜《文心雕龙注》,页538,人民文学出版社1978年版。

而"得意忘言"正是应对这一挑战的最有效的阐释方法。

同时,"言不尽意"的观念也影响到魏晋以后的文学批评。陆机所谓"是盖轮扁所不得言,亦非华说之所能精"①,刘勰所谓"至于思表纤旨,文外曲致,言所不追,笔固知止"②,都指出个体的创作经验或内心体验无法用语言文字传达与他人,其思路颇同于荀粲的"盖理之微者,非物象之所举也"、"斯则象外之意,系表之言,固蕴而不出矣"的说法。不过,陆机、刘勰等人并未由此而否认文学阐释的有效性,而是把追求微妙的"思表纤旨,文外曲致"看作作者和读者共同的理想,并借助"言不尽意"的思路发现文学作品"隐也者,文外之重旨者也"、"隐之为体,义生文外"的审美特征③。

"言尽意"的讨论则从另一个角度对文本的接受者提出任务,既然名与物、言与理是二而一的关系,那么,如何因名而求物,因言而辨理,运用名理学的基本原则和手段,通过文本所提供的语言资料而寻求作者的思想信息,这也是阐释学所要解决的主要问题之一。而郭象等人"辩名析理"的阐释学思路无疑是循此而展开的。

同样,"言尽意"的观念也在魏晋南北朝的文学批评中留下了烙印。比如陆机,一方面慨叹"恒患意不称物,文不逮意",另一方面又津津乐道"穷形而尽相"、"辞达而理举"④。刘勰也是如此,在承认"伊挚不能言鼎,轮扁不能语斤"的同时⑤,又坚信"心生而言立,言立而文明"⑥,坚信使用准确的语言文字可以做到"穷理"、"穷形"、"情貌无遗",从而使读者可以"瞻言而见貌,印字而知时"⑦,即通过文本

---

① 《文赋》,《文选》卷一七,页243。
② 《文心雕龙注·神思》,页495。
③ 《文心雕龙注·隐秀》,页632。
④ 《文选》卷一七,页241。
⑤ 《文心雕龙注·神思》,页495。
⑥ 《文心雕龙注·原道》,页1。
⑦ 《文心雕龙注·物色》,页694。

的语言文字而获得对现象世界的认识。从某种意义上说,陆机、刘勰等人对各种复杂的文学现象作出有系统的分析解剖,更接近"辩名析理"的阐释原则。

以上我们从逻辑上由魏晋的"言意之辨"推导出两种阐释学思路,而事实上,当魏晋学者投入到具体的经籍注释中时,"得意忘言"和"辩名析理"的方法常常交织在一起。

二、得意忘言:九方皋相马

当王弼开始他的哲学思考之时,正值荀粲与荀俣所代表的两种观点处于激烈交锋的状态。如果承认荀粲的激进主义观点,那么不仅儒家经典,甚至一切文本的阐释都将失去意义;假如赞同荀俣的保守主义观点,那么又会像汉儒一样继续执著于图像与言词,使儒家的"大道"被"章句小儒"所遮蔽,使哲学思想的阐发被象数之学或文字训诂之学所替代。显然,这二者都非王弼的志趣所在。如前所述,王弼决不愿做儒家学说的公开叛逆者,而毋宁做应对道家挑战的新儒家的建构者。因此,面对"言意之辨"所必须作出的选择,他在《周易略例·明象》中采用了一种力求弥补儒门自身留下的可能被颠覆的那道"缝隙"的姿态,有意调和此前《周易》"言不尽意"、"立象以尽意,系辞焉以尽言"以及《庄子》"得意忘言"等数种看似相互矛盾的观点,从而制定出一套适用于儒家经典乃至一切文本的阐释方法。在这篇文章中,王弼将"言意之辨"提升到前所未有的哲学思辨高度,《周易》的三要素言、象、意的关系在富有逻辑的层层论述中得到令人信服的解释:

> 夫象者,出意者也。言者,明象者也。尽意莫若象,尽象莫若言。言生于象,故可寻言以观象;象生于意,故可寻象以

观意。意以象尽，象以言著。

故言者所以明象，得象而忘言；象者所以存意，得意而忘象。犹蹄者所以在兔，得兔而忘蹄；筌者所以在鱼，得鱼而忘筌也。然则，言者，象之蹄也；象者，意之筌也。

是故存言者，非得象者也；存象者，非得意者也。象生于意而存象焉，则所存者乃非其象也；言生于象而存言焉，则所存者乃非其言也。

然则忘象者，乃得意者也；忘言者，乃得象者也。得意在忘象，得象在忘言。故立象以尽意，而象可忘也；重画以尽情，而画可忘也。①

王弼的这段论述可分为四个层次，包含了儒道两家都可接受的内容。从中可以清晰地看出他从儒家言意观逐渐过渡到道家言意观的过程。

首先，王弼从言、象、意三者之间存在的几种互动的递进关系来证明《周易·系辞》"立象以尽意，系辞焉以尽其言"的合理性。从功能的角度看，象的功用在于象征（"出"）意的内涵，言的功用在于说明（"明"）象的象征意义。从生成的角度看，先有意的存在，才有象对意的象征，可谓象派生于意；先有象的存在，才有言对象的解说，可谓言派生于象。而从理解的角度逆向追溯，又可以通过派生的言来了解（"观"）原生的象，通过派生的象来了解（"观"）原生的意。因此从表达的角度顺向推导，自然可以得出"尽意莫若象，尽象莫若言"或"意以象尽，象以言著"的结论。就这一层次看，王弼似乎完全站在荀俣的传统立场，是"言尽意"论的支持者。与荀俣的不同之处仅仅在于，他并不搬弄圣人的现成结论，而力图追寻这一现成结论的逻辑依据而已。如果王弼的论述仅此而止，那

---

① 《王弼集校释》，页609。

么他的言意观仍未超出《周易·系辞》的范围。

在接下来的第二层次中,王弼引入了《庄子·外物》篇中著名的筌蹄之喻,由论述言、象在表意方面的作用转向着重强调言、象的工具性质。言、象、意的递进关系在这里变为价值等级评判,言、象只是指示符号而非实际意义,只是工具而非目的。正因为言辞可以说明卦象,所以一旦借助言明白了象,就不要再执著于言;正因为卦象可以保存圣人之意,所以一旦借助象懂得了圣人之意,就不要再执著于象。这正如得兔而忘蹄、得鱼而忘筌一样,一旦把握了意义就可以抛开符号。如果说在第一层次里王弼承认言、象可以尽意,主要在于批驳荀粲之流否定六经文本的偏激的话,那么在第二层次里他有意彰明言、象的工具性质,强调言、象和意的实质差别,则在于指出荀俣之流沉迷于象数训诂的俗陋。

基于此,王弼在第三层次中进一步用反证法论述了文本阐释的根本目的。不仅执著于言辞就不能理解卦象,执著于卦象就不能得到圣人之意,而且这种执著会使言、象本身也失去其作为工具的意义。象是为了表达意而产生的,言是为了表达象而产生的,如果阐释者只局限于关心言、象本身("存言"、"存象"),而忘记了言、象存在的目的("得意"),那么言、象也就因其失去"得意"的作用而成为无用的符号和标记("非其言"、"非其象"),犹如不用来捕鱼、捕兔的筌蹄一样成为废物。王弼这段言论显然是针对汉代经学那种"买椟还珠"式的传统陋习而发的。

在最后一个层次,王弼的观点特别值得注意,第二层次申述的"得象而忘言"、"得意而忘象"在这里被偷偷置换为"忘言乃得象"、"忘象乃得意"或是"得象在忘言"、"得意在忘象"。前面是说达到了目的后可以忘掉曾借助过的工具,而这里变为只有不注意工具才能达到目的。前面把言、象看成到达"所指"彼岸后可以随意拆除的"能指"之桥,在这里则指出只有不在乎"能指"之桥才能到达"所指"

之岸。由于这一因果关系的先后颠倒,他虽然仍然打着"立象以尽意"、"立言以尽象"的旗号[①],但言和象作为具体的有声、有形意象的价值因一再被"忘"掉而失去意义,甚至失去作为工具的意义。这样,他最终循序渐进地消解了语言指称在洞察意义世界方面的有效性。显然,王弼在"言尽意"的问题上玩弄了一场抽象肯定、具体否定的把戏。这一把戏甚至迷惑了当代学者,以致有人认为,王弼这几句话的意思是"只有不执著于言象,停留在言象阶段,才能得'意'"[②]。

从《周易略例·明象》的上下文来看,王弼"得意忘象"、"得象忘言"的本意乃针对汉代易学中"案文责卦"、"论互体"、"推五行"等附会文辞的方法而言。在提出"忘象"、"忘言"的方法后,他举例说明了汉儒拘执于言、象的荒谬性。比如,在《周易》中,"乾"卦(象)以马(言)来比喻"健"(意),"坤"卦(象)以牛(言)来比喻"顺"(意)[③],但这只是权宜方便的取譬,是人为的假定,言、象、意之间没有必然联系。一方面,同一"意"可以用不同的"言"来譬喻,如"大壮"卦九三有"健"义,却曰"羝羊","坤"卦为"顺"义,象辞却曰"牝马"(牝马为马中柔顺者),可见,"义苟在健,何必马乎?类苟在顺,何必牛乎?"另一方面,同一"言"也可以指称不同的"象",如"乾"卦称马,"明夷"卦无乾,六二亦称马;"坤"卦称牛,但"遯"卦无坤,六二亦称牛。可见,"爻苟合顺,何必坤乃为牛?义苟应健,何必乾乃为马?"换言之,在王弼看来,《易》的"言"、"象"是指示意义之符(sign),可

---

① 《周易略例·明象》原文是"重画以尽情",但根据上下文的逻辑应该是"立言以尽象"。
② 王晓毅《中国文化的清流》,页127,中国社会科学出版社1991年版。
③ 《周易·说卦》:"乾为马,坤为牛。"《十三经注疏》本,页94。案:根据《周易》中"言"、"象"、"意"的关系,马、牛这类意象并非指卦"象",而是一种语言形象,指卦辞中的取譬,即王弼所谓"案文责卦"中的"文",即"言"。如果我们要把马、牛之类称为"象"的话,也只能叫作"言象"。

以用其他符号取代,而意义不变①。正如捕鱼,你可以用筌,也可以改用罟罾、钩饵等,而不影响目的。但汉儒却将这种符号与意义的虚拟关系固定下来,"而或者定马于乾,案文责卦,有马无乾,则伪说滋漫",结果是牵强附会,大失《周易》之本义。这就是所谓"存象忘意",王弼之所以有意矫枉过正地提出"忘象以求意",正是有鉴于此。

事实上,王弼在《周易略例·明象》中先后提出两种阐释学的方法,第一种是"寻言以观象,寻象以观意",依循言之譬喻、象之象征去追寻圣人之意,其前提是承认言、象有指示意义的作用,是"致知之具"、"穷理之阶"②。第二种是"忘象乃得意,忘言乃得象",超越言、象的指称而直接去领悟体验圣人之意,其前提是相信言、象不过是可以任意置换的工具,是"象之蹄也"、"意之筌也"。

进一步而言,这两种方法具有超越《周易》阐释的普遍意义,可分别看作王弼对"言尽意"和"言不尽意"的应答。正如王晓毅所说,王弼思想中的"意"有两个层次:一是表达有形世界,包括定义解释天地万物和礼乐刑政人事等方面内容的"意",这种"意"完全可以用语言"名"去把握定性;二是表达无形之物,即抽象本体"无"的"意",这种"意"则不可能完全用语言去把握定性③。对于第一层次的"意",可以通过"寻言以观象,寻象以观意"的途径

---

① 参见钱锺书《管锥编》,页12。案:关于《周易》之"象",学者常有误会。如陈良运把王弼所论之"象"称为"具象"或"意象",并径直移植到文学领域,以陆机《文赋》为例,建构了文学创作和审美鉴赏正逆向两个程序。陈氏认为,陆机说的"物",实即表现为文学作品的"象"。《周易与中国文学》,页292—294,百花洲文艺出版社1999年版。然而,陆机的程序是"意不称物,文不逮意",表示为文→意→物(象)的关系,即语言世界如何表达观念世界、观念世界如何反映现象世界的问题,与王弼所论言→象→意的关系,即循言之譬喻、象之象征去追寻圣人之意,在程序上和性质上都截然不同。尽管陈氏的郢书燕说未尝无益,然于学术研究毕竟理有未惬。
② 参见《管锥编》,页11—12。
③ 《中国文化的清流》,页131—132。

获得；而要把握第二层次的"意"，则必须采用"忘言乃得象，忘象乃得意"（或"忘言得意"）的方式①。既然圣人之意（"无"）在语言指称的空白之处，那么就应该越过语言指称而直接去领悟体验，既然老子定义"无"的词"道"、"玄"、"大"、"深"、"微"、"远"等"各有其义，未尽其极"，那么阐释学的任务就在于填补其"未尽其极"处。这就是"忘言得意"的真谛。必须重申的是，王弼的第二种方式虽本于庄子的"得意忘言"之说，但在表述上却有细微的差别，即将"忘言"放在"得意"之前，把语言的意义（哪怕是工具的意义）进一步弱化淡化。

我们要追问的是，如果舍弃经典文本的具体言词，意义的获得又将如何实现呢？王弼在其《周易注》、《老子注》、《论语释疑》等几部著作中以其精彩的阐释成功地回答了这个问题。这就是把具体言词消融于思想的上下文中去，让言词的逻辑服从于思想的逻辑；或是在文本的"无言"处作出阐释者自认为符合作者思想逻辑的适当解释。前者如《论语·宪问》："子曰：'君子而不仁者有矣，夫未有小人而仁者也。'"孔安国注曰："虽曰君子，犹未能备。"②认为君子也不一定都具备仁的品质，这就是拘于言词字面意义的解释，与孔子的一贯思想不合。王弼则释曰："假君子以甚小人之辞，君子无不仁也。"③认为孔子只是用"君子而不仁者有矣"的假设来突出强调"未有小人而仁者"的结论，并非认为君子可以不仁。后者如《论语》中的"道"，孔子多未作出具体的说明，王弼根据"圣人体无"的思路，一一大加发挥。释《论语·述而》"志于道"曰："道者，无之称也，无不通也，无不由也。况之曰道，寂然无体，不可为象。

---

① 王晓毅将"忘象得意"看作获得第一层次的"意"的途径，而未讨论第二层次的"意"如何获得的问题。我认为，如不囿于《周易略例·明象》，"忘象（忘言）得意"正可视为获得本体之无的方法。
② 何晏《论语集解》引，《十三经注疏》本，页2510。
③ 《论语释疑》，《王弼集校释》，页630。

是道不可体，故但志慕而已。"①因为"道"本身"不可以训"，"不可为象"，所以"忘言"、"忘象"也就是体道"得意"的一条不得已的出路。

尽管"得意忘言"并非王弼首创，但重新发现这一被人们遗忘几百年的观点，将其改造为"忘言得意"，并移植于儒家经典阐释学，却是他的贡献。这一观点对魏晋玄学的发展产生了深远的影响，它启示人们超越语言的桎梏去追求终极的本真，以至超越形质的拘累去追求精神的自由。它不仅为儒道两家哲学文本的解读提供了一个全新的视野，而且推衍到宗教和文学文本的理解与阐释，进而渗透到关于人生、自然或艺术的审美体验中。

在王弼之后，"忘言"（或与之相关的"忘筌"等词语）已成为魏晋名士的口头禅②，或用之于人生中遗忘形骸的玄远体验，如嵇康《赠秀才入军五首》之四："目送归鸿，手挥五弦。俯仰自得，游心太玄。嘉彼钓叟，得鱼忘筌。郢人逝矣，谁与尽言。"③何劭《赠张华》："举爵茂阴下，携手共踌躇。奚用遗形骸，忘筌在得鱼。"④卢谌《赠刘琨诗》曰："谁谓言精，致在赏意。不见得鱼，亦忘厥饵。遗其形骸，寄之深识。"⑤或用之于对大自然真谛的微妙感悟，如陶渊明《杂诗二首》之一曰："山气日夕佳，飞鸟相与还。此还有真意，欲辩已忘言。"⑥或用之于追寻世界万物的终极意义，如阮籍"得意忘言，

---

① 《论语释疑》，《王弼集校释》，页624。
② 如李充《学箴》针砭玄学"拔本塞源"的虚无之风就以"弃饵收置，而责功归筌；先统丧归，而寄旨忘言"为代表。《全晋文》卷五三，《全上古三代秦汉三国六朝文》，页1766。
③ 《文选》卷二四，页342。
④ 同上，页344。
⑤ 同上卷二五，页360。
⑥ 同上卷三〇，页425。案：逯钦立校注《陶渊明集》卷三此诗题为《饮酒二十首》之五，页89，中华书局1979年版。

寻妙于万物之始"①,嵇康论音乐谓"能反三隅者,得意而言"②。或用之于对前人著作的阅读理解,如向秀"探道好渊玄,观书鄙章句"③,陶渊明"好读书,不求甚解;每有会意,便欣然忘食"。④

至于注解儒道经典甚至佛教经论,"得意忘言"的方法也运用得相当广泛。

以注释儒家经典而论,比如《论语·述而》:"子曰:'甚矣吾衰也,久矣吾不复梦见周公。'"汉儒释曰:"孔子衰老不复梦见周公,明盛时梦见周公,欲行其道也。"这是通过文本的字面意义得出的解释。而东晋李充注曰:"圣人无想,何梦之有?盖伤周德之日衰,哀道教之不行,故寄慨于不梦。"⑤又如《论语·先进》"季子然问仲由冉求可谓大臣与"一段,汉儒释曰:"言二子虽从其王,亦不与为大逆。"缪协称中正曰:"所以假言二子之不能尽谏者,以说季氏虽知贵其人而不能敬其言也。"⑥值得注意的是,尽管李充曾在《学箴》中从"复礼克己"的角度对魏晋名士放浪形骸的行为和"寄旨忘言"的解经方法大肆批驳⑦,但在解释儒家经典时仍不妨采用这一全新的阐释学思路。这充分说明"得意忘言"、"寄旨忘言"或已成为魏晋时期阐释学的通则。

以道家经典而论,郭象注《庄子》,更倾向于超越文字而直接会通其内在意义。汤一介先生将这种注释方法称为"寄言出意"⑧。如郭注《庄子·逍遥游》第一条曰:

---

① 嵇叔良《魏散骑常侍步兵校尉东平相阮嗣宗碑》,《全三国文》卷五三,《全上古三代秦汉三国六朝文》,页1351。
② 《声无哀乐论》,《全三国文》卷四九,同上,页1330。
③ 颜延之《五君咏五首·向常侍》,《文选》卷二一,页304。
④ 《五柳先生传》,《陶渊明集》卷六,页175。
⑤ 皇侃《论语集解义疏》卷四,《丛书集成初编》本。
⑥ 同上卷六。
⑦ 《学箴》,《全晋文》卷五三,《全上古三代秦汉三国六朝文》,页1766。
⑧ 汤一介《辩名析理:郭象注〈庄子〉的方法》,《中国社会科学》1998年第1期。

> 鹏鲲之实，吾所未详也。夫庄子之大意，在乎逍遥游放，无为而自得，故极小大之致以明性分之适。达观之士，宜要其会归而遗其所寄，不足事事曲与生说。自不害其弘旨，皆可略之耳。①

他提倡一种通达的眼光，认为只要抓住《庄子》内在的大概意义（弘旨），其余细枝末节都可存而不论。《庄子》书中的言辞只是寄存其思想的处所，读者一旦取走了思想，就可以忘掉言辞这一寄存处。具体说来，"鹏鲲"只是寓言形象，庄子用来作为极大的例子，以与极小的蜩和学鸠相对照，说明"逍遥游放"的道理，目的在于"极小大之致以明性分之适"。因此，只要领悟了"逍遥游放"的道理，就没有必要再去考证究竟什么是"鹏"什么是"鲲"。又如注"藐姑射之山有神人居焉"几句，他无意于考释姑射山的读音和文献出处，而曰："此皆寄言耳。……今言王德之人而寄之此山，将明世所无由识，故乃托之于绝垠之外而推之于视听之表耳。"②在郭象的《庄子注》中，类似的解说随处可见：

> 四子者盖寄言，以明尧之不一于尧耳。③
> 至理无言，言则与类，故试寄言之。④
> 将寄明齐一之理于大圣，故发自怪之问以起对也。⑤
> 此皆寄言，以遣云为之累耳。⑥

---

① 《庄子集释·逍遥游》，页3。
② 同上，页28。
③ 同上，页34。
④ 《庄子集释·齐物论》，页79。
⑤ 同上，页89。
⑥ 《庄子集释·大宗师》，页280。

> 夫庄子之言，不可以一途诘。……故当遗其所寄，而录其绝圣弃智之意焉。①
> 此常人之所谓仁义者也，故寄孔老以正之。②
> 其贵恒在意言之表。得彼情，唯忘言遗书者耳。③
> 此皆寄孔老以明绝学之义也。④
> 求道于言意之表则足。不能忘言而存意则不足。⑤

总之，郭象时时提醒读者，应当注意《庄子》一书的寓言性质，因此不要纠缠于书中描写的故事真实与否，不要拘泥于书中语言文字的表面意义，也就是说，不要以一种知识主义（文字学、训诂学、博物学、历史学，等等）的态度去阅读理解《庄子》，重要的是从所"寄"之"言"中领会"逍遥游放"之意、"齐一之理"、"绝圣弃智之意"、"绝学之义"，等等。正如汤一介先生所说，郭象注《庄子》有两点值得注意：其一，对一些名物并不多作解释，与汉人的章句之学完全不同；其二，不管庄子的原意，用自己的思想体系的要求注《庄子》。当庄子原意与其思想不相合时，则称其为"寄言"。特别是遇到《庄子》中那些批判尧舜禹汤孔子的内容，往往以"寄言"的借口加以回避⑥。具有讽刺意义的是，庄子当年曾呼唤"吾安得夫忘言之人而与之言哉"，然而在几百年后，当郭象真用"忘言"的方法来阅读他的著作时，却未必是他真正的知音。

以佛教经论而言，东晋名僧支遁释佛经"每标举会宗，而不留心象喻，解释章句，或有所漏，文字之徒，多以为疑"。名士谢安

---
① 《庄子集释·天地》，页424。
② 《庄子集释·天道》，页479。
③ 同上，页489。
④ 《庄子集释·天运》，页517。
⑤ 《庄子集释·则阳》，页919。
⑥ 汤一介《辩名析理：郭象注〈庄子〉的方法》，《中国社会科学》1998年第1期。

称他这种解经方法是"九方皋之相马也,略其玄黄而取其俊逸"①。顺便说,所谓"九方皋相马"的说法,自此以后也就作为"得意忘言"的著名隐喻而成为中国古代阐释学的传统之一,如南宋陈善指出:"知九方皋相马法,则可以观人文章。"②金元好问讨论杜甫诗的注解说:"前人论子美用故事,有着盐水中之喻,固善矣。但未知九方皋之相马,得天机于灭没存亡之间,物色牝牡,人所共知者为可略耳。"③南朝宋名僧竺道生在阅读佛教经论时也意识到:"夫象以尽意,得意则象忘;言以诠理,入理则言息。自经典东流,译人重阻,多守滞文,鲜见圆义。若忘筌取鱼,始可与言道矣。"④因此,他为《法华经》作疏,凡经中所叙述的神话奇迹,他都指为寄言出意。

三、辨名析理:清谈的妙用

从表面上看,"言尽意"与"言不尽意"是针锋相对的命题,水火不相容,但从具体的论辩来看,二者并未完全站在同一学理层次上。"言不尽意"倾向于从本体论层次的"体无"来立论,而"言尽意"却主要是从认识论层次来讨论问题。换言之,前者近似于玄学的命题,而后者近似名理学的命题。例如,欧阳建的《言尽意论》承认"夫天不言,而四时行焉;圣人不言,而鉴识存焉"这个本体论的大前提,所引孔子语与其他"言不尽意"论者并无二致,但是,当他讨论语言认识世界的作用时,则坚信"言"或"名"与观念世

---

① 《世说新语·轻诋》注引《支遁传》,《世说新语笺疏》,页843。案:据《列子·说符》伯乐称九方皋相马:"得其精而忘其粗,在其内而忘其外。见其所见,而不见其所不见;视其所视,而遗其所不视。"
② 《扪虱新话》下集卷一,《丛书集成初编》本。
③ 《遗山先生文集》卷三六《杜诗学引》,《四部丛刊》本。
④ 慧皎《高僧传》卷七《竺道生传》,《佛藏要籍选刊》第12册,页393,上海古籍出版社1994年版。

界之"理"、现象世界之"物"具有同一性。而"言不尽意"论者也并非如他们自己宣称的那样抛弃语言,往往充分利用语言指物明理的逻辑性,即所谓名理之学,来穷尽自己的"不尽"之意。或者说,他们不得不用语言概念来阐明他们认为无法阐明的"玄理"。如何晏的《无名论》开篇就辨析了"有誉"、"有名"、"无誉"、"无名"之间的关系,由此而一步步推出"道本无名"的结论。事实上,在"言意之辨"的两派阵营中,无论其旨趣是"崇有"还是"贵无",是"正名"还是"无名",是"名教"还是"自然","辩名析理"都作为一种重要的思辩方法而为人们所普遍接受①。而在经典注释中,"辩名析理"更是作为与"寄言出意"相辅相成的阐释方法而为学者普遍采用。

学术界有人认为魏晋名理学是存在于玄学之前、并独立于玄学之外的一个哲学流派,随着玄学的兴起,名理学衰落了。但正如王晓毅所说:"名理学不是一个独立的哲学流派,它仅仅是一种理论思维方法。"② 他据《三国志》、《世说新语》等书的记载,开列出十五个"善名理"的人物名单:王粲、傅嘏、钟会、嵇康、阮侃、卫瓘、卫玠、孙盛、裴頠、王敦、谢玄、王濛、殷浩、刘畴、裴遐③。当然,魏晋时期精于名理之学的人远不止此,《世说新语》中所谓"善言理"的人,如乐广"有理识",王衍"以清虚通理称",郭象"少有才理",阮修"好《老》、《易》,能言理",谢朗"善言玄理",张凭"勃窣为理窟",王修"善言理",殷仲堪"好学而有理思",羊孚"雅善理义",桓玄"善言理",殷融父子"并能言理"。此外,如何晏、王弼、王导、谢安、阮裕、许询等人也有不少辩难析理的轶事。

---

① 如欧阳建《言尽意论》谓"欲辩其实,则殊其名;欲宣其志,则立其称。名逐物而迁,言因理而变";王弼《老子指略》亦谓"夫不能辩名,则不可与言理;不能定名,则不可与论实也",二者颇有一致之处。
② 《中国文化的清流》,页106。
③ 同上,页106—109。

总之，两汉儒生的"为章句"（今文学派）或"通训诂"（古文学派）为魏晋名士的"善言理"所取代。

这些名士善言之"理"当然可以理解为本体论层面的玄理，但其所言的过程则是认识论层面的"辩名析理"，亦即名理学方法的运用。所以，魏晋名士的"好《易》、《老》"、"能清言"、"善名理"往往集于一身，如《世说新语·文学》注称卫玠"少有名理，善《易》、《老》"，称殷浩"善《老》、《易》，能清言"，又称其"能言名理"。魏晋清谈的主要方式之一，其实就是通过名理的反复辩难，从形式逻辑上论证形而上的本体的合理性。如王弼初见何晏的一次论辩：

> 何晏为吏部尚书，有位望，时谈客盈坐，王弼未弱冠往见之。晏闻弼名，因条向者胜理语弼曰："此理仆以为极，可得复难不？"弼便作难，一坐人便以为屈，于是弼自为客主数番，皆一坐所不及。①

这种辩论就像擂台赛，分为主客双方。何晏为主，先陈述自己向来认为很雄辩的道理，向王弼提出挑战。王弼为客，毫不客气地驳倒了何晏的论点。值得注意的是，王弼为了展现自己的辩论才能，又唱独角戏，设置正题反题，个人出任主客双方辩士，反复论难。这里面除了有玄虚的哲理探讨外，恐怕还包含着纯粹的名理学演练。《世说新语·文学》中的另一条记载也许更能证明"言理"的名学性质：

> 许掾（询）年少时，人以比王苟子（修），许大不平。时诸人士及於法师并在会稽西寺讲，王亦在焉。许意甚忿，便往

---

① 《世说新语笺疏》，页196。

> 西寺与王论理,共决优劣。苦相折挫,王遂大屈。许复执王理,王执许理,更相覆疏,王复屈。①

许询为了证明自己比王修强,与王比试论理。他首先和王修就各自所持的观点反复论难,第一轮下来,他以雄辩的口才使王理屈词穷。然后,许询又与王交换论点,重新展开辩论,第二轮下来,他又操胜券。显然,许询论辩的目的并不在于探讨终极的玄理,而在于显示自己的思辨能力,即运用名理学形式逻辑推理的能力超过王修。

事实上,魏晋名士的清谈有不少属于名理学的范畴,不但超越于政治之外,有时也独立于哲学之外。从某种意义上说,清谈是士族阶层的一种锻炼逻辑思维的高级智力游戏。比如,王导与殷浩"共谈析理","既共清言,遂达三更",其清言的形式是"共相往返","彼我相尽"的名辩②。又如,孙盛与殷浩共论,也是"往返精苦,客主无间"③。这种形式具体说来,就是客方"送一难",即提出一道难题;主方"通一义",即用辩名析理的方法疏通疑难之义。这种清谈往往是辩论艺术的比赛,听众也旨在欣赏辩者的言词之美,而不去注意他们讨论的哲理④。事实上,郭象在《庄子注》的最后一条中就坦率地承认,"辩名析理"的"无用之谈",是有益于贵族"膏粱之子"性格的智力游戏,胜过博塞和弈棋⑤。

---

① 《世说新语笺疏》,页225。
② 同上,页212。
③ 同上,页219。
④ 参见《世说新语·文学》:"支(遁)通一义,四坐莫不厌心。许(询)送一难,众人莫不抃舞。但共嗟咏二家之美,不辩其理之所在。"同上,页227。
⑤ 案:郭象《庄子·天下》注曰:"昔吾未览《庄子》,尝闻论者争夫尺棰连环之意,而皆云庄生之言,遂以庄生为辩者之流。案此篇较评诸子,至于此章,则曰其道舛驳,其言不中,乃知道听涂说之伤实也。吾意亦谓无经国体致,真所谓无用之谈也。然膏粱之子,均之戏豫,或倦于典言,而能辩名析理,以宣其气,以系其思,流于后世,使性不邪淫,不犹贤于博奕者乎!故存而不论,以贻好事也。"《庄子集释·天下》,页1114。

众所周知,名理学源于东汉末年选举中所运用的名实法,即以人物品评为中心,研究选官、政治、伦理、法律等方面的名实问题。名实法在于核实定名,侧重解决事物的概念和本质之间的关系问题,而魏晋的名理学则在于辩名析理,侧重于探求事物的规律及与其他事物的关系问题,侧重于运用判断和推理[1]。

除了麈尾清谈的口头辩论之外,名理学的方法也被普遍运用于经典注释中。王弼尽管主张读经典须"忘言得意",但他所谓的"意"却是通过对文本的上下文逻辑关系的理解而获得的,正如他在《老子指略》中所说:"夫不能辩名,则不可与言理;不能定名,则不可与论实也。"[2] 不过,就王弼与其他魏晋名士的经典注释来说,主要运用的是"辩名言理",而不太理会"定名论实",因为他们关心的是玄理探讨,而非人物品评。具体说来,这种"辩名言理"就是在注释经典时,先给原文中的一些关键词下定义,然后在此基础上分析义理。例如,王弼《周易注》注释《乾卦·文言》中"乾"、"易"、"九"等词:"夫乾者,统行四事者也。""夫易者,象也。象之所生,生于义也。""九,阳也。阳,刚直之物也。"这就是"辩名"。接下来分别对《文言》中关于"乾"、"易"、"九"的论说作出进一步的解析:"君子以自强不息行此四者,故首不论乾,而下曰:乾,元亨利贞。""有斯义,然后明之以其物,故以龙叙乾,以马明坤,随其事义而取象焉。""夫能全用刚直,放远善柔,非天下至治,未之能也。故乾元用九,则天下治也。夫识物之动,则其所以然之理皆可知也。"[3] 这就是"言理"。王弼的《老子注》中也大量运用这种方法和句式,如注释六章"谷神不死"六句:

---

[1] 参见《中国文化的清流》,页110—111。
[2] 《王弼集校释》,页199。
[3] 同上,页215—216。

> 谷神，谷中央无者也。（辩名）无形无影，无逆无违，处卑不动，守静不衰，物以之成而不见其形，此至物也。处卑守静不可得而名，故谓之玄牝。（言理）门，玄牝之所由也。（辩名）本其所由，与太极同体，故谓之天地之根也。欲言存邪，则不见其形；欲言亡邪，万物以之生。故绵绵若存也。无物不成而不劳也，故日用而不勤也。（言理）①

显然，王弼注释的目的不在于解决原文中疑难的字音、字义，而在于揭示出原文所包含的义理。他并未注解"玄牝"作为黑色母畜的语源意义，也不像《毛诗》郑笺那样去训释"绵绵"即"不绝也"，他关心的是整个句子甚至整个段落与全文之间的逻辑关系，从而彰显出蕴藏于经典文本中形而上的"理之微者"。

换言之，玄学家的"辩名"虽也要对名词作出训释，但不同于汉儒的"训诂"。"训诂"主要是知识性的解释，注重词在语言学上的音义，注重训释代表具体事物的名词；而"辩名"则是一种思辨性的解释，注重词的形而上的意义，注重辨析代表抽象概念的名词。"训诂"注重"名"与"实"的对应，往往"囿于形器"，而"辩名"则注重"名"与"理"的关系，多为"玄远虚胜之谈"的根据。正如郭象注《庄子》第一条所宣称的那样："鹏鲲之实，吾所未详也。"② 也就是说，他不去管鲲鹏之名对应的大鱼大鸟之实，而关心的是鲲鹏寓言中所蕴藏的"逍遥游放"之理。

需要指出的是，上引王弼的注释中都有表示逻辑因果关系的句式"××故××"，而这也是魏晋时期各种经籍注释所常用的句式之一。试举数则如下：

---

① 《王弼集校释》，页16—17。
② 《庄子集释·逍遥游》，页3。

天地者，万物之总名也。天地以万物为体，而万物必以自然为正，自然者，不为而自然者也。故大鹏之能高，斥鴳之能下，椿木之能长，朝菌之能短，凡此皆自然之所能，非为之所能也。不为而自能，所以为正也。故乘天地之正者，即是顺万物之性也；御六气之辩者，即是游变化之途也；如斯以往，则何往而有穷哉！所遇斯乘，又将恶乎待哉！此乃至德之人玄同彼我者之逍遥也。苟有待焉，则虽列子之轻妙，犹不能以无风而行，故必得其所待，然后逍遥耳，而况大鹏乎！夫唯与物冥而循大变者，为能无待而常通，岂独自通而已哉！又顺有待者，使不失其所待，所待不失，则同于大通矣。故有待无待，吾所不能齐也；至于各安其性，天机自张，受而不知，则吾所不能殊也。夫无待犹不足以殊有待，况有待者之巨细乎！①

谓之生者，则不无；无者，则不生。故有无之不相生，理既然矣，则何由而生？忽尔而自生。忽尔而自生，而不知其所以生；不知所以生，生则本同于无。本同于无，而非无也。此明有形之自形，无形以相形者也。②

凡贵名之所以生，必谓去彼而取此，是我而非物。今有无两忘，万异冥一，故谓之虚。虚既虚矣，贵贱之名，将何所生？③

革之与因虽异，随变而通，理也。故先王之事世相反，而其道一也。④

郭象释"有待无待"，张湛释"有形者生于无形"、"虚者无贵"，李

---

① 《庄子集释·逍遥游》郭象注"若夫乘天地之正，而御六气之辩，以游无穷者，彼且恶乎待哉"条，页20。
② 杨伯峻《列子集释·天瑞第一》张湛注"夫有形者生于无形"条，页5—6，中华书局1979年版。
③ 同上，张湛注"虚者无贵也"条，页28。
④ 《扬子法言》卷四《问道》李轨注"可则因，否则革"条，《诸子集成》第7册。

轨释"因革",均采用了"××故××"的句式,这充分说明"辩名析理"已成为魏晋阐释学的一个重要方法。郭象注《庄子》当然最典型,以此段为例,先以"万物之总名"来解释"天地"这一概念,随之引出"万物必以自然为正"的命题。接着以大鹏之高、斥鷃之下、椿木之长、朝菌之短"皆自然之所能"为例,论证了这一命题。然后以此为前提,推导出"顺万物之性"而"逍遥"的结论,并进一步从"有待无待"、"各安其性"的角度深入论证了这一结论。此段相当成功地运用了"辩名析理"的方法,有定义,有判断,有推理,或归纳,或演绎,结合原文提供的基本材料,令人信服地阐释了庄子"逍遥游放"的思想。王衍称郭象"语议如悬河写水,注而不竭"[1],于此段可见一斑。

魏晋时期的注释者总是一方面告诉读者要"得意忘言",要警惕原文的寓言性质,另一方面又充分利用语言演绎"言外之意"的思辨功能,使隐藏于经典文字之后的思想意义逻辑地展示出来。也就是说,他们一方面认为古代经籍的文字只是寄托圣贤思想的处所(言不尽意),另一方面又相信自己符合逻辑的解释文字可以完整地传达圣贤的言外之意(言尽意)。这显然是一个悖论,但注释者们一点也不感到有何尴尬,也未觉得在操作上有何困难。"寄言出意"和"辩名析理"的结合使用很容易地解决了这一悖论。如李轨注《扬子法言·修身》中韩非、庄子并称一段:

> 庄周与韩非同贯,不亦甚乎?惑者甚众,敢问何谓也?曰:庄虽借谕以为通妙,而世多不解。韩诚触情以言治,而险薄伤化。然则周之益也其利迂缓,非之损也其害交急。仁既失中,两不与耳,亦不以齐其优劣比量多少也,统斯以往,何嫌乎

---

[1] 《世说新语笺疏·赏誉》,页438。

哉！又问曰：自此以下凡论诸子，莫不连言乎庄生者，何也？答曰：妙指非见形而不及道者之言所能统，故每遗（道）其妙寄，而去其粗迹。一以贯之，应近而已。①

扬雄《法言》尊孔子而排诸子，而李轨则以为无为之本乃圣人与老子所同②，所以注《法言》每致力于调和儒道，巧为之说。如此段本韩、庄并称，李轨注则以"辩名析理"之法为庄子辩护，将"周之益"与"非之损"区别开来，认为扬雄"不与"（不称誉）庄周在于"其利迂缓"，并未将庄与韩等量齐观。又运用"寄言出意"之法，认为庄子"妙指"非一般拘于形迹、未见妙道的人之言所能综理，所以扬雄《法言》常常只道其"妙寄"之意，而抛开其"粗迹"之言。李轨就这样巧妙地解释了扬雄与庄子思想的抵牾，这与郭象注《庄子》的方法如出一辙。汪荣宝《法言义疏》评价此条注曰："秦序谓弘范（李轨）所学，右道左儒，每违子云（扬雄）本指者，谓此类也。"③这也与南宋僧人将郭象注《庄子》称为"却是《庄子》注郭象"大致相当④。

一般说来，魏晋名士面对经典文本中具体的名物或某些不合逻辑的言论，往往采取"寄言出意"的方法，存而不论或巧加辩护，而面对经典文本中抽象的概念或复杂的思想，则多采用"辩名析理"

---

① 《扬子法言》卷三《修身》李轨注"韩庄之书"条。汪荣宝《法言义疏》五《修身》卷第三"遗其妙寄"依世德堂本作"道其妙寄"，页14下，《海王邨古籍丛刊》，中国书店1991年版。案：据文意当作"道"。
② 《扬子法言》卷四《问道》李轨注"及挠提仁义，绝灭礼学，吾无取焉耳"条："老子之绝学，盖言至理之极，以明无为之本，斯乃圣人所同，子云岂其异哉！夫能统远旨，然后可与论道。悠悠之徒，既非所逮，方崇经世之训，是故无取焉耳。无取焉，何者不得以之为教也。"
③ 《法言义疏》五《修身》卷第三，页15上。
④ 《大慧普觉禅师语录》卷二二《示永宁郡夫人》："无著云：'曾见郭象注《庄子》，识者云：却是《庄子》注郭象。'"《大正藏》第四七卷，页904。

的方法，讨论定义内涵，分析理论体系。事实上，当他们得心应手地交互采用这两种方法时，经典文本或多或少成为其构筑自己的哲学体系的招牌，或是其高级智力游戏玩弄的对象。不过，尽管他们在"略其玄黄"时也不免会"失其俊逸"，但远未达到今文经学家那种"假经设谊"、随机臆说的地步，而是在动机和效果上都有忠实原著的一面。特别需要指出的是，尽管他们的注释有违背作者本旨之处，但更多的是圆融地阐发了文本固有的思想，或是深刻地发掘出文本可能蕴藏的思想，从而使儒道典籍的哲学意义极大地凸显。因此，不仅他们的《老子注》、《庄子注》、《列子注》被视为道家著作的权威注本，而且其《周易注》、《论语集解》也长期被当作经学注疏的范本而为正统儒者所称道。

第四章
隋唐高僧译经讲义

"经来白马寺,僧到赤乌年"[①],印度佛教自两汉之际传入中国,在接下来的魏晋南北朝动乱分裂的苦难年代迅速流行开来。不过,作为一种外来的异质文化的宗教,佛教在中国的传播并非一帆风顺。首先是语言障碍,佛经的载体是梵文,其语法、词汇、语音、文字都与汉文相去甚远,如何流畅地翻译佛经,介绍佛经原典,是传教者首先遇到的麻烦。其次是文化隔阂,佛教原始教义多为中国儒家道家传统文化之所无,其宗教精神难以为汉民族所理解和接受,如何通达地解释教义,是对传教者的又一考验。再次是思想冲突,佛教的清规戒律和生死观等,与中国统治者所依据的伦理纲常多有格格不入之处,如何圆融地调和矛盾,也是传教者难以回避的任务。因此,在相当长一段时间内,印度佛教只有作为主流文化的附庸、

---

① 唐僧灵澈诗,见尤袤《全唐诗话》卷六,何文焕辑《历代诗话》本,页236,中华书局1981年版。

并不得不改头换面才勉强在中国站住脚。在汉代,佛教因被当作九十六种道术之一而流行;在魏晋,佛教则倚傍着玄学而传播。直到隋唐时期,才做到不借他力而自立门户[1]。然而到这时,势力最大的佛教宗派如华严宗、天台宗和禅宗等,已被学者视为中国化的佛教了。

印度佛教与中国原有文化的融合过程,学界多有人论及。使我感兴趣的是这一过程在阐释学上的意义,即印度佛经是如何通过翻译而进入一种新的语言世界中的?佛教教义是如何通过讲解而被置入佛教徒所生活的语境中的?中国佛教徒是如何从自己生活的语境中来理解和接受佛教教义的?这事实上包括三方面的问题,一是翻译问题,二是解释问题,三是领悟问题。历代《高僧传》以"译经"、"义解"、"习禅"三类先后排列,正好可看作这一阐释过程的象征。由于这一阐释过程跨越两种异质的语言,与经学、玄学的文本诠释完全不同,因而历代高僧们在翻译、解释、领悟方面所进行的一系列实践及所提出的一系列见解,更能彰明阐释学的性质。正如德国哲学家伽达默尔在论证"整个理解过程乃是一种语言过程"时所指出:"在两个操不同语言的人之间只有通过翻译或转换才可能进行谈话的这样一种语言过程就特别具有启发性。"(Thus the linguistic process by means of which a conversation in two different languages is made possible through translation is especially informative.)[2] 更重要的是,佛经的传译,不仅意味着两个操不同语言的人之间的交谈,而且集中体现着两种不同话语、两种不同文化之间的对话,因此更具有研究价值。

---

[1] 参见《汤用彤学术论文集·隋唐佛教之特点》,页8,中华书局1983年版。
[2] Hans-Georg Gadamer, *Truth and Method*, p.346.

一、译经：橘化为枳

伽达默尔说："每一种翻译同时是一种解释。我们甚至可以说，翻译就是翻译者对先给予他的语词所做的解释的完成。"(Thus every translation is at the same time an interpretation. We can even say that it is the completion of the interpretation that the translator has made of the words given him.)① 中国古人的看法与之大致相似。汉字"译"与"释"同从"睪"声，可以通假，如汉王符《潜夫论·考绩》："夫圣人为天口，贤者为圣译。"② "译"就是解释圣人经义。南朝梁僧祐指出："译者，释也，交释两国，言谬则理乖矣。"③ 更直接把翻译看作两种操不同语言的国家之间的相互解释。所以清陈澧将翻译与训诂相提并论："盖时有古今，犹地有东西、有南北，相隔远则言语不通矣。地远则有翻译，时远则有训诂。有翻译则能使别国如乡邻，有训诂则能使古今如旦暮，所谓通之也。"④ 当翻译涉及对文本的理解时，就真正转向了阐释学的领域。

中国的翻译事业最早可溯源至先秦。周代统治者意识到天下各民族语言的隔阂和风俗差异，特地设立了专门从事外交翻译工作的"语官"。《礼记·王制》曰：

> 五方之民，言语不通，嗜欲不同，达其志，通其欲，东方曰寄，南方曰象，西方曰狄鞮，北方曰译。⑤

---

① Hans-Georg Gadamer, *Truth and Method*, p.346.
② 王符《潜夫论》卷二《考绩第七》，《四部丛刊》本。
③ 僧祐《胡汉译经音义同异记》，《出三藏记集》卷一，《大正藏》第五五卷，页4。
④ 陈澧《东塾读书记》卷一一《小学》，《四部备要》本。
⑤ 《礼记正义》卷一二《王制》，页1338。

掌四方之语的官,各有其名。到了汉代,由于朝廷多和北方民族如匈奴等打交道,负责北方事务的译官最重要,因而通称"传四夷之语者"为"译"①。而按《周礼》,又有"象胥"之官:

> 象胥掌蛮、夷、闽、貉、戎、狄之国,使掌传王之言而谕说焉,以和亲之。若以时入宾,则协其礼与其辞,言传之。②

"象胥"近乎当今外交部礼宾司,不仅为"四夷"翻译传达君王的旨意,而且兼管"四夷"的礼仪协调与培训。此外先秦还有所谓"輶轩使者",搜集并翻译四方异语,供君王使用。汉应劭《风俗通序》曰:"周秦常以岁八月遣輶轩之使,求异代方言,藏之秘府。"扬雄据此说法,遍访天下"上计孝廉及内郡卫卒会(异俗之语)者",广为采集,号为《輶轩使者绝代语释别国方言》(简称《方言》)。③

在佛教传入之前,中国翻译的重心大致还是局限在中央雅言和四方俗言之间的转换,要解决的是"五方殊俗,同事异名"的混乱问题,即如何用中央雅言来统一四方殊语的问题,并由此而解决朝廷对边远地区的政治统治与文化风教问题。《尔雅》、《方言》、《释名》

---

① 《说文解字段注》言部:"译,传四夷之语者。"页107,成都古籍书店1981年影印本。《说文解字》言部:"译,传译四夷之言者。"文字与《段注》略异。页57,中华书局1979年版。〔宋〕赞宁《宋高僧传》卷三《译经篇论》曰:"今四方之官,唯译官显著者,何也?疑汉已来多事北方,故译名烂熟矣。"页52,中华书局1987年版。〔宋〕释法云《翻译名义集》序曰:"今通西言而云译者,盖汉世多事北方,而译官兼善西语。"《大正藏》第五四卷,页1056。
② 《周礼注疏》卷三八《秋官司寇·象胥》,页899。
③ 参见扬雄《答刘歆书》,《全汉文》卷五二,《全上古三代秦汉三国六朝文》,页410—411。

等训诂学著作莫不如此①。扬雄公开声称其作《方言》的目的是:"令人君坐帏幕之中,知绝遐异俗之语,典流于昆嗣,言列于汉籍……扶圣朝远照之明。"②这种"察异俗,达远情"与所谓"观风俗,知厚薄"出于同一政教之需要。这时的翻译是一种强势语言(雅言、文言、官方语言、标准语、普通话)对弱势语言(俗言、白话、民间语言、地方话、异族语)的规范和统一,是以雅化俗的文化建设和以夏化夷的文化征服的一部分,而非两种不同语言之间的平等对话。同时,这时的翻译主要是通过对方俗之语的训释,来解决中华原有典籍的阅读理解问题,而不涉及引进任何外来典籍。

佛经的传入改变了这一局面。据史籍记载,西汉哀帝元寿元年(公元前2年),博士弟子景卢(秦景宪)从月氏王使伊存那里听受了浮屠经(即佛经),不过,那时并没有人信仰,所以未转化为文字翻译,只限于"口受"而已③。中国最早的正式佛经翻译大约始于东汉明帝之世。永平年间,明帝因梦金人而遣使天竺寻访佛法,天竺僧人摄摩腾随使前来洛阳,翻译了《四十二章经》一卷④。从此,中国的佛经翻译代有其人,日渐兴盛,以至汉译佛典成为中国传统典籍

---

① 如郭璞《尔雅序》称该书:"通诂训之指归,叙诗人之兴咏,总绝代之离词,辨同实而殊号。"《十三经注疏》本,页2567。又其《方言序》称该书:"考九服之逸言,标六代之绝语,类离词之指韵,明乖途而同致。"《四部丛刊》本。又刘熙《释名》的撰写也有感于"名号雅俗,各方名殊",而欲"论叙指归",见其《释名序》,《四部丛刊》本。
② 《答刘歆书》,《全上古三代秦汉三国六朝文》,页411。
③ 《三国志·魏书·乌丸鲜卑东夷传》裴松之注引《魏略·西戎传》曰:"昔汉哀帝元寿元年,博士弟子景卢受大月氏王使伊存口受浮屠经。"页859,中华书局1982年版。又《魏书·释老志》曰:"哀帝元寿元年,博士弟子景宪受大月氏王使伊存口授浮屠经。中土闻之,未之信了也。"页3025,中华书局1974年版。
④ 慧皎《高僧传》卷一《摄摩腾传》,《大正藏》第五○卷,页322—323。关于《四十二章经》译本的真伪,学术界颇有争议,梁启超、陈垣、吕澂称其绝非汉代译典,而胡适、汤用彤、任继愈等则认为其确是汉代译典,决非后人伪托。郭朋以为摄摩腾译《四十二章经》,只是传说而已,但赞同该经不是伪经,而是早期翻译的说法。参见郭朋《汉魏两晋南北朝佛教》,页73—77,齐鲁书社1986年版。笔者以为,即使今本《四十二章经》非摄摩腾所译,也不排除其曾译过该经的可能。

重要的一大分支,而由此产生的翻译理论也在中国古代阐释学中占有重要的地位。

尤为值得重视的是,自汉译佛经开始,中国古代的翻译事业由文化征服逐步转向文化交流。在汉代以后,译经僧以及译经院逐渐取代"译官"、"象胥"、"辎轩使者"而成为翻译舞台上的主角。儒家学者和佛教僧人关于"译"字的不同解释,正好体现出这种由文化征服到文化交流的转型。如许慎《说文解字》曰:"译,传四夷之语者。"① "四夷"一词就是征服者的口吻。而赞宁《宋高僧传》则曰:"译之言易也,谓以所有易所无也。"② "易"就是平等的交换、交流。

印度佛典的主要载体是梵语或梵文,语音、语法固然与汉语迥异,文字及书写习惯与汉文也全然不同,所谓"音训诡謇,与汉殊异"。想必汉人第一次接触到梵文梵语时,定是茫然无知,以至有如读"天书"、如闻"天语"之叹③。因此,最初的佛典汉译,几乎都是由天竺或西域诸国"通习华言"的僧人与汉僧人的合作来完成。这些汉译佛典,一般由梵僧或胡僧"口译"(口头翻译),由汉僧人"笔受"(笔头记录他人的口授)④,如汉桓帝时安息国商人安玄与汉沙门严佛调共出《法镜经》,"玄口译梵文,佛调笔受"⑤。有时甚至经三道工序,如汉灵帝时天竺僧竺佛朔"出"《般舟三昧经》,月支

---

① 见《说文解字·段注》,页107。
② 《宋高僧传》卷一《唐京兆大荐福寺义净传》,页3。
③ 《高僧传》卷一《安清传》曰:"天竺国自称书为天书,语为天语,音训诡謇,与汉殊异。"《大正藏》第五〇卷,页324。其实非仅天竺国自称,在汉人看来其书其语亦如"天书"、"天语"。
④ 案:"受"字有二义,一为接受,如"笔受"之"受";一为付与,如前注引《魏略·西戎传》"口受"之"受"。此即古人所谓"反训"、钱锺书先生所谓"背出或歧出分训"之例。参见《管锥编》第1册,页2。
⑤ 《高僧传》卷一《支楼迦谶传》,《大正藏》第五〇卷,页324。

僧支楼迦谶为"传言",河南洛阳孟福、张莲"笔受"①。"出"指凭记忆用梵语口诵经本,"传言"指翻译梵语为汉语,这两道工序都是口头语言形式。而最后一道工序"笔受",指用笔记述已经口头翻译的佛经,使之成为文字。这三道工序至少包括两次转换,一次是不同语言之间的转换,转梵为汉(或是转梵为胡,再转胡为汉)②;一次是不同媒介之间的转换,转语为书,或转口为笔,有声语言转为有形文字。口头翻译者必须把他所理解的意义置入听者所生活的语境中,笔头翻译者则必须把他所听到的口头语言转化为读者所熟悉的书面文字。

即使翻译者力求忠实地传达原文的意思,经过这两次转换也都难免会损失掉不少信息。这一方面受制于翻译者对两种不同语言的理解与表达的能力。因为在汉代翻译者多为梵僧或胡僧,不谙汉文,其中佼佼者来中华后虽"渐解汉言"、"通习华言",但对汉人生活的语境仍较陌生,需请汉人作译经助手,而助译的汉人对梵言亦很隔膜。所以除了安清(世高)、安玄、严佛调三人的翻译外,汉代其他的佛典"先后传译,多致谬滥"③。如竺佛朔与合作者三道工序的翻译,史称"转梵为汉,译人时滞,虽有失旨,然弃文存质,深得经意",其中翻译者因语言障碍而"时滞"、"失旨"、"弃文"的说法是纪实,而所谓"存质"、"深得经意",则多少有点溢美,当大打折扣。这种情况到三国时仍然存在,如天竺僧维祇难与同伴竺律炎同至东吴,将《法句经》译为汉文,但二人均"未善汉言,颇

---

① 《高僧传》卷一《支楼迦谶传》,《大正藏》第五〇卷,页324。
② 倘若译者是西域胡人,如安息、月氏、康居等国人,而非天竺人,那么转梵为胡,再转胡为汉的可能性是存在的。所以《宋高僧传》卷三《译经篇论》论"六例",特别辨明"胡语梵言",页53。
③ 如《高僧传》卷一《支楼迦谶传》曰:"世称安侯(安清)、都尉(安玄)、佛调三人传译,号为难继。"又《安清传》曰:"先后传译,多致谬滥,唯高(安清)所出为群译之首。"均见《大正藏》第五〇卷,页324。

有不尽,志存义本,辞近朴质"①。另一方面,由于梵言和汉语分属两种完全不同的语言系统,运载着完全不同的文化内容,因而语词的意义并非完全对等,对于汉人来说,佛经里有的术语不仅"音训诡謇",而且概念全新,极难找到现成的汉语词与之对应。在梵、汉两种语言接触之初,没有约定俗成的翻译规则可供参考,很多译法只得新创生造。依中国古代翻译学的概念,"文"乃修饰之意,译经时修辞力求与汉文接近,类似于意译方式。"质"乃朴质之意,即采用直译方式,"初从梵语,倒写本文",以求忠实于原文,但与汉文的表达习惯不相合。所以汉代译师的"弃文存质",往往使得经文晦涩费解。正如宋释赞宁评价早期译经所说:"初则梵客华僧,听言揣意,方圆共凿,金石难和,碗配世间,摆名三昧,咫尺千里,觌面难通。"②

三国西晋的翻译家开始逐渐改变这种译文尚质的倾向。这些翻译家大都不仅精通两国以上的语言,而且学问渊博,通晓释、道、儒内外典籍③。与汉代译师相比,他们的语言能力和学术功底使其更易于将自己理解的意义置入读者生活的语境中,所谓"彼晓汉谈,我知梵说,十得八九"④。为了使经意更畅达且更易被人理解,他们很注意译文与当时中国流行的文风相一致,并注意迎合中国本土的知识背景和学术思潮。如支谦"以季世尚文,时好简略,故其出经,颇

---

① 《高僧传》卷一《维祇难传》,《大正藏》第五〇卷,页326。竺律炎,"其名群录不同,或云将炎,或云持炎"(《开元释教录》卷二上)。
② 《宋高僧传》卷三《译经篇论》,页52—53。
③ 如支谦"博览经籍,莫不精究,世间伎艺,多所综习,遍学异书,通六国语"。康僧会"明解三藏,博览六经,天文图纬,多所综涉,辩于枢机,颇属文翰"。均见《高僧传》卷一《康僧会传》,《大正藏》第五〇卷,页325。尤其是竺法护,"博览六经,游心七籍","外国异言三十六种,书亦如之,护皆遍学,贯综诂训,音义字体,无不备识"。《高僧传》卷一《竺昙摩罗刹传》,《大正藏》第五〇卷,页326。
④ 《宋高僧传》卷三《译经篇论》,页53。

从文丽"①,并主张一切名词,译时不得用胡语、胡音②。支谦所译《大明度经》中有《本无品》,所谓"本无",按正确的译法应是"真如"或"性空"③,支谦的译法应当是受了正始玄学的影响,因为"本无"乃何晏、王弼哲学中的重要概念,颇为时人称道④。又如,支谦翻译的《佛说维摩诘经》中有《观人物品》,"人物"二字不确,按后来鸠摩罗什、玄奘的翻译,当为"众生"或"有情"⑤,支译为"人物",大约与当时人物品评的风尚有关。此外,《观人物品》中还有"自然"、"真人"等词语,更可明显看出道家思想的痕迹。汤用彤先生指出:"三国时支谦内外备通,其译经尚文丽,盖已为佛教玄学化之开端也。"⑥同时代的康僧会在译经时采用了与支谦相似的策略,即使用一些中国本土的词语概念来表述佛教思想。如他所译《六度集经》曰:

> 昔者,波罗㮈国王名波耶,治国以仁,干戈废,杖楚灭,囹圄毁;路无呼嗟,群生得所,国丰民炽,诸天叹仁。⑦

这完全是孔孟宣扬的"王道乐土"。又曰:

---

① 支愍度《合首楞严经记》,《出三藏记集》卷七,《大正藏》第五五卷,页49。
② 如支愍度《合首楞严经记》谓支谦(支越)"嫌(支)谶所译者辞质,多胡音,异者删而定之"。《大正藏》第五五卷,页49。又支谦《法句经序》(该序原题未详撰人,汤用彤考证为支谦作)评竺将炎所译《法句经》曰:"将炎虽善天竺语,未备晓汉,其所传言,或得胡语,或以义出音,近于质直,仆初嫌其辞不雅。"《出三藏记集》卷七,《大正藏》第五五卷,页50。
③ 如《大明度经》卷四《本无品》,《大正藏》第八卷,页493—494。
④ 如何晏《无为论》曰:"天地万物,皆以无为为本。无也者,开物成务,无往不成者也。"《全上古三代秦汉三国六朝文》,页1274。如王弼《老子指略》曰:"无形无名者,万物之宗也。"《王弼集校释》,页195。又《世说新语·文学》载王弼言"圣人体无",《世说新语笺疏》,页199。
⑤ 参见郭朋《汉魏两晋南北朝佛教》,页185。
⑥ 汤用彤《汉魏两晋南北朝佛教史》上册,页95,中华书局1983年版。
⑦ 《六度集经》卷二,《大正藏》第三卷,页6。

> 昔者,菩萨为大国王,名曰察微……深睹人原始,自本无生;……止欲空心,还神本无。①

这显然是老子思想的翻版。西晋名僧竺法护(竺昙摩罗刹)在当时译经数量居第一,虽然他的译文"依慧不文,朴则近本",较忠实于原文,但其"宏达欣畅"②,则非直译所能局限。所以后世僧史家仍将他与支谦相提并论,视为"滞文格义"的代表③。"滞文"之"文",当然指意译;"格义",指用外典(儒、道典籍)比附佛经(案:"格义"之义,后将详论,兹不赘述)。换言之,竺法护译经仍注意考虑读者的文化语境,尽可能以汉人能理解接受的语言来翻译,在句法上也"顺同此俗",不再"倒写本文"。

经过三百余年的梵汉往来以及经验积累,到了东晋二秦时期,佛经翻译有了较大进展,逐渐臻于成熟。在长安,形成了一个佛经翻译中心,吸引了大量西域和中土的高僧。从工序上看,已由东汉三国时的一二人对译趋于多人合译或集体翻译,分工细密而具体。从水平上看,译者大体具备了通晓两种语言的能力,出经者知晓汉文文义,笔受者也颇通佛法教理,译文可得到很好的校正。更重要的是,此时期的翻译出现一种理论上的自觉,佛经原典的地位大大提高,译者不必再将佛教教义依附于儒道典籍,"弃文尚质"的直译和"滞文格义"的意译两种倾向都受到质疑。

苻秦高僧道安总结历代译经的成败得失,在《摩诃钵罗若波罗蜜经抄序》中提出"五失本"、"三不易"两条重要见解,对于如何忠实地传达佛经原意作出具体的规范和要求。旧译佛经"义多纰僻,皆由先度失旨,不与梵本相应"④,道安将其纰缪归纳为"五失本":

---

① 《六度集经》卷八,《大正藏》第三卷,页51。
② 《高僧传》卷一《竺昙摩罗刹传》,《大正藏》第五〇卷,页327。
③ 如《高僧传》卷二《鸠摩罗什传》曰:"自大法东被,始于汉明。涉历魏晋,经论渐多。而支、竺所出,多滞文格义。"《大正藏》第五〇卷,页332。
④ 见《高僧传》卷二《鸠摩罗什传》,《大正藏》第五〇卷,页332。

> 译胡为秦,有五失本也:一者胡语尽倒而使从秦,一失本也;二者胡经尚质,秦人好文,传可众心,非文不合,斯二失本也;三者胡经委悉,至于叹咏,丁宁反覆,或三或四,不嫌其烦,而今裁斥,三失本也;四者胡有义记,正似乱辞,寻说向语,文无以异,或千五百,刈而不存,四失本也;五者事已全成,将更傍及,反腾前辞,已乃后说,而悉除此,五失本也。①

这里的"胡"指梵文,"秦"指汉文。"五失本"之说是对佛经翻译中乖离梵文原意的现象提出的批评,第一条是关于句法问题,梵文句法与汉文句法语序相反,如果按汉文习惯将梵文句式颠倒过来,就将因不符佛教的思维习惯而失去原义。第二条是关于修辞问题,梵文重质朴,汉文尚修饰,如果翻译为了满足中华读者需要,有意增添文采,难免与原义不符。第三条是关于风格问题,梵文佛经颇多反复咏叹、再三叮咛之语,汉文写作则有尚简约的传统,如果按照汉人的审美观点剪裁其"不嫌其烦"之处,原义将有所丧失。第四条是关于文体问题,梵文佛经于各段末尾有"义记",类似中国古代辞赋末尾的"乱辞",重复前面已讲过的话,如果大量删去这些连篇累牍的重颂,未免会失原意。第五条是关于叙述问题,梵文佛经述毕一事,在另述他事时,又反过来重复前文,如果将这些全部精简,也将失去原意。②

　　道安的见解蕴涵着很深刻的理论价值,首先,翻译者只能是信

---

① 道安《摩诃钵罗若波罗蜜经抄序》,《出三藏记集》卷八,《大正藏》第五五卷,页52。
② 案:"五失本"之说,似当为道安对旧译纰缪的批评,而现代学者多将其解为道安提倡的翻译应当遵循的原则,如汤用彤曰:"然依安公之意,梵文文轨或有不合中文法式者,自不能胶执全依原本译之。(一)梵语倒装,译时必须颠写。(二)梵经语质而不能使中国人了解者,则宜易以文言。……凡此五事,虽失本文,然无害于意。"《汉魏两晋南北朝佛教史》上册,页293。又如吕澂曰:"简单地说来,有五种情况是不能与原本一致的:第一,语法上应该适应中文的结构;第二,为了适合中国人好文的习惯,文字上必须作一定的修饰……"《中国佛学源流略讲》,页61,中华书局1979年版。

息的传递者,没有任何理由增加或删减原文的信息。如何保证译文的"不失本",是每个翻译者的天职。其次,翻译者固然有责任将他理解的意义置入读者所生活的语境中,即尽可能地"传可众心",使读者满意,但这种"从秦"绝不是屈从读者,绝不能以牺牲佛经原义为代价。在佛经翻译中,原典的真理远比读者的习惯更为重要。尤为值得注意的是,道安所论及的句法、文体、修辞等语言形式问题,在玄学家眼中不过是"筌蹄"而已,得到鱼、兔后可以将其抛弃,或是"玄黄牝牡"的形器而已,与"神骏"的精神无关。而道安将其视为翻译不能忽略的佛经之"本",这就表明他已充分认识到佛经的文体是一种"有意味的形式",抛弃其文体就等于丧失其本真。翻译者应尽最大可能来保存佛经原典这种"有意味的形式"。

后秦高僧鸠摩罗什也特别注意到佛经原典"有意味的形式",他曾为弟子僧叡比较天竺和中国辞体的异同说:"天竺国俗甚重文制,其宫商体韵,以入弦为善。凡觐国王,必有赞德;见佛之仪,以歌叹为贵。经中偈颂皆其式也。但改梵为秦,失其藻蔚,虽得大意,殊隔文体。有似嚼饭与人,非徒失味,乃令呕哕也。"[①]因此,翻译者不得对经中那些看来似乎重复的偈颂随便删削。

如果说"五失本"是对"滞文格义"倾向的批判的话,那么"三不易"则多少隐含着对"弃文尚质"者的告诫:

> 然《般若经》三达之心,覆面所演,圣必因时,时俗有易,而删雅古以适今时,一不易也;愚智天隔,圣人巨阶,乃欲以千岁之上微言,传使合百王之下末俗,二不易也;阿难出经,去佛未久,尊者大迦叶令五百六通迭察迭书,今离千年,而以近意量裁,彼阿罗汉乃兢兢若此,此生死人而平平若此,岂将

---

① 《高僧传》卷二《鸠摩罗什传》,《大正藏》第五○卷,页332。

不知法者勇乎？斯三不易也。

涉兹五失经、三不易，译胡为秦，讵可不慎乎？正当以不闻异言，传令知会通耳，何复嫌大匠之得失乎？①

"三不易"之说讲译经之难，实际上是从反面对佛经翻译的理想境界提出的要求。众所周知，任何翻译过程都包括三要素：即信息发出者（言说者、作者）、信息转换者（口译、笔译者）和信息接受者（听者、读者），而翻译目的的实现需取决于处于中介位置的信息转换者。作为佛经翻译者，他不仅需精通两种以上的语言，还必须跨越不同的时（古与今）空（天竺与中华），扮演两种不同的角色（信息发出者和信息接受者），其难度可想而知。其一，从信息发出者来说，佛经乃佛陀面对不同的听众"因时所演"。由于古今时俗互异，而按佛陀的传经思想，经义必因时而圣，因而翻译者就必须考虑佛陀的苦心，注意从"雅古"到"今时"的转换，即用"今时"之语取代"雅古"之语，适应时俗的阅读习惯，从而完成佛经文本的现代转型。其二，从信息接受者来说，下愚（低智商或所谓钝根）与上智（高智商或所谓利根）有天渊之别，圣人更是高不可攀。因而翻译者要使普通民众都能接受佛经，就必须克服两个障碍：一是信息的发出和接受之间的时间跨度，二是信息发出者和接受者之间的愚智悬殊，从而使"千岁之上微言"（佛教奥义）变成"百王之下末俗"（凡夫俗子）也可理解的东西。其三，从信息转换者来说，编辑佛经的阿难与迦叶等为佛陀的高足，与佛陀同时而稍后，而翻译者生活的时代与其时已隔千年；阿难、迦叶等护佛法勇猛精进，而翻译者与之相比则未免凡俗平庸。因此，翻译者必须超越自身历史的

---

① 道安《摩诃钵罗若波罗蜜经抄序》，《出三藏记集》卷八，《大正藏》第五五卷，页52。

局限和修养的局限,从而做到"以近意量裁",尽可能接近"彼阿罗汉"(指佛陀弟子)的水平。显然,从"雅古"到"今时"的转换、从"微言"到"末俗"的普及以及从"生死人"到"阿罗汉"的超越,决非"弃文存质"所能完成的。

道安的"五失本"主要从翻译的空间性(胡秦)着眼,而"三不易"之说则一再提到翻译的时间性(古今),这似乎表明苻秦时人们对佛经翻译的认识已由单纯的"传四方之语"而扩展到"通千年之言",更注意到它的文本理解的阐释学性质。

在后秦姚兴弘始年间,道安向往的"三不易"的理想境界几乎在鸠摩罗什的译经中得以实现,其所译《维摩经》、《百论》等,"陶冶精求,务存圣意,其文约而诣,其旨婉而彰"①、"陶练覆疏,务存论旨,使质而不野,简而必诣"②,东汉以来旧译的"尚质"与"尚文"一变而为"文质彬彬",罗什新译与旧译相比,再无扞格之嫌,"义皆圆通"③。正如吕澂先生对其评价所说:"从翻译的质量言,不论技巧和内容的正确程度方面,都是中国翻译史上前所未有的,可以说开辟了中国译经史上的一个新纪元。"④

其实,罗什译经的意义已超出了译经史,他对旧经的校正重译,实质上是对佛教教义的一次重新理解和阐释,"既得更译梵音,正文言于竹帛;又蒙披释玄旨,晓大归于句下"⑤,具有语词与意义双重正谬和双重诠释的功效。在罗什之前,虽已有《般若》经类的翻译,但《般若》系的"性空"学说,始终未能正确表达出来,直到他译

---

① 《出三藏记集》卷八僧肇《维摩诘经序》,《大正藏》第五五卷,页58。
② 同上卷一一僧肇《百论序》,《大正藏》第五五卷,页77。
③ 《出三藏记集》卷一四《鸠摩罗什传》曰:"更令出《大品》,什持胡本,(姚)兴执旧经,以相雠校,其新文异旧者,义皆圆通。众心惬服,莫不欣赞焉。"《大正藏》第五五卷,页101。
④ 《中国佛学源流略讲》,页88。
⑤ 《出三藏记集》卷八僧叡《思益经序》,《大正藏》第五五卷,页58。

的《大品》、《四论》等问世,中国佛教徒才真正改变了对空宗教义的误解。在这里,翻译的阐释学性质得到极鲜明的凸显。

从东晋后期到南北朝,一批又一批华僧为广求佛法,西行取经,如法显、法勇、智严、宝云、智猛等人,"涉履流沙,登逾雪岭,勤苦艰危,不以为难"[1]。其结果是打破了梵僧、胡僧对佛经翻译的垄断。由于华僧直接从天竺得到佛经原典,并精通熟悉梵文与天竺文化,因而他们在译经的事业中不再只担当"笔受"的配角,而成了主持译经并参与校订的主角。换言之,他们可以直接品尝原汁原味的梵文美餐,而不用去承接别人咀嚼后吐出的饭块。与此同时,华僧也逐渐廓清了长期以来梵、胡不分的模糊概念,在翻译理论上提出新的见解。

隋唐时代,佛教终于摆脱对中国原有文化(如儒学、道术、玄学等)的依附,成为独立自足的宗教,这在佛经翻译上表现得尤为突出。隋僧彦琮的"八备"和唐僧玄奘的"五不翻",标志着译经理论的规范化和科学化。

隋僧彦琮在长期的翻译实践中,注意到本土很多译师的汉文译文,少有与梵文音字诂训相符者,于是作《辩正论》,以垂翻译之式。彦琮对道安"五失本"、"三不易"之说评价很高,称其"详梵典之难易,诠译人之得失,可谓洞入幽微,能究深隐"。然而,他对道安所谓"译胡为秦"的概念,则颇有微词,认为是混淆了胡与梵的界限:"旧唤彼方,总名胡国,安虽远识,未变常语。胡本杂戎之胤,梵唯真圣之苗,根既悬殊,理无相滥,不善谙悉,多致雷同。见有胡貌,即云梵种;实是梵人,漫云胡族,莫分真伪,良可哀哉。语梵虽讹,比胡犹别,改为梵学,知非胡者。"彦琮指出胡、梵的区别是很有必要的,因为印度佛经以梵文经典为主,称为"梵本";经

---

[1] 《高僧传》卷三《宝云传》,《大正藏》第五〇卷,页339。

西域传入中国，其间又有安息文、康居文、于阗文、龟兹文佛典，称为"胡本"。由于翻译所固有的局限，梵本与胡本的价值是不可同日而语的。彦琮还批判了前人译经"时野时华，例颇不定"的做法："晋宋尚于谈说，争坏其淳；秦梁重于文才，尤从其质。"这样做导致翻译失真，如"僧鬘惟对面之物，乃作华鬘；安禅本合掌之名，例为禅定"。彦琮深知译经的艰难，因而特别对译者提出"八备"的要求：

> 所备者八：诚心爱法，志愿益人，不惮久时，其备一也；将践觉场，先牢戒足，不染讥恶，其备二也；筌晓三藏，义贯两乘，不苦暗滞，其备三也；旁涉坟史，工缀典词，不过鲁拙，其备四也；襟抱平恕，器量虚融，不好专执，其备五也；沉于道术，澹于名利，不欲高衒，其备六也；要识梵言，乃闲正译，不坠彼学，其备七也；薄阅苍雅，粗谙篆隶，不昧此文，其备八也。①

"八备"之一、二、五、六条属于道德修养范畴，三、四、七、八条则属于学识修养范畴，即译者所需具备的理解能力、表达能力以及掌握两种语言的水平。具体而言，在学理方面，需要有广博的佛理知识，熟知经、律、论三藏典籍，懂得大、小两乘佛教原理，翻译时能做到融会贯通；在辞章方面，需要广泛涉猎经史子集，掌握遣词造句的技巧，翻译时能做到典雅流丽，言之有文；在语言方面，需要精通梵语，认识梵文，熟悉原本，深知如何是正确的理解；在文字方面，应粗略掌握《苍颉》、《尔雅》之类的字书词典，谙习篆

---

① 《续高僧传》卷二《隋东都上林园翻经馆沙门释彦琮传》引其《辩正论》，以上引文同此，《大正藏》第五〇卷，页438—439。

字隶书,知道如何将正确的理解译为本土文字。具备以上的知识,就可以将翻译过程中的信息损失降到最低程度。

事实上,一位译者要同时兼备以上各种条件是很难做到的。因此,为了使佛经翻译尽可能降低信息损失,隋唐时期出现了官方的专业化译场。译场分工甚为细密,有译主、笔受、度语、证梵、润文、证义、梵呗、校勘、监护等九项,分别由具备以上不同条件的人承当。首先是译主,由"赍叶书之三藏,明练显密二教者充之",即提供佛经原典贝叶书的出经者,其条件大致相当于"筌晓三藏,义贯两乘"。其次是笔受,又谓之"缀文",条件是"必言通华梵,学综有空",了解原典意义,然后下笔。其次是度语,正式称为"译语",亦名"传语","传度转令生解",是译主和笔受的中介,相当于东汉译经工序中"传言"的角色,即口译者。其次是证梵,"求其量果,密能证知,能诠不差,所显无谬",即考证梵本佛经文义,并辨明其义得失,"令华语下不失梵义"。充当证梵一职者,其条件是"要识梵言,乃闲正译,不坠彼学"。再其次是润文,专管为译文润色,"令通内外学者充之",即"旁涉坟史,工缀典词"者,因为笔受是随笔记录,未考虑文言俚俗,润文可以在"不失于佛意"的前提下"刊而正之",使译文有文采,"不过鲁拙"。又次是梵呗,专管法会赞颂佛德之事。复次是证义,"盖证已译之文所诠之义",专管辨正译文文义得失。再次是校勘,"雠对已译之文"。最后是监护大使,由官员或高僧"监掌翻译事,诠定宗旨"。[①] 整个译场由颖悟的理解者、出色的解释者、优秀的写作者和严格的检查者所构成,这样就大大减少了因译者个人条件限制而不可避免出现的主观臆断、失本违义的谬误。同时,翻译作为理解和解释的性质也表现得更为充分。

作为印度佛学最忠实的介绍者,唐僧玄奘比其前辈译者更强调

[①] 参见《宋高僧传》卷三《译经篇论》,页65—67。

译文的准确性，即尽可能保持梵文佛典的原始风貌。他注意到某些佛教术语在译本中意义失真的现象，于是根据佛经具体情况提出著名的"五不翻"之说，与支谦反对音译的观点大异其趣。其说如下：

> 一、秘密故，如陀罗尼。二、含多义故，如薄伽梵具六义。三、此无故，如阎净树，中夏实无此木。四、顺古故，如阿耨菩提，非不可翻，而摩腾以来常存梵音。五、生善故，如般若尊重，智慧轻浅。而七迷之作，乃谓释迦牟尼，此名能仁。能仁之义，位卑周孔。阿耨菩提，名正遍知，此土老子之教先有，无上正真之道，无以为异。菩提萨埵，名大道心众生。其名下劣，皆掩而不翻。①

所谓"五不翻"，就是指在五种情况下只能音译，而不能意译。第一种情况，如梵语"陀罗尼"，是菩萨不可思议的密语，即一种无法翻译的咒语，虽然据《大智度论》，"陀罗尼"有"能持"、"能遮"的意思，但意译为"总持"或"遮持"，都无法传达其奥秘之处。第二种情况，如梵语"薄伽梵"，有自在、炽盛、端严、名称、吉祥、尊贵等六义，意译为"世尊"，则难以包容此六义。第三种情况，如梵语"阎净树"，是印度特产，为中国所无，因此不能用汉语中的树名去勉强翻译。第四种情况，如梵语"阿耨菩提"，本亦可意译为正遍知，但自古以来汉译佛典都采用音译，所以遵循习惯。第五种情况涉及佛教伦理问题，如"般若"为音译，显得尊重，如意译为"智慧"，就显得轻浅，因为"智慧"二字可用于世俗之人，而"般若"是特定的佛教智慧。又如"释迦牟尼"意译为"能仁"，地位就低

---

① 参见《翻译名义集》卷首宋唯心居士周敦义撰《翻译名义序》引玄奘论，《大正藏》第五四卷，页1055。

于"仁人"周公、孔子,难以见其尊贵。"阿耨菩提"意译为"正遍知",也就无法与老子的道教相区别。要保持佛经的纯正与尊严,宁愿采用音译,而不要用"下劣"之名去意译。

从某种意义上说,翻译不仅是一种跨语言交际,而且也是一种跨文化交际,因为语言是文化的载体。但文化交际往往伴随着文化冲突,两种语言和两种文化之间并非完全对应,如果用梵文音译,有可能在忠实于原典的同时,使读者产生文化隔膜;如果用汉语意译,则有可能在迎合读者的同时,以牺牲原典的意义为代价。在此交际中,译者常常处于两难的尴尬境地:一方面,他千方百计想把自己所理解的意义置入读者生活的语境中;另一方面,他又绞尽脑汁试图忠实保存原典的文化精神。当然,最佳选择是音译与意译的有机结合,但事实上一般译者很难做到两全,要么"弃文存质"而成路障,要么"滞文格义"而当叛徒。

主张"五不翻"的玄奘无疑是中国翻译史上最严肃的学者,他的译经真正做到了文句义理与印度佛经一一对应,将音译与意译很好地结合在一起。

隋唐时期的翻译取得了空前的成功,宋初,僧赞宁总结前人译经得失,进一步订立翻译所应遵循的"六例",一是译字译音例,有译字不译音、译音不译字、音字俱译、音字俱不译四种情况。二是胡语梵言例,有胡语、梵言、亦胡亦梵、非胡非梵(纯华言)四种情况。三是重译直译例,重译是指印度佛经先译为西域诸国的语言,再译为汉语,直译是指直接从梵语译为汉语,另有亦直亦重、非直非重之例。四是粗言细语例,即梵文佛经中凡俗之言和典正之言的区别,有是粗非细、唯细非粗、亦粗亦细、非粗非细四种情况。五是华言雅俗例,译文中有是雅非俗、是俗非雅、亦雅亦俗、非雅非俗四种情况。六是直语密语例,佛教以涉俗(俗谛)为直,以涉真(真谛)为密,译文中有是直非密、是密非直、亦直亦密、非直非密四种情况。① 这"六例"可以说是佛经翻译理论和实践最完满的总结。

对于翻译,赞宁曾作过两个比喻,第一个比喻是:"譬诸枳橘焉,由易土而殖,橘化为枳。枳橘之呼虽殊,而辛芳干叶无异。"② 第二个比喻是:"翻也者,如翻锦绮,背面俱花,但其花有左右不同耳。"③ 赞宁的本意是推崇翻译,认为它一点也不比原典逊色,与原典几乎没有区别。但这两个比喻多少有点蹩脚,因为喻义并不能完全支持他本来想说明的喻旨,枳自然不如橘,锦绣背面自然也不如正面。不过,就"橘化为枳"与"翻锦绮"的比喻本身而言,却最恰切地彰明了翻译的性质。

"橘化为枳"向来是因水土气候的变化而造成物性变异的极佳例证。如《周礼·冬官考工记》总序:"橘逾淮而北为枳……此地气然也。"④《晏子春秋·内篇杂下》说得更明白:"橘生淮南则为橘,生于淮北则为枳,叶徒相似,其实味不同。所以然者何?水土异也。"⑤ 由于水土变化,甜美的淮南之橘化为酸涩的淮北之枳。翻译也同样会遇到"水土异"的问题,即语言与文化传统习惯的差异问题。将印度佛典翻译为汉文佛经,有如"易土而殖",无论怎样号称忠实的译文,都不可避免地受到汉语和汉文化"水土"的影响而对原典有所拣择,或者为了适应汉语和汉文化"水土"而不得不对原典有所变异。就是最忠于印度佛典的唐僧玄奘,在翻译佛经中的伽陀(偈颂)时,仍采用了汉语习惯的七言句式。反过来说,逾淮而北不化为枳的译本,则难免因不服"水土"而遭淘汰。

翻译的"翻"等于把绣花纺织品的正面翻过去的"翻",展开了它的反面。这个比喻大致是不错的,文本的内容好比绣花图案,好的翻译对于原典在内容上不会太走样。但从形式上看,正面和背面的针

---

① 参见《宋高僧传》卷三《译经篇论》,页53—55。
② 同上卷一《唐京兆大荐福寺义净传》,页3。
③ 同上卷三《译经篇论》,页52。
④ 《周礼注疏》卷三九《冬官考工记》,页906。
⑤ 吴则虞《晏子春秋集释》卷六《内篇杂下》,页392,中华书局1982年版。

脚则大为不同,原典天然光洁,而译文难免毛糙疙瘩,如印度佛经偈颂之"宫商体韵,以入弦为善",翻译成汉文后,多"失其藻蔚"。背面的图案之花当然没变,但其鲜亮度却比正面差了不少。尤其是"弃文存质"的译本,就不只是锦绣的翻转,而简直如花毯的反面。①

尽管历代译经僧都在追求"辛芳干叶无异"的境界,但翻译归根结底是一种理解和阐释,从来就不可能有绝对标准的理想译本存在。无论是"化"还是"翻",都取决于译者的理解与表达,而译者本人又受制于他所生存的文化环境。正如梁僧祐所说:"义之得失,由乎译人;辞之质文,系于执笔。"②如《维摩诘经》有支谦、鸠摩罗什、玄奘等好几种译本,不仅有些名词术语的翻译不同,如"众生"或译为"人物",或译为"有情","维摩诘"或译为"净名",或译为"无垢称",而且文体和风格也有差异,其原因就在于各自采用了自己所属时代魏、后秦、唐的新文风,按照自己的"水土"去"化",或按照自己的"手段"去"翻"。

佛经汉译经历了近千年的实践过程,完成了对印度佛教的引进。一方面,通过翻译,印度佛经之"橘"给中国土地带来前所未见的崭新文化物种,而汉译佛经也以其通俗易懂的文体为汉语言文学注入不少新鲜血液。另一方面,中国的"水土"也造就了汉译佛经之"枳",使之改变印度佛经的原生态而成为异于"橘"的亚种,使之以中国人理解的并经中国人阐释过的方式成为世界佛教的宝藏。

二、义解:移花接木

如果把佛典的汉译看作"移植"的话,那么中国佛学对印度佛

---

① 参见钱锺书《林纾的翻译》,《钱锺书散文》,页271—272,浙江文艺出版社1997年版。
② 僧祐《胡汉译经音义同异记》,《出三藏记集》卷一,《大正藏》第五五卷,页4。

典的理解与解释就近乎一种"嫁接"。

最早的佛经翻译始于两汉之际,但其时所译佛经多为佛本行和禅法一类著作,佛教传播的重点在其宗教部分而非哲学部分。大约在汉末魏初,随着汉译佛经的增多,关于佛教学说的讲解才开始出现。这是接受异质文化的一般规律,首先是"拿来主义",接下来才是"消化主义"。印度佛经翻译了一大堆,本来汉译经籍就艰涩难解,再加上部派繁多,鱼龙混杂,更让学佛者不知所措。所以在翻译之外还必须辅之以讲解。

正如翻译一样,讲解也有一个语境问题。一方面,讲解者是按自己的知识经验所理解的来讲,而这知识经验来自他生活的语境。另一方面,讲解者必须把自己的理解置入接受者(听者或读者)所生活的语境中,使接受者借助于自己的知识经验来尽可能领悟。特别是一种外国宗教和学说刚刚被介绍进来,还缺乏相应的知识经验的铺垫,更不得不借助本土的学术思想底子去理解和阐释。对于早期的中国佛教讲师们来说,就是把自己本土原有的儒道学说与印度佛教作比较,即所谓"格义"、"配说"或"连类"。

"格义"是一种用中国儒道学说来比附印度佛教学说的阐释方法。汤用彤先生称它为"中国学者企图融合印度佛教和中国思想的第一种方法"[①]。"格义"一词含义的唯一解说见于梁释慧皎《高僧传·竺法雅传》:

> 时依雅(竺法雅)门徒,并世典有功,未善佛理。雅乃与康法朗等,以经中事数,拟配外书,为生解之例,谓之格义。及毗浮、昙相等,亦辩格义以训门徒。[②]

[①] 汤用彤《论"格义"——最早一种融合印度佛教和中国思想的方法》,《理学·佛学·玄学》,页282,北京大学出版社1991年版。
[②] 《高僧传》卷四《竺法雅传》,《大正藏》第五〇卷,页347。

这里有三点需注意：其一，"格义"的对象是佛经中的"事数"，即佛教典籍对人生和宇宙的各种分析结果，其特点是一系列的次第分部再分部。《世说新语·文学》刘孝标注云："事数谓若五阴、十二入、四谛、十二因缘、五根、五力、七觉之属。"[①]是佛教典籍中的概念和名词，即所谓"名相"。其二，"格义"的方法是用中国世俗书籍"外书"（儒家道家之书）中的名词概念去比拟或比配佛典"内书"中的"事数"。其三，"格义"的体例是"生解"，即一种大字正文下夹注小字的经典注疏形式，或称为"子注"[②]。不懂佛理的人，可以根据"子注"本的形式，大致了解佛典中的"事数"相当于儒道书中的哪些概念，从而能贯通文义。

有的学者据《高僧传·竺法雅传》，认为"格义"的方法是东晋时期的竺法雅、康法朗等人创建的[③]。不过，另有材料表明，"格义"乃魏初以来讲经者甚至译经者所普遍采用的内外典互证的方式。如慧叡（长安叡法师）在《喻疑》中指出："汉末魏初……寻味之贤始有讲次，而恢之以格义，迂之以配说。"[④]则"格义"之法并不始于东晋，也不限于竺法雅等人。又如前引《高僧传·鸠摩罗什传》云："自大法东被，始于汉明，涉历魏晋，经论渐多，而支、竺所出，多滞文格义。"[⑤]罗什传列于《译经篇》，此段下文即言及罗什重译新经

[①] 《世说新语笺疏》，页240。案："五力、七觉之属"原作"五九、七觉之声"，文义欠通，据《笺疏》"校文"引景宋本改。"五力"，佛教语。又案：如安世高译《阴持入经》将佛法分为"阴"、"持"、"入"三部，阴又分为"色"、"痛"、"想"、"行"、"识"等五阴，色又分为"眼"、"色（颜色）"等十色。这就是"事数"或"法数"的方法。

[②] 说见陈寅恪《支愍度学说考》，《金明馆丛稿初编》，页150、163，上海古籍出版社1980年版。

[③] 如吕澂云："起初有康法朗、竺法雅，后来有毗浮、昙相等，创造了'格义'的方法。"《中国佛学源流略讲》，页45。郭朋云："竺法雅，乃'格义'的倡导者。"《汉魏两晋南北朝佛教》，页354。

[④] 《出三藏记集》卷五，《大正藏》第五五卷，页41。

[⑤] 见《大正藏》第五〇卷，页332。

事,又"所出"指翻译佛教经论,则此处"滞文格义",当指支谦、竺法护等翻译家所采用的方式,而非指支愍度、竺法雅等人的"生解之例"。如果以"拟配外书"为格义的基本特征,那么支谦译《维摩经》所用的"本无"、"自然"、"真人"等道家典籍中的术语,都可视为"格义"之例。如饶宗颐先生论变文与图绘之关系时所言:"'变'的观念本为中国所固有,佛教东来,乃以'化'字来对译轮回说下的化身,以'神变'一复词来翻译Prātihārya,又单用'变'字来表示绘画的'māna',这些都是符合格义的条例,很值得我们寻味的。"①

关于"格义"方法的思想渊源,学术界大致有两种意见。一种以汤用彤先生为代表,认为"格义"推行了汉代学术的一种惯例,可以从汉代思想看出它的模式,因为汉代儒家学派的董仲舒和道家学派的刘安都爱借用阴阳家的思想,用五行、四季、五音、十二月、十二律、十天干、十二地支等数目成对相比配;同时源于汉代佛学研究如安世高等人关于"事数"的知识,特别是"禅数之学"。所以魏晋玄学"言意之辨"的新方法兴起之后,特别是道安以后人们用这种新方法从事融合印度佛教和中国思想的工作,"格义"就不再为人们所提及②。另一种以陈寅恪为代表,认为"格义"与玄学有关,因为晋世清谈之士,多喜以内典与外书互相比附,"格义"作为僧徒间的一种具体之方法,曾在晋代盛行一时,影响于当日之思想者甚深③。这两种意见都从《竺法雅传》中的材料推演开去,却得出不同的

---

① 饶宗颐《从"睒变"论变文与图绘之关系》,《梵学集》,页333,上海古籍出版社1993年版。
② 见《论"格义"——最早一种融合印度佛教和中国思想的方法》,《理学·佛学·玄学》,页286、292—293。
③ 见《支愍度学说考》,《金明馆丛稿初编》,页148、152。吕澂先生大体持相近看法,认为支愍度的研究方法没有完全脱离"格义"的影响,另一方面受到玄学的约束。见《中国佛学源流略讲》,页49。郭朋更认为:"'格义'之兴,表明了佛教对于玄学的依附与借重。"《汉魏两晋南北朝佛教》,页356。

结论。

那么,"格义"与玄学到底是相互冲突还是相互影响呢? 这涉及对"格义"这一方法的使用年代及其确切含义的理解问题。

关于使用年代,汤用彤认为:"中国佛教徒使用这种格义方法是在西晋以前,到东晋时期一些有学问的僧人已发觉它的缺点并不再使用,因此格义也就很少为人了解了。"[①] 但这一结论似乎有问题,因为据《竺法雅传》,法雅以"外典佛经递互讲说"之时,"与道安、法汰,每披释凑疑,共尽经要",而道安生于西晋末(312或314年),十二岁出家,已是东晋明帝太宁年间(323或325年),与法雅"共尽经要"更在其后。可见,"格义"方法至少在东晋前期还很流行。而此时,魏晋玄学的"言意之辨"早已告一段落,"言不尽意"和"得意忘言"早已成为玄学名士的口头禅。显然,"格义"并未因"言意之辨"新方法的兴起而退出历史舞台。正如陈寅恪所说,东晋名士孙绰制《道贤论》,"以天竺七僧方竹林七贤","以内教之七道,拟配外学之七贤,亦'格义'之支流也"[②]。事实上,竺法雅本人就是"少善外学,长通佛义",而其时的外学,无非是玄学化的儒道学说。季羡林先生更认为,道安虽然说过"先旧格义,于理多违"的话,实际上却并没能脱出"格义"的框框,他的弟子很多都读儒书或老庄之书,因为利用儒书和老庄牵强附会来宣传佛教更容易为人们所接受。[③]

关于确切含义,汤用彤注意到"格义"中的"事数"一词,特别强调其范畴的数目性质,以为事数即"法数"(Dharma-numbers),

---

[①] 《理学·佛学·玄学》,页282—283。
[②] 《支愍度学说考》,《金明馆丛稿初编》,页152。
[③] 《〈大唐西域记校注〉前言节选》,《佛教与中印文化交流》,页17—18,江西人民出版社1990年版。案:道安反对"格义"之事见于《高僧传·僧光传》:"安曰:'先旧格义,于理多违。'光曰:'且当分析逍遥,何容是非先达。'安曰:'弘赞理教,宜令允惬。法鼓竞鸣,何先何后?'"《大正藏》第五〇卷,页355。

格义的方法主要是在数目上从事概念的比附,例如中国的"五行"与印度佛教的"四大"之比①。而其他研究者更留意"格义"的"拟配外书"的一面,即把佛书的名相与中国儒道典籍内的概念进行比较,或是把内典外书的学说思想进行比附。如《高僧传·慧远传》云:"年二十四,便就讲说。尝有客听讲,难实相义,往复移时,弥增疑昧。远乃引《庄子》义为连类,于是惑者晓然,是后安公(道安)特听慧远不废俗书。"②道安是反对"格义"的,但由于其弟子慧远能引外书而使佛理晓然,所以特别恩准慧远"不废俗书"。正如陈寅恪所说:"讲实相义而引庄子义为连类,亦与'格义'相似也。"③而这种"连类"或"格义"恐怕不仅仅限于在数目上逐条说明范畴(即"事数"与"法数")的方式。顺便说,慧远也是有"博综六经,尤善庄老"的外学根基。

由此可见,尽管"格义"的方法可能受到汉代旧有学术思想的某些影响,但并未与新兴的魏晋玄学发生冲突,这不仅因其流行年代正好与魏晋玄学同步,其比配的对象多为老庄学说,而且因使用者多为玄学化的名僧或好佛理的名士。从"格义"的具体内容(或曰狭义的"格义")来看,可能"是一种很琐碎的处理,用不同地区的每一个观念或名词作分别的对比或等同"④。而从其精神实质(或曰广义的"格义")来看,则是一种"我民族与他民族二种不同思想初次之混合品"⑤,即一种站在我民族之立场来理解他民族之思想的阐释学方法。显然,这种"格义"的精神具有超时代的方法论的色彩,在魏晋南北朝直到隋唐五代宋元都能找到它的"遗风"、

---

① 《理学·佛学·玄学》,页284、291—292。
② 《高僧传》卷六《慧远传》,《大正藏》第五〇卷,页358。
③ 《支愍度学说考》,《金明馆丛稿初编》,页151。
④ 《论"格义"——最早一种融合印度佛教和中国思想的方法》,《理学·佛学·玄学》,页284。
⑤ 《支愍度学说考》,《金明馆丛稿初编》,页154。

"支流"、"变相"。如陈寅恪所举北魏颜之推《颜氏家训·归心》以儒家仁、义、礼、智、信比附佛教五种禁；北魏释昙静《提谓波利经》以五星、五岳、五脏、五行、五帝、五德、五色等配佛法五戒，用"格义"之说伪造佛经；隋智者大师《摩诃止观》卷六上以世法之五常、五行、五经与佛教之五戒相配；唐华严宗圭峰大师宗密疏《盂兰盆经》，以阐扬行孝之义，作《原人论》而兼采儒道二家之说；等等。①

正是从混合两种不同思想的方法论的角度来理解，陈寅恪才把"其名罕见于旧籍"的"格义"视为"傅会中西之学说"，并认为"后世所有融通儒释之理论,皆其支流演变之余也"②。这一论断极为精彩，如北宋以后援释入儒的理学与援儒入释的禅学，都爱使用类似"格义"的方法。兹举数条材料以证其说。叶梦得《避暑录话》卷下云：

> 裴休得道于黄檗，《圆觉经》等诸序文，皆深入佛理，虽为佛者亦假其言以行。而吾儒不道，以其为言者佛也。李翱《复性书》，即佛氏所常言，而一以吾儒之说文之。晚见药山，疑有与契。而为佛者不道，以其为言者儒也。此道岂有二，以儒言之则为儒，以佛言之则为佛。③

李纲《送浮图慧深序》云：

> 子知夫佛法未入中国，所谓经、律、论者已具；达摩未西来，所谓正法眼藏者已传乎？……所以禁制诸行者为律，所以

---

① 案：陈氏称慧远之"连类"与"格义"相似，颜之推拟配外书为"格义"之遗风，孙绰《道贤论》亦"格义"之支流，宗密之疏论亦"格义"之变相。《支愍度学说考》，《金明馆丛稿初编》，页151—154。
② 《支愍度学说考》，《金明馆丛稿初编》，页165。
③ 叶梦得《避暑录话》卷下，《津逮秘书》本。

辨说诸法者为经、论。曲礼三百，威仪三千，即律也；六经之所载，诸子之所言，即经、论也。至于教外别传正法眼藏，则孔子与诸弟子见于问答，言屯而理解者是已。……颜渊问仁，孔子曰："克己复礼为仁。一日克己复礼，天下归仁焉。"此非禅宗所谓心外无法者耶？子曰："参乎，吾道一以贯之。"曾子曰："唯。"此非禅宗所谓默契顿悟者耶？"二三子以我为隐乎？吾无隐乎尔！"此即禅宗之扬眉瞬目也。"朝闻道，夕死可矣。"此即禅宗之坐脱立亡也。"毋固，毋必，毋意，毋我。"其无诸滞碍执着有如此者。"性与天道，不可得而闻也。"其不假文字言说有如此者。①

李纲《答吴元中敏书》云：

《易》立象以尽意，《华严》托事以表法，本无二理，世间出世间亦无二道。何以言之？天地万物之情，无不摄总于八卦，引而申之，而其象至于无穷，此即华严法界之互相摄入也。一为无量，无量为一，小中现大，大中现小。法界之成坏，一沤之起灭是也。乾坤之阖辟，一气之盈虚是也。《易》有时，其在《华严》，则世界也；《易》有才，其在《华严》，则法门也。②

陆游《天童无用禅师语录序》云：

虙羲一画，发天地之秘；迦叶一笑，尽先佛之传。净名一默，曾点一唯，丁一牛刀，扁一车轮，临济一喝，德山一棒，

---

① 李纲《梁谿集》卷一三五，台北商务印书馆影印文渊阁《四库全书》本。
② 彭际清《居士传》卷二九《李伯纪传》引，《卍续藏经》第149册，页900，台北新文丰出版公司1983年版。

妙喜一竹篦子，皆同此关捩。①

其他如陈师道以儒、道、释三家道之承传相对照②，释惠洪以老子、孔子之说喻禅宗为学之理③，陈善以孔子说与《楞严经》相比附④，都使用了类似的方法。

这种"傅会中西之学说"的方法在中国学术史上一再出现，充分证明了阐释学的一条基本原理，即存在的历史性决定了理解的历史性，人们理解任何东西，都不是用空白的头脑去被动地接受，而是用活动的意识去积极参与，如德国哲学家海德格尔所说，阐释是以阐释者自己已经先有（Vorhabe）、先见（Vorsicht）、先把握（Vorgiff）的东西为基础。由于这种意识的"先结构"为解释者自己的历史环境所决定，所以使理解和解释不可避免地形成"阐释的循环"（der hermeneutische Zirkel）⑤。擅长"格义"的讲解者大多"少善外学"，博综六经老庄，外学的知识经验决定着他们意识的"先结构"。然而，在理解和阐释佛教教义时，他们显然从主观上故意夸大自己意识的"先结构"，或故意迎合听众读者意识的"先结构"，以之为标尺去度量、探究佛理，把外来观念和中国观念相比配，从而造成一种恶性的"阐释的循环"，即中国观念和外来观念互相依赖，互为因果，互相诠释。这样，需要理解的佛教教义在阐释过程结束时，又回到了原地，陌生的外来名词（如五戒）仍运载着熟悉的本土概念（如五常）。

不过，从宗教传播的意义上说，"格义"的使用还是非常行之有效的。它把印度佛教学说置入了中国听众读者生活的语境，从而

---

① 陆游《渭南文集》一五，《四部丛刊》本。
② 陈师道《面壁庵记》，《后山居士文集》卷一五，上海古籍出版社1984年影宋刻本。
③ 惠洪《题英大师僧宝传》，《石门文字禅》卷二六，《四部丛刊》本。
④ 陈善《扪虱新话》下集卷一《孔子说与〈楞严经〉合》，《丛书集成初编》本。
⑤ Martin Heidegger, *Sein und Zeit*, pp.150–153.

使佛教教义迅速得到承认与发展。这也是世界上其他宗教外传时常常遇到的现象。当然,这种为了适应本土习惯的生硬的"嫁接"也常常扭曲了印度佛教枝叶的原生态,使之成为发育不良的杂种。如东晋支愍度为迎合江东玄学名士,以求"办得食"(谋生),故意误读支娄迦谶译《道行般若波罗蜜经》"有心无心"语为"有'心无'心",格之以魏晋《老子注》、《周易注》义,立"心无义",曰:"种智之体,豁如太虚,虚而能知,无而能应。居宗至极,其唯无乎?"在误读的基础上更演绎其旨,完全歪曲了般若空观的本义。[①]而那些以五常、五行比附五戒的说法,也大多浮泛肤浅,难免"违而乖本"之讥。唐僧道宣称道安以前的佛教"义解"为"得在传扬,失于熏习"[②],正可借来评论"格义"的功过。顺便说,"格义"的方法在今日中国的学术界尚未绝迹。虽然早有前辈学者强调,掌握两种思想体系内含的深义,比集中注意两种不同思想的概念和名词之间的相似性更为重要,然而仍有某些治中西比较文学者,以"典型"拟附"意境",以"迷狂"格量"妙悟",以"崇高"配说"风骨",醉心概念和名词之间牵强浅薄的对比,"于理多违",由此可见,"格义"之法于我国阐释学流韵或流毒之深远。

毕竟,拿本民族自己固有的观念去格量外来的观念,只是一种不得已而为之的策略,算不上真正的理解与阐释,借用与支愍度共创"心无义"的伧道人的话来说:"治此计,权救饥尔!无为遂负如来也。"[③]因为"格义"之法,只能权用一时,多用久用就会把佛教

---

① 《世说新语・假谲》:"愍度道人始欲过江,与一伧道人为侣,谋曰:'用旧义在江东,恐不办得食。'便共立'心无义'。"刘孝标注:"旧义者曰:'种智有是,而能圆照。然则万累斯尽,谓之空无;常住不变,谓之妙有。'而无义者曰:'种智之体,豁如太虚。……其唯无乎?'"《世说新语笺疏》,页859。参见《金明馆丛稿初编》,页143—148。
② 道宣《续高僧传》卷一五《义解篇论》,《大正藏》第五〇卷,页548。
③ 《世说新语笺疏》,页859。

教义世俗化,使俗、佛混淆,以俗乱真。所以当佛教势力已遍布中国,并已取得统治者的支持以后,"格义"便遭到对佛教教义有深刻理解的僧人如道安、鸠摩罗什门人的普遍唾弃[①]。同时,随着佛典翻译的增多,义学讲师可以在比较不同译本的基础上来重新理解和疏通佛学概念,而不必比附外典之说。比如"般若"之义,道安解释为"性空",就比较符合原义,与玄学的"虚无"等概念划清了界限。正因如此,后世佛学者称道安"凿荒途以开辙,标玄旨于性空,削格义于既往,启神理于来世"[②]。

自释迦牟尼创立印度佛教以来,就不断有其弟子和后学阐释佛教教义。释迦牟尼(佛)所说称为"经",诸弟子和后学(菩萨)阐释佛经的著作称为"论"。汉译佛典中也有经有论。《隋书·经籍志》云:"以佛所说经为三部……又有菩萨及诸深解奥义、赞明佛理者,名之为论。"[③]而中国本土阐释佛教教义的撰述则主要有"疏"("义疏")和"论"两类。

"疏"是一种注释佛典原文的体裁。饶宗颐先生引印度《大疏注》对"疏"字之解释云:"'疏'者依据经文,以闻其义,兼说明自己之语,如是即谓之'疏'。"[④]中国佛教撰述"疏"之精神亦与之相似。"疏"所诠释对象既有佛经,如《法华经疏》、《仁王经疏》之类,又有菩萨论,如《十地经论疏》、《三论疏》之类。这些注疏之作因其繁简不同、形式各别又可分为两种:一种是随文注释,类似于汉代经学的章句,如未详作者的《杂阿毗昙心序》曰:"辄记所闻,

---

① 如前举道安谓"先旧格义,于理多违",慧叡《喻疑》批评早期讲演"恢之以格义,迂之以配说",僧叡《毗摩罗诘提经义疏序》称"格义迂而乖本"(《出三藏记集》卷八),慧皎《高僧传·鸠摩罗什传》有"滞文格义"之语,似亦对其持批判态度。
② 《续高僧传》卷一五《义解篇论》,《大正藏》第五〇卷,页548。
③ 《隋书·经籍志》,页1099,中华书局1982年版。
④ 饶宗颐《华梵经疏体例同异析疑》,《梵学集》,页270。

以训章句。"① 这是记录师授口义,随文作释。或如道安《道地经序》曰:"寻章察句,造此训传。"又曰:"故作章句,申己丹赤。"② 这是个人研寻所得,取作为注。另一种是阐明经典大义,并不逐句释文,如道朗《大涅槃经序》曰:"聊试标位,叙其宗格。"③ 僧叡《中论序》曰:"并目品义,题之于首。"④ 这种注疏一般先出经名,次言经之分段(即"标位"),再摘取经文,明其大致(即"叙宗格")。或是于经文各品之首,说明本品宗旨与其得名之由,这种形式很像汉代毛诗的大序和小序。

"论"的形式,类似于魏晋玄学的专论⑤。作为阐释佛教教义的文体,它不受原经文本的限制,较"疏"更能发挥个人的观点。同时,它可以以某一重要的佛学概念为对象,集中进行分析阐释,从而能建立较系统的佛学思想,所谓"明宗义之指归,叙一己之思虑"⑥。如僧肇著《物不迁论》、《不真空论》、《般若无知论》、《涅槃无名论》等,融会中印的义理,取庄子学说而纯粹用之于本体论,成为中华哲学文字最有价值之著作。

中国佛学宗派的形成,正是有赖于"疏"、"论"对佛典经义的阐释。这种情况颇似汉代经学,学术争鸣通过对权威性的经典文本的阐释差异表现出来。总括中国佛教史上的各种学说宗派与经典阐释之关系,大致有这样几种情况:

一、因对同一经典的不同阐释而形成派别。这一方面当然与所依据的译本不同有关,但更重要的是各自所采用的阐释方法和立场

---

① 《出三藏记集》卷一〇,《大正藏》第五五卷,页74。
② 同上卷一〇,《大正藏》第五五卷,页69。
③ 同上卷八,《大正藏》第五五卷,页59。
④ 同上卷一一,《大正藏》第五五卷,页77。
⑤ 饶宗颐《华梵经疏体例同异析疑》曰:"玄学既盛,俗喜臧否,人竞唇舌……以其方法用于经学,影响所及,乃有二途,一为上述答问释驳之书,一为义例专论之作。"页274。
⑥ 汤用彤《汉魏两晋南北朝佛教史》下册,页400。

互异。以东晋流行的般若理论为例,依其理解和解释的不同就可分为六家七宗:本无、本无异、即色、识含、幻化、心无、缘会。① 又如南北朝时期涅槃师的佛性论,据隋僧吉藏的《大乘玄论》总结,共计十二家,即:以众生为佛性;以六法为佛性;以心(识)为佛性;以冥传不朽为佛性;以避苦求乐为佛性;以真神为佛性;以阿梨耶识自性清净心为佛性;以当果为佛性;以得佛之理为佛性;以真谛为佛性;以第一义空为佛性;以中道为佛性。②

二、因对不同经典的阐释而形成各种师说。南北朝时期,印度佛教的主要经典多已译为汉文,大乘、小乘、空宗、有宗各种学说均有信徒。此时的义学讲师以其主讲经典的不同而分为若干门户。如讲《涅槃经》者称为涅槃师,讲《十地经论》者称为地论师,讲《成实论》者称为成论师,此外还有讲《阿毗昙心论》的毗昙师,讲《楞伽经》的楞伽师,讲《摄大乘论》的摄论师,等等。

三、因对不同经典的尊崇与发挥形成不同宗派。严格意义上的中国佛学宗派出现于隋唐时期,各宗均有定于一尊的佛典。天台宗以《法华经》为其崇奉的经典,该宗教义主要是在对《法华经》的阐释中形成,如其始祖智𫖮的《法华文句》和《法华玄义》。三论宗以《中论》、《百论》、《十二门论》为经典,其创始人吉藏著有《三论疏》、《三论玄义》等。慈恩宗的经典虽有《华严经》、《解深密经》、《瑜伽师地论》等,但最主要的是窥基编译的《成唯识论》,其学说对于唯识方面解释得特别详尽。华严宗则是在解说《华严经》的基础上创立起来的,如法藏撰《华严金师子章》等。

造成这种状况的原因,乃在于中国僧人释经,往往无视印度的

---

① 〔唐〕元康《肇论疏》注〔陈〕慧达《肇论序》引〔梁〕宝唱《续法论》所载刘宋僧昙济《六家七宗论》,《大正藏》第四五卷,页163。参见汤用彤《汉魏两晋南北朝佛教史》上册,页165—195。
② 参见吕澂《中国佛学源流略讲》,页120—121。

原文经典，而只以汉译佛典为定本。由于每个人对佛典的接触和理解不同，而"疏"、"论"之体又可以"兼说明自己之语"，"叙一己之思虑"，加进自己的思想，从不同角度扩大印度经典的内容，因而形成各种学说。

尽管佛教徒因对经典的不同理解而分为若干宗派，但他们决不会承认"诗无达诂"式的多元化阐释，而是相信有一个绝对正确的意义存在，所谓"言存一意，义止一途"①。赞宁有个比喻颇能代表义学讲师的观点：

> 譬如甲氏背人而去，有二三子相问曰："彼去者谁邪？"一云"乙也"。一云"丙也"。此俱未是。彼有识人云"甲也"。回面视之，是甲非乙。由其不识，遂有多名，识者一呼，应声而至。亲得自体，不涉异缘，故曰精义无二也。②

佛教的精义是甲而非乙、非丙，每个讲师都相信只有自己是"识者"。于是宗派之争蜂起，判教之说纷见。

然而，即使我们承认佛教真有独一无二之"精义"，这"精义"也有如难见首尾的恒河香象，而阐释者不过是盲人摸象、各说一端而已。事实上，佛典诠释不可避免地会出现这样的冲突：一方面阐释者在解说经典时尽可能忠实保留佛陀原有的教法，另一方面阐释者又难以摆脱、甚而预先设定自己的宗派立场。在这种情况下，阐释其实是一种偏见或先见的投射，阐释者甚至成为作者本身，因为原先的作者在沉默之中。③

---

① 《宋高僧传》卷七《义解篇论》，页164。
② 同上，页164—165。
③ 参见 Donald S. Lopez Jr., On the Interpretation of the Mahayana Sutras, in *Buddhist Hermeneutics*, edited by Donald S. Lopez Jr., University of Hawaii Press, 1988, pp.52, 66—67。

关于《法华经》(《妙法莲华经》)中"方便"思想的解释，最能见出中国僧人释经的特色。汉译《法华经》为中国佛教最重要的经典，历代都有僧人讲授和注解。据日本学者稻荷日宣统计，见于《大正藏》和《卍续藏经》中的为此经作注疏的中日僧人多达七十人①。《法华经》与其他佛经的根本区别是"方便"概念的导入，这一概念在该经《方便品》中是这样表达的：

> 舍利弗，诸佛智慧甚深无量，其智慧门难解难入……成就甚深，未曾有法，随宜所说，意趣难解。舍利弗，吾从成佛已来，种种因缘，种种譬喻，广演言教，无数方便，引导众生，令离诸著。②

经中的"方便"是指随宜说法，即因时或因地制宜地用各种因缘、譬喻、言辞等方法，来演说佛经。"方便"有"随宜"之义。或用任继愈先生的话来说："泛指以般若波罗蜜的立场、观点和方法去观察和处理一切世俗问题，去适应、随顺一切世俗关系，以及为达到传播佛教教义、掌握佛智佛慧等佛教目的所采取的一切宗教宣传手段。"③中国僧人的解释却在此基础上变本加厉，踵事增华，极大地扩展了原典的方便思想。下以时代先后举五家注疏为例，以见中国佛典阐释之一斑。

南朝刘宋竺道生《法华经疏》云：

> 上言"随宜"，或以生著，须更明之。言"随宜"者，随病所

---

① 参见［日］稻荷日宣《法华经一乘思想の研究》，页18—28，东京山喜房佛书林1975年版。
② 《大正藏》第九卷，页5。
③ 任继愈主编《中国佛教史》第一卷，页356—357，中国社会科学出版社1981年版。

> 宜,病有万端,教必无方,皆是引导离著为本。一日不然,著无离理,故云"成佛已来"。"所以者何"至"成就未曾有法",内穷方便知见,外言无非巧度。又明所以穷于方便者,良缘照圆无崿造极故也。①

道生理解的"方便"最接近印度佛经原典。他用治病的方法来比喻佛的"随宜"教化,认为苦痛烦恼之病数以万计,因此教化治病也没有固定的药方,目的无非是要众生除去执著(离著)。所以"方便"就是应病投药的智慧(知见)和技巧(巧度)。这里,"方便"只是被解释为一种灵活的教化手段和技巧。

南朝梁光宅寺僧法云《法华经义记》云:

> 二智名义者,实智、方便智也。然实智有二名:一言实智,二言智慧。方便智亦有二名:一言方便智,二言权智。方便者,有人解言:方者言是方所之称,便者言巧。即时所习不然,正言此两字只是一句语也。方便者,是善巧之能也。此明圣人智有善巧之用,故言方便也。又云:方者言正,便者言巧也。权者是权假暂时之谓,非是久长之义。但此方便智及权智受名不同。今言方便智者,此是当体受名,则明圣人智有善巧之能也。权智者,此从境得名。何以知之?正明前境权借昔三乘等境,须臾转成一乘。是故权假不实,然智照此权假之境。今举境目智,故名为权也。又此方便智及权智,义势之中互得相成。若举权境,即得显圣有善巧之能。若举善巧之智,即显成权假之境也。然只是一智,但经论所出,遂有两名也。②

---

① 《卍续藏经》第150册,页806。
② 《大正藏》第三三卷,页592。

法云提出权、实二智来解释"方便",并通过对二智的语义讨论(名义第一)、体相分析(覆明体相第二)、同异辨别(明名有通别第三)、兴废考察(明用有兴废第四)、诸经比较(释会五时经,故辨二智不同)等五重解释,抉发出"方便"的内涵。上引文句为第一重解释,仅从此点便可看出"方便"概念的扩大。这里先提出"实智"与"方便智"两个概念及各自的两种名称。接着解释"方便智"的两种名称,分别说明"方便"及"权"的字义。最后解释"方便智"与"权智"得名的原因及二者之关系,即前者"当体受名",从智慧所属之主体得名;后者"从境得名",从智慧观照之客境得名。"境"指声闻、缘觉、菩萨三乘等境。

隋吉藏《法华义疏》云:

> 释名门者,外国称沤和拘舍罗,沤和称为方便,拘舍罗名为胜智,谓方便胜智也。但方便之名,有离有合,所言离者凡有三义:一者就理教释之,理正曰方,言巧称便,即是其义深远,其语巧妙,文义合举,故云方便。此释通于大小,不专据三乘。二者众生所缘之域为方,如来适化之法称便。盖欲因病授药,藉方施便,机教两举,故名方便。此亦通于大小,非专据于三乘。三者履险得安称方;禀教获利称便。五浊之险,非三乘则不安,故云履险得安;禀三乘教则便获利,故以教为方,以益为便,教益双举,故云方便。此亦通于大小,非专据三乘。次合释者凡有三义:一者方便是善巧之名,善巧者,智用也,理实无三,以方便力是故说三,故名善巧。问:无三说三,云何名善巧?答:由无三说三,众生遂得实益,故名善巧。问:既得实益,应名为实,云何乃言方便?答:就益而言,亦得称实,今望理实无三,假名说三,据理望教,故名方便。二者说

于三乘,为令众生悟入一乘,故此三乘为趣一乘之由渐,故名方便。……三者合前二义,圆成一旨,所以无三说三者,欲令因三悟不三,是以二言合成一意也。[①]

吉藏从离与合两方面来解释"方便"。离者是将"方便"概念作单独的解释,此有三个层次的含义:一是文与义的层次;二是机与教的层次;三是教与益的层次。合者是将"方便"与其他概念合起来解释,此也有三个层次:一是就假名与理实的关系说方便;二是就三乘与一乘的关系说方便;三是就前二义的合成说方便。

隋智𫖮《妙法莲华经文句》云:

方者,法也;便者,用也。法有方圆,用有差会。三权是矩是方,一实是规是圆。若智诣于矩,则善用偏法逗会众生。若智诣于规,则善用圆法逗会众生。譬如偏举指以目偏处,是举偏法以目智,宜用法以释方,用以释便。若总举指以目圆处,宜将秘以释方,妙以释便也。举偏法释方便,盖随众生欲,非佛本怀。如经令离诸著,出三界苦,是故如来殷勤称叹方便。……问:方便与权云何?答:四句分别。自有方便破权,权破方便,方便修权,权修方便,方便即权,权即方便。方便破权者,四种皆是秘妙之方便,此方便破随他意权也。权破方便者,权是同体之权,破于体外之方便也。相修者亦可解,相即者亦可解云云。三句可释他经,第四句今品意也。故《正法华》名《善权品》,权即方便,无二无别,低头举手,皆成佛道,方便善权,皆真实也。[②]

[①] 《大正藏》第三四卷,页482。
[②] 同上,页36。

智顗把"方便"看作佛说真理的方法之一,认为经中既有说三乘导众生成佛的"三权"之法,称为"偏法",也有说一乘导众生成佛的"一实"之法,称为"圆法"。就"方便"与"权"两个概念的关系而言,他认为有"破"、"修"、"即"三种,二者相互破除区别,是为同体;二者既为同体,乃可共同修行;二者既可同修,乃可称为相即。所以"方便"与"权"无二无别。

唐窥基《妙法莲华经玄赞》云:

> 佛智有二:一真实智,二方便智。……方便智有三或四,一进趣方便,谓见道前七方便智,进趣向果名为方便,所学有则曰方,随位修顺宜曰便。二施为方便,谓方便善巧波罗蜜多,后智妙用能行二利,故名方便。此则有三:一教行方便,言音可则曰方,禀教获安名便;二证行方便,空理正直曰方,智顺正理名便;三不住方便,莅真入俗曰方,自他俱利名便。上三皆是第二施为。三集成方便,诸法同体,巧相集成,故名方便。且真如中具恒沙佛法,以智为门,以识为门,皆摄一切故,菩萨地云此法善巧成,是故名方便。《十地》云"总、同、成、别、异、坏",以总对别之方便也。苞总有则曰方,以少含多名便。四权巧方便,实无此事,应物权现,故言方便。谓以三业方便化也。此对实智名为方便,利物有则曰方,随时而济名便。……施为可则曰方,善逗机宜曰便。《往生论》云:"正直曰方,外己为便。"方是方术,便谓稳便,便之方名方便。①

下面又论体之三方便:一接下方便,二显上方便,三通彰方便。接下方便中又分为身方便、语方便、意方便三种。窥基解释"方便",其特点是用各种名相事数来概括,还有个特点是把"智"与"识"

---

① 《大正藏》第三四卷,页695。

并列，认为二者皆是方便的法门。

从阐释学的角度看，以上五家的注解体现出中国佛教义学经疏的几大特点。

一是阐释的附会性。"方便"为梵文Upāyakauśalya的意译，音译为"沤恕拘舍罗"，又作"沤和俱舍罗"或"伛和拘舍罗"。"方便"在印度佛经原文中只是一个词，而中国阐释者却按照汉语构词原则将其附会为联合式合成词，分解为"方"、"便"二字，再根据汉语训诂学的义训法原则，用同义词或近义词予以训释。如"方"字，或训为方正之方，所谓"方者言正"（法云），"理正曰方"（吉藏），"空理正直曰方"（窥基）；或训为方域之方，所谓"方者言是方所之称"（法云），"众生所缘之域为方"（吉藏）；或训为方法之方，所谓"方者，法也"（智顗）；或训为方俗之方，所谓"苣真入俗曰方"（窥基）；或训为方则之方，所谓"所学有则曰方"，"言音可则曰方"，"苣总有则曰方"，"利物有则曰方"，"施为可则曰方"（窥基）；或训为秘方之方，所谓"宜将秘以释方"（智顗）；或训为方术之方，所谓"方是方术……便之方名方便"（窥基）。此外，"方"字隐然被视为药方之方，如所谓"因病授药，藉方施便"（吉藏）；或方圆之方，所谓"三权是矩是方"（智顗）。又如"便"字，或训为便巧之便，所谓"便者言巧"（法云），"言巧称便"（吉藏），"妙以释便"（智顗）；或训为便利之便，所谓"禀教获利称便"（吉藏），"自他俱利名便"（窥基）；或训为随机、随便之便，所谓"如来适化之法称便"（吉藏），"随时而济名便"，"善逗机宜曰便"（窥基）；或训为顺便之便，所谓"随位修顺宜曰便"，"智顺正理名便"（窥基）；或训为简便之便，所谓"以少含多名便"（窥基）；或训为安便之便，所谓"禀教获安名便"，"便谓稳便"（窥基）[①]；或自出新训，如谓

[①] 《说文解字》："便，安也。人有不便，更之。从人更。"页165。案：安便之"便"

"便者，用也"（智颛）。其中有部分解释或许符合梵文原义，但所有词义都是由汉字字义附会而引申出来的。这些附会引申虽注意到佛经思想的内在脉络，没有"格义"那种简单生硬的比配，却仍不免有移花接木之嫌，即把印度佛教术语"嫁接"于汉人的语言经验和知识背景之中。

二是阐释的扩展性。由于利用"方"、"便"二字字义的多义性附会引申，因而"方便"的概念在五家的阐释中不断有所增补扩大。道生的解释比较朴素，主要从佛经文本出发，以"随宜"来理解"方便"，注意经文本身字句意义的阐释，尚属于"经义的诠释"。法云视"方便"为智慧，提出"方便智"和"权智"两个对举的概念，不拘泥于一两段经文，而试图解释经文的整体思想，已成为"思想实义的诠释"。吉藏则在法云解释的基础上，增加了"离义"与"合义"，探讨了"方"与"便"在理与言、文与义、域与法、机与教、理实与假名、三乘与一乘等诸多层面上的分合关系，理解较法云更系统化，发展为"哲学理论的诠释"。智颛更强调"方便"的方法论意义，提出"偏法"和"圆法"的概念，并修改了法云提出的"方便"与"权"主客对举的观念，以为二者无分别，其特点在于把不同的哲学理论建构为一个圆满的体系，上升为"哲学体系的诠释"。窥基则重在把"方便"依据"事数"或"法数"的系列次第分部再分部，如先从不同角度将方便分为"有三或四"七种，然后再将其中的两种方便（施为方便、接下方便）各细分为三种方便，演化为"事数的诠释"。① 经过阐释者的不断发挥扩展，经文中原本作为"随宜说法"的技巧手段，积淀成为包容了智慧与方法、本体与客境、

读曰 pián，不同于方便之"便"（biàn），足见诠释的附会性质。
① 关于"经义的诠释"、"思想实义的诠释"、"哲学理论的诠释"、"哲学体系的诠释"、"事数的诠释"等说法，参见香港浸会大学中文系博士研究生梁万如未刊稿《法云的方便思想》，香港浸会大学、四川大学研究生学术交流讨论会论文。

假名与理实等多层面的思想体系。

　　三是阐释的细密性。尽管各家注疏多采用了汉语训诂学的训释方法，而其思维方式却明显可看出印度佛典的痕迹。印度佛典中的术语相当细致与繁复，如关于"空"就有十八义；同时表述也相当精确与清晰，如遮诠表诠结合、俗谛真谛并举，等等。吕澂先生说："印度人认识事物，都从现量、比量等方面去看，亦即从假说与离言两方面去看，这是中国人不习惯的。"① 然而，这种不习惯大抵是南北朝以前的情况，随着鸠摩罗什传来中观学说，尤其是玄奘引进印度佛教因明学以后，义学讲师在思维方面较"善言名理"的魏晋名士更加细密，不仅"寄言出意"的态度会遭到义学讲师们的质疑②，而且"辩名析理"的方法也难及他们的深邃③。以上诸家均精于二谛思维，窥基尤精因明学，所以其注疏一变玄学家的简略而为繁复。法云析佛智为"实智"、"智慧"、"方便智"、"权智"四种，以"当体"和"从境"解方便和权的名义；吉藏释方便的"离义"、"合义"各三种；智顗解方便与权的关系为"破"、"修"、"即"三种，又分"权"与"实"、"偏法"与"圆法"两对概念；窥基分方便智为"进趣方便"、"施为方便"、"集成方便"、"权巧方便"四种及"接下方便"、"显上方便"、"通彰方便"三种，又于"施为方便"下分"教行方便"、"证行方便"、"不住方便"三种，于"接下方便"下分"身方便"、"语方便"、"意方便"三种，在术语的表述上和思维的运

---

① 《中国佛学源流略讲》，页51。
② 如《世说新语·轻诋》刘孝标注引《支遁传》："遁每标举会宗，而不留心象喻，解释章句，或有所漏，文字之徒，多以为疑。"《世说新语笺疏》，页843。此类"文字之徒"当为长于义疏的义学讲师。后来的僧肇著《不真空论》就批评了支遁的"即色宗"。参见《中国佛学源流略讲》，页49—52。
③ 如《世说新语·文学》："殷中军(浩)被废，徙东阳，大读佛经，皆精解。唯至'事数'处不解。遇见一道人，问所籤，便释然。"《世说新语笺疏》，页240。殷浩以"能言名理"见称，而不解"事数"。"道人"当是擅长"事数"的义学讲师，其"籤"(义疏)足为善名理之玄学家释疑。

用上显然受印度佛典的影响。

四是阐释的多元性。以上五家除了道生称得上阐释者外,其余四家都越俎代庖,成了"说明自己之语"的作者,故其对"方便"的理解和解释,都各自预先设定了自己的宗派立场。法云将"实智"与"方便智"各析为两个名称,所谓"四名相对,则双显二智",运用了二谛思维。吉藏释"方便"的离合之义,更具有三论宗以二谛贯穿经论的色彩。智𫖮的"方便"与"权"无二无别的观点,"低头举手,皆成佛道"的说法,与天台宗"一念三千"的教义相通。而窥基"以智为门,以识为门"的方便思想,显然是慈恩宗唯识学理论的表现。

佛教义学的疏论,是中国文化与印度佛教文化相互交流融合的典范之一。一方面,这些疏论在哲学层面上引进了印度佛教对宇宙人生的根本认识,在思维层面上吸收了印度佛教的事数分析和因明逻辑的思考及表述方式。另一方面,这些疏论在文体层面则采用了儒家经学章句或玄学专论的形式,在语义层面则遵循着汉语训诂学的训释原则,更重要的是,在知识层面上满足了中国士大夫阶层"辩名析理"的理性追求。

如果只有佛典汉译,佛教对于中国人来说就只是舶来品而已,或只是"易土而殖"的橘树而已,化为枳而物种不变。但是有了佛典的疏论,印度佛教就好像橘树枝条嫁接于梨树上,成了非橘非梨、似橘似梨的新物种。吕澂先生认为"中国佛学的根子在中国而不在印度"[①],我想其原因不仅在于翻译时运用了一些"中国风味"的概念作表述,还在于中国的佛教疏论扩展甚至改变了印度佛学的哲学内容,佛学成了中国人自己关于宇宙和人生的宗教哲学思考。如关于心性说,印度讲心性本寂,中国僧人讲心性本觉,大

---

① 《中国佛学源流略讲》,页4。

为不同。讲本寂,与印度佛教起源于沙门的悲观主义传统有关①;讲本觉,则植根于中国自先秦以来学界一直争论不休的人性论传统话题。

三、习禅:见月亡指

无论如何,义学的翻译和疏论引进了不少印度佛教的名相概念和思维逻辑,甚至在某种程度上可以说引进了"印度话语系统"。当然,这一话语系统满足了士大夫阶层、特别是六朝门阀士族对名理学的强烈兴趣,但其庞大的理论体系和繁复的事数名相,也令绝大多数中国平民百姓望而生畏。精通因明学的玄奘和窥基创立的慈恩宗,在其著述中最忠实地保留了印度话语系统,却未能在中国较久地流传下去,其原因正在于此。

正当义学讲师将佛学义理诠释推向极致之时,新兴的禅宗开始了对印度佛教名相因果的全面解构,这就是所谓的"不立文字,教外别传"②。而在这解构的背后,却包含着更深刻的对佛学义理的本土化解释。同时,文本诠释被更深刻的本体诠释所取代。

禅宗由南北朝的楞伽师演变而来。禅宗自己公认的开山祖师菩提达摩信奉四卷本《楞伽经》(《楞伽阿跋多罗宝经》),但与义学讲师不同,达摩并不看重该经的文字教理,而在于其中的禅法,特别在于所谓"诸佛说心"。《楞伽经》只有一品,即《一切佛语心品》,本来是说该经为一切诸佛所说的核心,而当一些楞伽师将此"心"字解释为精神本体之"心"时③,该经便提供了否定经教文字的经典

---

① 参见季羡林《佛教与中印文化交流》,页8。
② 释普济《五灯会元》卷一《释迦牟尼佛》:"世尊曰:'吾有正法眼藏,涅槃妙心,实相无相,微妙法门,不立文字,教外别传,付嘱摩诃迦叶。'"页10,中华书局1984年版。
③ 参见杜继文、魏道儒《中国禅宗通史》,页50—51,江苏古籍出版社1993年版。

依据。

佛教所言"心"是纯粹的内在体验,无法用言辞解说或文字传达,这不仅因为体验是非思维的精神活动,无逻辑可言,而且因为体验是纯粹个人化的行为和成果,所谓"如人饮水,冷暖自知"。换言之,语言是思维的产物,是规范化、形式化的东西,而人的体验却是无限定、非规范化的形态,因此语言在表达人的体验方面是无能为力的。同时,《楞伽经》一切佛语之"心"是无比清净的真性,是人所追寻的终极境界,是一种存在于内心的感觉,而不是存在于现象中的实在,它也就无法通过语言文字去认识。而《楞伽经》中本来就有"破名相"的思想,认为"言说妄想,不显示第一义"①。因此,在达摩等楞伽师的眼里,《楞伽经》的内容特点是"专唯念惠,不在话言"②,也就是心法,不属于言教范畴。

据《续高僧传》记载,达摩以《楞伽经》付诸弟子慧可:"我观汉地惟有此经,仁者依行,自得度世。"③后出的禅籍更将达摩的话改造为"吾观震旦唯有此经可以印心,仁者依行,自得度世"④,或为"吾有《楞伽经》四卷,亦用付汝。即是如来心地要门,令诸众生开示悟入"⑤,干脆把《楞伽经》视为达摩在中华的传心法宝。不过,这种改造是有依据的,因为僧传载慧可讲此经,的确是"呈其心要","专附玄理",与一般义学讲师解说"名相"大异其趣⑥。慧可的再传弟子慧满禅师认为:"诸佛说心,令知心相是虚妄法。今乃重加心相,深违佛意,又增论议,殊乖大理。"所以他和其师那禅师等

---

① 《楞伽经》卷二,《大正藏》第一六卷,页490。
② 《续高僧传》卷二七《兖州法集寺释法冲传》,《大正藏》第五〇卷,页666。
③ 同上卷一六《齐邺中释僧可传》,《大正藏》第五〇卷,页552。
④ 释道原《景德传灯录》卷三《僧那禅师》,《大正藏》第五一卷,页221。
⑤ 《五灯会元》卷一《初祖菩提达摩大师》,页45。
⑥ 《齐邺中释僧可传》记载,慧可每次说法完毕都要感叹:"此经四世之后,变成名相,一何可悲!"《续高僧传》卷一六,《大正藏》第五〇卷,页552。

人"常赍四卷《楞伽》,以为心要,随说随行,不爽遗委"①。

慧可之后,楞伽师开始分化为两种类型,一类以善、丰、明等禅师为代表,受到义学的影响,各自撰写了《楞伽》抄疏若干卷;另一类以粲、惠、那等禅师为代表,坚持"受道心行"的传统,"口说玄理,不出文记"②。后者这种谈玄的作风多少受到魏晋玄学语言观的影响,如慧可的再传弟子法冲讲《楞伽经》,其特点是"通变适缘,寄势陶诱,得意如一,随言便异"③,显然采用的是"得意忘言"的诠释方法。他不愿撰写经疏,认为:

> 义者,道理也。言说已粗,况舒在纸,粗中之粗矣。④

这种将道理、言说、纸上文字分为三个等级的观点,很容易使我们想起《周易·系辞上》"书不尽言,言不尽意"的名言⑤,或是《庄子·天道》中关于"意之所随者,不可以言传也"的议论⑥。事实上,佛教把真谛视为"第一义",也隐含着类似的有"第二"、"第三"的等级观念。而这"第一义",是人类对"道"的内在体验,是无法转换为语言文字的。法冲旨在说明,自己口中所说玄理,已是"道"之糟粕,若要记录在纸,更是糟粕之糟粕。

后来被尊为禅宗祖师的几位楞伽师对义学注疏的怀疑,正是基于这种思路。如果说义学讲师极大地拓展了魏晋名士"辩名析理"的一面,那么,禅宗则是将玄学家"得意忘言"的一面推向极端。

---

① 《续高僧传》卷一六《齐邺中释僧可传》附《慧满传》,《大正藏》第五〇卷,页552。
② 同上卷二七《兖州法集寺释法冲传》,《大正藏》第五〇卷,页666。
③ 同上。
④ 同上。
⑤ 《周易正义》卷七,页82。
⑥ 《庄子集释》,页488—489。

二祖慧可从修道的角度明确指出:"故学人依文字语言为道者,如风中灯,不能破暗,焰焰谢灭。"① 三祖僧璨有类似的观点:"故知圣道幽通,言诠之所不逮;法身空寂,见闻之所不及。即文字语言,徒劳施设也。"② 四祖道信则运用了庄子的说法:"法海虽无量,行之在一言,得意即亡言,一言亦不用,如此了了知,是为得佛意。"③ 五祖弘忍曾对神秀开示《楞伽经》义曰:"此经唯心证了知,非文疏能解。"④ 所以,尽管"以心传心,不立文字"的说法首见于中唐圭峰宗密的《禅源诸诠集都序》⑤,但大体是符合早期祖师们的基本思想的。

《金刚经》(《金刚般若波罗蜜经》)是禅宗信奉的另一重要经典。《荷泽神会禅师语录》甚至记载达摩、慧可、僧璨、道信、弘忍皆依《金刚经》见道⑥。这当然不可全信,但是道信、弘忍奉《般若》诸经确有文献可征,六祖慧能更是自《金刚经》悟入⑦。依照般若空观的逻辑,既然世界的本体就是空无虚妄,那么人类的语言文字同样虚幻不实,不可凭依。根据《坛经》记载,慧能的语言观正是建立在诸法性空的哲学本体观之上的。《坛经》法海本曰:"若大乘者,闻说《金刚经》,心开悟解。故知本性自有般若之智,自用知(智)惠观照,不假文字。"⑧《曹溪大师别传》载慧能所言"佛性之理,非关文

---

① 释净觉《楞伽师资记》卷一,《大正藏》第八五卷,页1285。
② 同上,页1286。
③ 同上,页1288。
④ 同上,页1289。
⑤ 释宗密《禅源诸诠集都序》卷上之一,《大正藏》第四八卷,页400。
⑥ 参见日本铃木贞太郎、公田连太郎校订敦煌本《荷泽神会禅师语录》,森江书店1934年版。
⑦ 如《续高僧传》卷二六《蕲州双峰山释道信传》载道信在吉州时,被贼围城七十余日。刺史叩请退贼之策,道信曰:"但念般若。"《大正藏》第五〇卷,页606。又如《宋高僧传》卷八《唐韶州今南华寺慧能传》载,弘忍在蕲州黄梅弘法时,劝僧众持诵《金刚般若经》;并载慧能正是听人诵《金刚经》而立志求佛的。页173。
⑧ 郭朋《〈坛经〉对勘》法海本,页64,齐鲁书社1981年版。

字","法无文字,以心传心,以法传法"①,也是同样的意思。

慧能当然并非要摒弃一切佛教经典阐释,而只是希望把阐释权交给每一个学佛者自己。他指出:"一切经书,及诸文字,小大二乘,十二部经,皆因人置,因智惠性故,故然能建立。若无世人,一切万法,本元不有。"②佛经的权威性不在于由文字组成的文本,而取决于具有不同"智慧性"的读者。这样,阐释的重心就自然由"名相因果"转移到"心开悟解"上来。慧能的三传弟子慧海禅师说得更明白:

> 经是文字(纸墨,文字)纸墨性空,何处有灵验?灵验者,在持经人用心,所以神通感物。试将一卷经安着案上,无人受持,自能有灵验否?③

佛经由文字纸墨组成,而文字纸墨是虚幻的,因此佛经本身并无价值,其"灵验"与否取决于持经人是否对佛法有心灵感应。慧海进一步认为,读经诵经纯粹是愚蠢幼稚的行为,据《越州大珠慧海和尚语》记载:

> 僧问:"何故不许诵经,唤作客语?"师(慧海)曰:"如鹦鹉只学人言,不得人意。经传佛意,不得佛意而但诵,是学语人,所以不许(诵经)。"曰:"不可离文字言语,别有意耶?"师曰:"汝如是说,亦是学语。"曰:"同是语言,何偏不许?"师曰:"汝今谛听。经有明文:'我所说者,义语非文;众生说者,文语非义。'得意者越于浮言,悟理者超于文字。法过语言文

---

① 郭朋《坛经校释》附录《曹溪大师别传》,页122、123,中华书局1983年版。
② 《〈坛经〉对勘》法海本,页68。
③ 《景德传灯录》卷二八《越州大珠慧海和尚语》,《大正藏》第五一卷,页442。

字,何向数句中求? 是以发菩提者,得意而忘言,悟理而遗教,亦犹得鱼忘筌、得兔忘蹄也。"①

这段话代表了禅宗关于经教的普遍观点。禅宗将顿悟自性喻为"作主"(主),将依经生解视为"作客"(宾),主张"随处作主,立处皆真",所以慧海把诵经看作与领悟真理无关的"客语"或"学语"。慧海从佛经中找到支持他的说法:佛陀所说的是"义语"(第一义),而非语言文字;普通人所说的是"文语"(语言文字),而非"第一义"。那么,要领悟"第一义",就必须超越语言文字,超越事数(数)文句(句)。所谓"菩提"是指心性,要启发心性觉悟,就要像庄子、王弼提倡的"得意忘言"一样,做到"悟理遗教"。显然,佛学的"发菩提"和玄学的"忘言"构成了禅宗阐释学的基本思想。

我们注意到,无论是早期的楞伽师还是后来的南宗禅,都一致认为,对佛教真理的领悟,无关乎文字章句的训释,而在于学佛者的心灵领悟,即所谓"心开悟解",或简称"心解"。这无疑是禅宗区别于义学各宗的最重要的标志,并对唐以后的儒学、诗学阐释产生了深远的影响。

虽然慧能仍主张达摩以来禅宗诸祖"藉教悟宗"的传统,但从《坛经》中可明显看出,经教的权威已被自性的权威所颠覆,"义解"的疏论亦被"心解"的语录所取代,所以他的门徒盛赞"经诵三千部,曹溪一句亡"②。而中晚唐出现的"呵佛骂祖"、"离经慢教"的极端倾向,不过是禅宗祖师们"不出文记"、"不假文字"的逻辑归宿而已。

---

① 《景德传灯录》卷二八《越州大珠慧海和尚语》,《大正藏》第五一卷,页443。
② 同上卷五《洪州法达禅师》,《大正藏》第五一卷,页238。

从宗教学的角度看,禅宗对义学疏论的颠覆,实际上是文化层次较低的平民僧众向具有官方色彩的义学讲师争夺话语权力的体现,也是中国佛学更进一步本土化的体现。对此问题,我曾在拙撰《禅宗语言》一书中有过粗略的说明[①]。现在要讨论的是,禅宗从"不出文记"发展到"离经慢教",是否意味着放弃任何阐释?如果并未放弃,那么他们是如何进行阐释的?涉及什么样的内容?采用了什么样的形式?

不可否认,阐释学是关于文本理解和解释的学问。但这文本并非指语言文字的物质形态,即庄子所说的"形色名声",而是指语言文字之后的意义和真理,即庄子所说的"意"和"道",佛教所说的"第一义",一种本体性的东西。假如"第一义"果真表现在经论文字之中,那么不注疏经论,不理解文字,"第一义"也就不存在。然而按照佛陀的教导,不折不扣的"第一义"是无法言传、不可思议的,因而对它的理解和解释也是无法言传、不可思议的。正如法眼禅师回答僧人关于"如何是第一义"的提问时所说:"我向汝道是第二义。"[②]任何语言文字的理解和解释都是第二性的东西,而不是真理本身。这就意味着,阐释学可以按其诠释对象分为两个层次,表层的"文本阐释学"(Text-Hermeneutics)和深层的"本体阐释学"(Onto-Hermeneutics)[③]。

显而易见,禅宗对经教文本的唾弃并不意味着反对阐释行为,而是试图超越语言文字的"第二义"而直契佛教真理。换言之,禅宗试图超越义学的文本阐释而直接进入本体阐释。禅宗关心的问题,不是"一切经音义",不是"翻译名义",而是"如何是佛法大意"、

[①] 参见周裕锴《禅宗语言》第一章第三节,页20—22,复旦大学出版社2017年版。
[②] 《景德传灯录》卷二四《金陵清凉文益禅师》,《大正藏》第五一卷,页399。
[③] 案:此处借用美国夏威夷大学哲学教授成中英提出的概念。参见成中英《何为本体诠释学》,《本体与诠释》,页15,生活·读书·新知三联书店2000年版。

"如何是道"、"如何是法"、"如何是佛"、"如何是佛心"之类的"第一义"问题。对此类问题,禅宗大师有各种各样的精彩回答,而回答就是一种阐释,不管其形式如何,是否有章句训诂,是否有疏论文记。

总括禅宗对"第一义"的阐释,大致有这样几种模式。

其一,"即事而真"的模式。这种模式的特征是以具体阐释抽象,以现象诠释本质,以当下情景诠释终极真理。慧能的弟子青原行思禅师有一段著名的公案,提供了此模式极佳的例证:

> 僧问:"如何是佛法大意?"师(青原行思)曰:"庐陵米作摩价?"①

"佛法大意"当然是本体性的东西,是学佛者的终极追求。据《祖堂集》记载,行思"自传曹溪(慧能)密旨,便复庐陵化度群生"。而曹溪宗旨认为,佛法并不在遥远的彼岸世界,就在此岸世界的日常生活中。所以,当僧徒提出"如何是佛法大意"这种彼岸世界的终极问题时,行思答之以"庐陵米作摩价"这样的此岸世界的现实问题,以启悟僧徒把握日常生活中的禅理。也就是说,不必去苦苦追寻"佛法大意",只须了解当下的"庐陵米价",或者说,一切"佛法大意"都必须通过对此时此刻的"庐陵米价"的了解而真正得到解释。借用德国哲学家海德格尔的哲学术语来说,即一切存在物的存在(Sein)意义都必须从人的时间性的此在(Dasein)领悟这一中心出发去阐释②。行思用"庐陵米价"来回答"如何是佛法大意"的提问,正如海德格尔用"存在是人的存在即此在"来回答"什么是存

---

① 《祖堂集》卷三《靖居和尚》,《佛藏要籍选刊》第14册,页91。
② Martin Heidegger, *Sein und Zeit*, pp.151–152.

在"的问题一样。最有趣的是禅宗公案中关于"如何是道"的解答:

> 问:"如何是道?"师曰:"徒劳车马迹。"①
> 问:"如何是道?"师曰:"去!去!迢迢十万余。"②
> 问:"如何是道?"师曰:"往来无障碍。"③
> 问:"如何是道?"师曰:"车碾马踏。"④
> 问:"如何是道?"师曰:"宽处宽,窄处窄。"⑤

僧徒问的是抽象的道理的"道",师父回答的是具体的道路的"道"。表面看来,这似乎是答非所问,但仔细想来,师父正是利用"道"这一词的双关意义暗示了禅宗的观念,即抽象的"道"正蕴含在具体的"道"之中。兴善惟宽禅师说得更直截了当:"有僧问:'道在何处?'师曰:'只在目前。'"这简直就是"存在即此在"的绝佳中文意译,也可看作庄子"目击道存"的阐释学表述。

其二,"遮诠"的模式。佛教对经典教义的诠释有两种方式:一种叫表诠,一种叫遮诠。遮诠、表诠皆是印度因明学的概念,具体说来,表诠是指从事物的正面作肯定的解释,遮诠是指从事物的反面作否定的解释。中唐圭峰宗密禅师《禅源诸诠集都序》指出:"遮(诠)谓遣其所非,表(诠)谓显其所是。又遮者拣却诸余,表者直示当体。"他举例说:"如说盐云不淡是遮,云咸是表;说水云不干是遮,云湿是表。"就佛经对"真妙理性"的解释而言,凡是说"不生不灭,不垢不净,无因无果,无相无为,非凡非圣,非性非相等",皆是遮诠;凡是说"知见觉照,灵鉴光明,朗朗昭昭,惺惺寂寂

---

① 《景德传灯录》卷一七《新罗泊岩和尚》,《大正藏》第五一卷,页343。
② 同上卷二二《韶州净法章和尚》,《大正藏》第五一卷,页386。
③ 《五灯会元》卷一一《齐耸禅师》,页659。
④ 同上《谷隐蕴聪禅师》,页692。
⑤ 同上卷一二《大乘慧果禅师》,页717。

等",皆是表诠①。义学的注疏基本上用表诠,而禅宗则多采用遮诠,正如宗密所说:"今时学人皆谓遮言为深,表言为浅,故唯重非心非佛、无为无相,乃至一切不可得之言。"②这种重遮轻表的情况,随着晚唐五代禅学的玄学化以及呵佛骂祖的升温而愈演愈烈。洪州宗马祖道一禅师回答僧徒的一段话可看出这种倾向:

> 僧问:"和尚为什么说即心即佛?"师(马祖)云:"为止小儿啼。"僧云:"啼止时如何?"师云:"非心非佛。"③

马祖的回答意谓"即心即佛"只是权宜假设的说法,"非心非佛"那无理念、无佛法的一无所住的"空"才是心灵的唯一栖息之地。"即心即佛"是对付一般愚昧信徒而言,对待已领悟禅理的智者,就应该说"非心非佛"。禅师们之所以对遮诠情有独钟,就因为在他们看来,"第一义"一经表诠诠释,便成语言垃圾,正如百丈怀海所言,"说道修行得佛,有修有证,是心是佛,即心是佛",都是"不了义教语"、"不遮语",也就是"死语"。只有使用遮诠,"不许修行得佛,无修无证,非心非佛",才是"了义教语"、"遮语",才是"生(活)语"④。在禅籍中常可见到对"第一义"问题从反面作否定的回答,如:

> 僧问:"如何是古佛心?"师曰:"终不道土木瓦砾是。"⑤

---

① 宗密《禅源诸诠集都序》卷下之一,《大正藏》第四八卷,页406。
② 同上。
③ 《景德传灯录》卷六《江西道一禅师》,《大正藏》第五一卷,页246。
④ 颐藏主集《古尊宿语录》卷一《百丈怀海禅师语录》,《佛藏要籍选刊》第11册,页209。
⑤ 《景德传灯录》卷一七《洪州泐潭延茂禅师》,《大正藏》第五一卷,页342。

> 问:"如何是法?"师曰:"唐人译不出。"①
> 僧问:"如何是佛法大意?"师曰:"多少人摸索不着。"②
> 僧问:"如何是佛?"师曰:"木头雕不就。"③

这种回答的特点是,假设一种错误的定义并对之作出否定,从而以一种类似排除法的方式达到肯定正确的目的。比如,先假设"古佛心是土木瓦砾"这个错误的定义,再用"终不道"去否定它。这就是"遣其所非"。还有一种较典型的遮诠是否定式的反问,即针对提问不作正面回答,而以否定的形式对提问本身提出反问,比如下面例子:

> 问:"如何是佛?"师曰:"如何不是佛?"④
> 问:"如何是西来意?"师云:"如何是不西来意?"⑤
> 问:"奔马争毬,谁是得者?"师曰:"谁是不得者?"⑥

这种反问是更严格的排除法,排除了"如何不是佛"、"如何是不西来意"、"谁是不得者",自然就知道"如何是佛"、"如何是西来意"、"谁是得者"。这些反问就如同画上烘托月亮的颜料或水墨,正因为它们占满了周围的空间,才突出了月亮的白圆块。这就是所谓"拣却诸余"。

其三,"无义语"的模式。"无义语"是指一种有语言的形式而无语言的指义功能的句子,或称之为"活句"。禅宗宗师有这样的

---

① 《五灯会元》卷一五《雪峰象敦禅师》,页1011。
② 同上《彰法澄泗禅师》,页998。
③ 同上卷一六《云居了元禅师》,页1026。
④ 《景德传灯录》卷一三《汝州风穴延沼禅师》,《大正藏》第五一卷,页302。
⑤ 《祖堂集》卷一〇《安国和尚》,《佛藏要籍选刊》第14册,页139。
⑥ 《景德传灯录》卷一七《新罗清院和尚》,《大正藏》第五一卷,页342。

说法:"参禅须是参无义句,不可参有义句。从有义句入者,多落半途;从无义句入者,始可到家。"① 或是说:"语中有语,名为死句;语中无语,名为活句。"② "无义语"三字本出自《维摩经·香积佛品》:"是无义语,是无义语报。"③ 与所谓"妄语"、"两舌"、"恶口"等同属于邪行恶报,是佛教经典所反对的言句。僧肇注曰:"华饰美言,苟悦人意,名无义语。"④ 这大抵是义学的观点,要求言句具有意义,反对言之无物。但依禅宗的看法,语言文字本身是不能传递佛教"第一义"的,"有义语"反而堕入名相因果、情识知见的泥坑。夹山善会禅师声称"老僧二十年说无义语",试看灯录记载的他的话头:

> 问:"如何是道?"师曰:"太阳溢目,万里不挂片云。"⑤

与前面"即事而真"的模式相比较,这里问答之间,甚至连词义双关的关系也没有,完全不着边际。特别是临济宗和云门宗两家,说"无义语"的风气最为突出。如关于"如何是祖师西来意"的问题,禅师往往以"庭前柏树子"、"五男二女"、"三年逢一闰"之类的牛头不对马嘴的话来回答,几乎没有一个扣住问题的合乎逻辑的直接解释。显然,这种回答已完全失去了文本理解和解释的意义。不过,站在本体阐释学的立场来看,"无义语"旨在解构语言逻辑运载的意义,突出语言的虚妄性质,让参禅者彻底摆脱对"第二义"、"第三义"的执着,从而在超越语言与思维的一瞬间,顿悟"第一义"。

---

① 《永觉元贤禅师广录》卷二九《寱言》,《卍续藏经》第125册,页769—770。
② 释惠洪《林间录》卷上引洞山守初禅师语录,《佛藏要籍选刊》第11册,页737。
③ 《维摩诘所说经·香积佛品》,《大正藏》第一四卷,页553。
④ 僧肇《注维摩诘经》卷八,《大正藏》第三八卷,页401。
⑤ 《五灯会元》卷五《夹山善会禅师》,页293。

其四,"格外句"的模式。"格外句"又叫"格外谈"、"出格句"、"颠倒语",这是将"无义语"推向荒谬的产物。举两则近似的例子可看出"格外句"和"无义语"的区别。第一则是:

> 问:"如何是佛法大意?"师曰:"洞庭湖里浪滔天。"①

这可算是"无义语"。第二则是:

> 问:"如何是佛法大意?"师曰:"虚空驾铁船,岳顶浪滔天。"②

这可算是"格外句"。相对于"如何是佛法大意"的提问来说,"洞庭湖里浪滔天"当然是答非所问的"无义语",但这种回答可以理解为一种隐喻,因为它本身是真实的陈述,或者可以理解为"即事而真"的方便话头。然而,"岳顶浪滔天"则匪夷所思,若非错用约定俗成的名词概念("岳"和"浪"),定是乖违了生活的基本常识。相比较而言,前者是无意义的言句,后者是反意义的言句。也就是说,"格外句"的作用已不光是在解构意义,更是在反抗理性,是在用语言的暴力来破坏人类认识现象世界所得到的经验和理性,从而体现出超越此岸世界的经验和理性的绝对自由。在禅宗看来,此岸世界的现象都是假象,因此关于这些现象的经验和理性也值得怀疑。禅师间的对话可证明这一点:

> (洛京灵泉归仁禅师)初问疏山:"枯木生花,始与他合。是这边句,是那边句?"山曰:"亦是这边句。"师曰:"如何是那边

---

① 《五灯会元》卷一二《石霜楚圆禅师》,页701。
② 《景德传灯录》卷一七《泐潭神党禅师》,《大正藏》第五一卷,页342。

句？"山曰："石牛吐出三春雾，灵雀不栖无影林。"①

禅宗常用"这边"代指尘俗世界，用"那边"指称超越尘俗的禅悟世界。"枯木生花"之所以还是"这边句"，是因为这种现象虽然罕见，但毕竟是可能发生之事，符合人类的理性认识。而"石牛吐出三春雾，灵雀不栖无影林"，完全超出人类的理性认识，难以想象，不可思议，所以是"那边句"。然而，从佛教的哲学观点来看，"格外句"远较"无义语"更彰显出阐释学的性质，因为它表现出佛教特有的对世界的理解与解释，并可从佛典中找到类似的荒谬语词。具体说来，"格外句"在诠释佛理方面有以下几种喻义。一是喻"希有"或"不可思议"。如《维摩经·佛道品》："火中生莲华，是可谓希有。"②前引禅师语"虚空驾铁船，岳顶浪滔天"就属此种类型。二是喻"无"这一概念。如《成实论》卷二："兔角、龟毛、蛇足、盐香、风色等，是名无。"③禅师们常说"龟毛长一丈，兔角长八尺"等，就从此类引申出来。三是喻"法无去来、无动转"的物不迁思想。如僧肇《物不迁论》曰："旋岚偃岳而常静，江河竞注而不流，野马飘鼓而不动，日月历天而不周。"④禅宗语录中如"空手把锄头，步行骑水牛。人从桥上过，桥流水不流"⑤、"清风偃草而不摇，皓月普天而非照"⑥，等等，就属此类思想。

其五，"反语"的模式。这是指一种问答背反的言句，其特征是，当僧徒从正面提出一个问题时，禅师故意从反面作回答，问与答之间恰恰形成极尖锐的矛盾。例如以下公案：

---

① 《五灯会元》卷一三《灵泉归仁禅师》，页833。
② 《维摩诘所说经·佛道品》，《大正藏》第一四卷，页550。
③ 《成实论》卷二《一切有无品》，《大正藏》第三二卷，页256。
④ 《肇论·物不迁论》，《大正藏》第四五卷，页151。
⑤ 《景德传灯录》卷二七《婺州善慧大士》，《大正藏》第五一卷，页430。
⑥ 《筠州洞山悟本禅师语录·玄中铭序》，《大正藏》第四七卷，页515。

僧问:"如何是修善行人?"师曰:"捻枪带甲。"云:"如何是作恶行人?"师曰:"修禅入定。"①

问:"如何是清净法身?"师曰:"屎里蛆儿,头出头没。"②

问:"古镜未磨时如何?"师曰:"照破天地。"曰:"磨后如何?"师曰:"黑似漆。"③

这些故意颠倒是非的"反语",使我们想起西方修辞学中一个古老的概念——"反讽"(irony)。反讽的基本性质是假相与真实之间的矛盾以及对这矛盾的无所知。反讽者装着无知,口非而心是,说的是假相,意思暗指真相④。然而禅宗的"反语",则不仅是修辞学的问题,而且是其宗教观念在阐释学上的体现。一是与"二道相因"的思维方式有关,这种思维方式要求不执着于世间万法的任何一端。如慧能所说:"若有人问汝义,问有将无对,问无将有对;问凡以圣对,问圣以凡对。二道相因,生中道义。"⑤这种解答可使提问者从对某一端的执着中解脱出来,从而理解"中道"的真理。二是与佛教的二谛思想有关。佛教把世俗的道理称为俗谛,把佛家的道理称为真谛。认识俗谛的眼光叫世眼,认识真谛的眼光叫法眼。按世俗日常生活经验逻辑来看是矛盾背反的言句,用法眼来看就可能是真谛。如禅宗常把"心"(自性)比作"古镜",把知识智慧的开发比作"磨古镜"。按照世俗观点,古镜磨莹之后,摆脱蒙昧,照亮世界;而按照禅宗的观点,知识智慧的开发过程恰好是遮蔽自性的过程,因此古镜磨莹之后,世界反而一片黑暗。三是与万法平等的观

---

① 《景德传灯录》卷四《嵩岳破灶堕和尚》,《大正藏》第五一卷,页233。
② 《五灯会元》卷六《濠州思明禅师》,页329。
③ 《景德传灯录》卷二四《抚州龙济绍修禅师》,《大正藏》第五一卷,页401。
④ 参见赵毅衡《新批评——一种独特的形式主义文论》,页179,中国社会科学出版社1986年版。
⑤ 《六祖大师法宝坛经·付嘱品》,《大正藏》第四八卷,页360。

念有关。参禅的要义之一是去掉是非分别之心，正邪不二，凡圣等一。禅师们之所以故意用反话来解答问题，其用意正在于暗示矛盾对立的双方是人为制造的概念，本来毫无差别。

由于坚持"不立文字，教外别传"的传统，禅师们不得不做出解构语言的姿态，以与义学各宗划清界限。然而，正是因为他们煞费苦心地尝试用反常的言说方式来解构语言，反而极大地挖掘出语言的各种表意潜能。以上种种言说方式，就给中国古代阐释学以很多有益的启示，在经学、玄学、义学之外，又开辟出一条简易灵活的新思路。

禅宗自诩其传教方式为"指月"，而将义学疏论视为"话月"[1]。也就是说，如果把佛教的"第一义"比作天上的月亮，那么，要让人了解什么是月亮，有两种手段可供选择：一种是用语言来描述月亮的阴晴圆缺、形状光影等；另一种是直接以手指月，让人随所指方向自己去看月。在"话月"的行为中，义学讲师始终掌握着阐释权，"第一义"的呈现取决于他们的言词，而僧众只能通过言词去推测揣摩，有如苏轼《日喻》中描写的盲人[2]。在"指月"的行为中，禅师则仅仅是引导者，僧众不再是盲人，只需稍作点拨，便可以通过自己的亲身体验直契"第一义"。禅宗否定语言、解构语言的种种方式，无非就是把权威的解说变为亲切的引导，从而使被动的理解变为主动的领悟。

---

[1] 玄沙师备禅师认为，世尊道"吾有正法眼藏，付嘱大迦叶"，犹如"话月"；而曹溪竖拂子，犹如"指月"。见《五灯会元》卷七《玄沙师备禅师》，页397。明瞿汝稷辑历代禅师机缘、语录为《指月录》，即取此喻。

[2] 苏轼《日喻》："生而眇者不识日，问之有目者。或告之曰：'日之状如铜槃。'扣槃而得其声。他日闻钟，以为日也。或告之曰：'日之光如烛。'扪烛而得其形。他日揣籥，以为日也。日之与钟、籥亦远矣，而眇者不知其异，以其未尝见而求之人也。道之难见也甚于日，而人之未达也，无以异于眇。达者告之，虽有巧譬善导，亦无以过于槃与烛也。"道出理解与解释的困难。《苏轼文集》卷六四，页1980—1981，中华书局1986年版。

《楞严经》卷二有个类似"得鱼忘筌"的比喻:"如人以手指月示人,彼人因指,当应看月。若复观指,以为月体,此人岂唯亡失月轮,亦亡其指。"[1]这本是比喻语言的工具性质,听者应根据说者的指示去体会真理,而不应注意说者的语言,也就是"见月亡指"。值得注意的是,义学的"话月"固然易使人"听话亡月",而禅宗的"指月"也终不免有"见指亡月"之嫌,禅宗祖师的一些话头后来成为"公案",被僧徒反复参究,就是其明证。

---

[1] 《楞严经》(《大佛顶如来密因修证了义诸菩萨万行首楞严经》)卷二,《大正藏》第一九卷,页111。

第五章
两宋文人谈禅说诗

自南北朝以来，佛教义学的讲义与儒家的经解交互熏染，形成一种章句稠叠、讲解繁复的义疏形式。到了隋唐之际，在朝廷的重视和干预下，儒家的义疏进一步具有汲取南北各家学派之长、泯灭今文古文之争的综合倾向，并带上定于一尊的官方权威色彩。以孔颖达为代表的官方学者编定的儒家经解著作《五经正义》，就体现了这一特点。

所谓"正义"，是指用正确的解释去修正旧义，即"屏群小之曲说，述《五经》之正义"①，强调其释义的权威性。这种"正义"一方面在精神上受到官方意识形态的制约，确定某家旧注本，然后采用"疏不破注"的原则，专宗一家之注；一方面在形式上受佛教义疏的影响，讲解力求详明，不厌其烦，往往流于烦琐。在"正义"类著

---

① 《后汉书·桓谭传》载桓谭上光武帝疏曰："陛下宜垂明听，发圣意，屏群小之曲说，述《五经》之正义，略雷同之俗语，详通人之雅谋。"页960。《五经正义》之名，当有取于此。

述中显示出隋唐儒家经学的三种阐释倾向：一是传统的旧说排斥了新颖的创见，二是集体的解释取代了私人的理解，三是权威的文本压抑了多元的著述。换言之，注释者不再是思想者，只是传统经义的忠实守护者和辩护者。因此，《五经正义》尽管具有总结思想与知识的集大成的意义，在阐释观念上却体现出一种保守和平庸，总体上并未超越汉魏经学设定的藩篱。

隋唐经学造就的权威文本和保守观念延续了四百余年，其间虽有韩愈等人在哲学上暗受禅宗心性的影响，但未在阐释学上转变解经的风气，倒是佛教的义学和禅学新见迭出，不拘一格，显示出强劲的原创性。正因如此，宋人张方平感叹道："儒门淡薄，收拾不住，皆归释氏耳。"[①] 直到北宋庆历年间，儒家经学才进入了一个全新的阐释时代，即后人所说的"经学变古时代"。[②]

这一时代在中国思想史上的意义自不必论，仅从阐释学的角度看，就有三种全新的倾向值得大书特书：一是怀疑批判"正义"的权威性及其所据"五经"文本的神圣性，力图把握圣人著述的原初"本意"，由此而重新发明经典的原初"本义"；二是肯定超越文字训诂的个人化的心灵体察和认知，由读者之意去推测作者之志，从而使经典诠释从烦琐的章句义疏中解放出来；三是提倡自由灵活的阅读方法，在承认作者本意的前提下，肯定对文本意旨的多元化理解和解释的合理性与有效性。有趣的现象是，宋代的佛学原创力明显衰退，禅宗也不例外，但儒家经学却从其阐释学思路中重获新生，上述的怀疑批判精神，与禅宗的"大发疑情"相似，个人化的心灵体察和认知，来自禅宗的"心解"传统，自由灵活的解读方法，多少受到禅宗的"参活句"的影响。

---

① 陈善《扪虱新话》上集卷三《儒释迭为盛衰》引张方平语，《丛书集成初编》本。
② 参见〔清〕皮锡瑞《经学历史》第八章《经学变古时代》，页220，中华书局1959年版。

宋代阐释学由于割断训诂师承的传统，以"自得"、"体认"为基本要求，很容易给人以空疏武断的印象。不过，从宋人的诗集注释实践来看，似乎并不像解经那样多"恃胸臆为断"①，而是力图保持诠释的合理性，以阐明作者创作意旨为目的。因此，在宋人的诗集注本中，有三个较突出的特点：一是历史主义，具体说来，这就是"诗史"概念的普及，由于将诗歌看成是诗人对历史事件的个人性反映，为诗人编写年谱并给诗集编年成为文本注释的重要组成部分；二是理性主义，就是按照伦理性、真实性的原则对原文作出诠释或评判，无论是切己致思的"心解"，还是自由理解的"活参"，都不越过"理义大本"的底线；三是知识主义，以"博极群书"作为对阐释者的基本要求，相信唐宋时期大诗人的作品都是"无一字无来处"，因而将揭示诗歌语词出处作为首要任务。换言之，通过释"史"、释"理"、释"事"而最终获得诗人的"立言本意"，乃是宋代阐释者们的共同梦想。

与此同时，儒家的实践理性精神与禅宗的自证自悟方式相结合，形成所谓"亲证其事然后知其义"的解读传统，即相信身历其境的亲自体验对于准确理解文本具有重要意义，通过重新经历作者的创作过程而回到作者的本意。

一、疑古：理性批判

仿佛是对中晚唐禅宗呵佛骂祖、离经慢教思潮的回应，宋代学者也对"正义"的权威性及其所据"五经"文本的神圣性产生了怀疑，所谓"不信注疏，驯至疑经"②，成为宋代各个学派治经的普遍

---

① 戴震《戴东原集》卷九《与某书》："宋人则恃胸臆为断，故其袭取者多谬，而不谬者在其所弃。"《四部丛刊》本。
② 《经学历史》第八章《经学变古时代》，页264。

倾向。程颐说:"学者要先会疑。"① 陆九渊说:"为学患无疑,疑则有进。"② 又说:"小疑则小进,大疑则大进。"③ 如陆游所说:

> 唐及国初,学者不敢议孔安国、郑康成,况圣人乎! 自庆历后,诸儒发明经旨,非前人所及。然排《系辞》,毁《周礼》,疑《孟子》,讥《书》之《胤征》、《顾命》,黜《诗》之序,不难于议经,况传注乎! ④

其中除了疑《孟子》是宋学内部的分歧外,其余均是对汉唐经学的批判。"排《系辞》"指欧阳修,他在《易或问三首》、《易童子问》中否定《系辞》、《文言》、《说卦》等为孔子所撰。"毁《周礼》"指苏轼、苏辙兄弟,"讥《书》之《胤征》"指苏轼,"黜《诗》之序"指晁说之⑤。值得注意的是,这种怀疑精神已超越经学的领域,而具有一般方法论的意义,宋人读史书,读诸子,读诗文,无不置一"疑"字。如李觏之疑《孟子》,苏轼之疑《庄子》、《文选》,莫不如此。当然,宋儒虽吸取了禅宗的怀疑精神,却扬弃了其非理性的解构倾向,也就是说,一切怀疑和批判都以理性思辨的尺度为准则。

所谓理性思辨的尺度,就是宋人自己所标榜的"理义大本"。这不光是程朱理学的独家专利,而且是宋代各儒学学派治经的通则。朱熹指出:

> 理义大本复明于世,固自周(敦颐)、程(程颢、程颐),然先此诸儒亦多有助。旧来儒者不越注疏而已,至永叔(欧阳修)、

---

① 《河南程氏外书》卷一一,《四部备要》本。
② 《陆九渊集》卷三五《语录》下,页472,中华书局1980年版。
③ 同上卷三六《年谱》,页482。
④ 王应麟《困学纪闻》卷八《经说》引,《四部丛刊三编》本。
⑤ 参见《经学历史》第八章《经学变古时代》周予同注,页224—228。

原父（刘敞）、孙明复（孙复）诸公，始自出议论，如李泰伯（李觏）文字亦自好。此是运数将开，理义渐欲复明于世故也。①

什么是"理义大本"呢？从阐释学的角度看，就是指经典文本历史与逻辑相统一的思想体系。它不仅在一部经典的上下文（context）中体现出来，而且在一系列经典的互文（intertext）中体现出来。以此"理义大本"为标准，宋人便跳出了汉唐注疏那种知识主义的限囿，从而把阐释的重点由名物典章、雅语方言的诂训转向对义理宗旨、立言本意的了解。

宋代的疑古之风兴起于北宋仁宗庆历（1041—1048年）前后，其中欧阳修的学术思想尤有代表性。他几乎对所有儒家经典持怀疑眼光，如《易或问三首》、《易或问》、《易童子问》三卷等，否定所谓"十翼"中的《系辞》、《文言》、《说卦》等为孔子所撰；《诗本义》、《诗解统序》等批判毛传、郑笺的疏略和谬妄，开宋人疑《诗序》之先声；《泰誓论》斥"西伯受命称王十年者"为妄说，则启发宋人疑《尚书》的思路。他在庆历、嘉祐年间作《策问十二首》，大多以疑经为题，对当时的学风产生了很大影响。

欧阳修的贡献并不只在于提倡"勇决"的怀疑批判精神，更在于确立了疑经所必须依赖的基本理性支点，这就是："大儒君子之于学也，理达而已矣。"② 所谓"理达"，是指把握儒家整个学术思想逻辑体系的主要大意。具体到经典的理解和解释的行为中，就是以所谓圣人的"理义大本"为参照系，来判断经文和注疏的局部或细节的真伪正谬。

汉唐儒者治经，大致有两种情况：一种是谨守师承，拘泥旧说；

---

① 《朱子语类》卷八〇，页2089，中华书局1986年版。
② 《欧阳文忠公集》卷一八《经旨十一首·易或问三首之二》，《四部丛刊》本。

一种是杂取诸家,集成旧说。其共同点在守成而非创新,着意于文献保存而非思想探索,所谓"贪多务得,细大不捐",实为汉唐解经的通则。这种表面看来谨慎踏实的治学态度,其实是判断力衰退的反映,它在无抉择的兼收并蓄中,有可能将思想的阐发蜕化为资料的堆砌,从而使经典文本的意义在博杂的章句训诂中被淹没。

对权威的盲从意味着理性的萎缩,而对经传的怀疑则源于理性的张扬。欧阳修曾说明自己疑古的动因,这就是摒弃那些偏离儒家思想体系的曲解和杂说,恢复儒家经典的原始本义,在这一点上他受到孟子的启发:"孟子曰:'尽信书不如无书。'孟子岂好非六经者,黜其杂乱之说,所以尊经。"[①]那么怎样来判断各种经传是否"杂乱"呢?欧阳修自信地指出:"或以为辨疑是正君子所慎,是以未始措意于其间。若余者可谓不量力矣,邈然远出诸儒之后,而学无师授之传,其勇于敢为而决于不疑者,以圣人之经尚在,可以质也。"[②]就是说,一切是非正误都可以用"圣人之经"来衡量。这里所谓"圣人之经",不是指《五经正义》圈定的权威文本,而是指圣人思想体系的"理义大本"。换言之,他坚信在汉唐经学的师授传统之外,有一个原初的绝对权威的文本存在。

那么,怎样来接近这原初的绝对权威的文本呢?欧阳修提出了一种读书方法:"篇章异句读,解诂及笺传。是非自相攻,去取在勇断。"[③]这就是将现存的各种经典注疏逐一对照比较,通过逻辑判断发现其荒谬之处。如《周易·系辞》,汉唐诸儒向来将其视为圣人之言,而欧阳修却不仅从《系辞》上下文的大量重复之言中觉察到其"繁衍丛脞",有违圣人言简义深的文章风格,而且从其上下文的"或同或异,或是或非"的自相矛盾中发现其"择而不精"之处,指

---

① 《欧阳文忠公集》卷一八《经旨十一首·易或问三首之二》。
② 同上卷七八《易童子问》卷三。
③ 同上卷九《读书》。

出其"害经而惑世"的负面效应①。这种读书方法还可以帮助读者从不同经典的互文关系中找出疑点。比如欧阳修疑《周易·文言》之伪，就是因为从《左传》中找到了旁证，他指出：

> "子曰"者，讲师之言也。吾尝以警学者矣。元者，善之长；亨者，嘉之会；利者，义之和；贞者，事之干。此所谓《文言》也。方鲁穆姜之道此言也，在（《左传》）襄公之九年。后十有五年而孔子生。左氏之传《春秋》也，固多浮诞之辞，然其用心，亦必欲其书之信后世也。使左氏知《文言》为孔子作也，必不以追附穆姜之说而疑后世。盖左氏者不意后世以《文言》为孔子作也。②

以儒家历史文献为依据，以基本逻辑理性为工具，推导出《文言》非孔子作的结论，应该是很有说服力的。

欧阳修的理性精神还体现在他的破除迷信、实事求是的科学态度上。特别是他的《诗经》研究，既敢于批驳毛传、郑笺中保留的谶纬符命之说，又善于吸取其合理的名物考证、语词训诂。近代学者张元济在《诗本义跋》中评价欧阳修的成就说："欧阳永叔不信符命之说，尝斥《周易》河图、洛书为妖妄。是书于《生民》、《思文》、《臣工》诸诗，复力诋高禖祈子、后稷天生及白鱼跃舟、火流为乌、以谷俱来之怪说，诚古人之先知先觉者。且其说经，于先儒义训有不可通者，均付阙疑，绝不为穿凿附会之说，是真能脚踏实地示人为学之道者也。"③这种科学态度成为宋代经学及其他文本阐释的奠基石，宋代学者的疑古无不以此为出发点。

---

① 《欧阳文忠公集》卷七八《易童子问》卷三。
② 同上卷一八《经旨十一首·易或问三首之二》。
③ 《诗本义》卷末，《四部丛刊三编》本。

作为北宋中叶政界、儒林、文苑的领袖人物，欧阳修与当时的各个学派有着广泛的联系，宋初三先生之一孙复是其朋友，主持庆历新政的范仲淹是其上司，精通《春秋》学的刘敞是其同僚，主持熙宁变法的王安石是其后学，古文家苏洵是其门人。尤其是他主持的嘉祐二年（1057年）贡举考试，在宋代文化史上意义重大，洛学代表程颢及其门人朱光庭，关学巨子张载及其高弟吕大钧，蜀学代表苏轼、苏辙等并于此年进士及第。以上诸人中，孙复"治《春秋》不惑传注，不为曲说以乱经"[①]；范仲淹"病注说之乱六经，六经之未明"[②]，思有改之；刘敞治经"不尽从传"[③]；王安石谓"《春秋三传》既不足信，故于诸经尤为难知"[④]；苏洵有感于"诸儒以附会之说"乱《易经》，而作《易传》[⑤]；张载的《经学理窟》亦颇多献疑之见。苏轼不仅在其《书传》中讥《尚书》中的《顾命》、《胤征》等，而且将疑经精神推衍到子部、集部的文献研究中，如疑《庄子》中《盗跖》、《渔父》"则若真诋孔子者"，《让王》、《说剑》"浅陋不入于道"[⑥]，辨《文选》中李陵苏武五言"皆伪而不能去"[⑦]，大抵继承了欧阳修科学的读书方法。

以上北宋学者的共同追求在于超越汉唐传注旧说，直接面对圣人的原典或其他文献书籍的原典，寻绎传世经典的本来意义。表面看来，他们不过是试图用一种以先圣原典为名义的古老权威文本来取代汉唐诸儒裁定的后出权威文本而已，而实际上是在力图建立理性的权威，突破"疏不破注"的传统经学模式。

---

① 《欧阳文忠公集》卷二七《孙明复先生墓志铭》。
② 孙复《寄范天章书之二》，《全宋文》卷四〇一，第十册，页248，巴蜀书社1990年版。
③ 《四库全书总目》卷二六《春秋传》。
④ 《王文公文集》卷七《答韩求仁书》，页77，上海人民出版社1974年版。
⑤ 《欧阳文忠公集》卷三四《故霸州文安县主簿苏君墓志铭》。
⑥ 《苏轼文集》卷一一《庄子祠堂记》，页348，中华书局1986年版。
⑦ 同上卷六七《题文选》，页2093。

从庆历前后兴起的"不信注疏,驯至疑经"之风,一直蔓延到整个南宋,鼎足而三的朱熹理学、陆九渊心学与以叶適为代表的永嘉之学都提倡怀疑精神。朱熹告诫学者:"看文字,须是如猛将用兵,直是鏖战一阵;如酷吏治狱,直是推勘到底,决是不恕他。"①他固然推崇欧阳修、周敦颐等宋代学者使"理义大本复明于世"的功绩,但落实到具体的经典诠释上,即使是对程颐的观点也不尽拘守,如评程颐的《诗传》"取义太多,诗人平易,恐不如此"②;又谓"六义自郑氏以来失之,后妃自程先生以来失之"③。以理性为尺度,对先师亦不盲从,在怀疑的后面,是一种"吾爱吾师,吾尤爱真理"的崇高追求,这与谨守师说的汉唐陋儒相较,其学术境界之差异自不可以道里计。陆九渊在学术思想上和朱熹颇多相异之处,而在疑古方面却大致相同,如评《周礼》曰:"如郑康成注书,柄凿最多。……注不可信,或是讳语,或是莽制。"又评《周易》曰:"《河图》属象,《洛书》属数,《先天图》非圣人作《易》之本旨,有据之于说《易》者陋矣。"又评《春秋》曰:"后世之论《春秋》者,多如法令,非圣人之旨也。"④叶適治学偏好事功,而在疑古学风上则与朱、陆相通。他所著《习学记言》脱弃先儒旧说,发明新义,清人黄体芳称"其说经不同于汉人,而其于宋亦苏子瞻之流"⑤,可见其思想之自由。

在宋代的疑古思潮中,关于《毛诗正义》的学术争论最为典型。《诗经》文本的传授和解说本来有齐、鲁、韩、毛四家,自齐、鲁、韩三家之说失传后,天下治《诗》的学者尽宗毛诗。推衍毛诗者本来也有多家,而唐儒孔颖达等却独尊郑玄的笺注。如果说在《易》学、《春秋》学领域尚保留着各家学说并存的局面的话,那么在《诗》学

---

① 《朱子语类》卷一〇,页164。
② 同上卷八〇,页2089。
③ 同上,页2070。
④ 《陆九渊集》卷三六《年谱》,页503—504。
⑤ 《习学记言序目》附录一《黄体芳序》,页761,中华书局1977年版。

领域则完全被毛传、郑笺所垄断。《毛诗正义》是代表汉学的权威性的《诗经》注本，而冠于首篇《关雎》之前的"大序"和置于其余各篇前的"小序"，自初唐以来便成为对诗本义的权威解说，从未受到任何怀疑。然而，从北宋中叶起，学者开始逐渐对"诗序"产生疑问，对《诗经》的本义作出新的解释。欧阳修著《诗本义》，不光指摘《周颂·思文》、《臣工》等篇中毛传、郑笺的符命怪说，而且时时纠正如《周南·麟之趾》、《召南·鹊巢》等篇"小序"中的错误解释。苏辙著《诗集传》，对汉儒关于《诗序》为孔子、子夏所作的传统说法提出质疑，他只取《小序》首句，对首句后的文字则常予驳斥。正如朱熹所概括的那样：

> 唐初诸儒为作疏义，因讹踵陋，百千万言，而不能有以出乎二氏（毛、郑）之区域。至于本朝，刘侍读（敞）、欧阳公、王丞相（安石）、苏黄门（辙）、河南程氏（颐）、横渠张氏（载），始用己意，有所发明。虽其浅深得失有不能同，然自是之后，三百五篇之微词奥义，乃可得而寻绎。盖不待讲于齐、鲁、韩氏之传，而学者已知《诗》之不专于毛、郑矣。①

降及南宋，更有郑樵著《诗辨妄》，力诋《诗序》，"以为皆是村野妄人所作"。王质著《诗总闻》，干脆废弃《诗序》，自出己意来解说诗义，开"去序言诗"之风。朱熹著《诗集传》，虽在《诗》的性质、功用及意义方面仍基本沿袭《诗大序》的说法，但在具体的作品阐释方面却大多与《小序》相异。特别是他把《国风》中的部分爱情诗解作"淫奔者之辞"、"男女相悦之辞"，完全否定了《小序》中所谓"刺"诗的定性，可以说廓清了千余年来笼罩在《诗经》上的经学迷雾。

---

① 《吕氏家塾读诗记》卷首朱熹《吕氏家塾读诗记序》，《四部丛刊续编》本。

宋人说《诗》，虽多"用己意"，各有所得，但其出发点与汉儒所谓"《诗》无达诂"并不相同。汉儒解《诗》，多是"假经设谊"，利用《诗经》的权威话语来说明自己的政治主张。而宋人则力图寻绎"三百五篇之微词奥义"，回到未经毛传、郑笺、孔疏歪曲过的《诗经》原意，即《诗》之"本义"。欧阳修在一篇奏折中写道：

> 至唐太宗时，始诏名儒撰定九经之疏，号为"正义"，凡数百篇。自尔以来，著为定论。凡不本正义者，谓之异端。则学者之宗师，百世之取信也。然其所载既博，所择不精，多引谶纬之书，以相杂乱，怪奇诡僻，所谓非圣之书，异乎正义之名也。①

正是从这个意义上，我们不仅可以把欧阳修的《诗本义》看作宋代《诗经》学的象征，而且可视为整个宋代经学的象征，它揭开了宋儒"本义解经派"向汉唐诸儒"正义解经派"宣战的序幕。

按照欧阳修的说法，在"《诗经》学"的发展过程中，其作品的意义和解释存在着四个不同的阶段：一是"诗人之意"，即民间诗人创作诗歌的阶段；二是"太师之职"，即由采诗官采集、由太师编成乐章演奏的阶段；三是"圣人之志"，即孔子编诗阶段；四是"经师之业"，即汉儒训诂章句的阶段。其中"诗人之意"、"圣人之志"是"本义"，"太师之职"、"经师之业"是"末义"②。在欧阳修看来，毛、郑解诗所依据的多为"太师之职"③，《正义》所疏解的只是"经

---

① 《欧阳文忠公集》卷一一二《论删去九经正义中谶纬劄子》。
② 《诗本义》卷一四《本末论》，参见日本学者种村和史《欧陽脩〈詩本義〉の揺籃としての〈毛詩正義〉》，页152，日本宋代诗文研究会会刊《橄榄》第九号，2000年12月。
③ 同上卷一："《关雎》、《麟趾》作非一人，作《麟趾》者了无及《关雎》之意。……然则《序》之所述乃非诗人作诗之本意，是太师编诗假设之义也。毛、郑遂执《序》意以解诗。是以太师假设之义解诗人之本义，宜其失之远也。"

师之业"①,它既非原始文本,又非圣人著述,与"正义"二字名实不副。因此,欧阳修对"诗本义"的追寻,其实包含了两个层次的任务:第一层次为追溯"诗人之意"的本义,改正毛、郑旧说;第二层次为阐发符合"圣人之志"的本义,复明"理义大本"。这成为宋代"本义解经派"坚持的基本原则。

事实上,"诗人之意"是言说者"触事感物"而自发的原初意义,而"圣人之志"则是阐释者"著其善恶,以为劝戒"的自觉用意,二者之间应有一定的阐释差距。但在大多宋人眼里,诗人的"原意"和圣人的"用心"应该是统一的。如欧阳修论《考槃》:"如郑之说,进则喜乐,退则怨怼,乃不知命之狠人尔,安得为贤者也。……使诗人之意果如郑说,孔子录诗必不取也。"②又如论《四月》:"今此大夫不幸而遭乱世,反深责其先祖以人情不及之事。诗人之意决不如此。就使如此,不可垂训,圣人删诗必弃而不录也。"③欧阳修深信,凡是《诗经》中的篇章,既经圣人采录删削,"诗人之意"就一定符合"圣人之志"。"圣人"当然是权威,但这权威的确定并非仅依赖于朝廷钦定之"势",而是植根于人情事理之"道"。换言之,"诗人之意"是意义的现象,"圣人之志"才是意义的本质。理解"诗人之意"必须遵循人情事理,遵循圣人的用心。多数宋人把"思无邪"理解为"无邪思",大抵是将"诗人之意"和"圣人之志"视为一体。

朱熹的看法有点例外,他认为"诗人之意"并非全都无邪,并非全都等同于"圣人之志",如《国风》中就有很多"淫奔者之辞"。但是,一旦站在"理义大本"的高度,就可发现圣人保留这些"淫诗"的良苦用心:"彼虽以有邪之思作之,而我以无邪之思读之,则

---

① 《诗本义》卷七论《小雅·正月》:"郑谓苟欲免身,而后学者因益之曰:'宁贻患于父祖子孙以苟自免者。'岂诗人之意哉?"
② 同上卷三。
③ 同上卷八。

彼之自状其丑者,乃所以为吾警惧惩创之资。"①这样一来,无论是什么样的"诗人之意",都可统一于劝善惩恶的"圣人之志"之下,《诗经》两个层次的"本义"最终趋于一致。

二、心解:情性体察

宋人解经,往往不太注意文字训诂,或者仅把文字训诂视为理解的初级阶段,而以读者个人的心灵体察为基本方法,以领悟作者的创作意图为最终目的,从而使经典诠释从烦琐章句义疏中解放出来。方岳称苏轼的读诗方法是"潜窥沉玩,实领悬悟"②,陆九渊自称读书方法是"沉涵熟复,切己致思"③,朱熹告诫后学读书须要"虚心涵咏,切己省察"④,就是对宋人这种阅读和理解态度的形象说明。

这种阅读和理解实际上包含着两种倾向:其一是结合孟子"以意逆志"说和禅宗"心解"传统,力求通过微妙复杂的心灵体验,使读者的思境融入作者的思境;其二是结合孟子"不以辞害意"、庄子"得意忘言"和禅宗"禅道惟在妙悟"的思路,力求超越文本"言"、"辞"的语境层次,获得"意"、"道"语境层次的原始意义和终极意义。这两种倾向贯穿于一切文本的阅读和理解中,尤以诗歌作品的解读最为突出。

按照儒家"诗言志"的观点,诗歌作品必然蕴藏着作者的思想,不管是显豁还是隐晦,是用赋的手法还是比兴的手法表达的。因此,读者的目的就是循着"文辞"、"章句"去发掘作品的"意",从而最终理解作者的"志"。既然"言"可以达"志",说明"言"与"志"

---

① 《晦庵先生朱文公文集》卷七〇《读吕氏诗记桑中篇》,《四部丛刊》本。
② 方岳《深雪偶谈》曰:"坡公本不以诗专门,使非上下汉魏晋唐,出入苏李曹刘,陶谢李杜,潜窥沉玩,实领悬悟,能自信其折衷如是之的乎?"《学海类编》本。
③ 《陆九渊集》卷三四《语录上》,页407。
④ 《朱子语类》卷一一,页179。

即语言与思想之间存在着同一性,那么反之,透过对"言"的解读,读者也可以重新复现作者之"志"。宋人有时就有这种同一性的幻想。如司马光在《薛密学田诗集序》中指出:

> 《扬子法言》曰:"言,心声也;书,心画也。"声画之美者无如文,文之精者无如诗。诗者,志之所之也。然则观其诗,其人之心可见矣。今人亲没则画像而事之。画像,外貌也,岂若诗之见其中心哉![①]

这里虽然是说观诗可见人的品行,显示出宋人关于诗品与人品相统一的观念,但根据上下文,人之"心"也可解作人之"志"(思想)。在司马光看来,观诗就可以深入诗人的思想中去。

这种同一性的幻想尤其是在对孟子的"以意逆志"说的阐发中表现出来。宋人普遍赞同汉代赵岐的解说,认为"以意逆志"就是"以己之意逆诗人之志"。如旧题孙奭《孟子疏》曰:"以己之心意而逆求知诗人之志,是为得诗人之辞旨。"[②]朱熹《孟子集注》亦曰:"当以己意迎取作者之志,乃可得之。"[③]相信读者只要设身处地,用自己的思想(意)去揣度作者的思想(志),就能透过作品文辞的面纱,窥察出作者的本意。那么,读者怎样才能逆求诗人之志呢?这就是要根据自己的心理经验去推测、揣摩,即所谓"同情的理解"。显然,读者主观的"己意"在这里成为理解作品的关键因素。这与其说是孟子的论诗观点,不如说是宋人自己提倡的阐释学原则。

然而,一旦"己意"成为理解的核心,又怎样能保证阐释的合

---

① 司马光《传家集》卷六九,台北商务印书馆影文渊阁《四库全书》本。
② 《孟子注疏》卷九上《万章章句上》,页2736。
③ 朱熹《四书章句集注·孟子集注》卷九,《新编诸子集成》本,页306,中华书局1983年版。

理性和有效性呢？又怎样能避免"只是牵率古人言语，人做自家意中来"呢？对此，南宋姚勉作出了精彩的回答：

> 《孟子》曰："说《诗》者，不以文害辞，不以辞害志，以意逆志，是为得之。"文之为言，字也；辞之为言，句也。意者，诗之所以为诗也。在心为志，发言为诗。诗者，志之所之也。《书》曰："诗言志。"其此之谓乎？古今人殊，而人之所以为心则同也。心同，志斯同矣。是故以学诗者今日之意，逆作诗者昔日之志，吾意如此，则诗之志必如此矣。《诗》虽三百，其志则一也。虽然，不可以私意逆之也。横渠张先生曰："置心平易始知《诗》。"夫惟置心于平易，则可以逆志矣。不然，凿吾意以求诗，果诗矣乎！①

虽然这段话从《孟子》那里生发出来，但已加进了宋人的新观点。其一，认为古今之人都有共同的心理结构，"心同，志斯同矣"，因而读者完全可以将自己的思境和作者的思境融为一体，根据自己的设想揣测，重现作诗者"昔日之志"。其二，指出"吾意"与"私意"的区别，所谓"吾意"虽属读者个人的主观想法，但因为与"作诗者昔日之志"同构而具有客观性。所谓"私意"则是指抛开"作诗者昔日之志"的个人随意理解，因而是偏私的、片面的。要重现作诗者之"志"，必须摒除读诗者的"私意"。这种对孟子"意"的限定性说明，在姚勉看来，是避免但凭一己之意穿凿附会的必要前提。其三，借用张载的话，提出"置心平易"的读诗方法。所谓"置心平易"，就是要排除个人的主观成见，不带杂念，从而能使心如明镜一样客观呈现作者的本意，不受读者自己情绪的干扰。

---

① 姚勉《雪坡舍人集》卷三七《诗意序》，《豫章丛书》本。

姚勉的读诗方法很容易使我们想起西方哲学家的观点。德国哲学家狄尔泰（Wilhelm Dilthey）认为，文辞作品是作者思想与意图的表达，所以阐释者必须让自己设身处地，进入作者的思境里去重新经历创作的过程。作者与读者，无论有多大差异的看法，都因有某种共同的人性、某种共同的心理结构而得以联系①。美国哲学家赫施（E. D. Hirsch）认为，意义不可能是个人的，不同的人可以共享某一类型的意义。用胡塞尔（Edmund Husserl）现象学（phenomenology）的术语"意向性"（intention）来说，就是在不同时候不同的意向行动可以指向同一意向目的（different intentional acts [on different occasions] "intend" an identical intentional object），在实际批评中，这意味着批评家应当消除自我，完全以回到作者本意为目的②。显然，姚勉的观点与赫施有不少重合之处："心同，志斯同"，近似于赫施所谓"意志类型"（willed type）③；"以学诗者今日之意，逆作诗者昔日之志"，相当于赫施所谓"心理重建"（psychological reconstruction）④；"不可以私意逆之"，略同于赫施所谓"客观的阐释"（objective interpretation）⑤。不过，姚勉与赫施有一个根本的差别，即始终相信"吾意"（只要不是"私意"）在阐释活动中的作用，始终相信读诗者个人阐释的有效性。在中国传统文论中，姚勉的话可以说是对阐释学的一个十分精彩的表述，它不仅提出了阐释的方法，而且指明了阐释的目标，希望超越"古今人殊"的时空距离，与诗人本意合一。

姚勉的观点代表了宋人解诗和解经的普遍看法：一方面倡导

---

① Wilhelm Dilthey, *Gesammelte Schriften*, Vol. VII (Leipzig and Berlin, 1927), cf. David Couzens Hoy, *The Critical Circle*, University of California Press, 1978, p.11.
② E. D. Hirsch Jr., *Validity in Interpretation*, Yale University Press, 1967, p. 218.
③ Id. p. 66. 案："意志类型"也称作"共享类型"（shared type）。
④ Id. pp.240, 242, 244. 案：赫施的"心理重建"借用了施莱尔马赫（F. Schleiermacher）和狄尔泰等人的观点，参见D. C. Hoy, *The Critical Circle*, pp.11–12。
⑤ Id. p.209.

"以意逆志"的心解,另一方面反对以"私意"解诗的穿凿。如陆九渊既要求学者"读经只如此读去,便自心解",又告诫他们"解书只是明他大义,不入己见于其间,伤其本旨,乃为善解书"①。那么,怎样才能使"心解"不至于成为偏私的"己见"呢?朱熹对此有很好的建议:

> 如《诗》、《易》之类,则为先儒穿凿所坏,使人不见当来立言本意。此又是一种功夫,直是要人虚心平气,本文之下打叠交空荡荡地,不要留一字先儒旧说,莫问他是何人所说,所尊所亲,所憎所恶,一切莫问,而唯本文本意是求,则圣贤之指得矣。②

"虚心平气"也就是张载所说的"置心平易"。在阅读的过程中,理解者首先需要清空自己大脑里的知识储存,即所谓"先儒旧说",并彻底清除所有的"先有"(Vorhabe)、"先见"(Vorsicht)、"先把握"(Vorgriff)等意识的"先在结构"③,然后面对本文去探求作者的本意,这样空白的未受干扰的大脑就可自然反映出本文所蕴藏的"圣贤之指"。所以朱熹把"以意逆志"的过程看作理解者之意对作者之志的一种"等待",而非"捕捉"④,因为"捕捉"就意味着意识的"先在结构"的介入。

然而,作为在一定时间空间条件中的存在物,阐释者怎样才能

---

① 《陆九渊集》卷三六《年谱》,页503。
② 《晦庵先生朱文公文集》卷四八《答吕子约书》,《四部丛刊》本。
③ Vorhabe、Vorsicht、Vorgriff的概念参见海德格尔《存在与时间》(Heidegger, *Sein und Zeit*), p.151。
④ 《朱子语类》卷一一曰:"且如孟子说《诗》,要'以意逆志,是为得之'。逆者,等待之谓也。如前途等待一人,未来时且须耐心等待,将来自有来时候。他未来,其心急切,又要进前寻求,却不是'以意逆志',是以意捉志也。如此,只是牵率古人言语,入做自家意中来,终无进益。"页180。

做到超越自己的历史环境、清除意识的"先结构"呢？两宋盛行的禅宗提供了很好的经验，大慧宗杲禅师主张通过看话头而进入思维的空白状态，"理路义路心意识都不行，如土木瓦石相似"①；天童正觉禅师主张通过坐禅默照而回到精神的原始状态，"你但只管放教心地下一切皆空，一切皆尽，个是本来时节"②，也就是没有时间空间的前宇宙状态。在这种状态下，人就可超越自己存在的时空环境。朱熹当然反对参禅，但他主张的"虚心平气"的工夫，"打叠交空荡荡地"，其实也就是想暂时超越时空的制约，暂时超越自己的历史存在。

宋人提出的回到作者原意的另一种方法是，越过语言文字的字面意义，而发掘作者的创作意图。孟子主张："说《诗》者，不以文害辞，不以辞害志。"③反对拘泥于表面文辞而误解作者的本意。这一方面因为诗人创作难免使用夸饰的文辞，另一方面也因为文辞难以充分表达诗人的思想。宋人对此深表赞同，杨时指出："学诗者不在语言文字，当想其气味，则诗之意得矣。"④苏轼的读诗方法与之相似而更加具体：

> 夫《诗》者，不可以言语求而得，必将深观其意焉。故其讥刺是人也，不言其所为之恶，而言其爵位之尊、车服之美而民疾之，以见其不堪也。"君子偕老，副笄六珈"、"赫赫师尹，民具尔瞻"是也。其颂美是人也，不言其所为之善，而言其冠佩之华、容貌之盛而民安之，以见其无愧也。"缁衣之宜兮，敝，予又改为兮"、"服其命服，朱芾斯皇"是也。⑤

---

① 《大慧普觉禅师语录》卷二九《答王教授》，《大正藏》第四七卷，页934。
② 《宏智禅师广录》卷五，《大正藏》第四八卷，页60。
③ 《孟子注疏》卷九上《万章句上》，页2735。
④ 《龟山先生语录》卷一，《四部丛刊续编》本。
⑤ 《苏轼文集》卷二《既醉备五福论》，页51。

当然，并非所有诗歌都有明确的创作意图，苏轼在研究《诗经》时就发现"兴"和"比"两种创作方法的区别，"比"诚然是诗人有意识取物来表意，而"兴"则是一种无意识偶然触物有感，"意有所触乎当时，时已去而不可知，故其类可以意推，而不可以言解也"。换言之，由于"兴"的文字并无表达诗人创作意图的功能，因而对"兴"的阐释就只能以读者己意推测，而无法通过文辞来分析。不过，苏轼仍然相信，只要弄清"兴"与"比"的区别，不强作附会，以求合当时之事，"则夫《诗》之意，庶乎可以意晓而无劳矣"①。因为根据"理无不同，志无不通"的原理，"意推"仍能达到作者诗意的重现。

儒家传统诗观的"言志"说，使得读诗者把寻绎、挖掘诗中之"志"视为阐释和评价的旨归。然而，诗的意义决非一个"志"字可以概括，据英国批评家瑞恰慈（I. A. Richards）分析，一首诗起码可分出下列四种意义：文义（sense）、情感（feeling）、音调或口气（tone）、意图（intention）②。宋人也多少意识到诗的多重意义，苏轼所说"以言语求"，就指文义，而"深观其意"之"意"，就指意图。杨时所说的"气味"，接近于所谓情感。其实，依宋人的阅读理解，诗中还有"韵"、"味"、"气"、"格"、"兴"、"趣"、"理"等因素，均蕴藏于文辞章句之中，而超越于语言文字之外，已非作诗者的思维所能自觉控制，也非读诗者的语言所能重建复制。

尽管如此，朱熹仍然相信通过正确的阅读程序能最终获得诗的多重意义。他曾在《诗集传序》中说明自己解《诗》的全过程：

> 于是乎章句以纲之，训诂以纪之，讽咏以昌之，涵濡以体之，察之情性隐微之间，审之言行枢机之始，则修身及家、平

---

① 《苏轼文集》卷二《诗论》，页56。
② I. A. Richards, *Practical Criticism*, London, 1929, pp. 179–188.

均天下之道，其亦不待他求而得之于此矣。[1]

通过章句训诂而解决诗的文义问题（sense），通过讽咏涵濡而体会诗的音调或口气（tone），"察之情性隐微之间"，即感受诗的情感（feeling），"审之言行枢机之始"，即洞察诗的意图（intention）。既然作诗者有"书不尽言，言不尽意"的遗憾，那么，读诗者就应该循着"书"（或"文"）去追寻未尽之"言"（或"辞"），循着"言"（或"辞"）去追寻未尽之"意"（或"志"）。换言之，在诗歌的创作和理解之间，认识的形上等级制应该是相互逆向的排列：作诗者所要表达的信息量随着"意"→"言"→"书"的等级递减，而读诗者所要领会的信息量则随着"文"→"辞"→"志"的等级递增。在朱熹看来，递增的部分完全可以做到与递减的部分相等，从而使诗的信息量重新还原，即回到作诗者创作的起点，理解与阐释最终与诗人的本意重合。

在本意还原的过程中，章句训诂是最初级的但也是必不可少的阶段，正如程颐所说："凡看文字，须先晓其文义，然后可以求其意。未有不晓文义而见意者也。"[2]然而，只晓文义并不能真正领会作者本意，所以程颐又说："学者须是玩味。若以语言解者，意便不足。"[3]"玩味"就是"涵泳体察"，一种揣摩、体验、感受、悬想。一切文本理解都须如此，而对于诗歌欣赏来说尤为重要。

这样，"以意逆志"也就化为一种神秘的内心体验。作者与读者之间的关系，就像禅宗传说的"世尊拈花，迦叶微笑"一样，是"心有灵犀一点通"，是无言的心灵对话。正如梅尧臣所言："作者得

---

[1] 朱熹《诗集传》卷首，页2，上海古籍出版社1980年版。
[2] 《四书章句集注·读论语孟子法》，页44。
[3] 同上。

于心,览者会以意,殆难指陈以言也。虽然,亦可略道其仿佛。"① 不过,由于诗意的复杂性,"览者"无法保证"吾意如此,则诗之志必如此",自视为权威的阐释者,而只敢小心翼翼地承认能"略道其仿佛"。欧阳修记载了与梅尧臣的一次谈话:

> 余尝问诗于圣俞,其声律之高下,文语之疵病,可以指而告余也。至其心之得者,不可以言而告也。余亦将以心得意会,而未能至之者也。②

这里显然意识到诗作为欣赏对象的多层意义,声律的、文语的,还有"不可以言而告"的"心得"、"气味"等。作者所能告诉读者的是"声律"、"文语"之类的东西,而真正微妙的心得只能自我体会,无法传达给他人。这使我们想起先秦典籍中"伊挚不能言鼎,轮扁不能语斤"的著名故事,同时也想起禅宗大师"如人饮水,冷暖自知"的悟道名言。

"言不尽意"不仅在表达过程中存在,同样也体现在理解和阐释的过程中。从本质上来说,诗人和读者的美感意识既是个体的,也是非逻辑的,它在于心灵对事物的直接感受。这一点,它很像禅宗所谓的"妙悟"。宋人有"禅道惟在妙悟,诗道亦在妙悟"的说法③,而据僧肇《涅槃无名论》的解释:"玄道在于妙悟,妙悟在于即真。"④ 就是说"妙悟"的意义在于进入人的真正的生活世界。对于诗歌而言,就是在语言形式中突破概念指义活动而进入人的真正的生活世界。诗人的"妙悟"在于力求把真切的生命感受嵌入声律文语中而不露雕琢痕

---

① 欧阳修《六一诗话》引梅尧臣语,页267,何文焕辑《历代诗话》本,中华书局1981年版。
② 《欧阳文忠公集》卷七三《书梅圣俞稿后》。
③ 严羽《沧浪诗话·诗辩》,页686,何文焕辑《历代诗话》本。
④ 《肇论·涅槃无名论》,《佛藏要籍选刊》第11册,页10。

迹,"如羚羊挂角,无迹可求";读者的"妙悟"则是穿透声律文语层面,进入诗人真切的精神世界,"悠然心会,妙处难与君说"。

苏轼晚年援佛入儒之时,发明了禅宗式的读诗方法。他在读朋友之诗时说:"暂借好诗消永夜,每逢佳处辄参禅。"① "参禅"之喻略有三端:一是说诗意玄妙,难以捉摸,如参禅般难以言喻;二是说读诗时排除意识的"先结构",进入参禅似的状态;三是说读诗时有参禅状态下的"妙悟"体验,即直觉体验。

自苏轼以后,以参禅方式比拟读诗方式的人越来越多,形成中国文学批评史上"以禅喻诗"的一大景观。"以禅喻诗"的中心在于"妙悟",若从阐释学的角度看,就是解诗者所须寻求的"悟门"。宋人所说的"悟门"虽然玄妙,但也有迹可寻:一种是依靠直觉的体验、自由的理解和随意的联想,去追寻诗歌那只可意会不可言传的妙处,如张扩所言:"说诗如说禅,妙处要悬解。"② 一种是根据亲身经历的触发,"顿悟"诗意,从而找到领悟所有诗歌的钥匙,如吴可所言:"凡作(读?)诗如参禅,须有悟门。少从荣天和学,尝不解其诗云:'多谢喧喧雀,时来破寂寥。'一日于竹亭中坐,忽有群雀飞鸣而下,顿悟前语。自尔看诗,无不通者。"③ 还有一种是抛开诗歌表面文义,悬想揣测诗人的深刻用心,发现诗人艺术构思的精妙之处。如黄庭坚所言:"学者若不见古人用意处,但得其皮毛,所以去之更远。"④

值得注意的是,黄庭坚所说的"用意",已不光是指创作意图,即孟子所谓"志",而且包括作者的构思技巧,甚至"句法"安排等

---

① 《苏轼诗集》卷三〇《夜直玉堂,携李之仪端叔诗百余首,读至夜半,书其后》,页1616,中华书局1982年版。
② 张扩《东窗集》卷一《括苍官舍夏日杂书》之五,台北商务印书馆影印文渊阁《四库全书》本。
③ 吴可《藏海诗话》,丁福保辑《历代诗话续编》本,页340—341,中华书局1983年版。
④ 范温《潜溪诗眼》,郭绍虞辑《宋诗话辑佚》本,页317,中华书局1980年版。

因素在内。黄氏的学生范温说得更明白：

> 识文章者，当如禅家有悟门。夫法门百千差别，要须自一转语悟入。如古人文章直须先悟得一处，乃可通其他妙处。向因读子厚《晨诣超师院读禅经诗》一段，至诚洁清之意，参然在前，"真源了无取，妄迹世所逐，微言冀可冥，缮性何由熟"。真妄以尽佛理，言行以尽薰修，此外亦无词矣。"道人庭宇静，苔色连深竹"，盖远过"竹径通幽处，禅房花木深"。"日出雾露余，青松如膏沐"，予家旧有大松，偶见露洗而雾披，真如洗沐未干，染以翠色，然后知此语能传造化之妙。"澹然离言说，悟悦心自足"，盖言因指而见月，遗经而得道，于是终焉。其本末立意遣词，可谓曲尽其妙，毫发无遗恨者也。①

这段话是对"见古人用意处"的精彩发挥。但更值得玩味的是，根据范温对柳宗元诗作的具体阐释，我们可以发现他的"悬解"不仅"可悟"而且"可传"。当他宣称柳诗"至诚洁清之意，参然在前"、"其本末立意遣词，可谓曲尽其妙，毫发无遗恨者也"之时，实际上意味着他相信自己已抓住了作者的本意，并且他的阐释也同样"毫发无遗恨"。进一步而言，范温的"悟门"显示出诗意玩味与本意重建的结合，直觉体验与理性分析的结合，禅宗的证道方式与儒家的读诗方式的结合。

三、论世：本末探究

宋人在孟子"以意逆志"的基础上建立起来的心解传统，我们可以概括为"尚意阐释学"。这种"尚意阐释学"当然以追寻作者之本意为中心，不过，一旦个人性的悬解式阅读变为公众性的文本化

---

① 《潜溪诗眼》，页328。

的注释时,"尚意"便不再那么玄妙神秘,而是要落到实处,借用范温描述自己读柳宗元诗的悟入经验的话来说,就是要揭示"其本末立意遣词",做到"毫发无遗恨"。所以,纵观宋代的诗歌注释本,大致有这样三种倾向:一是弄清"本末",探寻作品之所以产生的创作背景;二是探明"立意",通过背景去了解作者在作品中想要表现的真正意图,包括伦理和事理方面的价值;三是分析"遣词",探究诗歌语言的原始出处及其与作者本意之间的关系。换言之,宋代的"尚意阐释学"在诗歌注本中表现为历史主义、理性主义和知识主义的三种倾向。而这三种倾向中,以历史主义显得尤为突出。

据闻一多考证,最早的诗和史同源,具有记事的功能,后来才与抒情的歌合流。但早在春秋战国时期,诗的记事因素便在"断章取义"的诠释中与它的背景一起被割裂。孟子的"知人论世"之说虽论及时代背景、作者生平与诗歌意义之间的关系,但在宋以前的诗歌注释中并未引起真正的重视,或者说还未形成一种传统。郑玄的《诗谱》虽依据《史记》的"年表"而作,但其目的是把非特定的众多作者写成的《诗经》的全部作品按年代顺序编排成书,并不涉及作者的生平。后来王逸的《楚辞章句》和李善、五臣的《文选注》,更遵循分类的编排方式进行注释。可以说直到宋代,诗与史才再一次携起手来,以诗为史才成为阅读作品的基本方法。最有力的证据是,诗人的年谱、诗集的编年本以及有关诗篇诗人的纪事体裁均首次在宋代出现,而且"诗史"的说法在学者中成为共识也是到宋代才发生的事。正如日本学者浅见洋二所说:"由于诗的编年工作、年谱的制作工作,及其作为主导因素而应称之为'年谱式思考方法'的促进和诱导,宋代文人们在'诗作'中找到了'历史'要素。"[①]

[①] [日]浅见洋二《论"诗史"说——"诗史"说与宋代诗人年谱、编年诗文集编纂之关系》,《唐代文学研究》第9辑,广西师范大学出版社2002年版。

众所周知，宋代最伟大的史学名著《资治通鉴》采用了编年的形式并取得了前所未有的成功，此后的《续资治通鉴长编》、《建炎以来系年要录》等纷纷效仿。《资治通鉴》的意义不仅在于创立了一种贯穿历代统一编年的史书体裁，而且在于重建了一种以时代先后顺序来审视历史人物和事件的编年史学观。据陈振孙《直斋书录解题》著录：正史类有三十九部，其中宋人所编仅十一部；编年类五十二部，宋人所编多达四十二部。《宋史·艺文志》著录正史类著述共五十七部，编年类则多达一百五十一部。可见编年史学观在宋代影响之巨。而年谱正是这种编年史学观在个人传记上的实践。今存最早的文学家年谱是北宋吕大防于元丰七年（1084年）编成的《韩吏部文公集年谱》和《杜工部诗年谱》[1]，在《资治通鉴》成书以后，我们有理由推断其年谱制作受到《资治通鉴》的启发，至少可以说与《资治通鉴》的编写同出于编年思维模式。

所谓"年谱"，是一种把某人生涯的记录按年月顺序排列整理而成的文献形式。如果谱主是以诗人或文人的身份被认知的话，那么年谱就有了作为文学作品的历史背景的意义。据吴洪泽考证，年谱的雏形虽然自古就有，但真正确立为年谱者却在宋代[2]。而在宋代编纂的年谱中，陶渊明、李白、杜甫、韩愈、柳宗元、白居易、欧阳修、王安石、苏轼、苏辙、曾巩、黄庭坚、陈师道等六朝至宋的一大批文学家的年谱尤为知名且重要。清钱大昕《归震川先生年谱序》曰："年谱一家，昉于宋。唐人集有年谱者，皆宋人为之。"[3]又《郑康成年谱序》曰："年谱之学，昉于宋世。唐贤杜、韩、柳、白诸谱，皆

---

[1] 参见吴洪泽《宋人年谱集目·前言》，《宋人年谱集目/宋编宋人年谱选刊》，页5，巴蜀书社1995年版。
[2] 同上，页1—5。又见吴氏《试论年谱的起源》，《宋代文化研究》第4辑，四川大学出版社1994年版。
[3] 《潜研堂文集》卷二六，《四部丛刊》本。

宋人追述之也。"① 章学诚《韩柳二先生年谱书后》亦曰:"年谱之体,仿于宋人。……文人之有年谱,前此所无,宋人为之。"② 这充分表明宋人已自觉地认识到编年与作者、作品之间的关系。关于年谱的制作目的,吕大防在杜甫、韩愈年谱的跋中指出:

> 各为年谱,以次第其出处之岁月,而略见其为文之时,则其歌时伤世,幽忧切叹之意,粲然可观。又得以考其辞力,少而锐,壮而肆,老而严。非妙于文章,不足以至此。③

除了提供诗人的生平事迹之外,年谱还有两方面的功能:一是便于了解诗人写作文学作品时的"时世"和诗人在此时代中生成的"意";二是便于考察诗人的文学风格伴随着岁月的变迁而变化发展的过程。换言之,知其人、论其世的目的是更好地读其文、诵其诗,介绍"本人"和"本事"的目的是更好地理解"本意"和"本文"。

年谱式的编年思维方式还直接影响到诗文集的编纂体例。在宋以前,诗文集的编纂都采用按体裁分类和主题分类的形式,总集如《文选》在赋、诗这样的体裁分类下,又分为宫室、畋猎、公讌、祖饯等不同的主题;别集如《白氏长庆集》,也按讽谕、感伤、闲适、杂律等主题内容分类。北宋初期宋敏求编李白集尚按主题分类,中叶王洙编《杜工部集》虽出现了编年的因素,"视居行之次,若岁时为先后",但仍按古诗和近体来分卷,即编年从属于分体。而在《资治通鉴》问世后的北宋后期,按主题和体裁分类的编纂方式受到了强烈的质疑和批评,一种纯粹以作品的写作年代先后为顺序编排的诗文集普遍出现。曾巩在《李白诗集后序》中

---

① 《潜研堂文集》卷二六。
② 《文史通义新编》外篇二《韩柳二先生年谱书后》,页433—434。
③ 《分门集注杜工部诗》卷首吕大防《杜子美年谱》跋语,《四部丛刊》本。

指出：

> 李白诗集二十卷……宋敏求字次道之所广也。次道既以类广白诗，自为序，而未考次其作之先后。余得其书，乃考其先后而次第之。①

曾巩将分类的李白诗集改为以"先后而次第之"的编年形式。稍后的黄伯思也不满杜甫诗集"古律异卷"的现象，据李纲《重校正杜子美集序》所说：

> 旧集（王洙所编）古律异卷，编次失序，不足以考公出处，及少壮老成之作……（黄伯思）乃用东坡之说，随年编纂，以古律相参，先后始末，皆有次第。②

按照曾巩、黄伯思、李纲等人的观点，分类、分体的旧诗文集都是混乱的，属于"编次失序"，而依年代的"先后"来编，就符合逻辑，"皆有次第"。这意味着在北宋后期文人的眼中，唯有历史编年的形式才真正体现出文本之间应有的次序。

诗文集的编纂当然不等于注释，但采用某种编辑形式却能体现出编者对文学作品性质的独特理解，而这种独特理解就是一种阐释学眼光。比如说，按体裁分类的编排，意味着把作品看作形式感很强的文本，阅读的目的在于把握其有意味的形式，这是一种"文"的眼光。按主题分类的编排，意味着把作品看作关于某一事类的文本，阅读的目的在于了解该事类的描写传统，这是一种"类"的眼

---

① 《元丰类稿》卷一二《李白诗集后序》，《四部丛刊》本。
② 《梁谿先生文集》卷一三八《重校正杜子美集序》，清刊本。

光。而按年月先后的编排,意味着把作品看作诗人对其生活时代的时事以及其个人经历的出处的记述,阅读的目的在于了解诗人的生世变迁与风格变化之关系,这是一种"史"的眼光。"文"和"类"眼光的编排,主要是为了方便读者的模仿和借鉴,这样的诗文集往往是写作的范本或检阅的资料,而非真正的理解与阐释的对象。杜甫"熟精《文选》理"的经验和北宋初"《文选》烂,秀才半"的谚语①,充分说明了按"文"和"类"编纂的《文选》作为模仿的范本的性质。然而"史"眼光的编排,则主要是为了弄清诗人和作品的本来面目,知道诗中反映的历史事件及诗人当时的心绪,简单地说,是为了弄清作品的"本末",恢复作者创作过程的原生态。

年谱是以作者为纲,编年诗文集是以作品为纲,二者性质不同,但丝毫不妨碍它们具有共同的制作目的和阐释学眼光。吕大防关于年谱功能的论述,在李纲为编年诗文集所作的序中得到同样的更有激情的强调:"然后子美之出处及少壮老成之作,灿然可观。盖自天宝太平全盛之时,迄于至德、大历干戈乱离之际……其忠义气节,羁旅艰难,悲愤无聊,一见于诗。"②也就是说,根据编年诗集,不仅可知道诗人的生平事迹和风格演变,还可见出诗人所处的时代状况,了解诗人的人格、阅历和思想感情。所以,在宋代我们可以找到不少年谱附编于诗文集的例子。

无论如何,宋人在诗歌作品中比前人更多地发现了历史的因素,或者说比前人更善于从历史的角度来阅读诗歌。关于"诗史"一词的使用和诠释最能说明这一点。"诗史"二字最早出自晚唐孟棨的《本事诗》:

---

① "熟精《文选》理"是杜甫教儿子作诗的经验之谈,见《杜诗详注》卷一七《宗武生日》,页1478,中华书局1979年版。"《文选》烂,秀才半"之语见于陆游《老学庵笔记》卷八,页100,中华书局1997年版。
② 《梁谿先生文集》卷一三八《重校正杜子美集序》。

> 杜所赠二十韵,备叙其(李白)事。读其文,尽得其故迹。杜逢禄山之难,流离陇蜀,毕陈于诗,推见至隐,殆无遗事,故当时号为"诗史"。①

孟棨由讨论李白诗而顺带提及杜甫诗的叙事性。由于杜诗不仅善于叙述他的朋友李白的身世,而且详尽地记载了他所生活的灾难时代的纷繁事件,所以被称为"诗史"。虽然孟棨说"当时号为'诗史'",但在今存文献中,自杜甫在世至孟棨之前尚无使用"诗史"的先例。正如浅见洋二所说,"诗史"说在学者中成为共识的事实是宋代的事②。我们注意到,孟棨所说的"诗史"是个专有名词,有特定的限制性,一是专指杜甫的诗,二是专指记述历史事件的诗。换言之,"诗史"只是《本事诗》若干种记载中的一个特殊例子,而不是孟棨或唐人看待诗歌的普遍原则。进一步说,唐代还未出现以诗为史的普遍思潮。

而从北宋开始,"诗史"的说法逐渐成为宋人的口头禅,其概念的内涵和外延也逐步扩大。尽管宋人仍把"诗史"二字看作杜诗的代名词,但此称呼并不仅限于杜甫,如白居易、聂夷中、苏轼等人的诗也被称为"诗史"。同时,"诗史"的概念也不仅限于善陈时事的纪实性,还加进了如下一些新的成分。

首先是编年性。姚宽《西溪丛语》记载:"或谓诗史者,有年月地里本末之类,故名诗史。"③如杜甫的《北征》因其"皇帝二载秋,闰八月初吉"的发端被宋人视为"诗史"的典型④。在这一点上,"诗

---

① 《本事诗·高逸第三》,《历代诗话续编》本,页15。
② 《论"诗史"说——"诗史"说与宋代诗人年谱、编年诗文集编纂之关系》。
③ 姚宽《西溪丛语》卷上,《四库全书》本。
④ 阮阅《诗话总龟》后集卷二三引黄常明语:"子美世号诗史,观《北征》诗云:'皇帝二载秋,闰八月初吉。'《送李校书》云:'乾元元年春,万姓始安宅。'又戏友二诗:'元年建巳月,郎有焦校书。''元年建巳月,官有王司直。'史笔森严,未易及也。"页147,人民文学出版社1987年版。

史"和"年谱"的性质完全相通,由此更可直接发现宋代编年史学观对诗歌观念的影响。

其次是讽喻性。阮阅《诗话总龟》引《诗史》:"聂夷中,河南人,有诗曰:'二月卖新丝,五月粜新谷。医得眼前疮,剜却心头肉。'孙光宪谓有三百篇之旨,此亦谓诗史。"① 所谓"三百篇之旨"与"诗史"定义之关系显然来自《毛诗序》的说法:"国史明乎得失之迹,伤人伦之废,哀刑政之苛,吟咏情性,以风其上。"② 说法虽然古老,但以"诗史"的术语来表述,却代表了一种以诗为史的新观念。

还有就是个人性。如王楙《野客丛书》认为:"白乐天诗多纪岁时,每岁必纪其气血之如何,与夫一时之事。后人能以其诗次第而考之,则乐天平生大略可睹,亦可谓诗史者焉。"③ "诗史"不仅是历史事件(时事或时世)的记录,也是个人生平经历(出处)的记录。

最后一点尤为重要,这就是情感性。胡宗愈《成都草堂诗碑序》论杜诗:"先生以诗鸣于唐,凡出处去就,动息劳佚,悲欢忧乐,忠愤感激,好贤恶恶,一见于诗。读之可以知其世,学士大夫谓之诗史。"④ 这就是说,"诗史"不仅是反映时代生活的文本,也是记载诗人由时代生活所激发的情感的文本;"诗史"不光是诗歌写成的社会史,而且是诗歌写成的心灵史。一方面可以说,宋人重视情感在历史叙述中的作用,诗中所写之"史",是经诗人情感发酵过的历史,正如邵雍在《史画吟》中区别史书和诗史的性质时所说的那样:"史笔善记事",而"诗史善记意"⑤。但另一方面也可以说,正是因为有了"史"的眼光,宋人才会把情感也当作历史叙

---

① 阮阅《诗话总龟》卷五《评论门》,页54。
② 《毛诗正义》卷一《周南·关雎序》,《十三经注疏》本,页271。
③ 《野客丛书》卷二七《白乐天诗纪岁时》,《四库全书》本。
④ 鲁訔编次、蔡梦弼会笺《草堂诗笺》卷首《草堂诗笺传序碑铭》引胡宗愈《成都草堂诗碑序》,新北广文书局1971年版。
⑤ 《伊川击壤集》卷一八《史画吟》,《四部丛刊》本。

述的对象,才能把那些本来散见于分类、分体诗集中的情感用时间之线贯穿起来,而使得诗人之"意"也成为可以按岁月检索的历史流程。

因此,宋人所谓"诗史"的含义并非仅指记载或描述历史事件的"史诗",而且也指诗歌作品的历史(编年诗),以及诗人自身的历史(年谱),当然也包括诗人思想感情的历史。也就是说,"诗史"不仅是历史之诗,更是诗之历史。按照宋人论述的一般逻辑,如果把诗当作历史来编年,就可以论其世,知其人,从而也可以诵其诗,明其意。正如鲁訔《编次杜工部诗序》所说:"离而序之,次其先后,时危平,俗嫩恶,山川夷险,风物明晦,公之所寓舒局,皆可概见。"[1]

不过,尽管吕大防声称通过编制年谱,可以使诗人"歌时伤世,幽忧切叹之意,粲然可观",但实际上编年思维模式只适用于恢复诗人整个生平创作过程的原生态,还无法运用于具体的单篇作品的诠释。因为即使知道诗人在某年某月写了哪些诗,也并不意味着晓得诗人为什么而写那些诗。对作品本意的判定,不仅需要了解诗人所处的"时世"和诗人自身的"出处",还需要"曲尽"诗人的"原本立意始末",即获得有关创作该作品的具体背景资料。宋人把这种背景资料叫作"本事"。正如"诗史"的概念一样,"本事"二字也出自孟棨的发明,《本事诗序目》指出:

> 诗者,情动于中而形于言。故怨思悲愁,常多感慨。抒怀佳作,讽刺雅言,虽著于群书,盈厨溢阁,其间触事兴咏,尤所钟情,不有发挥,孰明厥义?因采为《本事诗》,凡七题,犹四始也。[2]

---

[1] 《草堂诗笺》卷首鲁訔《编次杜工部诗集序》,页20。
[2] 《本事诗序目》,《历代诗话续编》,页2。

孟棨在此承认诗是一种抒情性的文本，这就是说，大多数诗歌没有杜诗那种"备叙其事"的纪实性，或者说文本自身不具备历史要素，而要明白抒情性文本的本来意义，就必须了解作品背后的事件和关于作者的故事。孟棨所谓"四始"，来自《毛诗序》的说法，正如章学诚所说："自孟棨《本事诗》出（自注：亦本《诗小序》），乃使人知国史叙诗之意。"[1] 孟棨相信，任何一个抒情性的文本，都有特定的历史事件为其诱因。对于诗人而言，是情因事发；对于读者而言，是义因事明。所以，《本事诗》的阐释学思路是：由采集触动情感的"本事"（background）而知道诗人的"本意"（intention），由知道诗人的"本意"而领悟作品的"本义"（meaning）。

这种"本事→本意→本义"的阐释学思路也在宋代成为学者的共识，宋代诗话中有"论诗及事"一体，就是从《本事诗》发展而来。如果说欧阳修、司马光等人的诗话所记诗歌与"实事"的关系尚属"资闲谈"的话[2]，那么在蔡居厚的以《诗史》命名的诗话中已可看出由"史"（"事"）诠"诗"的阐释学眼光，而在计有功的《唐诗纪事》那里，"纪"诗人和诗歌之"本事"更出于"知人论世"的自觉目的，俨然为一种网罗浩博、体例有据的严肃著作。正如王仲镛先生所说："'知人论世'，本来是'诵诗、读书'必不可少的一个方面，在计有功以前，像他这样网罗一代，以事系诗，以诗系人，以人序时，井然有条的著作，尚未有过。自他创为此体，在诗文评中，可谓别开生面。"[3] 的确，除了《本事诗》以外，唐人有关诗人作品逸事的记载，大多都持一种小说家的猎奇或史学家的补阙式的态度。

---

[1] 《文史通义新编》内篇五《诗话》，页197。
[2] 《六一诗话》题曰："居士退居汝阴，而集以资闲谈也。"又载士大夫之诗曰："其语虽浅近，皆两京之实事也。"何文焕辑《历代诗话》本，页264，中华书局1981年版。《温公续诗话》题曰："诗话尚有遗者，欧阳公文章名声虽不可及，然记事一也，故敢续书之。"又记朝士诗曰："亦朝中之实事也。"同上，页274。
[3] 王仲镛《唐诗纪事校笺》卷首前言，页1，巴蜀书社1989年版。

而同样的逸事经计有功等人的搜集后,就成了"读其诗,知其人"的阐释学方面的有用情报。①

对作品本事的探寻几乎成为宋代诗歌诠释者的一种癖好,继《本事诗》后,宋代又出现了《续本事诗》、《本事集》、《本事曲》一类的著作,而宋代最典型的诗集注本就是"排比年月"(编年)和"钩稽事实"(本事)的结合②。这种癖好来自对作者本意和作品本义的同一性幻觉,正如叶适在评论《诗序》的作用时所说:

> 作诗者必有所指,故集诗者必有所系。无所系,无以诗为也。其余随文发明,或记本事,或释诗意,皆在秦汉之前。虽浅深不能尽当,读诗者以其时考之,以其义断之,惟是之从可也。专溺旧文,因而推衍,固不能得诗意;欲尽去本序,自为之说,失诗意愈多矣。③

叶适用两个"必"字来谈诗的创作和接受,"所指"乃本意,是阐释的唯一目标;"所系"乃本事,是阐释的唯一途径。他认为,只揣摩本文是推衍不出作诗者的诗意的,而必须知道诗的背景,因此,较接近作诗者年代的集诗者的《诗序》——"本序"决不能抛弃。其实,宋代那些怀疑《诗序》的学者也并非否定"本意"与"本事"

---

① 《唐诗纪事校笺》卷首《计有功唐诗纪事序》曰:"敏夫闲居,寻访三百年间文集、杂说、传记、遗史、碑志、石刻,下至一联一句,传诵口耳,悉收采缮录;间捧宦牒,周游四方名山胜地,残篇遗墨,未尝弃去。老矣,无所用心,取自唐初,首尾编次,姓氏可纪,近一千一百五十家。篇什之外,其人可考,即略记大节,庶读其诗,知其人。"
② 《四库全书总目》卷一五四集部别集类《后山诗注》提要曰:"渊生南北宋间,去元祐诸人不远,佚文遗迹,往往而存,即同时所与周旋者,亦一一能知始末。故所注排比年月,钩稽事实,多能得作者本意。"又同卷《山谷内集注》、《外集注》、《别集注》提要曰:"任注内集,史注外集,其大纲皆系于目录每条之下。使读者考其岁月,知其遭际,因以推求作诗之本旨。"页1329,中华书局1981年版。
③ 叶适《习学记言》卷六《诗序周南召南至豳》,《四库全书》本。

的同一性原则,而只是质疑那些"本事"的真实性。

对于持意图论的接受者来说,探寻"本事"自有其充足的理由,因为不仅大多数诗歌不会像杜甫《北征》那样起句便标明时日,而且大多数诗人创作讲究意在言外,标题和文本的文字看不出创作意图。比如,黄庭坚《次韵中玉水仙花二首》之二:

> 淤泥解作白莲藕,粪壤能开黄玉花。可惜国香天不管,随缘流落小民家。

根据字面,可将它看作感叹水仙花生存环境不佳的惜花之词。读者也许会意识到诗中另有寓托,但在知道这首诗的"本事"之前,诗人的"本意"和诗的"本义"是无法确定的。而任渊的注释解决了这一问题:

> 此诗盖山谷借以寓意也。按高子勉所作《国香诗序》云:"国香,荆渚田氏侍儿名也。黄太史自南溪召为吏部副郎,留荆州,乞守当涂,待报。所居即此女子邻也。太史偶见之,以谓幽闲姝美,目所未睹。后其家以嫁下俚贫民,因赋此诗以寓意。俾予和之。后数年,太史卒于岭表,当时宾客云散。此女既生二子矣,会荆南岁荒,其夫鬻之田氏家。田氏一日邀予置酒,出之,掩抑困悴,无复故态。坐间话当时事,相与感叹。予请田氏名曰国香,以成太史之志。政和三年春,京师会表弟汝阴王性之,问太史诗中本意,因道其详。……"[1]

高子勉即江西诗派诗人高荷,他在荆州与黄庭坚有密切交往,见过

---

[1] 《山谷诗集注》卷一五,页377,上海古籍出版社2003年版。

田氏侍儿"国香",并和过黄庭坚的诗,所言"本事"应当可信。由此可见,黄庭坚咏水仙花的诗句乃是对一个出身贫贱的绝代佳人不幸命运的怜惜。值得注意的是,王性之问的是诗中"本意",而高子勉答的是有关诗的"本事"。显然在高荷(也包括任渊)的眼中,知道诗歌的"本事",就自然而然能理解诗歌的"本意"。换句话说,要真正理解诗中"本意",就必须得了解激发诗歌产生的"本事"。

就水仙花诗的文本类型来看,可称得上是一个不具备历史要素的象喻性文本,因而本可以有多元化的解释。正如我在本书第一章所说,象喻性文本始终处于变动和不确定的状态之下,无所谓"本义",任何解释者都可以"见仁见知"。然而,当高荷以当事人的身份出证诗的"本事"之后,诗人的"本意"也随之被指认,从而一种按"本事"去理解的意义被确定下来,象喻性文本也因与本事一一对应而转化为记事性文本。

相对于诗来说,曲子词是一种更纯粹的象喻性文本。北宋中叶以前传唱的曲子词,只有词牌,而无题无序,有的甚至无作者,词的本意根本无法追寻。然而,这并不能阻挡"尚意阐释学"对词坛的侵入,宋人相信,无题无序的文本后面,仍然有支撑它、确定它的"本事"存在。苏轼的朋友杨绘(元素)著《本事曲》,就是力图通过对词的本事的记述来追寻词的本意。[1] 文学史界常从创作的角度讨论苏轼"以诗为词"的现象,事实上,"以诗为词"也可以从接受的角度来看待,即把曲子词当作一个有历史背景支撑的有记述成分的标题性文本来阅读。

总之,在宋代学者中流行着这样一个观念:作品的本意是由本事决定的,因此一旦本事确立就可决定阐释的有效性。这一点和美

---

[1] 《苏轼文集》卷五五《与杨元素》之七:"近一相识,录得明公所编《本事曲子》,足广奇闻,以为闲居之鼓吹也。然切谓宜更广之,但嘱知间令各记所闻,即所载日益广矣。辄献三事,更乞拣择,传到百四十许曲,不知传得足否?"页1652。

国学者赫施提出的历史性（historicality）概念非常相似："它肯定一个历史事件（本事），即一个本来的传达意图（本意），可以永远地决定意思（本义）的恒久不变的性质。"① 这样一来，倘若作者在作品中并未提及本事，那么如何确定本事就成了理解与阐释的关键。进一步而言，如果一个阐释者要批驳他人理解有误而要证明自己的理解正确，就得找出或制造出一个本事来。事实上，宋人正因为迷信"本事"的权威性，不仅有时致力于史料分析，如关于李白《蜀道难》背景的讨论②，有时甚至利用此迷信编造出本事来证明阐释的正确，如所谓杜诗的"伪苏注"的刊行。③

然而，既然本事决定本义，依此逻辑反过来说，作品的本义也可通过本事的改变而改变。因为"本事"这个概念至少有两个内涵：一是指客观上发生过的真实事件，一是指经人用文字记录下来的事件。正如美国学者宇文所安（Stephen Owen）所说："我们（读者）决不可能知道事实究竟如何（how it really was），我们拥有的一切只

---

① 伽达默尔（Gadamer）提出理解的历史性（historicity）这一概念，认为理解是历史发生作用的活动，暗示意义必随时间而改变。赫施（Hirsch）则提出一个相反的"历史性"概念。他指出："与（伽达默尔）这一历史性原则相反，我们也可以设立一个'历史性'（historicality）原则，它肯定一个历史事件，即一个本来的传达意图，可以永远地决定意思的恒久不变的性质。我们的历史性有不同于伽达默尔历史性的视野。伽达默尔的历史性暗指意思必随时间而改变，我们的历史性则坚持：只要我们选择把意思视为历史决定了的客体，意思便可以始终如一。"参见 E. D. Hirsch, "Meaning and Significance Reinterpreted", *Critical Inquiry* 11, December 1984, p.216。
② 如沈括《梦溪笔谈》卷四《辩证》曰："前史称严武为剑南节度使，放肆不法，李白为之作《蜀道难》。按孟棨所记，白初至京师，贺知章闻其名，首诣之。白出《蜀道难》，读未毕，称叹数四。时乃天宝初也。此时白已作《蜀道难》。严武为剑南，乃在至德以后肃宗时，年代甚远。盖小说所记，各得于一时见闻，本末不相知，率多舛误，皆此文之类。李白集中称刺章仇兼琼，与《唐书》所载不同，此《唐书》误也。"《四部丛刊续编》本。《洪驹父诗话》亦辩此事，见《宋诗话辑佚》，页423。
③ 《九家集注杜诗》卷首郭知达序曰："杜少陵诗世号诗史，自笺注杂出，是非异同，多所牴牾。至有好事者摭其章句，穿凿附会，设为事实，托名东坡，刊镂以行，欺世售伪。"《四库全书》本。

是事实究竟如何的故事（story）。"[①] 由于故事是经人记录或讲述的，会因记录者、讲述人的历史局限而产生差异，所以同一个文本可以拥有不同的本事。换言之，决定本意的"本事"自身也可能是不确定的，不仅后人的记载会出现几种不同的版本，而且作者自己有时也会记错弄混本文的背景[②]。因此，尽管宋人坚信"本意"是可还原的，"本文"是恒定唯一的，但这并未消除他们在阅读与理解时的"见仁见知"，多元化诠释仍以一种"本事多元化"的形式顽强地表现出来。

以编年和本事为基点的"尚意"观念在宋人的接受和创作过程中同时存在。一方面，宋代的读者坚信能通过背景的考察确定诗人的本意，从而不遗余力地为作品编年并搜寻本事。另一方面，宋代的诗人则力图在创作过程中透露出自己的本意，与唐诗中大量普泛化的乐府古题相比较，以苏轼、黄庭坚为代表的宋诗，诗题变得更详细繁复，且常加上附有本事的序，为了避免读者的误解或歧解，甚至出现了不少"公自注"的现象，由作者直接担当阐释者。宋词也是如此，从苏轼开始，不少作品除了词牌之外，又有了题和序，这意味着作者在创作时已充分考虑读者接受时的需求，尽可能交代可供读者"以意逆志"的背景。

然而，当诗和词都变得本事很清晰、本意很确定之时，文字的隐喻性、象征性、多义性则渐次消失，"意在言外"的寄托因本事的指证而"意尽句中"，"见仁见知"的文义因本意的确认而"必有所指"，诗歌含蓄蕴藉的艺术魅力也由此大大降低。

[①] Stephen Owen, "Poetry and Its Historical Ground", in *Chinese Literature: Essays, Articles and Reviews*, Vol. 12, December 1990, p.110.
[②] 如戎昱诗"好去春风湖上亭"一首，《本事诗·情感第一》载为送郡妓作，《全唐诗》卷二七〇题为《移家别湖上亭》。苏轼《裙靴铭》"百叠漪漪风皱"一首，《苏轼文集》卷一九序谓在黄州时作，而卷六六《书梦中靴铭》则谓"倅武林"（任杭州通判）时作。

四、释事:密码破译

宋诗话除了有"论诗及事"一体外,另有"论诗及辞"一体。而"论诗及辞"一体有相当大一部分其实是在讨论诗歌的用典问题。典故也称为事类,所以诗文里典故的原始出处有时也称为**"本事"**[①]。典故作为一种凝聚着浓厚的历史文化内涵和哲理性美感内涵的艺术符号,在中国古典诗歌的语言形式构成中占有举足轻重的地位。它能使诗歌在简练的形式中包含丰富的、多层次的意义。中国古代诗人只有用典的多寡精粗之不同,而罕有全然不用典者。因此,在中国古代的诗歌注本中,典故的注释占了核心的地位。

宋以前的诗歌注本有这样两个特点:一是注释对象为由众多作者的作品组成的总集,如《楚辞》、《文选》;二是以今人注古人诗,如东汉王逸注西汉前《楚辞》,唐李善注南朝梁以前《文选》。正如我在前面所说,这种总集是按"文"与"类"的阐释学眼光来编排的,而其注释也体现出同样的兴趣,往往是"释事而忘义",典故注释与诠解作者意图和文本意义相脱节。

而在宋代,首次出现了当代人注当代诗人别集的现象,被严羽称为"元祐体"的苏轼、黄庭坚、陈师道的诗集,都有同时代人的注本。这一方面与这几位宋代诗坛领袖人物"以才学为诗"的创作倾向有关系,黄庭坚关于"老杜作诗、退之作文无一字无来处"的说法,不仅影响到注释者对杜诗用事的强烈兴趣,而且开启了"以才学注诗"的一代风气。另一方面也与宋代"尚意阐释学"的诠释目的有关系,正如为当代诗人编写年谱一样,释事主要是为了弄清

[①] 如南宋谢采伯《密斋笔记》卷三:"范文正(仲淹)初冒朱姓,后归宗。《启》:'志在逃秦,入境遂称夫张禄;名非霸越,乘舟偶效于陶朱。'用范雎、范蠡,是当家本事。"《四库全书》本。

诗人的"本末立意遣词"。

清人陈澧论述文本阐释的必要性说:"盖时有古今,犹地有东西、有南北,相隔远则言语不通矣。地远则有翻译,时远则有训诂。有翻译则能使别国如乡邻,有训诂则能使古今如旦暮,所谓通之也。"① 可见阐释是为了跨越语言上的时空距离,使文本的意义与读者相通。按理说,同时代的作者和读者之间,没有古今语言的差异,也没有历史背景的隔阂,因此注本也没有存在的理由。然而,"以才学为诗"的特殊性却使同时代人的注释变得非常必要,正如钱文子在《芗室史氏注山谷外集诗序》中所说明的那样:

> 书存于世,唯《六经》、诸子及迁、固之史有注其下方者,以其古今之变,诂训之不相通也。而今人之文,今人乃随而注之,则自苏、黄之诗始也。诗动乎情,发乎言,而成乎音,人为之,人诵之,宜无难知也。而苏、黄二公乃以今人博古之书,譬楚大夫而居于齐,应对唯喏,无非齐言,则楚人莫喻也。如将以齐言而喻楚人,非其素尝往来庄岳之间,其孰能之?②

这就是宋人注释苏轼、黄庭坚也包括王安石、陈师道等人诗歌的理由。由于"以才学为诗",大量化用古代典故成语,苏、黄等人之诗为读者设置了语言障碍,拉开了和读者之间的时间距离(所谓"今人博古之书")和空间距离(所谓"楚大夫而居于齐")。换言之,对于才学欠缺的读者来说,苏、黄等人的诗简直就像是古代人、别国人之诗,需要训诂和翻译才能理解。注释者认为,苏、黄诗中所使用的渊博的语言材料以及化用这些材料的高明手段,不仅浓缩了诗

---

① 陈澧《东塾读书记》卷一一《小学》,《四部备要》本。
② 《山谷诗集注·外集诗注》卷首钱文子《芗室史氏注山谷外集诗序》,页499。

意,也为诗歌文本设置了密码,因而使一般的读者很难解读。他们的注释正是出于解读密码、还原诗意的目的而撰写的。

好几位注释者及其朋友都特别提到其注释对象的才学及文本的秘密问题。如任渊《黄陈诗集注序》指出:

> 本朝山谷老人之诗,尽极骚雅之变,后山从其游,将寒冰焉。故二家之诗,一句一字,有历古人六七作者。盖其学该通乎儒释老庄之奥,下至于医卜百家之说,莫不尽摘其英华,以发之于诗。始山谷来吾乡,徜徉于岩谷之间,余得以执经焉。暇日因取二家之诗,略注其一二,第恨寡陋,弗详其秘,姑藏于家,以待后之君子有同好者,相与广之。①

许尹为任渊作《黄陈诗集注序》也认为:

> 宋兴二百年,文章之盛,追还三代。而以诗名世者,豫章黄庭坚鲁直,其后学黄而不至者,后山陈师道无己。二公之诗,皆本于老杜而不为者也。其用事深密,杂以儒佛。虞初稗官之说,隽永鸿宝之书,牢笼渔猎,取诸左右。后生晚学,此秘未睹者,往往苦其难知。三江任君子渊,博极群书,尚友古人,暇日遂以二家诗为之注解,且为原本立意始末,以晓学者,非若世之笺训,但能标题出处而已也。②

任渊在《后山诗注目录序》中表达了类似的意思:

---

① 《山谷诗集注·内集诗注》卷首,页3。
② 同上,页4—5。

> 读后山诗,大似参曹洞禅,不犯正位,切忌死语,非冥搜旁引,莫窥其用意深处,此诗注所以作也。①

旧题王十朋撰《增刊校正百家注东坡先生诗序》特意说明:

> 东坡先生之英才绝识,卓冠一世,平生斟酌经传,贯穿子史,下至小说杂记,佛经道书,古诗方言,莫不毕究。故虽天地之造化,古今之兴替,风俗之消长,与夫山川、草木、禽兽、鳞介、昆虫之属,亦皆洞其机而贯其妙,积而为胸中之文,不啻如长江大河,汪洋闳肆,变化万状,则凡波澜于一吟一咏之间者,讵可以一二人之学而窥其涯涘哉?②

魏了翁为李壁作《王荆文公诗注序》也持同样的观点:

> 公(王安石)博极群书,盖自经子百史,以及于凡将急就之文,旁行敷落之教,稗官虞初之说,莫不牢笼搜揽,消释贯融。故其为文,使人习其读而不知其所由来,殆诗家所谓秘密藏者。石林李公纍寓临川,耆公之诗,遇与意会,往往随笔疏于其下。……其阐奇摘异,抉隐发藏,盖不可以一二数。③

这些序跋都提及作者的"博极群书"给读者带来的"此秘难睹"的困难。由此可见,当代人注当代诗这一现象的出现与宋代"以才学为诗"的创作倾向密切相关。因为诗人"点铁成金",消融群书的语言材料于诗中,形成"秘密藏",因此注释者就必须"抉隐发藏",

---

① 《后山诗注》卷首,《四部丛刊》本。
② 《集注分类东坡先生诗》卷首,页2,《四部丛刊》本。
③ 《王荆文公诗李壁注》卷首,页2,朝鲜活字本,上海古籍出版社1993年版。

指出诗中语言材料的原始出处，发明诗歌的"秘密藏"。注释者深信，只有推究出每字每句的出处和用法，才能真正了解"原本立意始末"，"窥其用意深处"。这样一来，"以意逆志"就有了一个知识主义的必要前提，也就是说，面对"以才学为诗"的文本，并非任何一个读者都能做到"以意逆志"。

值得注意的是，宋代诗歌阐释学中的知识主义倾向与汉代经学的知识主义颇有差异，它不注重名物制度、古词俗语等知识性内容的训释，而醉心于破解诗中典故密码所蕴涵的作者的真实用意，以及作者使用典故时所采取的独特艺术思维方式。特别因为是当代人的诗集注本，注释者更多的是想将今人的秘密传诸后世，故而采用了"以古典释今典"的做法（所谓"今典"，是指"本朝故事"、"出处时事"等当代掌故），超越了汉代经学"以今词释古语"的传统。比如任渊注陈师道《送苏公知杭州》诗头四句：

> 平生羊荆州，追送不作远。
>
> 注：羊荆州，谓羊祜也，以比东坡。按《晋书·羊祜传》：督荆州诸军。又按《晋书·郭奕传》：奕字大业，为野王令，羊祜尝过之，奕叹曰："羊叔子何必减郭大业。"少选复往，又叹曰："羊叔子去人远矣。"遂送祜出界数百里，坐此免官。后山既送东坡，为刘安世所弹，乞正其罪。尝除太学博士，又为言者以此事论列，遂罢。此句殆亦诗谶也。《有客》诗云："薄言追之。"注云："追，送也。"《世说》："范逵既去，陶侃追送不已，且百许里。"《文选》孙子荆诗："倾城远追送，饯我千里道。"
>
> 岂不畏简书，
>
> 注：言法令不许私出也。《诗》云："岂不怀归，畏此简书。"刘安世章亦云："士于知己，不无私恩。既效于官，则有法令。

师道擅去官次,陵蔑郡将。徇情乱法,莫此为甚。"

放麑诚不忍。

注:此句与上句若不相属,而意在言外,丛林所谓活句也。按《韩非子》:孟孙猎,得麑,使秦西巴载之持归。其母随之而啼,秦西巴弗忍而与之。孟孙大怒,逐之。三月,复召以为子傅,曰:"夫不忍麑,且忍吾子乎!"唐陈子昂《感遇》诗曰:"吾闻中山相,乃属放麑翁。孤兽犹不忍,况以奉君终。"呜呼,观过可以知仁,后山越法出境以送师友,亦放麑之类也。①

这四句注释涉及郭奕送羊祜、秦西巴放麑两个"事典"和"羊荆州"、"追送"、"畏简书"、"放麑"、"不忍"等"语典",共引用了《晋书·羊祜传》、《郭奕传》、《有客》诗、《世说》、《文选》、《诗》、《韩非子》、《感遇》诗八条材料。由于陈诗的第四句和第三句之间"若不相属",倘若只将八条材料罗列出来,对诗意的理解并无多少帮助。而任渊注拈出刘安世弹劾陈师道的"本朝故事",便将零散的材料编织成一个意义框架,在"古典"和"今典"之间建立起类比关系,从而揭示出陈诗的"言外"之"意":为了师友的情谊而出境送苏轼,不惜违反法令(如同郭奕追送羊祜不惜免官);宁愿徇情乱法,不忍离别苏轼(如同秦西巴违抗孟孙命令而放麑)。有趣的是,任渊引用刘安世弹劾陈师道的故事,认为陈诗的"本意"竟在日后付诸实现,成为一种预见性的"诗谶"。这似乎说明,在注释里,"诗谶"也被当作诗的"本事"来看待。

德国哲学家伽达默尔(Gadamer)把解释文本看作解释者同文本的对话(conversation/dialogue),他指出:"理解总是以对话的形式出现,传递着在其中发生的语言事件。"(Understanding is always

---

① 任渊《后山诗注》卷二,《四部丛刊》本。

a form of dialogue: it is a language even in which communication takes place.)① 并认为:"对在对话中要出现的事物所具有的理解,必然意味着他们在对话中已获得了某种共同的语言。"(Hence agreement concerning the object, which it is the purpose of the conversation to bring about, necessarily means that a common language must first be worked out in the conversation.)② 这个理论同样可以用来说明宋代的诗歌阐释学。宋人相信,只有具备和诗人大致相等的知识储备,获得与文本共同的语言,破译密码,才能真正完成与文本的对话。为了解开诗歌的秘密,注释者有必要与作者一样"博极群书",经历类似于"以才学为诗"的创作过程,如史容注黄诗,"上自《六经》、诸子、历代之史,下及释老之藏、稗官之录,语所关涉,无不尽究"③。又如赵夔为了注苏诗,三十年间"一句一字,推究来历,必欲见其用事之处,经史子传、僻书小说、图经碑刻、古今诗集、本朝故事,无所不览;又于道释二藏经文,亦常遍观抄节"④。而这些对注释过程的描述,与他们对那些大诗人的创作过程的称赞如出一辙。同样的看法也存在于关于杜诗阐释的讨论中,如董居谊称赞黄希"博览群书,于经史子集、章句训诂靡不通究",因此能够对杜诗的本义"意逆而得之,往往前辈或未及"⑤。

尽管宋人的注本也有释事而不释义的现象,但他们仍然认为密码的破解才意味着对话的开始,深密的诗意在语言障碍扫除后才得以发明。许尹谈及读任渊的黄陈诗注后的感受说:"予尝患二家诗兴

---

① 这是美国学者霍埃《批评的循环》一书中对伽达默尔"对话"理论的评述。参见 David Couzens Hoy, *The Critical Circle*, University of California Press, 1982, p.63。
② Hans-Georg Gadamer, *Truth and Method*, translation revised by Joel Wein-sheimer and Donald G. Marshall, Sheed & Ward, 1985, p.341.
③ 《山谷诗集注·外集诗注》卷首钱文子《芗室史氏注山谷外集诗注序》,页499。
④ 《集注分类东坡先生诗》卷首赵夔《增刊校正百家注东坡先生诗序》,页3—4。
⑤ 《黄氏补注杜诗》卷首董居谊《黄氏补注杜诗序》,《四库全书》本。

寄高远，读之有不可晓者。得君之解，玩味累日，如梦而寤，如醉而醒，如痿人之获起也，岂不快哉！"① 蔡梦弼谈及《草堂诗笺》的流行时更充满了对话的愉快："是集之行，俾得之者手披目览，口诵心惟，不劳思索而昭然义见，更无纤毫凝滞，如亲聆少陵之謦欬，而熟睹其眉宇，岂不快哉！"② 也就是说，阅读的快感伴随着对诗人本意的了解而产生。

五、活参：自由解读

以回到作者原意为理想目标的"以意逆志"阐释方法，实际上是希望把握住永远不变的、准确而有绝对权威性的意义。这种阐释学我们可以称之为"尚意阐释学"。苏轼的态度很典型，他总是在"潜窥沉玩，实领悬悟"之后，相信自己真正得到了作者的苦心，而将偏离自己理解意义的一切阐释都视为误解。有时，为了证明自己理解的权威性，他甚至抬出作者托梦之事作后盾：

> 仆尝梦见一人，云是杜子美，谓仆："世多误解予诗。《八阵图》云：'江流石不转，遗恨失吞吴。'世人皆以谓先主、武侯欲与关羽复仇，故恨不能灭吴，非也。我意本谓吴、蜀唇齿之国，不当相图，晋之所以能取蜀者，以蜀有吞吴之意，此为恨耳。"此理甚近。然子美死近四百年，犹不忘诗，区区自明其意者，此真书生习气也。③

尽管苏轼声称这是杜甫本人通过托梦方式传达的作品原意，然而明

---

① 《山谷诗集注·内集诗注》卷首许尹《黄陈诗集注序》，页5。
② 《草堂诗笺》卷首蔡梦弼跋，页23。
③ 《苏轼文集》卷六七《记子美〈八阵图〉诗》，页2101—2102。

眼人都能看出这不过是苏轼自己"以意逆志"的结果。即使我们相信苏轼的叙述属实，那也不过是他一厢情愿的梦想而已。何况不同的读者会做不同的梦，证明自己与诗人的本意合一，那么又有什么客观的办法来证明那真是属于杜甫本人而非属于苏轼的"我意"呢？事实上，正如苏轼这个故事所象征的那样，任何希望超越千百年之上的时空距离，身历其世，面接其人，而与作者的自我合而为一的理想，都只能是一个虚幻的梦。

按照德国哲学家海德格尔的观点，任何存在都是在一定时间空间条件下的存在，超越自己历史环境而存在是不可能的。存在的历史性决定了理解的历史性：我们理解任何东西，都不是用空白的头脑去被动地接受，而是用活动的意识去积极参与，也就是说，阐释是以我们意识的"先在结构"为基础[1]。尽管"以意逆志"的目的是重新回到作者本意，但"意"是读者自己的，而读者生活在一定的历史环境中，因而对作品的理解必然具有历史性。正如一个人不能提着自己的头发离开地面一样，无论怎么"置心平易"，读者都不可能彻底"打叠交空荡荡地"，不可能逃脱历史环境的影响和制约，不可能做到纯粹的客观接受。

且不说对过去作品的理解，就是对处于同一历史环境中的作品，由于个人心理结构的差异，要想完全了解作者的本意也相当困难。欧阳修就承认，即使是好朋友的诗歌，要相互理解也非易事：

> 昔梅圣俞作诗，独以吾为知音。吾亦自谓举世之人知梅诗者莫吾若也。吾尝问渠最得意处，渠诵数句，皆非吾赏者。以此知披图所赏，未必得秉笔之人本意也。[2]

---

[1] See Martin Heidegger, *Sein und Zeit*, pp.152-153.
[2] 《欧阳文忠公集》卷一三八《唐薛稷书跋》。

可见，即便是引为知音的诗友，也未必就能把握住"秉笔之人本意"，更何况数百年之后的梦想揣测。理解的差异性不仅在朋友之间存在，就是同一个人对同一篇作品的理解也会前后有别，如黄庭坚在谈自己读陶渊明一首诗的感受时说：

> 血气方刚时读此诗，如嚼枯木。及绵历世事，如决定无所用智，每观此篇，如渴饮水，如欲寐得啜茗，如饥啖汤饼。今人亦有能同味者乎？但恐嚼不破耳。①

随着读者年龄、教养、经历、环境的改变，作品的意义也在发生改变。这充分说明，理解和阐释永远只是相对的，永远不可能完美无缺，不可能具有绝对的权威性。

其实，宋人自己提倡的"心解"传统也在颠覆着诠释的客观性和权威性。黄庭坚曾借用读禅宗典籍的方法来读儒家经典："若解双林（傅大士）此篇（《心王铭》），则以读《论语》，如啖炙自知味矣。不识心而云解《论语》章句，吾不信也。"② "心"是一种内在的精神性本体，即心性，"识心"的过程是个人化的体验过程。"啖炙自知味"就是禅宗所谓"如人饮水，冷暖自知"，这显然肯定了私人阐释的合理性和有效性。

正因为承认私人阐释的权威，宋代学者治经虽然均以阐明"理义大本"为己任，其治学的途径和目标具有同一性，而在具体的文本解释方面却各立新说，自成体系。以《易经》为例，宋代治《易》最有影响的四家邵雍、程颐、苏轼和朱熹，每家都坚信自己抓住了天、地、人的本质，然而其对《易经》的特殊性和历史性的见解却

---

① 《山谷题跋》卷七《书陶渊明诗后寄王吉老》，《津逮秘书》本。
② 黄庭坚《豫章黄先生文集》卷二五《跋双林心王铭》，《四部丛刊》本。

大相径庭。邵雍相信《易经》象数安排了一体化宇宙的进程。程颐把《易经》看成士大夫在一直被自私和腐败所威胁的世界中赖之以学会正确行动的工具。苏轼把《易经》视为一体化的人类秩序最终依赖于个人创造力的根据。朱熹则把《易经》当作了解圣人精神的预言①。"《诗》无达诂"的现象在宋代更以"心解"的方式进一步发扬光大,尽管很多解《诗》者都号称"置心平易"而无偏见。虽然解《诗》者都遵循着章句训诂、讽咏涵濡、察情性、审言行的程序,但由"文"及"辞"、由"辞"及"志"的信息递增却因"私意"的介入而各有不同的向度,从而使宋人对《诗》本意的解释仍是歧见纷呈。

姚勉以为"私意"是产生误解和偏见的根源,妨碍读者认识的客观性。然而,根据现代西方阐释学的观点,无论多么澄明的理解,都会有"凿吾意以求诗"的嫌疑,都摆脱不了"阐释的循环"②。比如,苏轼解释李商隐的名篇《锦瑟》诗,据黄朝英《缃素杂记》记载:

> 山谷道人读此诗,殊不晓其意,后以问东坡。东坡云:"此

---

① Kidder Smith Jr., Peter K. Bol, Joseph A. Adler, and Don J. Wyatt, *Sung Dynasty Uses of the I Ching*, Preface, Princeton University Press, 1990, p. viii.
② "阐释的循环"(der hermeneutische Zirkel)是德国哲学家狄尔泰(Wilhelm Dilthey)在《阐释学的形成》(*Die Entstehung der Hermeneutik*)一书中提出的观点:"一部作品的整体要通过个别的词和词的组合来理解,可是个别的充分理解又假定已经有了整体的理解为前提。"(Aus den einzelnen Worten und deren Verbindungen soll das Ganze eines Werkes verstanden werden, und doch setzt das volle Verständnis des einzelnen schon das des Ganzen voraus. See *Gesammelte Werke*, V, p.330.) 整体与局部互相依赖,互为因果,形成循环,这是构成一切阐释都摆脱不了的主要困难。参见钱锺书《管锥编》第1册,页171。美国学者霍埃译为"hermeneutic circle":" In order to understand the whole, it is necessary to understand the parts, while to understand the parts, it is necessary to have some comprehension of the whole." See *The Critical Circle*, Foreword vii. 霍华德(Roy J. Howard)更简化为"a part-whole-part movement", See *Three Faces of Hermeneutics*, University of California Press, 1982, p.10。

出《古今乐志》,云:锦瑟之为器也,其弦五十,其柱如之。其声也,适、怨、清、和。案李诗'庄生晓梦迷蝴蝶',适也;'望帝春心托杜鹃',怨也;'沧海月明珠有泪',清也;'蓝田日暖玉生烟',和也。一篇之中,曲尽其意。"①

苏轼的分析正是"阐释的循环"的极佳例子。他先以《古今乐志》的说法为理解的前提,对《锦瑟》诗中四句诗的具体形象分别作出解释,而这些解释又反过来证明和支持对全诗"适、怨、清、和"的主旨的解释。因而在古往今来关于《锦瑟》的众多解释中,很难说苏轼的说法最符合李商隐的本意。

其实,即使读者完全知道作者的创作意图,即使以作者本意为准绳完全可以做到,这对于诗歌的欣赏与批评也没有太大的意义。南宋洪咨夔曾说过一句精彩的话:"诗无定鹄,会心是的。"②意思是诗歌一旦写成之后,就如同离弦之箭,不再属于作者意图之弓,它落在什么标靶上,获得什么意义,全靠读者寻绎。换言之,诗歌的意义是不确定的,它不受制于作者的"本意",而取决于读者的"会心"。诗歌的欣赏过程是一次诗意的再创造过程,形象大于思想,读者完全可以根据诗歌本身提供的形象而非作者的创作意图来阐释、接受。宋人深刻地认识到这一点,从而在阅读活动中把一己之私意看作比作者之本意更为重要的因素,强调读者的能动创造性。他们从禅宗"但参活句,莫参死句"的证道方式中得到启发,总结出一种"活参"的读诗原则。

"活"是唐宋时期南宗禅最重要的特征之一,其含义大旨是指无拘无束的生活态度或自由灵活的思维方式,不执著,不粘滞,通达

---

① 胡仔《苕溪渔隐丛话·前集》卷二二引《缃素杂记》,页147,人民文学出版社1981年版。
② 洪咨夔《平斋文集》卷一〇《易斋诗稿跋》,《四部丛刊续编》本。

透脱，活泼无碍。禅宗悟道，最反对执著于佛典权威教义，而主张自己任凭本心的随机悟解。五代时期云门宗德山缘密禅师首次提出"参活句"的方法：

> 上堂："但参活句，莫参死句。活句下荐得，永劫无滞。一尘一佛国，一叶一释迦，是死句。扬眉瞬目，举指竖拂，是死句。山河大地，更无淆讹，是死句。"时有僧问："如何是活句？"师曰："波斯仰面看。"曰："恁么则不谬去也。"师便打。①

"一尘一佛国"等语句之所以是"死句"，就因其符合佛教经典教义，有固定的、合理路的意义。"波斯仰面看"之所以是"活句"，就因其毫无道理可言，可以横说竖说。那个问话的和尚却用正常的思维去理解，去执著追求佛教教义，这就叫"参死句"，所以该挨打。真正的"参活句"应该是用直觉去体验，不拘泥于字面意思，自由理解，任意联想，而在这一过程中自然会顿悟本心，从而认识到万物本空、心生万物的佛教真谛。

"参活句"是宋代公案禅、看话禅的一条基本原则，其主旨在于破除对佛教教义的僵死理解。根据这个原则，任何佛教经典文本的意义都是活动的或灵活的，参禅者无须执著于任何一种解释，而全凭自己心念间的顿悟。宋人把这种参禅的原则移植到读诗上来，从而解构了所谓"正义"的权威解释。在一些宋人看来，一心想追溯作者本意的人，必然会把文本的意义圈死不变，这正如参禅者的"死于句下"。所以江西诗派诗人曾几提出："学诗如学禅，慎勿参死句。

---

① 普济《五灯会元》卷一五《德山缘密禅师》，页935。

纵横无不可,乃在欢喜处。"① 他的学生陆游也转述说:"我得茶山一转语,文章切忌参死句。"② 在"心解"的基础上,"活参"更加强化了诗歌接受过程中"纵横无不可"的感受、联想、体会,从而否定了对作品永远不变的、准确而有绝对权威性的意义的追寻。同时,"活参"更强调阅读过程中接受者的主动参与,诚如当代德国美学家尧斯(Hans Robert Jauss)所言:"审美经验不仅仅是在作为'自由地创造'的生产性这方面表现出来,而且也能从'自由地接受'的接受性方面表现出来。"(It is thus not only with regard to production that the aesthetic experience is distinguished by being a "production through freedom", its reception is also one "in freedom".) ③ "活参"的结果是,读者与作者在审美经验层次而非语义层次上得到沟通,诗歌艺术的自由感和超越性功能得以充分发挥。

当宋人以"活参"的态度对待作品时,显然使作品的意义成为一个开放性的系统,随着历史环境的变化而不断衍变,不断派生,甚至不断转移。杨万里有两句诗形象地概括了这种"活参"过程:"参时且柏树,悟罢岂桃花?"④ 参究柏树而不执著于柏树,悟后桃花已非原来的桃花,作者之用心未必然,读者之用心何必不然。这是一种创造性的"误读",强调读者接受的自由,在文学欣赏中极有意义。正是这种不拘于作者创作意图的自由联想的阅读态度,大大拓展了诗意的空间,丰富了作品的意蕴,扩充或改变了作者原来的构思立意。中国传统的"诗无达诂"的消极说法,因为"参活句"的提出而转化为一种积极的诠释手段。这意味着承认读者的积极作用,承认作品的意义和价值并非作品本文所固有,而是阅读过程中读者

---

① 《南宋群贤小集·前贤小集拾遗》卷四《读吕居仁旧诗有怀其人》。
② 《剑南诗稿》卷三一《赠应秀才》,汲古阁本。
③ Hans Robert Jauss, *Aesthetic Experience and Literary Hermeneutics,* Preface, trans. Michael Shaw, University of Minnesota Press, 1982, p.xxxix.
④ 杨万里《诚斋集》卷四《和李天麟二首》之二,《四部丛刊》本。

与作品相接触时的产物。

受此阅读态度的影响,南宋有几位批评家逐渐无视作者原来的创作意图,他们理解杜诗的态度就与苏轼有很大的不同。苏轼曾抬出杜甫本人(尽管是荒谬的托梦)来证明自己诠释的权威性,而这一点在罗大经的阅读中已变得毫无意义。罗大经指出:

> 杜少陵绝句云:"迟日江山丽,春风花草香。泥融飞燕子,沙暖睡鸳鸯。"或谓此与儿童之属对何以异。余曰,不然。上二句见两间莫非生意,下二句见万物莫不适性。于此而涵泳之,体认之,岂不足以感发吾心之真乐乎!大抵古人好诗,在人如何看,在人把做甚么用。如"水流心不竞,云在意俱迟","野色更无山隔断,天光直与水相通","乐意相关禽对语,生香不断树交花"等句,只把做景物看亦可,把做道理看,其中亦尽有可玩索处。大抵看诗,要胸次玲珑活络。①

这段话相当深刻而雄辩,从阐释学的角度看,它显然包含了这样一些新思路:(1)一首好诗具有不同层次的意义,为读者的不同解释提供了可能,"把做景物看"、"把做道理看"均可;(2)作品的意义并不是作者给定的原意,而是由读者的阅读态度决定的,"在人如何看,在人把做甚么用";(3)任何作品都有赖于读者的主动参与,在"涵泳"、"体认"、"玩索"的过程中获得意义;(4)诗歌作品没有客观的、唯一的意义,每个读者都可以按自己的方式作出解释;(5)读诗不是为了"得作者苦心",而是为了"感发吾心之真乐";(6)读诗必须"胸次玲珑活络",自由联想生发,不必拘泥于作者的原意或作品的文义。在这里,罗大经充分肯定了读者对意义的创造作用。姚勉

---

① 罗大经《鹤林玉露》乙编卷二《春风花草》,页149,中华书局1983年版。

所要摒除的"私意"成了理解的前提，苏轼所要避免的"误解"成了有价值的独创。阐释的权威性由作者完全转交给读者，包括"诗圣"杜甫在内的作者之"志向"完全被搁置一旁，阐释活动完全围绕着读者的需要而展开。值得注意的是，"胸次玲珑活络"的阅读方式，很容易使我们想起罗氏提倡的"活处观理"以及吕本中等人提倡的"活法"，它们显然都脱胎于禅宗灵活透脱的思维方式。

宋末刘辰翁对读者的创造性"误读"有更好的阐述，并为"断章取义"的阅读方法作了有力的辩护。他指出：

> 凡大人语不拘一义，亦其通脱透活自然。旧见初寮王履道跋坡帖，颇病学苏者横肆逼人，因举"不复知天大，空余见佛尊"二语。乍见极若有省，及寻上句，本意则不过树密天少耳。"见"字亦宜作"现"音，犹言现在佛即见。读如字，则"空余见"，殆何等语矣。观诗各随所得，别自有用。因记往年福州登九日山，俯城中，培塿不复辨。倚栏微讽杜句："秦山忽破碎，泾渭不可求。"时彗见，求言。杨平舟栋以为蚩尤旗见，谓邪论，罢机政。偶与古心叹惜我辈如此。古翁云："适所诵两言者得之矣。"用是此语本无交涉，而见闻各异，但觉闻者会意更佳。用此可见杜诗之妙，亦可为读杜诗之法。从古断章而赋皆然，又未可訾为错会也。①

这是对作者原意的进一步放逐。刘辰翁举了两个读杜诗的例子：其一，"不复知天大，空余见佛尊"，本意为"树密天少"，王履道以之针砭学苏者"横肆逼人"；其二，"秦山忽破碎，泾渭不可求"，本为杜甫登慈恩寺塔所见景象，刘辰翁以之类比登福州九日山所见景象，

---

① 刘辰翁《须溪集》卷六《题刘玉田选杜诗》，《豫章丛书》本。

古心以之比喻动乱的时局。刘辰翁由此而得出读诗的基本方法:"观诗各随所得,别自有用。"读者对诗的理解阐释,可以和原作者之意"本无交涉",不同的读者可以"见闻各异",而这些无交涉的理解可以"会意更佳"。

这种读诗方法源于春秋时期赋《诗》的断章取义,《左传·襄公二十八年》:"赋《诗》断章,余取所求焉。"杜预注:"譬如赋《诗》者,取其一章而已。"[①]这种方法只是截取作品的片段而不顾全文和原意。诚如清沈德潜《古诗源·例言》所说:"《诗》之为用甚广。范宣讨贰,爱赋《摽梅》;宗国无鸠,乃歌《圻父》。断章取义,原无达诂也。"[②] "断章取义"无疑是对作品本意的背离,是对作者权威的蔑视,是造成"诗无达诂"的罪魁祸首。这种读诗方式把理解和阐释看成一种随意性的活动,因过分强调读者的作用而否认批评和认识的客观基础。但另一方面,正是因为把作者原意暂时搁置一边,读者才能充分发挥想象力,不断挖掘出作品新的意义。事实上,在阅读中有意识的误读有时比忠实于原意的阐释更有价值。从这个意义上说,"断章取义"可以说是中国古人发明的一种创造性的读诗方法,这种方法极大地拓展了诗意的空间,拓展了诗歌的文化功能和审美价值。正因如此,"诗无达诂"的现象不仅无需避免,而且值得肯定。刘辰翁正是在这个意义上为"断章取义"作了有力的辩护:每一种阐释只要能有得于心,自圆其说,即使是"语本无交涉",也"未可訾为错会"。与罗大经一样,刘辰翁的"观诗各随所得,别自有用"的方法也受到禅宗思维方式的影响,所谓"不拘一义"、"通脱透活自然",完全就是"但参活句,莫参死句"在诗学上的投影。

---

① 《春秋左传正义》卷三八,页2000。
② 沈德潜《古诗源》卷首《例言》,页4,中华书局1977年版。

"活参"的阅读方法是宋人对传统的"以意逆志"法的修正。它在某种程度上打破了本文客观性的幻想,把作品从圈定不变的意义下解放出来。于是,理解作者原意不再是阅读的主要目的,读者的"自得"之悟、"各随所见"成为关注的中心。这种倾向在南宋后期愈演愈烈,对元明两朝的诗歌阐释学有深远的影响。

六、亲证:存在还原

从本质上说,诗歌中凝聚着诗人对世界的体验,诗歌的语言就是诗人的一种存在方式。其实,不只是诗歌,其他经典文本也运载着古代哲人的生存体验。《易》之卦象以抽象的形式模拟种种存在事件,《礼》之仪式以复杂的器物规定着社会的秩序,《书》之政训以文字形式铭刻着老成人的典刑,《春秋》之史实以微言大义寄寓着作者的褒贬。如果我们承认在冷冰冰的简牍帛书后面蕴藏着古圣先贤活生生的人生体验的话,那么,真正的理解与解释就应该是透过抽象的文字符号对此人生体验的还原,或曰"存在还原"[①]。也就是说,原始意义的追寻有赖于原初语境以及原初体验的恢复。

宋人提倡的"存在还原"法有两种方式,一是"切己体认",二是"身临其境"。所谓"切己体认"是指读者从自己的存在体验来领会文本的意义,无论文本讲述的是抽象的哲理还是具象的事件。禅宗向来主张"自得"之悟,所谓"如人饮水,冷暖自知",一方面暗示参禅的体验难以言喻,另一方面暗示参禅的体验是纯粹的个体存在体验。这正可以用来比喻文本的理解。水的冷暖只有通过亲自饮用才能知道,恰如文本的意义只有通过个人的切身体验才能把握。

[①] 此借用李清良的术语。李氏将中国阐释学的方法论概括为"本质还原法——向事物之原初状态的还原"和"存在还原法——向领会之原初状态的还原"两种,极有见地。见氏著《中国阐释学》,页18—41,湖南师范大学出版社2001年版。

宋代理学家解经也特别重视"自得"二字,特别强调反躬自身。朱熹对此有极好的说明:

> 如今看文字,且要以前贤程先生等所解为主,看他所说如何,圣贤言语如何,将己来听命于他,切己思量体察,就日用常行中着衣吃饭,事亲从兄,尽是问学。①
>
> 佛家一向撇去许多事,只理会自身己;其教虽不是,其意思却是要自理会。所以他那下常有人,自家这下自无人。今世儒者,能守经者,理会讲解而已;看史传者,计较利害而已。那人直是要理会身己,从自家身己做去。②
>
> 读书,须要切己体验。不可只作文字看,又不可助长。③
>
> 读书,不可只专就纸上求理义,须反来就自家身上推究。秦汉以后无人说到此,亦只是一向去书册上求,不就自家身上理会。自家见未到,圣人先说在那里。自家只借他言语来就身上推究,始得。④

在传统儒家对文本的形上等级制的认识中,只有"书"、"言"、"意"三个等级。而朱熹却特别注意"意"后之"道",这一点和庄子类似。但朱熹所说之"道",并没有庄子宣称的那样神秘,而是蕴藏在日用常行之中。所以纸上文字和理义之后的"道",可以通过切己思量体察来把握。依据朱熹的观点,轮扁斫轮的故事也许会这样发展:轮扁虽不能把斫轮之道传递给他自己的儿子,但儿子或许能根据父亲传授的口诀,通过亲身的斫轮体验领会到斫轮之道。当然,这

---

① 《朱子语类》卷八,页140。
② 同上卷八,页141。
③ 同上卷一一,页181。
④ 同上。

种"存在还原"可以是躬亲的实践经历,也可以是设身处地的推究思量。

如果说"切己体认"多用于儒家义理大道的领会的话,那么"身临其境"则多用于诗歌文本中情境的还原。宋代批评家肯定"自得"之悟,提倡读者的积极参与,并非只表现为对作者原意的蔑视和误读,而更多的是对作者原意的理解与认同。大多数宋人相信,作者把自己捕捉到的关于世界与个人的感受融入作品中,因而读者通过作品,可以接触到作者的心灵,并捕捉到作者对世界的反应。而这种理解与认同,即对作者之意的逆向追寻,不能只凭"以意逆志"的悬想揣测,更重要的是要靠"身临其境"的实践亲证。换言之,读者只有在亲自体验过作品中所写的情景之后,才能真正进入作者的心灵,理解作品的意义。用释惠洪的话来说,叫作"亲证其事然后知其义"。①

"亲证"是宋代的体验诗学在欣赏阶段的体现。陆游曾经说过:"纸上得来终觉浅,绝知此事要躬行。"②这既是创作经验,也可以说是读诗体会。书斋里的阅读只能弄懂纸上(文字上)的意义,无论怎样意推悬解终难免有隔靴搔痒之感,这正如创作一样,"闭门觅句非诗法"③,读者只能依赖于自己的"躬行",即有关世界和个人的亲身经验去理解作品,才能深入作品的诗意内核。正如陆游另一首诗所说:

> 法不孤生自古同,痴人乃欲镂虚空。君诗妙处吾能识,正在山程水驿中。④

---

① 《冷斋夜话》卷六,《四库全书》本。
② 《剑南诗稿》卷四二《冬夜读书示子聿》八首之三。
③ 《诚斋集》卷二六《下横山滩头望金华山》,《四部丛刊》本。
④ 《剑南诗稿》卷五〇《题庐陵萧彦毓秀才诗卷后》二首之二。

"法不孤生"出自佛教"心不孤起,托境方生"的说法①,陆游将之改造为诗法依赖于诗人对现实世界("境")的经验。不仅好诗出自诗人"山程水驿"的体验,而且读者也须有"山程水驿"的体验才能识得诗的好处。对于欣赏和对于创作一样,现实生活的体验是极为重要的。苏轼对此说得更明白:

> 陶靖节云:"平畴返远风,良苗亦怀新。"非古之偶耕植杖者,不能道此语,非余之世农,亦不能识此语之妙也。②

如果作者的诗歌是对真实生活的反映,那么,读者必须有与作者同样的体验,才能理解诗歌描写生活的真实性。今人跨越时空障碍,在相同的生存环境中对古人的作品发生共鸣。所以,要真正读懂原诗,有必要重新体验作者经历过的生活。正如张邦基所说:

> 蔡絛约之《西清诗话》云:"人之好恶,固自不同。杜子美在蜀作《闷》诗,乃云:'卷帘惟白水,隐几亦青山。'若使予居此,应从王逸少语:'吾当卒以乐死。'岂复更有闷乎?"予以谓此时约之未契此语耳。人方忧愁亡聊,虽清歌妙舞满前,无适而非闷。子美居西川,一饭未尝忘君,其忧在王室,而又生理不具,与死为邻,其闷甚矣。故对青山,青山闷,对白水,白水闷,平时可爱乐之物,皆寓之为闷也。约之处富贵,所欠二物耳。其后窜斥,经历崎岖险阻,必悟此诗之为工也。③

蔡絛对杜诗的隔膜,就在于存在的差异,他理解的只是杜诗表面的

---

① 见〔唐〕圭峰宗密《禅源诸诠集都序》卷上之二,《大正藏》第四八卷。
② 《苏轼文集》卷六七《题渊明诗二首》之一,页2091。
③ 张邦基《墨庄漫录》卷二,《四部丛刊三编》本。

意义，而未契杜诗内在的感情。杜甫漂泊西南，忧国忧民，见青山白水，无往而非闷。蔡絛乃权相蔡京之子，生长富贵之家，所欠正是自然风物，所以对青山白水持欣赏态度。在张邦基看来，蔡絛只有在随父贬斥、亲自经历和杜甫一样的艰难险阻的生活之后，才能真正理解杜诗的妙处。

宋儒治学强调"格物致知"，通过对活生生的事物的体验来推究事物的原理。朱熹指出："人多把这道理作一个悬空底物。《大学》不说穷理，只说个格物，便是要人就事物上理会，如此方见得实体。所谓实体，非就事物上见不得。"① 任何义理，如果不落实到个体自身的存在体验，就都只是"悬空底物"。宋人将此观点移植于诗学，从而把诗歌看成"格物致知"、认识世界的产品。正如陆游所说："诗岂易言哉！一书之不见，一物之不识，一理之不穷，皆有憾焉。"② 对于作诗如此，对于读诗也如此。见闻的贫乏常常造成对诗意的误解。如南宋费衮承认：

> 东坡《食荔支》诗有云："云山得伴松桧老，霜雪自困楂梨粗。"常疑上句似泛，此老不应尔。后见习闽广者云，自福州古田县海口镇至于海南，凡宰上木，松桧之外，悉杂植荔支，取其枝叶荫覆，弥望不绝。此所以有"伴松桧"之语也。③

特别是阅读杜甫、苏轼这样的经历丰富、善于体物的大诗人的作品，"非亲至其处，洞知曲折，亦未易得作者之意"④。诗意的理解常常需要读者的"格物致知"，而"亲至其处，洞知曲折"，无疑是最权威、

---

① 《朱子语类》卷一五，页288。
② 《渭南文集》卷三九《何君墓表》，《四部丛刊》本。
③ 《梁谿漫志》卷四《东坡荔支诗》，页42，上海古籍出版社1985年版。
④ 胡穉《增广笺注简斋诗集》卷首楼钥《简斋诗笺叙》，《四部丛刊》本。

最可靠的理解。唐诗人柳宗元有诗云:"海上尖峰若剑铓,秋来处处割人肠。"苏轼从密州到登州,沿海而行,发现"道傍诸峰,真若剑铓","诵柳子厚诗,知海山多尔"①。诗中世界证实了客观世界的物理,而客观世界也反证了诗中世界的真实与精妙。

宋代诗歌理论常常讨论诗人"写物之功"的问题②,而"功"除了修辞的巧妙之外,主要是指形容的准确。宋代的诗人往往也是批评家,所以能同时站在作者和读者的双重立场来看待问题。作为读者,他们所关注的和作者所追求的一样,即一首诗中情、景、理的表达是否精工、贴切或真实。最著名的例子是关于"夜半钟"的争论。欧阳修《六一诗话》最先挑起争端:

> 诗人贪求好句,而理有不通,亦语病也。……唐人有云:"姑苏台下寒山寺,半夜钟声到客船。"说者亦云,句则佳矣,其如三更不是打钟时!③

欧阳修以"理"评诗诚然符合宋诗学的基本精神,但他的失误在于缺乏客观的依据。一石激起千重浪,宋人诗话一时对此争论不休④,欧阳修的说法几成众矢之的。《王直方诗话》以唐人于鹄、白居易诗中的"半夜钟"推论三更打钟"恐必有说"。《潜溪诗眼》引证《南史》中景阳楼三更钟、丘仲孚读书至半夜钟、阮景仲为吴兴守禁半

---

① 《苏轼文集》卷六七《书柳子厚诗》,页2108。
② 如《苏轼文集》卷六八《评诗人写物》曰:"诗人有写物之功。'桑之未落,其叶沃若。'他木殆不可以当此。林逋《梅花》诗云:'疏影横斜水清浅,暗香浮动月黄昏。'决非桃、李诗。皮日休《白莲》诗云:'无情有恨何人见,月晓风清欲堕时。'决非红莲诗。此乃写物之功。"页2143。
③ 《六一诗话》,何文焕辑《历代诗话》本,页269。
④ 胡仔《苕溪渔隐丛话·前集》卷二三、《后集》卷一五均有"半夜钟"条,搜罗若干条诗话。又吴曾《能改斋漫录》卷三《辨误》有"夜半钟"条,王楙《野客丛书》卷二六亦有"夜半钟"条。宋人诗话笔记中有关论述甚多,不胜枚举。

夜钟,以及今佛寺定夜钟,认为"于义皆无害"。《学林新编》引《南史·文学传》证明"半夜钟固有之"[①]。《复斋漫录》引唐人皇甫冉、陈羽诗证明"半夜钟亦不止于姑苏"[②]。我们注意到,这场争论的正反双方的结论虽然不同,但所持的评判标准则一致,即"半夜钟"到底合不合乎事实。不过,以上对欧阳修的驳斥都是引经据典,难免有"纸上得来终觉浅"之嫌,因此,最雄辩的应是《石林诗话》与《遯斋闲览》两条。叶梦得《石林诗话》云:"欧阳文忠公尝病其夜半非打钟时。盖公未尝至吴中,今吴中山寺,实以夜半打钟。"[③]《遯斋闲览》的说法更具权威性:"尝过苏州,宿一寺,夜半闻钟声,因问寺僧,皆云:'分夜钟,曷足怪乎?'寻闻他寺皆然。始知夜半钟,惟姑苏有之。"[④]批评者以其亲身经历证实了诗人的作品,不仅精妙,而且真实,这是"未尝至吴中"的欧阳修所无法反驳的。由此可见,一首诗是否做到了"写物之功",常常有赖于读者的实践印证。苏轼在阅读诗歌时特别强调这一点:

"两边山木合,终日子规啼。"此老杜云安县诗也。非亲到其处,不知此诗之工。[⑤]

司空图表圣自论其诗,以为得味于味外。……又云:"棋声花院静,幡影石坛高。"吾尝游五老峰,入白鹤院,松阴满庭,不见一人,惟闻棋声,然后知此句之工也。[⑥]

孟东野作《闻角》诗云:"似开孤月口,能说落星心。"今夜

---

① 诸条见《苕溪渔隐丛话·前集》卷二三引,页155—156。
② 见《苕溪渔隐丛话·后集》卷一五引,页113。
③ 叶梦得《石林诗话》卷中,何文焕辑《历代诗话》本,页426。
④ 见《苕溪渔隐丛话·后集》卷一五,页113。
⑤ 《苏轼文集》卷六七《书子美云安诗》,页2102。
⑥ 同上《书司空图诗》,页2119。

> 闻崔诚老弹《晓角》,始觉此诗之妙。①

他认为读者只有在亲眼见过诗中所写之事,亲身游历了诗中所写之地,或者亲耳聆听了诗中所写之乐以后,才能理解诗歌的"写物之功"。这种说法在宋诗话中极为常见。

"亲证"的阅读方法也与宋人的人文旨趣密切相关。所谓"人文旨趣"是指对以读书、著书等人文活动为中心的精神文化的欣赏、创造和研究的兴趣。宋人与自然的关系往往是通过文艺作品或其他人文产品建立起来的。作为诗人,他们常把前人创造的艺术境界融入自己的作品;作为读者,他们常在观山观水的体验中想起前人的作品。就诗歌欣赏而言,这种人文旨趣使得读者将自己所历之事与前人的描写相印证,从而在把自然对象人文化的同时,完成诗歌意境的重建。如周紫芝《竹坡诗话》云:

> 余顷年游蒋山,夜上宝公塔,时天已昏黑,而月犹未出,前临大江,下视佛屋峥嵘,时闻风铃,铿然有声。忽记杜少陵诗:"夜深殿突兀,风动金琅珰。"恍然如己语也。又尝独行山谷间,古木夹道交阴,惟闻子规相应木间,乃知"两边山木合,终日子规啼"之为佳句也。又暑中濒溪,与客纳凉,时夕阳在山,蝉声满树,观二人洗马于溪中。曰,此少陵所谓"晚凉看洗马,森木乱鸣蝉"者也。此诗平日诵之,不见其工,惟当所见处,乃始知其为妙。②

又如张表臣《珊瑚钩诗话》云:

---

① 《苏轼文集》卷六七《题孟郊诗》,页2091。
② 《竹坡诗话》,何文焕辑《历代诗话》本,页343。

> 东坡称陶靖节诗云:"'平畴交远风,良苗亦怀新。'非古之耦耕植杖者,不能识此语之妙也。"仆居中陶,稼穑是力。秋夏之交,稍旱得雨,雨余徐步,清风猎猎,禾黍竞秀,濯尘埃而泛新绿,乃悟渊明之句善体物也。①

这当然可以说是以亲身体验证明"写物之功",但同时也意味着宋人善于在现实生活中发现古典意境,从而获得玩赏的欣悦。读者既因体验生活而重新认识作品,同时也因阅读作品的经验而对世界的反应有所调整改变。

从阐释学的角度来看,"亲证"的目的乃是重新回到作者的本意。由于这种阅读方法强调的是重新经历作者的创作过程,因而避免了"心解"的纯粹主观推测和"活参"的理解的随意性,读者的思境和作者的思境在相同的体验中合而为一。"亲证"的另一个好处是,它能够使读者在特定的氛围里领悟到诗歌字面以外的丰富含义,从而真切地理解到作者的感受以及语言选择的妙处,并产生一种强烈的共鸣。

所谓"亲证其事然后知其义",这"义"字是指诗人关于个人存在体验的"义",内涵非常丰富,或指思想意志,或指情绪感觉,或指韵味情调,或表现为鲜明的创作意图,或表现为巧妙的艺术构思,或表现为优美的艺术境界。这些"义"的获得,有时必须借助于读者的体验印证。例如,叶梦得在《石林诗话》中承认,他初读黄庭坚诗"马龁枯萁喧午梦,误惊风雨浪翻江"两句,不解风雨翻江之意。"一日,憩于逆旅,闻旁舍有澎湃鞺鞳之声,如风浪之历船者。起视之,乃马食于槽,水与草龃龉于槽间,而为此声,方悟鲁直之

---
① 《珊瑚钩诗话》卷一,何文焕辑《历代诗话》本,页459。

好奇。"①叶梦得自信他经历了和黄庭坚一样的体验,因而真正理解了作者的构思过程,理解了"风雨翻江"的真正喻义。

有时,作品中的"义"是诗人丰富体验的高度浓缩,读者的亲证就可能重新恢复诗人"义"中蕴藏的丰富体验。罗大经曾谈及他的读诗体会:

> 唐子西诗云:"山静似太古,日长如小年。"余家深山之中,每春夏之交,苍藓盈阶,落花满径,门无剥啄,松影参差,禽声上下。午睡初足,旋汲山泉,拾松枝,煮苦茗啜之。随意读《周易》、《国风》、《左氏传》、《离骚》、《太史公书》及陶杜诗、韩苏文数篇。从容步山径,抚松竹,与麛犊共偃息于长林丰草间。坐弄流泉,漱齿濯足。既归竹窗下,则山妻稚子,作笋蕨,供麦饭,欣然一饱。弄笔窗间,随大小作数十字,展所藏法帖、墨迹、画卷纵观之。兴到则吟小诗,或草《玉露》一两段。再烹苦茗一杯,出步溪边,邂逅园翁溪友,问桑麻,说秔稻,量晴校雨,探节数时,相与剧谈一饷。归而倚杖柴门之下,则夕阳在山,紫绿万状,变幻顷刻,恍可人目。牛背笛声,两两来归,而月印前溪矣。味子西此句,可谓妙绝。②

作者把复杂具体的生活细节提炼为简洁精练的典型形象(意象),而读者在阅读中根据自己的经验把典型形象重新还原为复杂具体的生活细节。罗大经的叙述使我们意识到,"山静似太古"两句诗中竟然可能包含着如此丰富的内容。而缺乏山居经验的人显然无法领会到诗句的真正意义,正如罗大经所说:"彼牵黄臂苍,驰猎于声利之场

---

① 《石林诗话》卷上,何文焕辑《历代诗话》本,页409—410。
② 《鹤林玉露》丙编卷四《山静日长》,页304。

者,但见衮衮马头尘,匆匆驹隙影耳,乌知此句之妙哉!"①

必须指出的是,尽管"亲证"的阅读方式在理解作者的原意方面有了现实生活的依据,但它仍然无法证明其为排除了读者"私意"的客观批评,无法证明读者和作者的本意完全合一。如前所举,叶梦得虽然自称亲闻马食于槽而明白黄庭坚诗的立意,但他显然没有注意到这句诗中的归隐江湖的念头。黄诗原题为《六月十七日昼寝》,全诗如下:

> 红尘席帽乌靴里,想见沧洲白鸟双。马龁枯萁喧午枕,梦成风雨浪翻江。

任渊注曰:"闻马龁草声,遂成此梦也。……言江湖之念深,兼想与因,遂成此梦。"②所谓"想",指心中的情欲忆念;所谓"因",指体中的感觉受触。正如钱锺书所说:"沧洲结想,马龁造因,想因合而幻为风雨清凉之境,稍解烦热而偿愿欲。"③叶梦得的"亲证"只涉及"因",而未涉及"想",似乎不如任渊的"悬解"更接近作者原意。至于罗大经对唐子西诗句的"亲证",更是已经超越了意义的诠释,成为一种纯粹的生命体验,而这种体验显然是原诗的膨胀扩充,是一种新的诗意创造。其实,就是提倡"亲证其事然后知其义"的惠洪,也在叙述自己的亲证经历时,无意间否定了理解的同一性:

> 智觉禅师住雪窦之中岩,尝作诗曰:"孤猿叫落中岩月,野客吟残半夜灯。此境此时谁得意?白云深处坐禅僧。"诗语未工,而其气韵无一点尘埃。予尝客新吴车轮峰之下,晓起临高

---

① 《鹤林玉露》丙编卷四《山静日长》,页304。
② 《山谷诗集注》卷一一《六月十七日昼寝》,页277。
③ 钱锺书《管锥编》第2册,页489。

> 阁，窥残月，闻猿声，诵此句，大笑，栖鸟惊飞。又尝自朱崖下琼山，渡藤桥，千万峰之间闻其声，类车轮峰下时，而一笑不可得也，但觉此时字字是愁耳。老杜诗曰："感时花溅泪，恨别鸟惊心。"良然真佳句也。亲证其事然后知其义。①

惠洪意在说明亲身体验对深入理解诗意的重要性。不过，他曾在新吴车轮峰下和朱崖琼山之间两度闻猿声，诵智觉禅师诗，而先后一喜一悲。那么，这两次"亲证其事"他到底知道了诗的什么"义"呢？是喜义还是悲义呢？显然，惠洪的经历只能证明理解的历史性，即作品的意义不是作者给定的，而总是由解释者自己的历史环境所决定。读者试图还原的"存在"（Sein）永远只能是"此在"（Dasein）②，意义的原初状态永远只能是读者的"此在"状态。因此，凭借"亲证"，不可能真正实现洞见作者之意的梦想。

我们在承认"亲证"对于阅读诗歌的重要性的同时，也必须注意到它的局限。它那种寸步不移的经验主义方法，有可能折断读者自由联想的翅膀。它只能印证那些倾向于写实的缘情体物之诗的妙处，而永远无法企及那些充满奇思幻想的浪漫主义的理想境界。

---

① 《冷斋夜话》卷六，《四库全书》本。
② 这里"存在"和"此在"的概念借用海德格尔《康德和形而上学问题》（*Kant und das Problem der Metaphysik*），另参见孙周兴选编《海德格尔选集》，页115—119，上海三联书店1996年版。

第六章
元明才子批诗评文

随着宋朝的灭亡,承载着知识理性的文明大厦悄然崩塌。元代士大夫群体从整体上经历了由渊雅学者向落拓才子的转型,这种转型也带来中国诗歌阐释学重心的改变,即由笺注之学转变为评点之学。明代官方的经义取士已鼓励着一切文本注释的空疏,而晚明时期心学、狂禅以及市民文化的兴起,进一步突出了元代以来形成的诗歌阐释学特点。从形式上看,随意的评点取代了严肃的笺注,句法的确立取代了本义的探讨,艺术的鉴赏取代了语词的训释。从实质上看,这就是在文本诠释中强调诠释者与原作者之间的心灵对话或情感共鸣,以情感取代理性,以灵悟取代知识,以个性取代历史,以印象取代分析,将原文的意义淡化、避开甚至于悬置起来。"尚意"的阐释学从总体上让位于"尚味"、"尚趣"、"尚情"的阐释学。

尽管理学在南宋后期取得统治地位,并在元明两朝一直是官方哲学,但在经典阐释方面陈陈相因,失去活力,显出一种新的平庸和保守。朱熹《诗集传》以"赋"、"比"、"兴"说《诗》的方法因追随者的拙劣模仿而变为僵死的模式。而杜诗笺注也因牵强史事而走入穿凿附会的歧途。与之相对照，倒是严羽的《沧浪诗话》以"别趣"论诗，显示出对象喻性诗歌文本的超语言性的深刻认识，"水月镜象"之喻成为元明清诗学中一切反诠释思潮的源泉。由宋而历金、元方兴未艾的禅宗颂古评唱，也以其独特的"不说破"的言说方式对元、明的文学诠释和批评产生了影响。此外，宋诗话"句法"，再加上明代八股时文所遵循的"文法"，也被评论者移植入诗歌文本的诠释，从而出现了意义探寻让位于结构分析的独特景观。在这段时期的首尾，宋遗民和明遗民在杜诗的诠释方面更将心解变为一种臆说，古人的作品不仅被视为当代现实的反映，而且被当作浇自己之块垒的酒杯。即使就传统的笺注学而言，客观冷静的"注"也从整体上让位于主观任意的"解"，文本的本义在"另出手眼"的解说中不断扩充、派生甚至转移。

如果以本义的理解与解释准确与否为标准，那么元明时期可称得上是中国古代阐释学发展的低潮期，由于对理性、知识和历史的放逐，这一时期被清代乾嘉学者视为历史上学风最浅薄的时代[①]。不过，如果从纯粹的阐释学理论来看的话，那么元明才子在关于阐释的方法、目的和有效性、阐释者与作者之关系、语言对意义的遮蔽以及阐释的循环性问题上都提出了不少颇有建树的观点，哪怕是片言只语，也足有精彩动人之处。

一、水月镜花：抗诠释文本

宋代"尚意"阐释学的理性基石是对文字语言表意功能的信任。

[①] 钱大昕《潜研堂文集》卷三三《与晦之论〈尔雅〉书》："尝病后之儒者，废训诂而谈名理，目记诵为俗生，诃多闻为丧志，其持论甚高，而实便于束书不观、游谈无根之辈。有明三百年，学者往往蹈此失。"《四部丛刊》本。

欧阳修在《系辞说》一文中批判了"书不尽言，言不尽意"的习惯说法：

> 书不尽言，言不尽意，然自古圣贤之意，万古得以推而求之者，岂非言之传欤？圣人之意所以存者，得非书乎？然则书不尽言之烦，而尽其要，言不尽意之委曲，而尽其理。谓书不尽言、言不尽意者，非深明之论也。[①]

概言之，文字记载的文献著作可以浓缩言说的要点和思想的脉络，"自古圣贤之意"之所以能流传到今天，正有赖于文字语言这种"尽其要"、"尽其理"的功能。这样，欧阳修的论述里就隐含着两条思路：第一，为了使文字在记言表意方面能"尽其要"、"尽其理"，写作时就应该特别注意命意造语，锤炼文字以得其要，安排语序以尽其理；第二，既然文字记言表意能"尽其要"、"尽其理"，那么经典文本的要理就可以通过文字语言去"推求"。

鉴于欧阳修在北宋文坛的领袖地位，上述观点所包含的两条思路很可能对宋代诗学产生了潜在的深刻影响。第一条思路很自然地演化为宋人"以文字为诗，以才学为诗，以议论为诗"的创作倾向，因为文字、才学意在编排密码，浓缩语言，议论手法意在调整意脉，安排理路。第二条思路则很容易地生发出宋人"原本立意始末"的阐释倾向，即相信文本的意义是可诠释的，而且这种诠释是有效的。尽管因诗歌文本有不同于其他叙述性文本的特殊性质，欧阳修及其后学苏轼、黄庭坚都说过类似"诗不可以言解"的话，但却始终相信"诗之意"完全可以"意推"，并把如何得古人之"意"看作理解

[①]《欧阳文忠公集》卷一三〇《系辞说》。

与解释的主要目的①。他们之所以乐于对诗"本义"的探寻,乃在于坚信每一首诗之"意"是唯一的。事实上,宋代有所谓千家注杜和百家注苏的现象,正是文本可诠释性观点直接影响的产物。

然而,以"书可尽言之要,言可尽意之理"为理论基础的创作倾向和阐释倾向,在南宋后期遭到了强有力的挑战。这一时期,文学史上通常称为"唐音复归"时期。

从创作方面来看,"资书以为诗"的江西诗派遭到普遍唾弃,"捐书以为诗"成了杨万里、四灵、江湖诗派诗歌的主要特点。"尚理"的诗学观念也受到普遍质疑,"情性"、"兴趣"等成了刘克庄、严羽等人诗歌批评中更重要的标准。杨万里最先提出"诗非文比也,必诗人为之"的观点,指责那种"挟其深博之学,雄隽之文,于是櫽括其伟辞以为诗"的做法②。刘克庄也指出:"以情性礼义为本,以鸟兽草木为料,风人之诗也;以书为本,以事为料,文人之诗也。"③ "本朝则文人多,诗人少。三百年间,虽人各有集,集各有诗,诗各自为体,或尚理致,或负材力,或逞辨博,少者千篇,多至万首,要皆经义策论之有韵者尔,非诗也。自二三巨儒及十数大作家,俱未免有此病。"④ 严羽更旗帜鲜明地批评了自欧阳修以来的"近代诸公"之诗,认为:"诗有别材,非关书也;诗有别趣,非关理也。"⑤ 他树立了"汉魏古诗,气象混沌,难以句摘"和"盛唐诸人,惟在兴趣;羚羊挂角,无迹可求"两种诗歌

---

① 如《苏轼文集》卷二《诗论》曰:"夫圣人之于《诗》,以为其终要入于仁义,而不责其一言之无当,是以其意可观,而其言可通也。"页56。《龟山先生语录》卷一曰:"学诗者不在语言文字,当想其气味,则诗之意得矣。"范温《潜溪诗眼》引黄庭坚曰:"学者若不见古人用意处,但得其皮毛,所以去之更远。"《宋诗话辑佚》本,页317。参见本书第五章第二节。
② 杨万里《诚斋集》卷七九《黄御史集序》,《四部丛刊》本。
③ 刘克庄《后村先生大全集》卷一〇六《跋何谦诗》,《四部丛刊》本。
④ 同上卷九四《竹溪诗序》。
⑤ 严羽《沧浪诗话·诗辨》,何文焕辑《历代诗话》本,页688。

典范①，其实就是不满语序完整、意脉清晰的"说出来"之诗，提倡一种感觉不到语言存在的"说不出来"之诗。正如钱锺书先生所说，严羽论诗的总倾向"就是以'不说出来'为方法，想达到'说不出来'的境界"②。尤为值得注意的是，苏轼和严羽对于盛唐诗人孟浩然的不同态度，苏轼指责孟诗缺少才学，"韵高而才短，如造内法酒手而无材料"③，而严羽则称赞其"学力下韩退之远甚，而其诗独出退之之上者，一味妙悟而已"④。换言之，在严羽那里，"妙悟"取代了"学力"成为诗歌更重要的东西。显而易见，南宋后期的唐音复归，标志着主流宋诗学中知识主义和理性主义的衰退。

与之相应，南宋诗歌阐释学也发生了一些微妙而深刻的变化。有以下几个倾向值得注意：首先是"知味"论的提出，理解与解释诗歌文本的目的不再是追寻作者之"意"或作品之"义"，而是把握诗之所以成为诗的最本质的东西——"味"。南宋初许尹在为友人任渊的《黄陈诗集注》作序时就意识到：一般的笺训"但能标题出处而已"，高明的注解能"为原本立意始末，以晓学者"，至于那些"出于形名度数之表者"，"精微要妙如古所谓味外味者"，不仅注释者难以措辞，"虽使黄陈（作者）复生，不能以相授"。许尹承认，任渊"博极群书，尚友古人"，有知识，懂历史，但问题在于诗"味"超出知识和历史之外，所谓"捧心者难言"，"至音者难说"。⑤许尹虽然意识到诗歌中"味"是比"意"更精微要妙的东西，却同意阐释者的回避，因为对于黄庭坚、陈师道这种"以才学为诗"的文本来说，读者最需要的是破解密码。到了推崇唐诗的杨万里那里，

---

① 分见《沧浪诗话·诗评》，何文焕辑《历代诗话》本，页696；《诗辨》，页688。
② 钱锺书《宋诗选注》，页297，人民文学出版社1979年版。
③ 陈师道《后山诗话》引苏轼语，何文焕辑《历代诗话》本，页308。
④ 《沧浪诗话·诗辨》，何文焕辑《历代诗话》本，页686。
⑤ 《山谷诗集注·内集注》卷首许尹《黄陈诗集注序》，页5。

诗之"味"成了理解和解释的中心：

> 夫诗何为者也？尚其词而已矣。曰：善诗者去词。然则尚其意而已矣。曰：善诗者去意。然则去词去意，则诗安在乎？曰：去词去意而诗有在矣。然则诗果焉在？曰：尝食夫饴与荼乎？人孰不饴之嗜也，初而甘，卒而酸。至于荼也，人病其苦也，然苦未既而不胜其甘。诗亦如是而已矣。昔者暴公谮苏公，而苏公刺之。今求其诗，无刺之之词，亦不见刺之之意也。乃曰："二人从行，谁为此祸？"使暴公闻之，未尝指我也，然非我其谁哉？外不敢怒，而其中愧死矣。《三百篇》之后，此味绝矣，惟晚唐诸子差近之。①

这里关于"词"、"意"、"味"递进等级的设置，在稍后的徐鹿卿那里有类似的更简明的表述："余幼读少陵诗，知其辞而未知其义。少长，知其义而未知其味。迨今则略知其味矣。"② 显然，"辞"（词）→"义"（意）→"味"的等级已不同于传统阐释学中"文"→"辞"→"意"的递进。从创作来说，优秀的诗人不必追求造语和命意，而应该不事雕琢（去词），埋没意绪（去意），从而获得诗之所以为诗的效果。由于宋人作诗推崇"意新语工"，所以没有《诗三百篇》和晚唐诸子之"味"。从阐释来说，真正的知音不必去解释词语和诠释意义，而应该发掘出诗歌"词"和"意"的空白处所蕴涵的"味"，揭示诗歌所特有的美学性质。虽然北宋阐释学中已有关于"味"的讨论，如苏轼欣赏司空图的"味外味"的说法，黄庭坚读书有"啖炙自知味"的比喻，杨时也主张读诗"当想

---

① 《诚斋集》卷八三《颐庵诗稿序》，《四部丛刊》本。
② 徐鹿卿《清正存稿》卷五《跋黄瀛父适意集》，《四库全书》本。

其气味",然而,这些关于"味"的说法与"尚意"诗观并不冲突,知"味"的结果是"诗之意得矣"。换言之,北宋阐释学中的"味"多为一种比喻,且包容在"意"的概念之中,与南宋后期这种"味"与"意"分列的形上等级概念颇有差别。

其次是主张"无意"论,认为诗歌文本可以是诗人感触、漫兴的产物,不需带有明确的意图,也不需承载具体的意义,因而无"本事"、"本意"可寻。杨万里认为,最好的诗歌是由"兴"的方法写出来的,"兴"的定义是:

> 我初无意于作是诗,而是物、是事适然触乎我,我之意亦适然感乎是物、是事。触先焉,感随焉,而是诗出焉,我何与哉?①

既然最好的诗是作者无意识的产物,那么试图逆推作者之志便无异于缘木求鱼,正如刘克庄所说:"第诗人之意或一时感触,或信笔漫兴,世代既远,云过电灭,不容追诘。若字字引出处,句句笺意义,殆类图象罔而雕虚空矣。"②换言之,面对这类无意识感触漫兴的文本,"以意逆志"的阐释方法是完全无效的,而释史、释理、释事的笺注更只能是一堆穿凿附会的无聊文字。

还有就是主张"妙悟",把诗歌文本看作直觉妙悟的对象,而非知性分析的对象,认为诗歌的旨意可以心领神会,而不可言传语解,即可以理解(understanding),而不能解释(interpretation)。南宋诗人邓允端指出:"诗里玄机海样深,散于章句敛于心。会时要似庖丁刃,妙处应同靖节琴。"③读者所要把握的是一种"玄机",是一种玄

---

① 《诚斋集》卷六七《答建康府大军库监门徐达书》。
② 《后村先生大全集》卷一〇〇《跋陈教授杜诗补注》。
③ 《江湖后集》卷一五邓允端《题社友诗稿》,《四库全书》本。

妙神秘而又包蕴无穷的意味，而非意图和意义。这"玄机"散布于语言之中，而超越于语言之外，读者只能从章句的空白处去心领神会，像庖丁解牛时运刀那样"以无厚入有间"，像品味陶渊明的无弦琴那样懂得"无声胜有声"的奥妙。徐瑞的话更直截了当：

> 文章有皮有骨髓，欲参此语如参禅。我从诸老得印可，妙处可悟不可传。①

诗歌的妙处只能自我领悟，不能传与他人。诗歌文本的接受，只能是个人性的心解式的阅读，而无法转化为公众化的文字注释。

以上的观点共同构成宋末元初诗坛的一股反笺注思潮。而这种思潮来自对"宋调"型诗歌的反感和对"唐音"型诗歌文本的认同。据葛兆光先生分析，唐诗（近体诗）是表现感受与印象、埋没意绪的"表现"型诗歌，而宋诗是表达情感与意义、语序完整、意脉清晰的"表达"型诗歌②。而宋末元初诸人扬唐抑宋的最深刻原因，乃在于对语言表意功能的怀疑以及对诗歌无言之境的追求。严羽借用佛教的说法提倡诗歌的"第一义之悟"，按照禅宗的观点，佛教的"第一义"是无法用语言文字企及的，任何试图解释"第一义"的语言文字都只能传达"第二义"的东西。对于诗歌来说，"第一义"不是本意和本义，而是兴趣和韵味，因此，要表现诗歌的"第一义"，就得从对"意新语工"的迷恋中解脱出来，把语言作为"无言"来权宜使用，以至于使读者感觉不到语言的存在。严羽等人理解的唐诗，正是这样一种不着造语痕迹、不露命意脉络的"言无言"的文本，即所谓"不涉理路，不落言筌"的诗歌，具有"趣"和"味"的直

---

① 徐瑞《松巢漫稿·雪中夜坐杂咏十首》之一，《鄱阳五家集》卷六，《豫章丛书》本。
② 葛兆光《从宋诗到白话诗》，《文学评论》1990年第4期。

观澄明，而非"意"和"义"的完整清晰。

关于诗歌这种"第一义之悟"文本的特征，严羽有一段著名的比喻：

> 盛唐诸人，惟在兴趣；羚羊挂角，无迹可求。故其妙处，透彻玲珑，不可凑泊。如空中之音，相中之色，水中之月，镜中之象，言有尽而意无穷。①

"羚羊挂角"之喻出自禅典，原喻空灵玄妙、不露痕迹的禅宗话头，此指盛唐诗人"言无言"的作诗态度。"水月镜象"之喻出自佛经，原喻诸法虚妄，无自性，无实体，此处喻"惟在兴趣"的盛唐诗，隐然有如下含义：(1) 诗的兴趣是一种没有实体的虚幻存在，它寄寓在语言之中，如音之在空，色之在相，月之在水，象之在镜；(2) 好诗只使人感到兴趣的存在，而不觉有文字的痕迹、语言的障碍，如水之莹澈，镜之澄明；(3) 无法把兴趣从语言文字中分解出来，正如不能把音、色、月、象从空、相、水、镜中分离出来一样；(4) 简洁的语言文字里可包含无穷的意味，如一泓水、一面镜可反映广大世界。

值得注意的是，严羽本来也许只是针对南宋的理学诗派和江西诗派的弊病，从学诗的角度树立一种"表现"型的诗歌典范，然而"不涉理路，不落言筌"的主张实际上是全面颠覆了宋代尚意阐释学"书可尽言之要，言可尽意之理"的理论基石，而"水月镜象"的诗歌范型本身实际上也提供了不同于以文字、才学、议论为诗的抗诠释文本，并成为后世一切解构历史主义、理性主义和知识主义的反诠释论者的最好借口。

"水月镜象"在宋末元初便已得到诗坛的回应，并变形为更美的

---

① 《沧浪诗话·诗辩》，何文焕辑《历代诗话》本，页688。

"水月镜花"之喻。元诗人揭傒斯在《傅与砺诗集序》中转述了刘辰翁(字会孟)的观点:

> 天下文章莫难于诗。刘会孟尝序余族兄以直诗,曰:"诗欲离欲近。夫欲离欲近,如水中月,如镜中花,谓之真不可,谓之非真亦不可。谓之真,即不可索;谓之非真,无复真者。"惟德机、与砺知之及此,言之及此,得之及此,故余倾倒于二君焉。①

"欲离"可能指不涉理路、不落言筌,"欲近"可能指情志真切,意象鲜明,因而这样的诗就如"水月镜花"一样既是真实的又是虚幻的,既可感而又不可索。刘辰翁这篇序虽不见于今存《须溪集》,但其所述观点应当可信,因为刘氏在其他诗序里也一再提及诗"愈近愈不近"的看法②。严羽说"无迹可求"之时,主要是从作者一方而言,要求作诗抹去语言的痕迹;而刘辰翁说"不可索"之时,已开始站在读者或阐释者的立场,认为诗具有抗诠释性。据揭傒斯所言,同时代的诗人范梈(德机)、傅若金(与砺)都对"水月镜花"的诗性有深刻了解。稍后,黄清老喻诗为"空中之音"、"象外之色"、"水中之味",王礼喻诗为"镜中灯"、"水中盐",合严、刘二说言之,均指诗歌文本似真非真、不可解索的特点。③

---

① 《傅与砺诗文集·诗集》卷首揭傒斯《傅与砺诗集序》,《四库全书》本。
② 如《须溪集》卷六《刘孚斋诗序》曰:"同言同意,愈近愈不近,诗至是难言耳。"又同卷《陈生诗序》曰:"意愈近而愈不近,着力政难。"《四库全书》本。
③ 黄清老(子肃)述《诗法》曰:"是以妙悟者,意之所向,透彻玲珑,如空中之音,虽有所闻,不可仿佛;如象外之色,虽有所见,不可描摸;如水中之味,虽有所知,不可求索。……每每有似真非真、似假非假、若有若无、若彼若此之意,为得之。"吴景旭《历代诗话》卷六七引,《四库全书》本。王礼《麟原文集》前集卷四《伯颜子中诗序》曰:"诗之为道,似易而实难,言近指远者,天下之至言也。先辈有云:诗如镜中灯,水中盐,谓之真不可,谓非真亦不可。盖所咏在此,而意见于彼,言有尽,思无穷,非风人所以感物者乎!"《四库全书》本。

到了明代,"水月镜花"之喻更成了描述诗歌文本特征的最常用术语,标举"诗必盛唐"的复古主义者,从创作和阐释的不同角度进一步丰富了"水月镜花"的内涵。试举"前后七子"及其追随者的诗论数则如下:

> 古诗妙在形容之耳,所谓水月镜花,所谓人外之人、言外之言,宋以后则直陈之矣。于是求工于字句,所谓心劳日拙者也。形容之妙,心了了而口不能解,卓如跃如,有而无,无而有。①
>
> 夫诗贵意象透莹,不喜事实黏着,古谓水中之月,镜中之影,可以目睹,难以实求是也。《三百篇》比兴杂出,意在辞表;《离骚》引喻借论,不露本情。东国困于赋役,不曰"天之不恤"也,曰"维南有箕,不可以簸扬;维北有斗,不可以挹酒浆",则"天之不恤"自见。②
>
> 诗有可解、不可解、不必解,若水月镜花,勿泥其迹可也。③
>
> 诗有可解、不可解、不必解,若水月镜花,勿泥其迹可也。《越裳操》止三句,不言白雉而意自见,所谓大乐必易是也。及班固白雉诗,加之形容,古体变矣。《汉武内传》:上元夫人弹云林之瑟,歌步玄之曲,曰:"绿景清飚起,云盖映朱范。兰房辟琳阙,碧室启琼沙。"此歌华丽无味,必六朝赝作。西王母《白云谣》曰:"白云在天,丘陵自出。道路悠远,山川间之。将子无死,尚能复来。"辞简意尽,高古莫及。④

---

① 李梦阳《空同集》卷六六《论学下篇第六》,《四库全书》本。
② 《王廷相集》卷二八《与郭价夫学士论诗书》,页502,中华书局1989年版。此文亦收于贺复徵《文章辨体汇选》卷二三六,《四库全书》本。又收于黄宗羲编《明文海》卷一六〇,《四库全书》本。
③ 谢榛《四溟诗话》卷一,《历代诗话续编》本,页1137。
④ 冯惟讷《古诗纪》卷一五二《别集第八·品藻六·通论》,《四库全书》本。

夫诗异于文也，味之跃然于胸，歌之欲溢于口，而解之卒不易解。水中之月，镜中之花，严仪（卿）氏仿佛言之矣。今夫怀人者，瞩于其目，致于其心，感而落涕，劳而咳呻；久之而时物之变迁，梦寐之恍忽，皆仿佛焉，踯躅焉，何无已也。及见而感者忽散，劳者忽畅，而意已尽矣。不见之妙于见，如是也。诗之为道，所最忌者，长言咏叹而意先尽也。故理穷于《易》，情穷于《诗》，法穷于《春秋》。非以能尽为穷，而正以其不必尽为穷。伏羲氏画卦，有象而无文，故苞理极；《风》、《雅》、《颂》有言而无说，故怀情深；圣人作麟史，亦有案而无断，故用法曲。①

　　余于昔年梦有告之曰："诗如镜中花，谷中音，水中月。"窃以咨诸座宾，莫有觉者。或乃曰："诗体轻微，专务刊脱，灭迹销形，上乘匪远。"余曰："审若兹，则镜无花矣，然镜中未尝无花也；谷无音矣，然谷中未尝无音也。无花无音，神罔附矣，何以言诗？"关西吕定原诗论曰："水中流月是真方。"恒击节悚叹，以为英言。故擅称合作者，似音非音，似影非影，风容将格响争驰，色韵与情神交溦，若近而远，若远而近，斯为至矣。②

　　作诗大要不过二端。……体格声调，水与镜也；兴象风神，月与花也。必水澄镜朗，然后花月宛然。讵容昏鉴浊流，求睹二者？故法所当先，而悟不容强也。③

以上说法大致可作如下理解：(1) 诗不应是以"直陈"为特点的记叙性文本，而应是"贵意象"的象喻性文本；(2) 诗应描写空灵的"意象"，而不应粘着于"事实"（"事实"二字包括历史事实和典故事

---

① 《明文海》卷三〇八胡胤嘉《诗艺存玄选序》。
② 同上卷二二一周复俊《评点唐音序》。
③ 胡应麟《诗薮》内编卷五，页100，上海古籍出版社1979年版。

类二义);(3) 诗的语言应单纯朴素,而不应使用"华丽"的修辞;(4) 诗的语言应是一种呈现,而不是述说与评价,应"有言而无说";(5) 诗应是一种"似音非音,似影非影"、似幻非幻、似真非真的存在;(6) 诗性的表现有赖于形式的完美,"兴象风神"需通过"体格声调"表现出来;(7) 诗的语言应是透明无碍的"水澄镜朗",而不应是晦涩朦胧的"昏鉴浊流";(8) 诗是一种直观体悟的对象,而非语言分析的对象,"心了了而口不能解";(9) 诗既然有"不易解"、"不可解"的特性,也就可采取"不必解"的态度;(10) 诗既然不是事实的陈述,因而也就不能采用"实求"的考证方法。

"水月镜花"之喻的中心是"贵意象"说,它代表了明人对诗歌文本性质最根本的体认,其他一切阐释理论都由此而生发出来。宋人论诗重"意"轻"象",所谓"妙明真心,不关诸象"[1],不满唐人作诗"争妍斗巧,极外物之变态"[2],倡导主观意志超越于物质世界。这种"尚意"诗观的恶果便是所谓"说出来"之诗。而明人则力图返回唐诗那种心灵贯注于直觉形象的理想状态,由"意"贯注于"象"而形成"意象"性文本。"意象"一词,在明代诗论中出现频率极高,并由客观描述的中性名词演变为主观评价的褒义性名词,如李东阳《怀麓堂诗话》评"鸡声茅店月,人迹板桥霜"一联"意象具足"[3];何景明《与李空同论诗书》:"夫意象应曰合,意象乖曰离。"[4] 王世贞评初唐四杰诗:"气骨翩翩,意象老境。"[5] 胡应麟评诗:"古诗之妙,专求意象。"[6] "意象"的说法,实肇自《易传》,正如李

---

[1] 葛立方《韵语阳秋》卷一二,何文焕辑《历代诗话》本,页576。
[2] 叶适《水心先生文集》卷一二《王木叔诗序》,《四部丛刊》本。
[3] 李东阳《怀麓堂诗话》,《四库全书》本。
[4] 何景明《何大复集》卷三二《与李空同论诗书》,页575,中州古籍出版社1989年版。
[5] 胡震亨《唐音癸签》卷五载王世贞评语,页44,上海古籍出版社1981年版。
[6] 《诗薮》内编卷一,页1。

梦阳所说："知《易》者可与言《诗》，比兴者悬象之义也。"①这就是说，以他为代表的"唐音"派把诗歌看成一种和《易》的性质相似的象喻性文本。李梦阳强调说："夫诗比兴错杂，假物以神变者也。难言不测之妙，感触突发，流动情思。"②正因为诗像《易》一样，是借助物象来表现情思的，因而也像《易》一样是流动变化、神秘莫测、难以言解的文本。

由于把诗歌看成"意象"性（象喻性）文本，因而明代批评家提出一系列解构"尚意"阐释学的理论。现分述如下。

其一，反"诗史"说。宋人称杜甫诗为"诗史"，体现出一种以诗为史的阅读眼光，即对记事性文本的推崇。这种观点在明代遭到普遍的质疑，郑善夫便批评杜诗"往往要到真处尽处，所以失之"③，谢肇淛亦指责"少陵以史为诗，已非风雅本色"④。宋人评价甚高的杜甫《北征》诗，在明代却成了"漫敷繁叙，填事委实，言多趁帖，情出附辏"、"言征实则寡余味"的反面教材⑤。杨慎更明确驳斥了"诗史"说的荒谬：

> 宋人以杜子美能以韵语纪时事，谓之"诗史"。鄙哉宋人之见，不足以论诗也。……《三百篇》皆约情合性而归之道德也，然未尝有道德字也，未尝有道德性情句也。二南者，修身齐家其旨也，然其言琴瑟钟鼓，荇菜芣苢，夭桃秾李，雀角鼠牙，何尝有修身齐家字耶？皆意在言外，使人自悟。至于变风变雅，尤其含蓄，言之者无罪，闻之者足以戒。如刺淫乱，则

---

① 《空同集》卷六六《论学上篇第五》。
② 同上卷五二《缶音序》。
③ 焦竑《焦氏笔乘》卷三《评杜诗》引郑善夫语，《粤雅堂丛书》本。
④ 《小草斋诗话》卷二外篇上，《明诗话全编》第6册，页6679，江苏古籍出版社1997年版。
⑤ 《王廷相集》卷二八《与郭价夫学士论诗书》，页503。

曰"雝雝鸣雁,旭日始旦",不必曰"慎莫近前丞相嗔"也;悯流民,则曰"鸿雁于飞,哀鸣嗷嗷",不必曰"千家今有百家存"也;……杜诗之含蓄蕴藉者,盖亦多矣,宋人不能学之。至于直陈时事,类于讪讦,乃其下乘末脚,而宋人拾以为己宝,又撰出"诗史"二字以误后人。①

这显然是站在象喻性文本的立场来鄙薄记事性文本,其理论基础便是李东阳"诗之所以贵情思而轻事实"②、王廷相"诗贵意象透莹,不喜事实黏着",以及李梦阳"诗比兴错杂,假物以神变"等说法。与此相对应,明代杜诗集的编撰形式多不用编年体,其原因正如张綖所说:"观杜诗固必先考编年,据事求情,而后其意可见。然编年非公自订,不过后人因诗意而附之耳。夫史传编年,已有失其真而不可尽信者,又况数百年之后,徒因诗意以求合史传之年耶?……且如《寄临邑舍弟黄河泛溢》诗,诸家皆编在开元二十九年,公是时年甫三十,而诗中有'吾衰同泛梗'之句,是岂其少作耶?徒以唐史此年有'伊洛及支川皆溢,河南北二十四郡水',遂为编附。然黄河水溢,常常有之,岂独是年哉!集中如此类者甚多,不能遍举。"③

其二,反意图论。宋人信奉"诗言志"的古训,作诗讲"命意",解诗重"原本立意始末",往往把诗歌看作一种有意识创作的、承载着诗人主观意志的文本。而在明代,这种观点也遭到来自"唐音"派的挑战。如谢榛认为:"诗有不立意造句,以兴为主,漫然成篇,此诗之入化也。"④他由此指出"立意造句"和"漫然成篇"两种文本的优劣,"唐人或漫然成诗,自有含蓄托讽",所以"婉而有

---

① 《升庵诗话》卷一《诗史》,《历代诗话续编》本,页868。
② 《怀麓堂诗话》。
③ 张綖《杜工部诗通》卷一,《四库全书存目丛书》集部第4册,页345。
④ 《四溟诗话》卷一,《历代诗话续编》本,页1152。

味,浑而无迹";"宋人必先命意,涉于理路",所以"殊无思致。"①谢肇淛也把"触景偶发,非有指訾"看成诗歌和"宋时道学"相对立的五种特质之一②。陆时雍更激烈地反对"以意为诗":

> 夫一往而至者,情也;苦摹而出者,意也;若有若无者,情也;必然必不然者,意也。意死而情活,意迹而情神,意近而情远,意伪而情真。情意之分,古今所由判矣。少陵精矣刻矣,高矣卓矣,然而未齐于古人者,以意胜也。假令以《古诗十九首》与少陵作,便是首首皆意。假令以《石壕》诸什与古人作,便是首首皆情。此皆有神往神来,不知而自至之妙。太白则几及之矣。十五国风皆设为其然而实不必然之词,皆情也。晦翁说诗,皆以必然之意当之,失其旨矣。③

"意"是一种观念、意愿,出于有意识的思想,可以由意志控制,所以以"意"为诗,诗便成为必然性、确定性的文本,诗的意义便被圈定在一个狭窄的"死"的范围。而"情"则是一种情绪、感受,出于无意识的本能,无法由意志控制,所以以"情"为诗,诗便成为偶然性、非确定性的文本,诗的意义也因其若有若无、模棱两可的模糊性而具有极大的"活"的阐释空间。从创作来看,杜甫以意作诗,诗中体现了强烈的主观意图,未免缺乏"神往神来"之妙;从阐释来看,朱熹解《诗经》,以意逆志,对国风中那些"设为其然而实不必然"的不可名状的诗篇,都以"必然之意"去解释,从而丧失了诗的真正本旨。

其三,反实求说。宋人作诗爱直陈事实,堆砌典实,论诗尚"逼真"、"落实",推崇"写物之功"、"曲尽其妙",读诗主张"亲证其

---

① 《四溟诗话》卷一,《历代诗话续编》本,页1149。
② 《小草斋诗话》卷二外篇上,《明诗话全编》第6册,页6677。
③ 陆时雍《诗镜总论》,《历代诗话续编》本,页1414。

事"。在明代人看来,如果诗人把自己的所见所闻、所思所想写实写尽,那么诗歌的艺术魅力也就荡然无存。王廷相指出:"言征实则寡余味也,情直致而难动物也,故示以意象,使人思而咀之,感而契之,邈哉深矣!此诗之大致也。"① 郑善夫也认为:"诗之妙处,正在不必说到尽,不必写到真,而其欲说欲写者自宛然可想,虽可想而又不可道,斯得风人之义。"② 谢榛提出"含糊"的概念来反对写实:"凡作诗不宜逼真,如朝行远望,青山佳色,隐然可爱,其烟霞变幻,难于名状。及登临非复奇观,惟片石数树而已。远近所见不同,妙在含糊,方见作手。"③ 胡应麟论诗标举"兴象风神",主张"诗贵清空"④;谢肇淛论诗提倡"无色无著",主张"诗境贵虚"⑤;陆时雍论诗认为"认真则又死矣",主张"转意象于虚圆之中"⑥。都主张诗歌文本不应追求纪实逼真,而应以欲说还休的模糊语言营造一种似真非真的意境,尽可能给读者留下足够的想象空间。从阐释角度来看,这些"含糊"、"清空"、"无著"、"虚圆"的文本是很难用准确的语言来分析描述的,因为任何一种具体的解释都只能是拘泥于"形迹",而难得其"风神"。

综上所述,"水月镜花"的文本体认决定了明代阐释学反诠释的倾向,并成为明代诗歌领域评点学极大繁荣与笺注学相对衰微的深层动因之一。所谓笺注,是指受传统经学笺注形式影响的诗歌注解,以注古事、古语、时事为内容,"务使本文主意与当年故实,若符节之合"⑦,以"知人论世"和"以意逆志"为其基本理念。所谓评点,则源于个人

---

① 《王廷相集》卷二八《与郭价夫学士论诗书》,页503。
② 《焦氏笔乘》卷三《评杜诗》引郑善夫语。
③ 《四溟诗话》卷三,《历代诗话续编》本,页1184。
④ 《诗薮》外编卷一,页125。
⑤ 《小草斋诗话》卷一内篇,《明诗话全编》第6册,页6669。
⑥ 《诗镜总论》,《历代诗话续编》本,页1420、1403。
⑦ 浦起龙《读杜心解》卷首《发凡》曰:"凡注之例三:曰古事,曰古语,曰时事。……务使本文主意与当年故实,若符节之合,水乳之投。"页6,中华书局1961年版。

读书的标注方式[1],是读诗过程中欣然会意的随手评论,以"见仁见知"、"诗无达诂"为其基本理念。具体说来,"水月镜花"之喻的流行与评点学的繁荣之间相对应的原因在于:当人们把诗歌看作象喻性文本而非记事性文本时,年谱的编排、本事的索隐等一切"知人论世"的方法便自然失效;当人们把诗歌看作非真非幻的呈现印象与感受的文本时,原本立意始末、窥其用意深处等一切"以意逆志"的方法便无从措手;当人们认为诗歌的语言是如此的简朴单纯、透明无碍,没有任何陌生的东西需要诠释时,征引典故、笺训词句、考证出处等一切"抉隐发藏"的工作便纯属多余;当人们想把"心了了而口不能解"的个人性阅读行为转化为公众性传释行为文本时,其阅读的感受和体验便自然只能以一种印象批评的形式出现,而印象批评的最佳形式便是诗歌评点。诗歌评点虽然也具有解释文本的功能,但它放弃了对所谓"本事"、"故实"、"本意"、"本义"的孜孜不倦的追求,而每每只将诗歌当作一个具有超历史、超理性、超学问、超意图性质的纯美学文本来理解。显然,这种评点与其说是一种诠释,不如说是对传统诠释形式——笺注的解构。

当我们回过头来检讨南宋后期诗歌阐释学时,就会发现一个有趣的现象,即诗歌评点与"尚味"、"无意"、"妙悟"等反笺注思潮几乎同步出现。尤其值得回味的是,严羽和刘辰翁这两位"水月镜象(花)"之喻的首倡者,恰巧是最早的诗歌评点的代表人物。更加巧合的是,严、刘二人正好分别是盛唐诗坛巨擘李白、杜甫诗集评点的开创者[2]。严羽有评点《李太白诗集》二十二卷,刘辰翁更是中国文学批评史上的第一位评点大师,他的评点涉及数十种著作,包括

---

[1] 参见吴承学《中国古代文体形态研究》第十七章《评点形态源流》,页376—397,中山大学出版社2000年版。
[2] 〔清〕王琦《李太白全集跋》:"李诗全集之有评,自沧浪严氏始也。世人多尊尚之。"《李太白全集》卷末,页1688,中华书局1993年版。〔清〕宋荦《读书堂杜工部诗集注解序》:"至于杜诗有评有批点,自刘辰翁须溪始。"《读书堂杜工部诗集注解》卷首,《四库全书存目丛书》集部第5册,页511。

诗、文、小说三方面内容，其中最有代表性的是诗评，其杜诗评点，对元明两朝的诗歌阐释学的影响极为深远①。明胡应麟曾这样评价："严羽卿（羽）之诗品，独探玄珠；刘会孟（辰翁）之诗评，深会理窟；高廷礼（棅）之诗选，精极权衡。"②这段话颇值得注意，严羽著《沧浪诗话》，高棅编《唐诗品汇》，都是唐诗的鼓吹者，胡应麟本人也是提倡"诗必盛唐"的前后七子的追随者，可见胡氏将刘辰翁的评点与严、高相提并论，乃是看重其对唐诗的独特理解。

德国哲学家狄尔泰（Dilthey）认为，一切阐释活动的对象，一段需要解释的话或一个需要解释的文本，始终是某种生命表达（Lebensausserung）。他指出："如果这一生命表达完全是陌生的，解释就根本不可能；如果这一生命表达中没有任何一点陌生的东西，解释就完全不必要。"③在严羽及其追随者看来，"唐音"这一"水月镜花"似的生命表达中，一方面有完全无法把握的虚幻内容，所谓"镜里看花见不难，水中捉月争拈得"，另一方面又没有任何陌生的东西，所谓"水澄镜朗"、"透彻玲珑"，因此注释既根本不可能，也完全不必要，"不可解"也"不必解"。问题在于，李、杜之诗并不属于"水月镜花"的生命表达，杜甫不消说以"善陈时事"、"无一字无来处"闻名，李白能得到欧阳修、苏轼的推崇，也绝非"韵高而才短"之辈。严羽、刘辰翁这样的反诠释论者为何会选择本来"可解"的李、杜诗来作为解构注释的试验品呢？显然，他们之所以这样做，除了对李、杜诗爱好和推崇外，还有相当部分理由是为了

---

① 如明单复《读杜诗愚得自叙》："近世咸重须溪刘氏评点杜诗，家传而人诵。"《四库全书存目丛书》集部第4册，页4。宋荦《读书堂杜工部诗集注解序》："须溪评杜有盛名，更元明三四百年，学者多宗焉。"《四库全书存目丛书》集部第5册，页512。
② 胡应麟《诗薮》外编卷四，页191。
③ See Wilhelm Dilthey, *Entwürfe zur Kritik der historischen Vernunft*, in *Gesammelte Schriften*, Vol. 17, Vandenhoeck & Ruprecht, 1974, p.225.

证明自己的理论：即使是有"本事"、"故实"、"本意"、"本义"的作品，也完全可以作为超历史、超理性、超语言的纯美学文本来对待。试举数例如下：

> 李白《古风五十九首》其一："文质相炳焕，众星罗秋旻。"严评云："'秋旻'有眼。若读《尔雅》太熟，但认作有来历，非知诗者矣。"①
>
> 同上其五："仰望不可及，苍然五情热。"严评："'苍然'字妙，亦不必本郭景纯'万物苍苍然'生语。"②
>
> 杜甫《成都府》："翳翳桑榆日，照我征衣裳。"刘评云："有何深意，到处自然。""初月出不高，众星尚争光。"刘评云："语次写景，注者屑屑附会，可厌。"③

找来历、本出处、察深意的注释态度在这里遭到无情的嘲笑，正充分说明所谓"水月镜花"并不是文本本身固有的性质，而取决于阐释者的理解态度，如罗大经所说："大抵古人好诗，在人如何看，在人把做什么用。"④也就是说，"不可解"、"不必解"的文本是由反诠释的姿态造就出来的。

需要说明的是，尽管文章评点这种形式在南宋初就已出现，但诗歌评点只是在元明两朝唐音大盛、"水月镜花"之喻广为流传的情况下，才真正取代笺注成为阐释学的主流。更需要说明的是，尽管晚明性灵派诗人对前后七子的拟古作风大加挞伐，但在对诗歌文本

---

① 严羽《评点李太白集》，陈定玉辑校《严羽集》，页118，中州古籍出版社1997年版。
② 同上，页119。
③ 《集千家注批点补遗杜诗集》卷六，页580、581，《杜诗丛刊》第一辑，台北大通书局1974年影印嘉靖八年靖江王府刊本。
④ 《鹤林玉露》乙编卷二《春风花草》，页149。

超历史、超理性、超学问、超意图特征的体认方面,却与"唐音"派殊途同归。如公安派袁宏道在《叙陈正甫会心集》中指出:"世人所难得者唯趣。趣如山上之色,水中之味,花中之光,女中之态,虽善说者不能下一语,唯会心者知之。……夫趣得之自然者深,得之学问者浅。……入理愈深,然其去趣愈远矣。"[①] 关于"趣"的种种比喻,与"水月镜花"相去不远,反学问、反理性的立场也如出一辙。汤显祖也认为,诗歌的"机与禅言通,趣与游道合","要皆以若有若无为美"[②],而"若有若无"正是"水月镜花"最重要的特征之一。而这种对诗的认识也可以解释竟陵派钟惺、谭元春《唐诗归》评语"矜为玄妙"的原因,既然诗的机锋与禅宗语言相通,超越声色,诗的兴趣与游览之道相合,全凭感受,那么这种"若有若无"之美也只能用"影响仿佛"之言去诠释。

二、醉翁窥语:不说破原则

在宋代,儒家经典的解释遵循着由训诂而至本义的程序,文人别集的解释亦是以求本事、释典故、明诗意为主要内容,其共同之处都是以理性与常识为基点。然而,禅宗典籍的文本诠释却呈现出完全不同的面目,尤其是有关禅门古德公案的解释更具有鲜明的非理性特征。

所谓"公案"是指禅宗前辈大师(古德)传道、授业、解惑的言谈和场景的记录,因被视为禅门辨别邪正的经典案例而称为公案。公案多由玄妙的语言或奇怪的动作所组成,一般学者很难弄懂其含

---

① 《袁宏道集笺校》卷一〇《解脱集》之三《叙陈正甫会心集》,页463—464,上海古籍出版社1981年版。
② 《汤显祖集·诗文集》卷三一《玉茗堂文》四《如兰一集序》,页1062,中华书局1962年版。

义,所以需要有导师对之作出解释。然而,按照禅宗"不立文字,教外别传"的观念,如果使用日常符合逻辑的语言去解释公案,难免"死于句下",不仅会遮蔽、甚至会歪曲公案昭示的意义。正如那些古德在回答"如何是佛法大意"时所示范的那样,对古德的示范解释也应采用同样的办法,这就是本书第四章揭载的"指月"式的传教方式。

同时,禅宗还有"以心传心"的传统,传说佛祖释迦牟尼在灵山会上拈花示众,听众都默然无语,不知所措,唯有迦叶尊者破颜微笑,佛祖对其妙悟格外赏识,当众宣布把正法眼藏传给迦叶。佛祖与迦叶之间无言的心灵默契启发后来的禅师采用"拈花"式的暗示手法来诠释古德公案。

公案的解释,有"代语"、"别语"、"拈古"、"颂古"、"评唱"等多种形式,尽管其具体方式各不相同,但都具有机智玄妙、不落拟议的共同特点。正如汾阳善昭所说:"夫参玄(参禅)大士,与义学不同,顿开一性之门,直出万机之路。……心明则言垂展示,智达则语必投机。了万法于一言,截众流于四海。"① 禅学语言优于义学之处在于,它不需要思辨分析,而是靠"顿开"、"直出";它不是靠义理的探究来说服听众读者,而是靠一言半句的展示来寻觅投机的知音;它没有拖泥带水的烦琐注疏,而是以"一言"而"了万法"。

最能代表禅宗阐释学特点的著作是北宋末期的圆悟克勤禅师评唱雪窦的《颂古百则》,并由其门人记录汇编而成的《佛果圜悟禅师碧岩录》(又名《碧岩集》)。这部书被视为"宗门第一书",是禅宗史上影响最大的经典性的阐释性著作。《碧岩录》的每一则包括对古德公案和雪窦颂古二者的双重评说和注释,由"垂示"、"著语"和"评唱"三部分组成。我在拙著《禅宗语言》中曾以第七则《慧超问

---

① 《汾阳无德禅师语录》卷下,《大正藏》第四七卷,页619。

佛》为例，讨论过三部分的具体内容①。由于"垂示"为总论式的提示，无关乎解释，而"评唱"的文字又颇为冗长，所以均不再论述，此处仅将"著语"部分略作例示，以窥见《碧岩录》阐释特色之一斑。

所谓"著语"，是一种语言简练的评点，附在公案和颂古的语句下，相当于夹注夹批。如《慧超问佛》公案原文的著语：

> 举僧问法眼：(道什么担枷过状。)"慧超咨和尚，如何是佛？"(道什么眼睛突出。)法眼云："汝是慧超。"(依模脱出，铁馂馅，就身打劫。)②

括号外文字是雪窦所举公案，括号内文字是克勤所下著语。著语使用的句子全都是唐宋俗语或"宗门语"(禅宗宗教语言)，如"担枷过状"大意谓自求解脱；"眼睛突出"可能指识见不明；"依模脱出"也许是"依样画葫芦"之意；"铁馂馅"意谓咬不破的东西，可能借喻钻不透的禅理；"就身打劫"是指自己打劫自己，可能借喻自性具足，无须外求。这些俗语的含意本来就富有弹性，时过境迁，更难以理解。不过，即使我们对每一个俗语的理解都准确无误，仍无法从逻辑上看出著语的注解与公案原文之间有何联系。又如在雪窦颂古的诗句下所附的著语：

> 江国春风吹不起，(尽大地那里得这消息？文彩已彰。)鹧鸪啼在深花里。(喃喃何用？又被风吹别调中。岂有恁么事？)三级浪高鱼化龙，(通这一路，莫谩大众，好踏着龙头。)痴人

---

① 参见周裕锴《禅宗语言》上编《宗门语默》第四章第三节，页129—139，复旦大学出版社2017年版。
② 《佛果圜悟禅师碧岩录》卷一第七则《慧超问佛》，《大正藏》第四八卷，页147。

犹厍夜塘水。(扶篱摸壁,挨门傍户。衲僧,有什么用处?守株待兔。)①

雪窦颂古有禅理而无禅语,很像一首优美的诗歌,字面上完全与"慧超问佛"的公案无关。它不是用韵文的形式去复述公案的内容,而是以诗歌的意象语言来暗示禅理;或者说它不是从正面去直接讲解公案,而是企图通过形象思维的方式来唤起读者对禅理的直观体验。克勤的著语则有如诗歌评点,用同样闪烁其辞的语言略作点拨,让读者自己去领会。也就是说,在公案、颂古和著语三者之间,需要读者凭借宗教常识和智慧心性去填补逻辑空白。比如,"江国春风吹不起"句,克勤的著语可能是说这句透露出"汝是慧超"(即慧超是佛)的消息;"鹧鸪啼在深花里"句,著语"喃喃无用"可能是说颂古暗示纠缠于言词情解是无用的;"三级浪高鱼化龙"句,著语可能说颂古是比喻懂得"汝是慧超"的人已通向觉悟之途,即禅宗所谓"转凡成圣";"痴人犹厍夜塘水"句,著语可能将其理解为指那些未理解"汝是慧超"深意的学者,暗中摸索,缺乏自信,有如守株待兔。不过,著语并未将意义的诠释作为目的,毋宁说是用独特的宗门语对颂古的诗歌语言进行了一次置换。

另外,据《禅宗语言》的分析,尽管克勤关于公案和颂古的两则"评唱"分别长达数百字,而且批驳了几种对此公案的错解,但他仍丝毫未从正面解释公案和颂古所蕴藏的禅理,只是一再告诫不得从言句上作解会。换言之,克勤其实是在借评唱而取消解释,用语言取消语言的意义。

从《慧超问佛》的"著语"和"评唱"中可以看出,《碧岩录》不仅创立了一种全新的文本诠释形式,而且采用了一种前所未有的

---

① 《佛果圜悟禅师碧岩录》卷一第七则《慧超问佛》,《大正藏》第四八卷,页147。

诠释方法。这种诠释方法既迥异于汉唐儒家经学的章句训诂，也不同于魏晋玄学的"寄言出意"、"辨名析理"，既有别于佛教因明学的表诠与遮诠，也不同于理学的讲疏演义。它的特点是，阐释所用的语句尽量不与被阐释的内容直接发生关系，特别是"垂示"和"著语"，只用一些词义晦涩的成语俗谚旁敲侧击地略作暗示。在"评唱"里虽有一点词语解释，如讲"三级浪高"，但都是信手拈来，不作考证，也不讲出处，语言非常随意。更重要的是，《碧岩录》根据禅宗的言意观确立了一种"不说破"的阐释学原则。有僧问法眼禅师："如何是第一义？"师曰："我向汝道是第二义。"① 换言之，"第一义"是抗解析的，抗阐释的，是说不破的，也是不能说破的。克勤评唱中所说"无缝无罅"、"盖天盖地"，既是称赞雪窦的颂古不露痕迹，也是在暗示公案的禅理混沌圆融，不可理喻。因此，阐释禅宗典籍者，不能直接说明观点，触犯主旨，要像善舞剑的高手，向虚处过招；否则，落到实处，剑锋遭损，手亦受伤。这就是所谓"不伤锋犯手"，或曰"绕路说禅"②，让读者超越"言句"、"情解"去作自由的解读。

克勤曾经指出："言语只是载道之器，殊不知古人意，只管去句中求，有什么巴鼻？不见古人道：道本无言，因言显道，见道即忘言。"③ 不过，在克勤的阐释学观点中，"言语"这一"载道之器"有点像气球的膜，"道"就像膜中包裹着的气，"道"的形状通过"言语"的膜显现出来。如果试图通过言句去求意义，就会像戳破气球找气一样适得其反。所以克勤一再告诫"不说破"，因为不说破，至少"道"的原样还能得到完整的保存。《碧岩录》中尽管有喋喋不

---

① 《景德传灯录》卷二四《金陵清凉文益禅师》，《大正藏》第五一卷，页399。
② 参见《佛果圜悟禅师碧岩录》卷一第一则《圣谛第一义》，《大正藏》第四八卷，页141。
③ 同上卷二第十二则《洞山麻三斤》，页153。

休、叠床架屋的解释,但从来不从正面去讨论公案和颂古的本义,原因正在这里。事实上,"道"的内涵已超越了任何文本的本义,它是比"意"更高一层次的东西。

为了"见道"而不得不采用"不说破"的原则,因而《碧岩录》更多地把文本的理解由苦口婆心的祖师交给当机透脱的僧徒,即由全能的阐释者交给颖悟的解读者。这种阐释方法对后世影响很大,不仅金、元的颂古评唱如《从容庵录》、《空谷集》、《虚堂集》等仿其体势,而且元、明、清的部分诗文评点也得其神髓。

严羽和刘辰翁的评诗也大致采用类似的"不说破"原则,既不留意于史实钩沉,也不致力于本事索隐,力求做到"使读者得于神,而批评摽掇,足使灵悟"[1]。而明代人也常把刘辰翁和严羽看作禅宗言说方式在诗歌阐释上的代言人,如胡应麟称"严羽卿崛起烬余,涤除榛棘,如西来一苇,大畅玄风","刘辰翁虽道越中庸,其玄见邃览,往往绝人,自是教外别传,骚场巨日"[2],无非是说其评诗无意于语言文字。又如胡震亨称"如严之吟卷,刘之诗评,解会超矣"[3],无非是说其评诗像禅宗一样超越了言句情解。

刘辰翁的评点在阐释学上的意义非止一端,后文将再作申论,此处仅从言说方式上来谈谈其对元、明、清的评点著作的影响。

刘氏评诗从来不屑于对原文的字词、章句逐一训释,甚至很少对诗歌的本义作出阐述,而往往只是三言两语道出自己对诗歌的名章警句的总体印象或感受。下面试举其几首杜诗评点为例:

《望岳》:"荡胸生层云。"句下批云:"对下句苦。○荡胸语

---

[1] 刘将孙《杜工部诗集序》,《集千家注批点杜工部诗集》卷首,日本天理图书馆善本丛书,日本八木书店影元末明初刊本、元会文堂刊本,1981年版。
[2] 《诗薮》杂编卷五,页321。
[3] 《唐音癸签》卷三二,页332。

不必可解，登高意豁，自见其趣。"①

《房兵曹胡马》："所向无空阔，真堪托死生。"句下批云："仿佛老成，亦无玄黄，亦无牝牡。"②

《饮中八仙歌》诗末批云："不伦不理，各极其平生，极其醉趣，古无此体，无此妙，谓为八仙，甚称。○八篇近之。吾意复如题画，人目一二语，集之成歌，像其醉中失口而成，更见佳趣，第难为拘检者道耳。"③

《高都护骢马行》："青丝络头为君老，何由却出横门道。"句下批云："只亦此语绝是。"④

《一百五日夜对月》："无家对寒食，有泪如金波。斫却月中桂，清光应更多。"句下批云："语贵不犯。○怨而不伤，狂而不直，评者不能及此。"⑤

《送孔巢父谢病归游江东兼呈李白》："春寒野阴风景暮。"句下批云："不必有所从来，不必有所指，玄又玄，众妙门。○七字浩然，以其将隐也。"⑥

《大云寺赞公房四首》："灯影照无睡，心清闻妙香。"句下批云："便尔超悟。""明朝在沃野，若见尘沙黄。"句下批云："如此自好。"⑦

《曲江二首》其二："朝回日日典春衣，每日江头尽醉归。酒债寻常行处有，人生七十古来稀。穿花蛱蝶深深见，点水蜻蜓款款飞。传语风光共流转，暂时相赏莫相违。"结句批云："落落酬

---

① 《集千家注批点补遗杜诗集》卷一，页81。
② 同上，页89。
③ 同上，页110。
④ 同上，页128。
⑤ 同上卷三，页261。
⑥ 同上，页265。
⑦ 同上，页266、267。

畅，如不经意，而首尾圆活，生意自然，有不可名言之妙。"①

《后出塞五首》："落日照大旗，马鸣风萧萧。"句下批云："复欲一语似此，殆千古不可得。"又云："此诗之妙，可以招魂复起。"②

《后游》："江山如有待，花柳更无私。"句下批云："必如此可以言气象矣。"③

这些评语有三个突出的倾向：一是强调诗"不必可解"、"不必有所指"，反对注释者对所谓"本意"的附会；二是用"自见其趣"、"只如此语绝是"、"便尔超悟"、"如此自妙"之类的套话来代替诗意的解释；三是遇到最精彩的地方，便赞叹"玄又玄，众妙门"、"有不可名言之妙"，绝不道破。这些评语只给出对诗句的某种模糊感觉，并未解释诗歌的清晰意义。这或许只是刘辰翁读诗过程中自我感悟的独白，并未考虑满足读者理解本义的需求。由于这种类型的评语在刘氏的著作中为数不少，所以竟至被后人称为"醉翁谵语，终不能了了"④。正如单复批评的那样："其开卷第二首《赠李白》诗曰：'野人对膻腥，蔬食常不饱。岂无青精饭，使我颜色好。'刘评云：'野人所喜者蔬食，第对膻腥，故思青精饭耳。'余疑未解。又《望岳》诗曰：'荡胸生层云。'评曰：'登高意豁，自见其趣。'余益疑矣。及观评《上韦左相》'八荒开寿域，一气转洪钧'，云：'颂相业多矣，未有如此轩豁快意者。'余乃知须溪所评，大抵止据一时己见而言，亦未明作者立言之旨意。"⑤

事实上，刘辰翁本来就未将"明作者立言之旨意"当作自己评

---

① 《集千家注批点补遗杜诗集》卷四，页353。
② 同上卷六，页525、526。
③ 同上卷七，页594。
④ 宋濂《宋文宪公全集》卷一七《杜诗举隅序》，《四部备要》本。
⑤ 单复《读杜诗愚得自叙》，《四库全书存目丛书》集部第4册，页4。

点的任务,他的"醉翁寱语"的确出于一种取消注释、悬置意义的自觉。宋代的诗集注释以释理、释事、释史为其特点,最终目的在于释义,即探求诗歌的内容大意或诗人的创作意图。这种"尚意"的阐释学往往使得注释者醉心于发掘每一首诗的微言大义,从而导致穿凿附会的发生。以杜诗注释为例,因为宋人有"诗史"、"一饭不忘君"之说,"于是注者深求而强附,句句字字,必傅会时事曲折"[1]。刘将孙在论及乃父辰翁的杜诗评点时指出:

> 凡注诗尚意者,又蹈此弊,而杜集为甚。诸后来忌诗、妒诗、疑诗、开诗祸皆起此而莫之悟,此不得不为少陵辨者也。先君子须溪先生每浩叹学诗者各自为宗,无能读杜诗者,类尊丘垤而恶睹昆仑。平生屡看杜集,既选为《兴观》,他评泊尚多,批点皆各有意,非但谓其佳而已。……注杜诗如注《庄子》,盖谓众人事、眼前语,一出尽变事外意、意外事。一语而破无尽之书,一字而含无涯之味。或可评不可注,或不必注,不当注。举之不可遍,执之不可著,常辞不极于情,故事不给于弗也。[2]

由此可见,刘辰翁之所以以评点取代注释,乃在于用"尚味"的阐释学取代"尚意"的阐释学,从而避免种种"深求而强附"的弊病。既然诗之味"举之不可遍",所以不妨略作点拨;既然诗之味"执之不可著",所以不妨含糊其辞,留下空间和想象给读者。"醉翁寱语"实在是不得已而为之,宁愿不说破,保存原作的完整性,也不愿乱挥穿凿之斧,肆意曲解。其实,即使批评刘辰翁的人也承认,刘氏

---

[1] 《集千家注批点杜工部诗集》卷首刘将孙《杜工部诗集序》。
[2] 同上。

的评点乃是对宋代流行的"著其用事之出处"、"指其立言之意"、"泛引经史,巧为附会"的注释倾向的反拨与对抗①。

有感于旧注的穿凿附会,明代甚至出现了几种删除掉所有注释的杜诗白文版本。这实际上是刘辰翁那种"不说破"的倾向推向极端的产物。几个白文杜诗编纂者在其序言中指出:

> 杜少陵诗足嗣风雅正响,凡注家谓其句有攸据,意有攸寓,旁质曲证,匪泛即凿,俾读者心目徽缫,莫不了了也。然杜虽思闲而绪密,语迩而旨函,所以言旨者唯此理耳。以意逆志,以我观理,则人己同趣,古今一揆,随其所见各有得矣,讵资注。乃因《杜律》虞赵本钞得五言二百四十章,七言一百五十章,厥注皆削焉。於乎!天下之学敝于注诂,岂唯杜哉!岂唯杜哉!②

> 杜诗传者甚多,有古本、有蜀本、有《集略》、有《小集》、有《少陵》、有《别题》、有《杂编》、有《千家虞赵注》,《序》者持异同,解释分户牖。高明者加以傅会,卑凡者则胶漆其见。予深慨夫学人之无宗也,暇日得别本玩之,为之分门别类,加以裁割。……且但存本义,不载群解,又可撤障耳目,自索之于心臆之中。虽不能千载悉符,而镌研揆度,畅然于心者必多也。于是命工梓之,以

---

① 单复《读杜诗愚得自叙》云:"注释者虽众,率多著其用事之出处耳。或有指其立言之意者,又复穿凿傅会,观之令人闷闷。至若杜子作诗之旨意,卒莫能白,深窃疑焉。且近世咸重须溪刘氏评点杜诗,家传而人诵,亟取读之。"宋濂《杜诗举隅序》云:"注者无虑数百家,奈何不尔之思,务穿凿者,谓一字皆有所出,泛引经史,巧为附会,檀酿而丛胜。骋新奇者,称其一饭不忘君,发为言辞,无非忠国爱君之意。至于率尔咏怀之作,亦必迁就而为之说。说者虽多,不出于彼,则入于此,子美之诗,不白于世者五百年矣。近代庐陵大儒(刘辰翁)颇患之,通集所用事实,别见篇后,固无缴绕猥杂之病,未免轻加批抹,如醉翁囈语,终不能了了。"
② 陈如纶《杜律序》,转引自周采泉《杜集书录》内编卷六,页306,上海古籍出版社1986年版。

为海内同志者共。①

予日与少陵集对,服膺其诗,更论其人,益美能重其诗。每厌注解,本属蠡测,妄作射覆,割裂穿凿,种种错出。是少陵以为诠性情之言,而诸家反以为逞臆妄发之的也。何异以败蒲藉连城,以鱼目缀火齐乎? 因尽别去,使少陵本来面目如旧,庶读者不从注脚盘旋,细为讽译,直寻本旨,从真性情间觅少陵。性情之薪火不灭,少陵固旦暮遇之也耶!②

汝南傅公君奭直指畿南,昇鋟重梓杜诗,去注释而从其类,意固深矣。谚云:"僧闭口,佛缩手。"盖默于不知也。③

既然注释是对意义的遮蔽,那么评点也是饶舌的废话。真正聪明的阐释者应是"默于不知",如维摩诘说法一样,默然无语,"乃至无有文字语言,是真入不二法门"④。为了消除旧注的穿凿,同时也为了避免新注的附会,最好的办法就是删除一切注释。但这些编纂者坚信,这种做法并不等于放弃阐释,只不过是撤除遮蔽意义的障碍而已,杜诗的意义将在没有任何障碍的干扰下自然呈现出来。与刘辰翁的评点相比,这种白文文本把更大的想象空间和阐释权交给了读者。

刘辰翁"醉翁寱语"式的评点在明代很有市场,其最忠实的继承者可能要算明末钟惺和谭元春。《四库全书总目》提要称钟、谭所选《诗归》,"大旨以纤诡幽渺为宗,点逗一二新隽字句,矜为玄妙"⑤;又称刘辰翁"所见至浅,其标举尖新字句,殆于竟陵之先声"⑥,以为钟、谭接踵辰翁,其说有一定的见地。不过,钟、谭

---

① 李齐芳《杜工部分类诗序》,转引自周采泉《杜集书录》内编卷三,页133。
② 傅振商《杜诗分类叙》,《四库全书存目丛书》集部第5册,页81—82。
③ 周光燮《杜诗分类跋》,转引自《杜集书录》内编卷三,页138—139。
④ 《维摩诘所说经·入不二法门品》,《大正藏》第一四卷,页551。
⑤ 《四库全书总目》卷一九三集部总集类存目三,页1795。
⑥ 同上卷一四九集部别集类二,页1281。

的评点肖似辰翁之处，实不仅在于所谓尖新字句，而更在于"不说破"的言说方式，辰翁评赏"屡云妙处不必可解"[1]，在钟、谭的评点中更成为一种口头禅，试以《唐诗归》中二人的评语为例，略见其倾向：

> 储光羲《题太玄观》："所喧既非我，真道其冥冥。"谭云："着一'其'字，神妙遂不可言。"[2]
>
> 王维《蓝田山石门精舍》："道心及牧童。"钟云："'及'字深妙难言。"[3]
>
> 王维《自大散以往深林密竹磴道盘曲四五十里至黄牛岭见黄花川》："望见南山阳，白露蔼悠悠。"钟云："'悠悠'二字，着白露，有光景，说不得。"[4]
>
> 王维《酬张少府》："君问穷通理，渔歌入浦深。"钟云："透悟，说不出。"谭云："妙绝。"[5]
>
> 王维《晚春严少尹与诸公见过》："鹊乳先春草，莺啼过落花。"钟云："'先'字、'过'字，幻妙之甚。"谭云："'过'字尤不可思议。"[6]
>
> 孟浩然《听郑五愔弹琴》，题下钟云："唐人琴诗每深妙，此诗妙处，似又在不深，难言难言。"[7]
>
> 孟浩然《游精思观回王白云在后》，题下钟云："一首陶诗，

---

[1] 王琦《李长吉歌诗汇解》首卷《李长吉歌诗叙》注云："观其（刘辰翁）评赏，屡云妙处不必可解。"《李贺诗歌集注》，页6，上海人民出版社1977年版。
[2] 《唐诗归》卷七盛唐二，《四库全书存目丛书》集部第338册，页157。
[3] 同上卷八盛唐三，页169。
[4] 同上，页171。
[5] 同上卷九盛唐四，页178。
[6] 同上，页181。
[7] 同上卷一〇盛唐五，页192。

却入律中，妙妙。"谭云："妙在无迹可寻。"①

王昌龄《江上闻笛》："响尽惟幽林。"钟云："五字眇，所谓虚响之意，弦外之音，可想不可说。"谭云："只说笛以后之妙，而笛之妙自见。"②

王昌龄《宿京江口期刘昚虚不至》："霜天起长望，残月生海门。"谭云："不说出望友来，妙在言外。"③

王昌龄《出塞》，题下钟云："龙标七言绝，妙在全不说出，读未毕，而言外目前，可思可见矣。然终亦说不出。"④

常建《题破山寺后院》，题下钟云："无象有影，无影有光，是何物，参之。"谭云："妙极矣，注脚转语，一切难着，所谓见诗人身而为说法也。"⑤

杜甫《送远》，题下钟云："妙在八句佳处，寻不出，说不破。"⑥

杜甫《后游》："江山如有待，花柳更无私。"钟云："'无私'二字，解不得，有至理。"⑦

杜甫《江亭》："寂寂春将晚，欣欣物自私。"钟云："'自私'、'无私'，各有其妙，传不出。"⑧

杜甫《西阁雨望》："滂沱朱槛湿，万虑傍檐楹。"谭云："有可思不可解之妙。"⑨

杜甫《九日蓝田崔氏庄》："醉把茱萸子细看。"钟云："'子

---

① 《唐诗归》卷一〇盛唐五，页196。
② 同上卷一一盛唐六，页206。
③ 同上，页210。
④ 同上。
⑤ 同上卷一二盛唐七，页229。
⑥ 同上卷二〇盛唐一五，页329。
⑦ 同上，页331。
⑧ 同上卷二一盛唐一六，页333。
⑨ 同上，页339。

细看'三字,悲甚。无限情事,妙在不曾说出。"①

刘长卿《酬李侍御登岳阳见寄》:"暮帆遥在眼,春色独何心。"钟云:"'独何心'三字连'春色'说来,其妙难言。"②

卢纶《同吉中孚梦桃源》,题下钟云:"只六句,境、趣、理俱在内,而皆指不出,妙至于此。"③

类似例子不胜枚举。总括上面评语,主要可分为"不说出"和"说不出"两类。"不说出"是评价作者的主观动机,指作者故意埋没诗歌的意绪,以意象或动作的描写代替情感或理念的直白。如杜甫"醉把茱萸子细看",就是用微妙的动作描写传达出非常复杂的感情,而感情本身却"不曾说出"。日本学者阿部兼也讨论《唐诗归》中的用语,分析了"说不出"和"深"、"败兴"和"浅"的关系④,其实,阿部所探讨的"说不出"用例,如关于王昌龄的七言律的评语,都应属于"不说出"一类。至于"说不出"则是赞叹作品的客观艺术效果,指诗歌的韵味令人难以用语言分析解释。同类词语有"说不得"、"深妙难言"、"不可说"、"寻不出"、"说不破"、"解不得"、"传不出"、"指不出"、"有可思不可解之妙"、"不可思议"、"无迹可寻",等等。换言之,这一类评语都是站在阐释者自身的立场而言的,当阐释者发现在那些神妙的佳句佳篇面前一切解释都苍白无力之时,那么他最好的办法就是用"言无言"的惊叹来表示玄虚的沉默,既可存真,又可藏拙。正因如此,在钟、谭《诗归》的评点中,也像刘辰翁一样充斥着鄙薄注释的倾向,所谓"注脚转语,一切难着"。假如他们偶然技痒难熬,免不了要分析某些诗篇的构思立意,

---

① 《唐诗归》卷二二盛唐一七,页349。
② 同上卷二五中唐一,页395。
③ 同上卷二六中唐二,页410。
④ 阿部兼也《〈唐詩帰〉詩評用語試探——"說不出"と"深"》,日本东北大学中国文史哲研究会《集刊東洋学》第29号,1973年6月。

也一定要和那些注解者划清界限,声明自己是不得已"反覆注疏,见(现)学究身而为说法"①。

　　清初顾炎武驳斥《诗归》的知识性错误:"此皆不考古而肆臆之说,岂非小人而无忌惮者哉!"②这当然是一针见血,问题在于钟、谭本来就未将文献考证、史实发微一类的学术性问题纳入自己的阐释视野。在绝大多数情况下,他们的诠释对象不仅超越了"书"、"言"的层次,也跳过了"意"的范围,而进入了"味"的境界。钟、谭评点的常用词除了"深"、"妙"以外,还有"神"、"幻"、"厚"、"真"、"实"、"浑"、"朴"、"柔"等,多与诗味有关。在一般学者看来,钟、谭的评语多是故弄玄虚、不负责任的印象式批评,可是他们却声称:"虽一字之耀目,一言之从心,必审其轻重深浅而安置之。"③可见这种批评并非仅凭印象,所谓"点逗一二新隽字句,矜为玄妙",其实是经过精心选择的最富于暗示性和包蕴性的词语。换言之,这种"玄妙"的用语实际上是钟、谭的有意选择,力图用一种不遮蔽诗意的言说方式,即"不说出"或"说不出"的方式,每于诗歌关键之处,点到即止,等待聪明的读者自己去领悟。评点者只是指引警示的路标,而非喋喋不休的导游。

　　与刘辰翁的评点相比,《唐诗归》的评点更多受到禅宗拈花指月式的解说方式的影响。它不仅爱使用"不可思议"、"无迹可寻"、"说不破"这一类多见于佛典禅籍的词语,而且有时干脆把诗句比作"禅家棒喝斩截语"④,在评价某些妙不可言的诗句时,甚至直接一言

---

① 参见《唐诗归》卷一三盛唐八岑参五言律《还高冠潭口留别舍弟》诗末钟惺评语,页237。
② 《日知录集释》卷一八《改书》,页839,花山文艺出版社1990年版。
③ 谭元春《诗归序》,《四库全书存目丛书》集部第337册,页660—661。
④ 《唐诗归》卷一二盛唐七高适五言古《同群公宿开善寺赠陈十六所居》"则是无心地"句钟惺评语,页217—218。

以蔽之曰"禅"①。这种禅宗式的解说方式和词语的使用,与明代万历年间席卷知识界的禅悦之风有很大的关系。在士大夫的圈子中,有一个禅文化的语义场,评点者和读者生活在同一个语义场中,双方谙熟禅宗话头的暗示意义。在我们现在看来故弄玄虚的用语,对于当时的评点者和读者来说,都具有精确的训诂术语所无法传达的言外之意。钟、谭之所以"名满天下"②,《唐诗归》之所以风行一时,多少都与晚明的禅文化语义场有关。

三、借杯浇臆:主观性阐发

尽管任何解释都无法避免意识的"先在结构"的干扰,但我们仍然可以在中国的阐释传统中区分出"我注六经"和"六经注我"两种明显不同的倾向。这两种倾向实际上体现了阐释者对阐释活动的性质和目的的不同看法。"我注六经"者相信任何文本都有一个绝对正确的意义存在,这就是作者的创作意图,阐释的目的就是要发掘、揭示、呈露所谓文本的"本义"。汉代古文经学的文字训诂目的固然如此,宋代理学的义理演绎未尝不以此为初衷。"六经注我"者则承认任何文本的意义都是游移不定的,所谓《诗》无达诂,《易》无达占,《春秋》无达辞"③,既然文本的意义需通过阐释者来实现,那么不妨"仁者见之谓之仁,知者见之谓之知"④,阐释的目的就是要展示自己的意念和情感,汉代今文经学中政治性的"假经设谊"自

---

① 《唐诗归》卷九盛唐四王维五言律《终南别业》"行到水穷处,坐看云起时"两句谭元春评语,页181;又卷二一盛唐十六杜甫五言律《江亭》"水流心不竞,云在意俱迟"两句钟惺评语,页333。
② 《明史·钟惺传》云:"与同里谭元春评选唐人之诗为《唐诗归》,又评选隋以前诗为《古诗归》。钟、谭之名满天下,谓之竟陵体。"
③ 董仲舒《春秋繁露》卷三《精华第五》。
④ 《周易正义·系辞》,《十三经注疏》本,页78。

然遵循此道，南宋诗学中哲学性的"活参"亦与此认识相关，宋明理学的"唯心"、"冥证"更将此倾向发挥至登峰造极。

所谓"我注六经"和"六经注我"实际上代表了两种不同走向的理解过程：前者是逆向的推演，让现在融入过去，让理解者向作者走去，是一种客观的技术的理解；后者是顺向的接引，让过去融入现在，让作者向理解者走来，是一种主观的情绪的理解。评点者显然更多地采用了"六经注我"的立场。当刘辰翁这样的评点者取消词语典故、本事背景的注释之时，不仅给读者的自由联想留下空间，也给阐释者的主观臆说预先准备好退路。由于模糊了文本所具备的历史性，文本所包含的作者的"原初视野"（the past horizon）成了完全开放的视野，可以和任何理解者"现今视野"（the present horizon）相融合①。刘辰翁提出的"观诗各随所得，别自有用"的观点②，正是认为无论观诗者怎样将文本的原初视野纳入自己的现今视野，其理解都是有价值的。

从宋代开始出现一种新的观念，即诗歌或其他文学作品的产权是由作者与读者共享的，文本的意义不仅属于作者，也属于每个读者。苏轼在书写杜甫的《屏迹》诗时感叹道："此东坡居士之诗也。"有人问："此杜子美《屏迹》诗也，居士安得窃之？"苏轼答曰："夫禾麻谷麦，起于神农、后稷，今家有仓廪。不予而取辄为盗，被盗者为失主。若必从其初，则农、稷之物也。今考其诗，字字皆居士

---

① 此处借用了西方阐释学中"视野"（horizon）的概念。美国学者霍埃（D. C. Hoy）指出，在阐释学中，"'视野'这个术语是用来描述解释的处境特征或受语境约束的特征的"。(The term 'horizon' is an attempt at describing the situatedness or context-bound character of interpretation.) 在解释活动中，理解者和他所要理解的文本具有各自的视野：文本包含作者的视野，称为"原初视野"（the past horizon）；理解者具有在当下具体时代和环境中形成的视野，称为"现今视野"（the present horizon）。参见David Couzens Hoy, *The Critical Circle*, pp. 96-97。
② 刘辰翁《须溪集》卷六《题刘玉田选杜诗》，《豫章丛书》本。

实录,子美安得禁吾有哉!"①苏轼从杜诗中得到一种强烈的共鸣,竟至于直接将杜诗视为己诗。他认为杜甫的实录也是"居士实录",正如家家都有禾麻谷麦一样。苏轼相信,在杜诗的"原初视野"后面还有一种如"农、稷之物"那样更原初的东西,那就是作为相同类型的士大夫生活的真实存在。

爱国志士文天祥则不仅赞同这种诗歌文本的产权共享,甚至怀疑原作者享有产权的合法性。他在《集杜诗自序》里有一段极精彩的说明:

> 余坐幽燕狱中,无所为,诵杜诗,稍习诸所感兴。因其五言,集为绝句,久之,得二百首,凡吾意所欲言者,子美先为代言之。日玩之不置,但觉为吾诗,忘其为子美诗也。乃知子美非能自为诗,诗句自是人情性中语,烦子美道耳。子美于吾隔数百年,而其言语为吾用,非情性同哉?②

在这里,杜甫作为作者是无能为力的,他只不过是文天祥"吾意"的代言人而已。作者的本意或文本的本义向读者的"吾意"靠拢,作者从阅读活动中消退隐去,"吾意"成为理解的中心。作为读者的文天祥拥有对文本的占有权("为吾诗")和使用权("为吾用"),因而集杜句为诗与他自己写诗没有什么两样。换言之,诗歌的意义并不属于杜甫,而仅仅是借杜甫之言表现出来,冥冥之中有一种制约着诗歌文本的更本源性的东西——"情性"。而这种"情性"并不是苏轼那种通过"亲证其事"就可还原的真实存在,而是必须经过情感历险甚至遭遇苦难才能体验到的痛苦精神。

事实上,在经历了宋元易代、国破家亡的巨大痛苦之后,一

---

① 《苏轼文集》卷六七《书子美屏迹诗》,页2103—2104。
② 《文山先生全集》卷一六《集杜诗自序》,《四部丛刊》本。

个有良心的士大夫很难在文本阅读和理解中采取纯客观纯技术性的"我注六经"的态度,古人之诗篇成为寄寓或发泄自己情性的最佳媒介,置心平易的"以意逆志"一变而为随寓而发的"借杯浇臆"。与文天祥集句的性质相似,南宋遗民俞季渊在撰《杜诗举隅》时产生了同样的"情性"共鸣。据宋濂《杜诗举隅序》的描述:

> 会稽俞先生季渊,以卓绝之识,脱略众说,独法序《诗》者之意,各析章句,具举众义,于是粲然可观,有不假辞说而自明。呜呼!释子美诗者,至是可以无遗憾矣。抑予闻古之人注书,往往托之以自见,贤相逐而《离骚》解,权臣专而《衍义》作,何莫不由于斯。先生开庆己未进士,出典方州,入司六察,其冰蘖之操,谅直之风,凛然闻于朝者。不幸宋社已屋,裴回于残山剩水之间,无以寄其罔极之思。其意以为忠君之言,随寓而发者,唯子美之诗则然。于是假之以泄胸中之耿耿。久而成编,名之曰《杜诗举隅》。观其书,则其志之悲,从可知矣。①

这段话说明了俞注杜诗不同于宋代"注诗尚意"的鲜明特点,并表明了宋濂本人在阐释学方面的新认识。其一,将古人"发愤著书"的传统改造为"发愤注书"的观念。尽管宋濂也称赞俞氏在"各析章句,具举众义"等客观技术性方面的成就,但其重心乃在于感叹其注书"托之以自见"、"假之以泄胸中之耿耿"等主观情绪性方面的内容。其二,将注释者的"志"而非原作者的"志"视为文本注释的中心。宋濂在谈及阅读《杜诗举隅》时,特别注意的是俞氏的"志之悲",而非杜甫的"志之悲"。《杜诗举隅》虽已亡佚,但据宋濂序言可知,该注本显然以强烈的主观情绪的介入为其特点。

---

① 《宋文宪公全集》卷一七《杜诗举隅序》。

至于刘辰翁的评点本来就对追求本义的"尚意"阐释学有所警惕,所以在评语中更充满了主观感情。作为南宋遗民,其评杜诗尤多感慨,往往融入身世之感。试举数例如下:

《乐游园歌》:"此身饮罢无归处,独立苍茫自咏诗。"批云:"每诵此结,不自堪。○吾尝堕泪于此。"①

《渼陂行》:"咫尺但愁雷雨至,苍茫不晓神灵意。"批云:"惨怆之容,幼眇之思。○寻常赋乐事,则所经历骇愕者,置不复道。吾尝游西湖,遇风雨,诵此语,如同舟同时。"②

《哀江头》结尾批云:"如何一句道尽,第常诵之云耳。"③

《喜达行在所三首》:"雾树行相引,莲峰望或开。"批云:"荒村岐路之间,望树而往,并山曲折,或见其背,或见其面,非身历颠沛,不知其言之工也。"④

同上:"死去凭谁报,归来始自怜。"批云:"独行中,路间关,忧患累百,言不自恕者,一见垂泪。"⑤

《乾元中寓居同谷县作歌七首》:"呜呼六歌兮歌思迟,溪壑为我回春姿。"批云:"独此歌回春姿者,愿车驾反正之辞也。心所同然,千载如对。"⑥

《蜀相》批云:"全首如此,一字一泪矣。○写得使人不忍读,故以为至。○千年遗下此语,使人意伤,又因老宗,添我憔悴。"⑦

---

① 《集千家注批点补遗杜诗集》卷一,页148。
② 同上卷二,页190。
③ 同上卷三,页263。
④ 同上,页275。
⑤ 同上,页276。
⑥ 同上卷六,页565。
⑦ 同上卷七,页597。案:"老宗"指抗金名将宗泽。泽病逝前尝叹曰:"出师未捷身先死,长使英雄泪满襟。"其所吟咏者即杜甫《蜀相》诗中名句。见《宋史·宗泽传》,页11285,中华书局1977年版。

刘辰翁虽选用了"醉翁寱语"似的言说方式，但其"裴回于残山剩水之间，无以寄其罔极之思"的心情则与俞季渊相同。所以杜诗中的社稷之忧正可引发辰翁的黍离之悲，杜诗中的"回春姿"之辞正可寄寓辰翁的"车驾反正"之愿，渼陂愁云有似西湖风雨，曲江唐宫仿佛吴山宋殿，"独立苍茫"的孤独，"身历颠沛"的坎坷，"死去凭谁报，归来始自怜"的忧伤，"出师未捷身先死，长使英雄泪满襟"的悲愤，无一不是"心所同然，千载如对"。当代学者注意到刘氏评点的主要特征："他几乎从来不注意一首诗的创作背景，也不会去考察这首诗具体的写作时间和地点，他只是凭自己的文学嗅觉，凭着自己对这首诗的主观感受和直接观感，写出自己的意见，作出自己的判断。"①历史模糊了，背景淡化了，无需编年，也无需考证，刘辰翁看重的是杜诗的"兴"与"观"②，即诗歌对于当代读者的感发功能和认识功能——一种颇具当代性的情性和视野，至于杜诗的"本义"或"原初视野"如何，并不重要。正如文天祥因"情性同"而将杜诗的产权据为己有一样，刘辰翁也因"心所同然"而几乎将杜甫当作"同舟同时"的宋室遗民。

这种读者与作者同样享有文本产权的观点在明代文人那里得到回应。张拱幾在为朋友杨德周的杜诗注本作序时说："人人共读之杜，次庄不得而私之，至次庄所读之杜，少陵亦不得而私之者。"③尽管他在序中用大量的篇幅称赞杨氏是最能与杜甫对应的理想阐释者，但仍相信每个读者都有权读出自己理解的意义，无论多理想的阐释者

---

① 孙琴安《中国评点文学史》，页68，上海社会科学院出版社1999年版。
② 刘辰翁评点杜诗，有《兴观集》传世。《须溪集》卷六《题刘玉田选杜诗》云："余评唐宋诸家，类反覆作者深意，跋涉何限，吾儿(刘将孙)独取其间或一二句可举者，录为《兴观集》。"又刘将孙《杜工部诗集序》云："先君子须溪先生……平生屡看杜集，既选为《兴观》，他评泊尚多，批点皆各有意，非但谓其佳而已。"案：《兴观集》取义于《论语》"《诗》可以兴，可以观"之说。参见《杜集书录》内编卷九，页511—512。
③ 张拱幾《杨次庄先生注杜水晶盐序》，转引自《杜集书录》内编卷三，页144。

（如杨德周）甚至作者本人（如杜甫）都不能宣称对文本的解释拥有绝对的权威。

鉴于注释者对文本意义产权的占有，刘将孙在《杜工部诗集序》中使用了一个很有意思的词——"僭"。其文云："坡公谓杜诗似《史记》，今闻者特以坡语，大不敢异，竟无能知其所以似《史记》者。予欲著之此，又似评杜诗为僭，独为注本言之。"① "僭"指超越身份，对于文本阐释来说，就是指注释者凌驾于原作者之上，将自己理解的意义强加给原作者。由于作者在阅读中缺席，因而注释者的任何一种解释都有越俎代庖之嫌②。不过，从阐释的态度及其效果的角度出发，我们仍能看出一般评点本和笺注本"僭"与"不僭"的明显区别。笺注者始终相信阐释的有效性，将作者"立言本意"、"圣贤之指"视为阐释的最高目的，唐儒以"疏不破注"为藩篱，宋儒以"理义大本"为界限，其主观意图都不敢作僭越之想。而评点者则以自己的情性感悟为中心，无视阐释的有效性，无意探求作者意图，古人的文本成为表达自己情感的工具，"僭"自是不可避免。正如明代评点大师李贽所说："夺他人之酒杯，浇自己之垒块；诉心中之不平，感数奇于千载。"③这虽是评论"世之真能文者"的话，实可借来形容他自己各类评点文字的性质。就最有个性的评点而言，阐释已俨然成为一种超越原作的再创造。

明代万历年间，在李贽等人的影响下，各种标榜"性灵"和"情性"的学说一时蜂起，评点这一主观性很强的理解与解释的形式

---

① 《集千家注批点杜工部诗集》卷首《杜工部诗集序》。
② 如明代张綖《杜律本义引》虽自负"证事释文……悉可意会"，但也不得不自谦"僭为之《本义》"。《杜工部诗通》附《本义》卷首，明隆庆壬申张守中浙江刊本，《杜诗丛刊》第二辑，页500，台北大通书局1974年版。
③ 李贽《焚书》卷三《杂说》，页97，中华书局1961年版。

进入了"全面繁荣和空前发展"的阶段①,进一步与务求"本文主意"的笺注形式分道扬镳。

钟惺关于"《诗》为活物"的论述很值得注意,如果说罗大经、刘辰翁只是从自由的阅读态度方面申述了"诗无达诂"的合理性的话,那么钟惺则从诗歌文本本体论的角度为诠释者的"见仁见知"进行了有力的辩护。他在《诗论》中指出:

> 《诗》,活物也。游、夏以后,自汉至宋,无不说《诗》者。不必皆有当于《诗》,而皆可以说《诗》。其皆可以说《诗》者,即在不必皆有当于《诗》之中。非说《诗》者之能如是,而《诗》之为物,不能不如是也。何以明之?孔子,亲删《诗》者也。而七十子之徒,亲受《诗》于孔子而学之者也。以至春秋列国大夫,与孔子删《诗》之时,不甚先后,而闻且见之者也。以至韩婴,汉儒之能为《诗》者也。今读孔子及其弟子之所引《诗》,列国盟会聘享之所赋《诗》,与韩氏之所传《诗》者,其事、其文、其义,不有与《诗》之本事、本文、本义,绝不相蒙,而引之、赋之、传之者乎?既引之,既赋之,既传之,又觉与《诗》之事、之文、之义,未尝不合也。其何故也?夫《诗》,取断章者也。断之于彼,而无损于此。此无所予,而彼取之。说《诗》者盈天下,达于后世,屡迁数变,而《诗》不知,而《诗》固已明矣,而《诗》固已行矣。……今或是汉儒而非宋,是宋而非汉,非汉与宋而是己说,则是其意以为《诗》之指归,尽于汉与宋与己说也,岂不隘且固哉?……友人沈雨若,今之敦《诗》者也,难予曰:"过此以往,子能更取而新之乎?"予曰:"能。"夫以予一人心目,而前后已不可强同矣。后

---

① 参《中国评点文学史》,页107—116。

> 之视今，犹今之视前，何不能新之有？盖《诗》之为物，能使人至此。而予亦不自知。……故说《诗》者散为万，而《诗》之体自一；执其一，而《诗》之用且万。①

所谓"活物"，是将《诗经》看作一个灵活多变的开放性文本，一个具有派生能力和再生能力的文本，它超越了僵死的意义，在不断的理解与解释中获得新的生命。尽管游夏之说、汉儒之说、宋儒之说各不相同，但都可能与《诗经》的本事、本文、本义相符合。《诗经》意义本身的多元性和不确定性，使得各家的解释既"不必皆有当"，又"未尝不合"，任何误解都是合理的理解。换言之，"见仁见知"的现象并非诠释者所采取的态度造成的，而是由文本本身"活"的特性决定的，因此任何企图"是其意以为《诗》之指归"的拘泥态度，都是对"活"的《诗》意的桎梏和扼杀。这里关于《诗》的讨论，实可推衍到广义的诗歌文本。由此，钟惺便为自己的主观评点也为一切"断章取义"的理解找到了理直气壮的借口。

钟惺和谭元春评点《诗归》，尽管因其气质及兴趣特别钟情于"幽情单绪"、"孤怀孤诣"，与李贽等人的"猖狂"有别，但也以"精神"和"性灵"为旨归，特别强调阅读理解过程中今人（读者）和古人（作者）的精神对接问题。钟惺在《诗归序》中承认，"诗文气运，不能不代趋而下"，然而"精神者，不能不同者也"。指出编《诗归》的目的，乃是"引古人之精神，以接后人之心目，使其有所止焉，如是而已矣"，因而其评点无非是为了完成由古人到今人、由作者向读者的精神交接，即前面所说的"六经注我"式的顺向接引。文本不再是某个特定时代的历史见证物，也不再是作者个人生平事迹的编年记录，而成为超越时间空间、混同他人自我的一种绝对精

---

① 钟惺《隐秀轩集》卷二三《诗论》，页391—393，上海古籍出版社1992年版。

神的载体。正如钟惺在谈及阅读《诗归》的感受时所说的那样：

> 取而覆之，见古人诗久传者，反若今人新作诗；见己所评古人语，如看他人语。仓卒中，古今人我心目为之一易，而茫无所止者，其何故也？在吾与古人之精神，远近前后于此中，而若使人不得不有所止者也。①

"精神"成了一种形而上的本体存在，贯穿于一切"真诗"之中，贯穿于"古今人我"之中，既无所谓"原初视野"，也无所谓"现今视野"，评点者与评点对象在"茫无所止"的混沌中实现了"视野融合"②。谭元春在《诗归序》中更把这种"视野融合"比作今人与古人的"双眸"对视：

> 夫真有性灵之言，常浮出纸上，决不与众言伍。而自出眼光之人，专其力，壹其思，以达于古人，觉古人亦有炯炯双眸从纸上还瞩人。③

文本的语言在"专其力，壹其思"的目光的注视下重新复活，从纸墨行间浮现出来，有如古代小说中那些死去的女性在痴情男子的抚摸下睁开眼睛。双眸对视实际上是读者与作者之间的对话（dialogue）

---

① 以上引文均见钟惺《诗归序》，《四库全书存目丛书》集部第337册，页653—658。
② 此处借用伽达默尔"视野融合"（Horizontverschmelzung, or fusion of horizons）的概念，指解释主体的视野同解释对象既有的视野融为一体的结合。参见伽达默尔《真理与方法》(Hans-Georg Gadamer, *Truth and Method*, p. 273)、霍埃《批评的循环》(David Couzens Hoy, *The Critical Circle*, pp. 95-98)。当然，钟惺的"视野融合"并未像西方阐释学那样基于理解的语言性和理解的历史性，而源于中国古老的共同人性的观念以及晚明风行一时的性灵说。
③ 谭元春《诗归序》，《四库全书存目丛书》集部第337册，页659。

的隐喻,不过,出现在对话中的真理不是超出对话双方各自主观性的逻各斯(logos),而恰恰是极具主观色彩的"性灵"①。这样,在谭元春的阅读中,表面看来作者并未缺席,"从纸上还瞩人",但实质上这不过是读者强烈的主观情绪投射到文本上而出现的幻觉而已。

在明代有关笺注的讨论中,也可看到类似的论点。张拱幾在《杨次庄先生注杜水晶盐序》中提倡这样一种注释态度:

> 冷拈旷引,借杯浇臆,夐去训诂窠臼,绝不为《法华》所转,则稽古而古懽,作古而古亦获,即摭据繁重,亦立干垂条,不得不沛涌泉斛耳。②

这种注释态度,既排除了纯粹语义学的方法,也不受制于文本框架客观规定的条件,把注解完全当作个人主观的再创造。《法华》是著名的佛经,禅宗认为,真正的理解应是各随所得、别自有用的"转《法华》",而非寸步不离文本框架的"为《法华》所转"。张氏认为,如果把古人文本当作浇自己胸臆的酒杯,那么在注释中无论是"稽古"还是"作古",无论怎样广征博引,都可以做到像苏轼创作时那

---

① 此处借用了西方阐释学对话(dialogue)的术语,霍埃转述伽达默尔的观点:"理解总是以对话的形式出现,传递着在其中发生的语言事件。"(Understanding is always a form of dialogue: it is a language even in which communication takes place. D. C. Hoy, *The Critical Circle*, p. 63.)谭元春的隐喻颇同于此。不过,伽达默尔认为:"出现在对话中的真理是逻各斯,它既非你的,也非我的。相反,它超出了对话双方各自的主观性。"(What emerges in its truth is the logos, which is neither mine nor yours and hence so far transcends the subjective opinions of the partners to the dialogue that even the person leading the conversation is always ignorant. *Truth and Method*, p.331.)谭氏的看法与之大相径庭。从根本上说,这源于"道"与"逻各斯"的差异。
② 《杜诗类注》卷首附张拱幾《杨次庄先生注杜水晶盐序》,转引自《杜集书录》内编卷三,页143。

样灵感勃发,"沛涌泉斛"。①

这种"借杯浇臆"的态度无疑是与宋人释理、释事、释史的态度相冲突的,所以张拱幾指出:"执诗求杜,如买椟而还,执诗注求杜,如聚聋而鼓。审其所为何以圣,何以史,何以集成者,不过慧从狂拾,相以肥举,安能发音中之寂莫,领味外之酸咸乎?"②也就是说,执义理以求"圣",执年谱以求"史",执词语以求"集成",都难以发明杜诗的精神,难以领略杜诗的韵味。显然,"借杯浇臆"的阐释态度来自"尚味"的诗学精神。

明末清初评点大师金圣叹的观点更为激进。他坚持认为,在阅读理解的过程中,读者和评论者具有绝对的权威性,文本的意义全靠他们来决定。以《西厢记》为例,评论意见众多,道学家将其视为淫书,而文学家却将其视为妙文,金圣叹以为这是"文者见之谓之文,淫者见之谓之淫"的缘故③,那些指斥《西厢记》为淫书的人,是因为自己带着淫秽的眼光去阅读,并非作品本身客观具有这种性质。按照金圣叹的阅读理论,读者是对文本进行创造的中心,其作用不仅在于能够发明文本本义,更在于能作出创造性的理解,"圣叹批《西厢记》是圣叹文字,不是《西厢记》文字;天下万世锦绣才子读圣叹所批《西厢记》,是天下万世才子文字,不是圣叹文字"④。每个读者都有理解的自由,无所谓"理义大本"的界限,一切唯主观情性是从。读者诠释或批评的文字因独立于原文之外而具有自身的价值。值得称道的是,金圣叹并未像众多注释者那样把自己的注本看作原文意义的终结者,而只是将其视为无限延伸的效果史中的一环。只要有新的读者出现,就有新的文字和意义产生。

---

① "沛涌泉斛"出自苏轼《自评文》中一段著名的比喻:"吾文如万斛泉源,不择地皆可出,在平地滔滔汩汩,虽一日千里无难。"《苏轼文集》卷六六,页2069。
② 《杨次庄先生注杜水晶盐序》,转引自《杜集书录》内编卷三,页143。
③ 张国光校注《金圣叹批本西厢记》,页10,上海古籍出版社1986年版。
④ 同上,页21。

在阐释中最大胆地实践"借杯浇臆"的也要算金圣叹的评点。首先,他评点选择的对象就具有强烈的主观性,所谓"乐取古才子之当其意者解其书"[①],解书的目的是合己之意;其次,他常将自己理解的意义强加于原作者,所谓"先生意之所及,实有老杜意之所不能及"[②],恣行僭越;此外,他在评点中常借题发挥,大抒感慨,置原作文本于不顾。如评杜甫《黄鱼》诗,金圣叹于题下有这样一段文字:

> 为儿时,自负大才,不胜侘傺。恰似自古迄今,只我一人是大才,只我一人独沉屈者。后来颇颇见有此事,始悟古来淹杀豪杰万万千千,知有何限?青史所纪,磊磊百十得时肆志人,若取来与淹杀者比较,乌知谁强谁弱?嗟哉痛乎!此先生《黄鱼》诗所以始之以"日见"二字,哭杀天下才子也![③]

这哪里是在解杜诗,完全是自骋胸臆,一肚子牢骚借注杜而发泄无余。不是金圣叹在注释《黄鱼》的本义,而是《黄鱼》成了金圣叹痛惜天下才子的祭文的注脚,这真算得上"六经注我"的绝妙典范。在这里,读者与文本之间的对话几乎被读者自我的心灵独白所取代,自负大才的"我"成为"圣叹文字"阐释的核心。

当代学者指出,金圣叹《杜诗解》的局限性之一在于:"重视杜甫的抒情诗而忽视杜诗作为'史诗'的特点。杜甫的'史诗'选得少;对许多诗的历史背景不甚重视。"[④]不过,这与其说是《杜诗解》的局限,不如说是金圣叹评点的鲜明特点,因为他只把杜甫看作惺

---

① 赵时揖《贯华堂评选杜诗序》,转引自《杜集书录》内编卷八,页480。
② 同上。
③ 金人瑞《杜诗解》卷三《黄鱼》题下评语,页205,上海古籍出版社1984年版。
④ 《杜诗解》卷首钟来因《杜诗解前言》,页5。

惺相惜的才子、异代同时的知音,而不去考虑所谓"诗史"一类的历史方面的价值。他只把杜诗作为骋才使气、嬉笑怒骂的媒介,而不屑去作所谓"全面的、客观的"注释和评价。

四、赏文析义:艺术性诠解

"奇文共欣赏,疑义相与析。"①一旦作者完成了一件文学作品,就意味着给读者留下两个谜底:一是艺术魅力的"奇文",一是创作意图的"疑义"。

在经学、玄学、佛学、理学的文本阐释中,"疑义"几乎是阐释者唯一关注的内容。而在文学特别是诗歌的文本阐释中,"奇文"则理应占有重要的地位,这不仅因为对"奇文"的欣赏有助于"疑义"的解析,而且因为文学文本的形式是一种"有意味的形式"(significant form)。换言之,对诗歌文本的真正理解不仅需得弄懂"疑义"的含义(meaning),而且得领略"奇文"的意味(significance)。

早在南北朝时期,梁昭明太子萧统就在《文选序》中提出了判断文学文本的标准,"事出于沉思,义归乎翰藻"②,注意到疑义和奇文两方面。然而,从唐代李善注《文选》开始直到南宋蔡梦弼注杜诗,基本上采用的是传统笺注的训诂学方法,无非解题释词、征引考据而已,疑义或有讨论,奇文均付阙如。同时,尽管唐代即有诗格类著作,宋代更有诗话类著作,均涉及"奇文欣赏"的问题,不过这些书多为一联半句的赏析,算不上真正的文本诠释。此外,尽管唐代即出现了殷璠的《河岳英灵集》、高仲武的《中兴间气集》等

---

① 逯钦立校注《陶渊明集》卷二《移居》,页56,中华书局1979年版。
② 《文选》卷首《文选序》,页2,中华书局影印胡克家本,1977年。

诗歌评点本，南宋更涌现出吕祖谦的《古文关键》、楼钥的《崇古文诀》、真德秀《文章正宗》等一批评点著作，但均为作家风格的评论或诗文写法的分析，基本上与诠释疑义无关。

"疑义"与"奇文"相结合的诠释在宋元之际的评点著作中才得以真正实现，谢枋得的《注解章泉涧泉二先生选唐诗》开风气之先，而刘辰翁的各种唐宋诗集评点本则进一步发扬光大。谢枋得的书名为注解，实际上是在每诗后都加评语，而且很注意诗歌的写作技巧和艺术特色方面的分析。如评刘禹锡的《石头城》：

> 予客金陵，见名流题咏多矣。抚时怀旧，感慨兴亡，岂无惊人语。……皆未若刘梦得二诗之妙，有风人遗意。石头城在金陵之西，去六朝宫殿旧基三十余里。东晋因石头城之险，筑城垒，屯重兵，今遗址尚可考。旁有清凉寺。女墙，城雉也，俗呼为女墙，又曰箭眼。"山围故国周遭在"，山无异东晋之山也。"潮打空城寂寞回"，潮无异东晋之潮也。"淮水东边旧时月，夜深还过女墙来"，淮水东边之月，无异东晋之月也。求东晋之宗庙宫室固不可见，求东晋之英雄豪杰亦不可见矣。意在言外，寄有于无。①

所谓"求东晋之宗庙宫室固不可见，求东晋之英雄豪杰亦不可见矣"的说法，并非诗歌语言本身所具有的意义，而是谢氏通过对"风人遗意"的理解所体味到的言外之意。而这"风人遗意"，其实就是诗人独特的艺术构思，与诗歌的语言艺术技巧有关。

刘辰翁更倾向于将"文义"、"语法"与"诗味"结合起来讨论。元罗履泰记刘辰翁杜诗批本的"教人初意"说：

---

① 谢枋得《注解章泉涧泉二先生选唐诗》卷一，清刻本。

> 古人文章高处，虽在笔墨畦径之外，然必通其文义，乃能得其兴趣。唐人语法与宋人异，杜公语法又不与唐人尽同。此虽枝叶末流，倘不了然心目之间，而欲径造意象之外，譬如食果，不嚼而咽，终未能尽其味也。①

刘辰翁承认，诗的兴趣在笔墨畦径之外、意象之外，必须通过对"文义"的诠释才能获得。然而这文义的疏通，主要在于对"语法"的了解，而不在于词语的训释。所谓"语法"也就是其他批评家所说的"句法"，是指诗歌的结构安排、遣词造句等一系列关系的总和。以杜甫的《戏为六绝句》为例，旧注多征引《唐书》，以为杜甫诗斥王（勃）、杨（炯）、卢（照邻）、骆（宾王）为"尔曹"，刘辰翁的评点则根据独特的"杜公语法"另立新说：

> 语意甚悲，正是有所激发，托于庾信与后来作者。如杨王卢骆，亦岂易及哉！尔曹轻薄，不见称数。第三诗又只借卢王，反覆言之，以为纵使不及汉魏风骚，毕竟皆异材也。尔曹自负不浅，然"过都历块"乃可见尔，所以极形容前辈之未易贬也。注谓卢王为尔曹，是全失先后语意。故又曰"才力应难夸数公"，谓上所指也。"翡翠"、"兰苕"极纤巧之态。我不是薄它，它自谓可方屈贾，却恐更堕数公后耳。其不及则断断不及矣，然不放它人出己上，别更自谓与《三百篇》相近，不知愈合师前人也。②

杜甫这组诗省略了一些词语，意义晦涩，不易索解。旧注按照训诂

---

① 《须溪批点选注杜工部诗》卷首附罗履泰序，转引自《杜集书录》内编卷二，页94—95。
② 《集千家注批点补遗杜诗集》卷七《戏为六绝句》批语，页653。

学和历史学的方法,就诗句表面文辞(text)进行疏理,再证之以史书,所以"谓卢王为尔曹"。刘辰翁则从文艺心理学和修辞学的立场,分析作者的创作心理以及文本的上下文关系(context),认为"尔曹"是指那些轻薄王杨卢骆的人,从而解决了旧注前后矛盾的问题。就训诂学的原则来衡量,刘氏的解说有"增字为训"的弊病,技术方面不严谨。然而正是他对"前后语意"的敏锐把握,增字为训,才演绎出杜诗语言空白处的意义。事实上,后来大多数杜诗学家都赞同刘辰翁对这组诗的解释。在这里,奇文的欣赏有力地帮助了疑义的解析。

也许从刘辰翁批点的《王荆文公诗李壁注》中更能见出艺术性分析在释"疑义"方面的价值。李壁是南宋中期人,其笺注与传统的注释相比已有发展,能够在训诂之外"间及诗意";不过,其"不能尽脱窠臼者,尚袭常眩博,每句字附会,胏引常言常语,亦跋涉经史"①。魏了翁在为李壁笺注作序时暗示了这种"袭常眩博"、"跋涉经史"的理由:

> 公(王安石)博极群书,盖自经子百史,以及于凡将急就之文,旁行敷落之教,稗官虞初之说,莫不牢笼搜揽,消释贯融。故其为文,使人习其读而不知其所由来,殆诗家所谓秘密藏者。②

也就是说,因为诗人"点铁成金",消融群书的语言材料于诗中,形成"秘密藏",因此注释者就必须"抉隐发藏",指明诗中语言材料的原始出处,揭示"秘密藏"。这种对诗歌文本语词出处由来的迷

---

① 《王荆文公诗李壁注》卷首刘将孙序,页7—8。
② 同上魏了翁序,页2。

恋，不仅是李壁注本的风格，也是宋代绝大多数诗集注本最突出的特点①。读者与作者之间的对话变为一种矜才炫博的竞争，"以才学为诗"的作者在"以才学注诗"的阐释者中找到了知音。

而刘将孙在为乃父的评点作序时，却只字不提王安石的渊博知识，只是注意到王诗中的"文法"问题：

> 公诗为宋大家，非文人诗，而具用文法，抑光耀以朴意，融制作为裁体，陶冶古今而呼吸如令，精变尘秕而形神俱妙，其戆也，如老吏之约三尺；其丽也，又如一笑之可千金。②

这意味着刘辰翁只对王诗之所以成为好诗的特质感兴趣，他的评点所要讨论的是王安石怎样运用艺术技巧——"文法"表达出诗人对世界的独特理解。换言之，他是把王诗当作文学文本来对待的，而不对其作百科全书或知识读本式的要求和定位。

以王安石诗集的李壁注与刘辰翁批相比较，就可看出知识性注释与艺术性分析在解"疑义"方面的区别。如《桃源行》一诗开头两句："望夷宫中鹿为马，秦人半死长城下。"李注先辨证指鹿为马的故事并未发生在望夷宫，又引《高斋诗话》谓二句诗历史先后顺序颠倒，"用事失照管"（虽然他并不全赞同《诗话》的说法）。这是从

---

① 如任渊《黄陈诗集注序》曰："故二家之诗，一字一句，有历古人六七作者。盖其学该通乎儒释老庄之奥，下至于医卜百家之说，莫不尽摘其英华，以发之于诗。……暇日因取二家之诗，略注其一二，第恨寡陋，弗详其秘。"《山谷诗集注·内集诗注》卷首，页3。许尹《黄陈诗集注序》曰："二公之诗，皆本于老杜而不为者也。其用事深密，杂以儒佛。虞初稗官之说，隽永鸿宝之书，牢笼渔猎，取诸左右。后生晚学，此秘未睹，往往其难知。"同上，页4—5。旧题王十朋《增刊校正百家注东坡先生诗序》曰："东坡先生之英才绝识，卓冠一世，平生斟酌经传，贯穿子史，下至小说杂记，佛经道书，古诗方言，莫不毕究。……讵可以一二人之学而窥其涯涘哉?"《集注分类东坡先生诗》卷首，页2，《四部丛刊》本。
② 《王荆文公诗李壁注》卷首刘将孙序，页8—9。

历史知识的角度来评论诗歌。而刘批则曰:"称二世死处曰望夷,犹称楚细腰、吴馆娃,何必鹿马之说。"又曰:"正在不分时代,莽莽形容,世界之所以不可处者,两语慨然。"①这就是从文学描写的特点来评论诗歌。李壁将"望夷宫"看作一个真实的历史地名,而刘辰翁则认为"望夷宫"不过是一个泛指的意象符号,是一个能勾起人们对秦朝暴政的联想的修辞性代码。显然,刘辰翁以其艺术性的评点颠覆了李壁和《高斋诗话》知识性的注解,这就是所谓"诗有别材,非关书也"。

在刘氏的评点中还可见出艺术性分析对于伦理性分析的反抗,即所谓"诗有别趣,非关理也"。魏了翁称赞李壁诗注:"虽出于肆笔脱口若不经意之余,而发挥义理之正,将以迪民彝、厚世教,夫岂笺训云乎哉?"②而这也是刘辰翁不满的地方。如《明妃曲》其二中有"汉恩自浅胡自深,人生乐在相知心"两句,李壁注引范冲对宋高宗云:"臣尝于言语文字之间,得安石之心,然不敢与人言。且如诗人多作《明妃曲》,以失身胡虏为无穷之恨,读之者至于悲怆感伤。安石为《明妃曲》则曰:'汉恩自浅胡自深,人生乐在相知心'。然则刘豫不是罪过,汉恩浅而虏恩深也。今之背君父之恩,投拜而为盗贼者,皆合于安石之意,此所谓坏天下人心术。孟子曰:'无父无君,是禽兽也。'以胡虏有恩而遂忘君父,非禽兽而何?"李壁虽不完全赞同范冲深文罗织的说法,却也承认"诗人一时务为新奇,求出前人所未道,而不知其言之失也"。这是从"理义大本"出发作出的评判。而刘辰翁则从"文法"的角度敏锐地看出王诗的深意:"正言似反,与《小弁》之怨同情。更千古孤臣出归,有口不能自道者,乃从举声一动出之。谓为背君父,是不知怨也。三复可伤,能令肠

---

① 《王荆文公诗李壁注》卷六《桃源行》,页433。
② 同上卷首魏了翁序,页4。

断。"① 这里指出王诗"文法"与《诗经》的关系,很有眼光。因为在儒家经典中,《诗经》文本自有其独特的文理,与其他散文著作的逻辑不同,所以甚至有的经学家也认为《诗经》诠释属于特例,不得由个别的文字语言求通其志,须得据全篇之义乃至全集之指来定个别词句的意义。②

从李壁注和刘辰翁批的比较中可以看出,评点和笺注不仅仅是两种不同的解释形式,而且体现出两种截然不同的阐释学眼光。明薛冈《天爵堂笔录》云:"风人与训诂,肝肠意见绝不相同。训诂者,往往取风人妙义,牵强附会,老杜身后受虞、赵两君之累不浅。近见《剡溪漫笔》云:杜公虽破万卷,未必拘拘泥古若此。"③ 训诂者所持的是一种学术性的"肝肠意见",强调实事求是,相信通过"证事释文"能得到诗歌的本义。如杜甫诗集的署名虞集和赵汸的两种注本,都仿照朱熹《诗集传》的方法,大抵是"章句以纲之,训诂以纪之",由字义、词义、句义的解释进而发展为对全篇文义的演绎,即所谓"因辞演义"④。本来,虞、赵二家选杜律为注,已有心仪杜诗艺术性的倾向⑤,但因其注解仍以"引援证据"、"训释字理"为起点,

---

① 《王荆文公诗李壁注》卷六《明妃曲》,页431—432。
② 如清戴震《毛诗补传序》曰:"余私谓《诗》之词不可知矣,得其志则可以通乎其词。作《诗》者之志愈不可知矣,断之以'思无邪'之一言,则可以通乎其志。"《戴东原集》卷一〇,《四部丛刊》本。
③ 《渔洋精华录集释》卷三《戏仿元遗山论诗绝句三十二首》"杜家笺传太纷拏"首金荣注引薛冈《天爵堂笔余》,页328,上海古籍出版社1999年版。
④ 如〔明〕黄淮《杜律虞注序》曰:"其注释引援证据,不泛不略,因辞演义,深得少陵之旨趣。"又〔明〕黎近《杜律演义序》曰:"故鉴世者以注少陵诗者非一,皆不如吾乡先进士张伯成《七言律诗演义》。训释字理,极其精详,抑扬趣致,极得其当,大抵仿佛朱子《诗传》、《楚辞》而折衷众说焉。盖少陵有言外之诗,而《演义》得诗外之意也。"又〔明〕章美中《杜工部五七言律诗序》曰:"惟伯生、子常二注,最为鲜明。支分句解,挈旨探原,宛然朱子释《诗》家法。"分别转引自《杜集书录》内编卷六,页281、285、295。
⑤ 如方回《瀛奎律髓序》曰:"文之精者为诗,诗之精者为律。"《瀛奎律髓汇评》卷首,页1,上海古籍出版社1986年版。案:即纯就艺术形式之美而言,元明两朝诗选、诗注多取律诗,实与此观念有关。

所以受到如薛冈这样的持激进主义"风人"立场的批评家的嘲笑。的确，诗人的吟咏基于活法妙悟，句法安排、篇章结构，往往逸出常规，超人意表；且有一时兴起，妙想无端，数典用事，无暇考证；或静室面壁，虚构悬想，合于性灵而悖于常识。若以训诂的思路去求诗人的妙义，实事求是反成刻舟求剑，因辞演义转为削足适履。而评点者却往往与诗人的"肝肠意见"相近，即超越了知识主义、历史主义和理性主义的立场，致力于发现作者神在象先、意存言外的妙处。如前举谢枋得评刘禹锡《石头城》"淮水东边旧时月，夜深还过女墙来"两句，"淮水东边之月，无异东晋之月也。求东晋之宗庙宫室固不可见，求东晋之英雄豪杰亦不可见矣"；刘辰翁评王安石《桃源行》"望夷宫中鹿为马，秦人半死长城下"两句，"何必鹿马之说"，"正在不分时代，莽莽形容"，正是对诗人"肝肠意见"有深刻的领会。

谢、刘的评点很容易使我们想起郭象注《庄子》时运用的"寄言出意"的方法，即不以知识主义的态度去理解和解释文本，不拘泥于文本的语言文字诗歌的表面意义。事实上，谢氏在评刘禹锡诗时所说"意在言外，寄有于无"，就近乎"寄言出意"四字的翻译。而刘氏评点杜诗更常被后人比作郭象注《庄子》，如刘将孙称其为"《草堂集》之郭象本"[1]。胡应麟曰："余每谓千家注杜，犹五臣注《选》；辰翁解杜，犹郭象注《庄》，即与作者语意不尽符，而玄言玄理，往往角出，尽拔骊黄牝牡之外。昔人苦杜诗难读，辰翁注尤不易省也。"[2]当然，谢、刘之评与郭象之注仍有根本的区别，即始终坚持着文学的形象思维的立场，而无意于用"辩名析理"式的逻辑思维来对待文本。

---

[1]《集千家注批点杜工部诗集》卷首刘将孙序。
[2]《诗薮》杂编卷五，页322。

自唐宋以来,人们普遍认识到诗歌具有不同于散文的"律严而意远"的特点。也就是说,诗人的"立言本意"必须受制于精美的艺术形式。钱锺书先生曾指出语言达意的困难:

> 作者每病其传情、说理、状物、述事,未能无欠无余,恰如人意中之所欲出。务致密则苦其粗疏,钩深赜又嫌其浮泛;怪其粘着欠灵活者有之,恶其暧昧不清明者有之。立言之人句斟字酌、慎择精研,而受言之人往往不获尽解,且易曲解而滋误解。"常恨言语浅,不如人意深"(刘禹锡《视刀环歌》),岂独男女之情而已哉?"解人难索","余欲无言",叹息弥襟,良非无故。①

这种困难在诗歌创作过程中更是双倍存在,由于文之精者为诗,作者的"句斟字酌、慎择精研"在诗人那里更成为"钩章棘句,掐擢胃肾"的苦吟。的确,从创作的角度看,语言表达作者思想的信息量呈递减趋势,所谓"书不尽言,言不尽意",就这一点来说,语言是软弱无力的。然而,从理解的角度看,语言表达思想的信息量却可呈递增趋势,所谓"言已尽而意无穷",就这一点来说,语言又是强有力的。换言之,一方面语言的规范化、形式化难以表达无限定、非规范化的个人体验,作者会抱怨"文不逮意","意翻空而易奇,文征实而难巧";但另一方面,语言的暗示性、象征性却往往能包蕴作者也未意识到的内容,读者会感叹"不能穷其藏","一语而破无尽之书,一字而含无涯之味"。钱锺书先生似乎只注意到语言的局限性和消极意义,即创作时的"言不尽意"和阐释时的"不获尽解"或"曲解"、"误解",而未意识到语言特别是诗歌语言在达意方

---

① 《管锥编》第2册,页406。

面的能动性和积极意义,即创作时的"语贵含蓄"和阐释时的"玄解"、"探微"或"悉妙义之闳深"。其实,刘禹锡诚然有"常恨言语浅,不如人意深"的感叹,但也有过"片言可以明百意"的称许[①]。所以,阐释者完全有权根据诗歌的"片言"来发明作者的"百意"或作者未意识到的"百意"。

的确,诗歌特有的结构(章法、句式)、格律(对仗、平仄、押韵)、修辞(典故、隐喻)等形式因素,有可能蕴涵着作者也未意识到的意义,即"奇文"的意味。正因如此,要通过"片言"来发明"百意",就得从分析诗歌的艺术形式入手。明代空前兴盛的评点文学积累了很多艺术形式分析的经验,特别是李贽的散文、小说评点,总结出各种生动活泼的"文法",这些都对诗歌"奇文"的赏析产生了较大影响。而金圣叹的《杜诗解》无疑是由"赏奇文"而"析疑义"的杰出典范。赵时揖在《贯华堂评选杜诗序》中高度评价金圣叹"以文家最上之法"对杜诗作出的天才式的解释:

> 从来解古人书者,才识不相及,则意不能到;意到矣,而不能洋洋洒洒尽其意之所欲言,则其义终不明,诚未有若贯华先生之意深而言快也。先生为一代才子,而乐取古才子之当其意者解其书。盖先以文家最上之法,迎取古人最初之意,畅晰言之,而其义一无所遁,得是法以读书,而书无不可读矣。诗之推杜工部也,夫人知之也。然不知杜诗之佳,则虽极尊誉之,而老杜似未乐也。解杜诗者日益众,知杜诗者日益寡。自先生解杜,而杜可乐矣,而读杜诗者皆乐矣。先生之解杜,若杜呼先生而告之曰:"仆之意有若是焉。"不然,何意之隐者、曲

[①] 《视刀环歌》:"常恨言语浅,不如人意深。"《刘禹锡集》卷二六,页339;《董氏武陵集纪》:"片言可以明百意,坐驰可以役万景。"同上卷一九,页237,中华书局1990年版。

者、窈渺然其远者,先生皆得观见而悉数之耶?乃先生意之所及,实有老杜意之所不能及,令人惊喜舞蹈,遂觉老杜原有此意,遂谓先生确为老杜后身。夫先生所解书,无不尽合古人之意,先生又安得有如许后身哉!①

阐释者不仅"悉数"还原了文本中作者的未尽之意,而且延伸和扩展了作者所未曾想到之意。在这里,作者再没有"解人难索"的遗憾,也没有"不获尽解"的担心,有的只是对善解人意的阐释者的感谢。即使是"曲解"、"误解",也成了作者"意之所不能及"的合理揣测。作者之意被语言所遮蔽隐藏的部分——"隐者"、"曲者"、"窈渺然其远者",都在"文家最上之法"的分析下完全呈现出来,"其义一无所遁"。德国哲学家施莱尔马赫(Friedrich Schleiermacher)曾宣称,阐释学的任务是:"与作者一样甚至比作者更好地理解其语言。"② 正可以借用来评价金圣叹的杜诗评点。

金圣叹的成功无疑来自对诗歌语言的"有意味的形式"的深刻理解。他特别注意诗歌的"法律"或"法度",包括诗歌的制题艺术、起承转合、章法句法等。他相信,唐代以诗取士,因而"创为一体:二起,二承,二转,二合,勒定八句,名曰律诗";明代以八股取士,因而"自出新意,创为一体:一破,一承,一开,一合。四比。……特尊其名曰制"。律诗和八股在艺术结构上颇有相似之处,"夫唐人之有律诗之云,则犹明人之有制义之云也"③。所以,金圣叹常以八股文法解诗。试以他解杜甫《游龙门奉先寺》诗为例,先解题曰:

---

① 金人瑞原评、赵时揖重订《贯华堂评选杜诗》卷首赵时揖序,转引自《杜集书录》内编卷八,页480。
② Friedrich Schleiermacher, *Hermeneutics: The Handwritten Manuscripts*, trans. James Duke and Jack Forstman, Scholars Press, 1977, p.112.
③ 金人瑞《杜诗解》附录《金圣叹论唐诗分解》引《答徐翼云学龙》,页296。

题是《游龙门奉先寺》,及读其诗起二句,却云:"已从招提游,更宿招提境。""已"字、"更"字,是结过上文,再起下文之法。今用笔如此,岂此诗乃是补写游以后事耶?然则当时此题,岂本有二诗,而忘其第一首耶?我反覆思之,不得其故。一日无事闲坐,而忽然知之:盖此篇乃先生教人作诗不得轻易下笔也!即如是日于正游时若欲信手便作,岂便无诗一首?然而"阴壑"、"月林"之境必不及矣!夫此境若不及,便是没交涉。夫作诗没交涉,便如不曾作。先生是以徘徊不去,务尽其理。题中自标"游"字,诗必成于宿后。如是,便将浅人游山一切皮语、熟语、村语,掀剥略尽,然后另出手眼,成此新裁。杜诗为千古绝唱,洵不诬也!○岂惟游山,即定交亦然。陶诗云"闻多素心人,乐与数晨夕",必与之数晨数夕,而后斯人之神理始出。今日草草一揖,便欲断其生平,此胡可得?○哀哉!今之诗人,若天幸作得此一首诗,岂有不改题为《宿龙门奉先寺》者耶!

次解"已从招提游,更宿招提境。阴壑生灵籁,月林散清影"四句:

人亦能知杜诗起句突兀,不能知此起之突兀也。看诗气力全在看题,有气力看题人,便是有气力看诗人也。○日间一游,只为已尽招提,又岂知招提有境,乃在夜宿始见。信知天下事,多有迟之迟之而始得者。三四此即所谓"招提境"也。写得杳冥澹泊,全不是日间所见。"境"字与"景"字不同,"景"字闹,"境"字静;"景"字近,"境"字远;"景"字在浅人面前,"境"字在深人眼底。如此十字,正不知是响是寂,是明是黑,是风是月,是怕是喜,但觉心头眼际有境如此。向使游毕便去,岂不终失此境?即使不去,而或日间先作一诗,彼一宿之后,岂不大悔哉!

再解"天阙象纬逼,云卧衣裳冷。欲觉闻晨钟,令人发深省"四句:

> 五写龙门,写其高。○龙门山,一名关塞山,又名伊阙山也。六写奉先寺,写其寒。○"云卧"字,对"天阙",作实字用,犹言云堂、云房。今僧家禅坐处,多有此名。"欲觉"者,将觉未觉也。此时心神茫然,全不记自身乃宿高寒境界。吾尝醉宿他人斋中,明旦酒醒,开帏切认,此竟何处耶?被先生轻轻画出。"闻钟"、"深省",后人务要硬派作悟道语,何足当先生一噱?先生只是欲觉之际,全不记身在天阙之上、云卧之中,世人昏昏醉梦,不识本命元辰,如此之类,正复无限。乃恰当此际钟声訇然,直落枕上,夫而后通身洒落,吾今乃在极高寒处,是龙门奉先寺中也。所谓半夜忽然摸着鼻孔,其发省乃真正学人本事。若如世人所言悟道者,吾不知其所悟何道也!"欲觉",何不"便觉"?写尽世人悠悠忽忽,欲觉不觉,而晨钟代为发省,是以学者乐与梐枑同住耳。○玩此章法,则知三四句乃招提之境,而五六句乃招提境中之人也。[①]

杜甫这八句诗、六字题,经金圣叹的一番分解,信息量猛然增加了若干倍。如论"游"字的用心良苦,辨"境"字与"景"字的高下差别,杜甫当年作诗未必有此考虑,但经金圣叹剖析,使读者真能感受到如此用字造语的妙处。文法分析使全诗形成一个有机的整体,由此不仅令人信服地判定了众说纷纭的个别词语的正确用法,如"云卧"作实字用,以对"天阙",而且鞭辟入里地揭示出不易索解的言外之意,如谓"正不知是响是寂"等句,"写尽世人悠悠忽忽"等句,都独具只眼。至于"信知天下事,多有迟之迟之而始得者"

---

① 《杜诗解》卷一《游龙门奉先寺》,页5—6。

一类的感叹,则又是从言外之意联想到的一般人生哲理。

总之,在金圣叹的分解下,杜诗的意义大大膨胀,岂但诗人本有的隐曲窈远之意,甚至诗人本无的子虚乌有之意,也在起承转合的文法结构的制约下呈现出来,因为诗歌语言的排列组合本身就蕴涵着特有的意味。金昌在《叙第四才子书》中这样评价金圣叹的《杜诗解》:"大抵少陵胸中具有百千万亿漩陀罗尼三昧,唱经亦如之。乃其所为批者,非但刳心抉髓,悉妙义之阆深,正复袪伪存真,得天机之剀挚。"①事实上,金圣叹的评点已非仅限于杜诗意义的忠实再现,更在于对诗歌艺术本质的深刻揭示,即所谓"泄文章之秘"②。值得注意的是,宋代那些致力于释用事出处的笺注者们也一再声称其注释是"抉隐发藏",但那是对诗歌词语的语源探究,对诗歌句式原型的寻找,或者说是对"点铁成金"、"夺胎换骨"的逆向性复原。那种矜才斗学的知识主义的"解秘",与金圣叹这种揭示艺术技巧的"泄密"是完全不同的,前者往往"释事而忘义",而后者则可做到"其义一无所遁"。

---

① 《杜诗解》卷首,页1。
② 如赵时揖《贯华堂评选杜诗序》曰:"虽仅数十首,文章之秘尽泄于此矣。"转引自《杜集书录》内编卷八,页480—481。又王大错《才子杜诗解叙》曰:"觉奋笔直入,以揭千古不传之秘。"《杜诗解》附录,页277。又廖燕《金圣叹先生传》曰:"而说者谓文章妙秘,即天地妙秘,一旦发泄无余,不无犯鬼神所忌。"《杜诗解》附录,页279。

第七章
清代学者探微索隐

明代评点学兴盛的哲学背景是心学和禅学的流行,而其更早的根源却可追溯到魏晋玄学和宋代理学的阐释态度,从郭象注《庄》、严羽说诗、刘辰翁评点在明代诗歌阐释学中受到高度推崇和一再仿效上可看出这一点。清代学者钱大昕指出:"自晋代尚空虚,宋贤喜顿悟,笑学问为支离,弃注疏为糟粕,谈经之家,师心自用,乃以俚俗之言,诠说经典。"[1]所谓"其弊至明季而极矣"[2]。这虽是批评经学阐释学的弊病,却也切中明代评点学的要害。

阐释的多元化的确是文学阐释学不可避免的问题,不过,评点者那种"醉翁寱语"般暧昧的诠释方式和"借杯浇臆"般任性的诠

---

[1] 钱大昕《潜研堂文集》卷二四《经籍纂诂序》。戴震有类似看法:"汉儒故训有师承,亦有时傅会。晋人傅会凿空益多。宋人则恃胸臆为断。……宋已来儒者以己之见,硬坐为古贤圣立言之意,而语言文字实未之知。"《戴东原集》卷九《与某书》。
[2] 《潜研堂文集》卷二四《臧玉林经义杂识序》。

释意图,却往往在尊重读者的同时而亵渎了作者和文本。由于放弃了对作者立言本意的追求,评点者的主观心解失去了基本的支点和归宿。"诗无达诂"成了信口开河的遁辞,"断章取义"成了大放厥词的借口,"悬解妙悟"成了不求甚解的幌子。实际上,从评点本中我们可得到的仅仅是评点者自己的主观感情和艺术趣味,而不可能指望获得文本意义或作者意图的正确解释。

钱大昕曾表明自己的阐释学立场:"尝谓六经者,圣人之言。因其言以求其义,则必自诂训始。谓诂训之外别有义理,如桑门以不立文字为最上乘者,非吾儒之学也。"①这代表了清代占主流地位的学者所持的儒家言意观的立场,同时透露出以心学、禅学言意观为背景的明代阐释学在清代被唾弃的根本原因。按照儒家阐释学观念来考察,明代学风空疏浅薄的症结在于,其文本(包括经学文本和文学文本)诠释因不立文字和自逞私臆而缺乏一种有效性验证。因此,如何使诠释做到正确合理并可确认验证,自清初开始就成为众多学者最关心的问题。

据梁启超所说,清代学术最主要的潮流是以乾嘉学派为代表的"考证学"②,也就是所谓"汉学"或"朴学"。"考证学"的意义正在于能使文本诠释的合理性得到有效的验证,使理解和解释有学术规范可行。我在前面曾指出,理性主义(释理)、历史主义(释史)和知识主义(释事)是宋代注本的三个突出倾向,也是宋人力图获得作者"立言本意"的三个手段。但因宋人强调"师心自用",其推理往往失之武断,编年往往与论世脱节,释事往往因缺少训诂学的支持而穿凿附会。而清代的注本在考证学的影响下,大多凡例谨严,进退有据。"知人论世"的方法由史评领域引进文本诠释,使得作者

---

① 《潜研堂文集》卷二四《臧玉林经义杂识序》。
② 梁启超《清代学术概论自序》,页4,《饮冰室合集》第8册《专集》之三十四,上海中华书局1936年版,中华书局1989年影印。

的心境和文本的语境有了客观依据。文字、音韵、训诂等专门学问的讨论，不仅从语言层面划定了意义阐释的有效界限，而且最大限度恢复了原始文本。尤其是"实事求是"的考证精神的提倡，近乎所谓"知识考古学"，其任务是恢复绝对原始的话语，使解释能够无限地临近于和相似于忠实。所以清代以"汉学"相标榜的学者往往以轻蔑的口吻谈及"宋学"，因为宋学"师心自用"的精神从根本上导致其文本诠释的不可验证性，与汉学倡导的"实事求是"的精神不可同日而语。

清代阐释学的确围绕着文本诠释的有效性验证展开，但有两个问题值得注意。一是关于诗歌文本诠释和经学文本诠释在目的、对象和方法上的区别，即使是清代最保守的汉学家也承认二者当分别对待，即"以意逆志"的解诗方法可以立异于"以言求道"的解经方法，其有效性验证的标准也应不同。二是关于"汉学"学派和"宋学"学派在阐释理论上的对立与互补，前者坚信，诠释的目的在于，通过语言的考古而真实重现作者的观念世界；后者认为，诠释的意义在于，通过"自得"、"体认"而比作者更好地理解其作品的语言，发现作者也未意识到的东西。

一、返经汲古：文本的复原

若从阐释学的角度看，宋明理学的根本方法是"六经注我"，即用古代的经典来解释自己创造的新哲学，尤以陆九渊、王守仁的心学一派为甚。本来这种方法有其一定的合理性，因为阐释活动归根结底是由阐释者完成的，阐释者有权将文本的原初视野纳入自己的现今视野。然而，当这种倾向发展到极端之时，对阐释学的危害便暴露无遗，它不仅完全颠倒了经典文本与阐释活动的关系，而且进一步忽视甚至遗忘了经典文本本身，从而导致阐释活动本身事实上的消亡。

按照儒家的观点,圣人经典文本的根本价值在于"正名",即将现象世界统统规范化,从而达到调整社会秩序、维系伦理纲常的目的。因此,经学阐释学对于专制王朝的统治具有极重要的意义,所谓"名不正则言不顺,言不顺则事不成",对经典的误解会导致相应的社会秩序和伦理纲常的紊乱,而对经典的抛弃更会带来社会秩序的失控和伦理纲常的失范。

本来元明两朝就是"经学积衰时代"[1],而王守仁的心学更几乎取消了经学规范社会秩序的价值。总体而言,心学舍弃经典的作风对社会风气有如下影响:一方面,由于把心的本体看作天理,致力于一己心性的观照和体验,从而"舍多学而识,以求一贯之方,置四海之困穷不言,而终日讲危微精一之说"[2],放弃了对经典的尊崇、对知识的追求以及对社会的关怀;另一方面,由于把去物欲之蔽的道德规范交给每个人天然的"良知",拆解了儒家经典外在的制约,从而既为"绝假纯真"的"童心"去除了遮蔽[3],也为"率心而行"的低级"趣"味扫除了障碍[4]。晚明社会的两种病态现象——"言不顾行,行不顾言"的假道学和"或为酒肉,或为声伎"的真堕落,都与心学的流行有摆不脱的干系。而这两种病态现象从根本上使明朝赖以立国的社会价值体系发生混乱,在史学家的眼中,这正是亡国的征兆。

经历过亡国之痛的顾炎武对此深有感受,他在《日知录》中痛斥说:"以一人而易天下,其流风至于百有余年之久者,古有之矣。

---

[1] 皮锡瑞《经学历史》曰:"故论经学,宋以后为积衰时代。"页275。
[2] 《亭林文集》卷三《与友人论学书》,《顾亭林诗文集》,页40,中华书局1983年版。
[3] 李贽《焚书》卷三《童心说》,页99。
[4] 《袁宏道集笺校》卷一〇《解脱集》之三《叙陈正甫会心集》,页463—464。

王夷甫之清谈，王介甫之新说，其在于今，则王伯安之良知是也。"①他敏锐地发现历史上这三位姓王的共同点，都以其"异端邪说"带来社会风气的变化，而最终导致异族的入侵和本朝的灭亡。我们注意到，顾氏痛斥的这三人的学风正是"六经注我"的典型。以王衍（夷甫）为代表的魏晋玄学，其"寄言出意"的方法固然是借助古人之"言"而申说自己之"意"，如郭象注《庄子》，"识者云：却是《庄子》注郭象"②。而王安石（介甫）制作的《三经新义》，提倡标新立异的阐释方法，更"分明是侮圣人之言"，影响于宋、元、明三朝的科举经义，"名为明经取士，实为荒经蔑古之最"③。至于王守仁（伯安）"致良知"学说的流行，"则所研究之对象，乃纯在绍绍灵灵不可捉摸之一物"④，更是从根本上偏离了经学阐释学的轨道。显而易见，顾炎武从三王的学说中发现了"六经注我"的阐释方法与害政亡国之间的微妙关系。

事实上，早在明末崇祯年间，作为明朝最后一个皇帝的内阁大臣，钱谦益就以其特有的政治经验和学术修养敏感地意识到阐释立场与政治危机的密切关系，他回顾了自宋以来经学与道学分离的历史，尖锐地指出："胥天下不知穷经学古，而冥行擿埴，以狂瞽相师。驯至于今，銓才小儒，敢于嗤点六经，呰毁三传，非圣无法，先王所必诛不以听者，而流俗以为固然。生心而害政，作政而害事，学术蛊坏，世道偏颇，而夷狄寇盗之祸，亦相挺而起。"⑤所以他在《新刻十三经注疏序》中大声疾呼：

---

① 《日知录集释》卷一八《朱子晚年定论》，页832。
② 《大慧普觉禅师语录》卷二二《示永宁郡夫人》，《大正藏》第四七卷，页904。
③ 皮锡瑞《经学历史·经学积衰时代》，页277、278。
④ 梁启超《清代学术概论》第三节，页7。
⑤ 《牧斋初学集》卷二八《新刻十三经注疏序》，《四部丛刊》本。

> 孟子曰:"我亦欲正人心","君子反经而已矣"。诚欲正人心,必自反经始;诚欲反经,必自正经学始。①

所谓"正经学",就是纠正以朱熹、王守仁为代表的宋明理学对六经的曲解;所谓"反经",就是恢复经典的本来面目,返回到经典文本未经篡改的最原始状态。为什么说"反经"就有"正人心"的效应呢?在钱谦益看来,身心性命之学"愈精"而"愈眇",抽象玄虚而缺乏具体依循的标准,是"人心"不正的症结所在。而建立儒家原始经典的权威,就意味着建立一种与有序社会相对应的话语权威,使人的道德规范"有表可循而有坊可止"。因为归根到底,所谓圣人之道是通过文献的形式流传下来的,"圣人之经,即圣人之道",所以离经而讲道,所讲之道就不可能是真正的圣人之道。钱谦益针对当时空疏浮浅的学风,主张回到汉儒治经的学术传统,他认为:"学者之治经也,必以汉人为宗主,如杜预所谓原始要终。寻其枝叶,究其所穷,优而柔之,餍而饫之,涣然冰释,怡然理顺,然后抉摘异同,疏通疑滞。"②这种原始要终、寻枝返本的主张,可以说已开清代学术之先声。

顾炎武的政治生涯与失节降清的钱谦益迥异,但在学术思想方面却颇有相通之处。他在《与施愚山书》中说:

> 然愚独以为理学之名,自宋人始有之。古之所谓理学,经学也,非数十年不能通也。故曰:"君子之于《春秋》,没身而已矣。"今之所谓理学,禅学也,不取之五经而但资之语录,校诸帖括之文而尤易也。又曰:"《论语》,圣人之语录也。"舍圣人之

---

① 《牧斋初学集》卷二八《新刻十三经注疏序》。
② 同上卷七九《与卓去病论经学书》。

语录，而从事于后儒，此之谓不知本矣。①

这段话包含着两条重要思路：其一，所谓"经学即理学"的说法，就是钱谦益所说"圣人之经，即圣人之道"的翻版，其实质在于强调经典文本本身的重要性；其二，认为儒家的文献有本末之分，五经、《论语》是"本"，后儒语录是"末"。所以穷理意味着必须"穷经"，知本意味着必须"知古"，合而论之，经典必须是古老的原始经典，经学必须是古老的先儒诠释。

一批经历了亡国之痛的清初学者，在反思明朝灭亡的原因时所得出的结论之一，大抵与钱谦益、顾炎武相似，这就是明朝末期学风的败坏和士风的堕落。黄宗羲意识到："明人讲学，袭语录之糟粕，不以《六经》为根柢，束书而从事于游谈。"②王夫之痛斥说："姚江之学，横拈圣言之近似者，摘一句一字以为要妙，窜入其禅宗，尤为无忌惮之至。"③均有感于明代学术的空疏，而试图重建所谓有"根柢"的实学。正如梁启超所说："清学之出发点，在对于宋明理学一大反动。"④而其出发点之一就在于"返经汲古"，即重新恢复原始儒家话语体系的神圣权威，通过对儒家经典学说的"返本"和"正名"来重新调节社会秩序和价值观念，通过对原始儒家思想和古代文化制度的阐释来达到借古鉴今、"经世致用"的目的。所以，清儒虽也以获得六经的"本义"为治学的指归，但在关于如何获得"本义"的认识上，和宋儒显示出较大的差别。以欧阳修为代表的宋代经学把"理义大本"作为解经的基本阐释原则，是以"穷理"为指归；而由顾炎武奠基的清代经学则把"本义"付托于"本经"的语言文

---

① 《亭林文集》卷三《与施愚山书》，《顾亭林诗文集》，页58。
② 《清史稿·黄宗羲传》，页13105，中华书局1977年版。
③ 《俟解》，转引自《清代学术概论》，页15。
④ 《清代学术概论》，页6。

字的全面复原,是以"穷经"为号召。

明成祖永乐年间,诏儒臣编《五经四书大全》,取元代经学家之书,抄誊一过,饾饤成编,谫陋尤甚,儒家经典文本的古老传注去之殆尽,"经学之废,实自此始"[①]。在顾炎武等人的眼中,经典文本的真实与否,已不仅仅是文献学的问题,而且与儒家精神文明息息相关。当经典文本可以任意篡改之时,当经典文本已失去其本来面目之时,儒家话语体系的神圣权威也就渐次消失,儒家思想也因随意性的解释而日趋庸俗化。这样,由"满街皆是圣人"的道德贬值到"酒色财气不碍菩提路"的道德堕落,也就只有一步之遥。可以说,"返经汲古"的思潮正是源于对明代经典文本的真实性的怀疑,以及对其规范社会秩序的有效性的怀疑。因此如何恢复经典文本的原始状态以及经典诠释的理想状态,成为清初学者重要的政治目标和学术目标之一。而随着清朝统治的日趋稳固,这一目标的政治因素逐渐淡化,而学术倾向日益凸显。降至乾嘉时代,更向阐释学的技术方法层面转移。

那么,什么是经典文本的原始状态呢?乾嘉学者的回答是:真书而非伪书,正文而非谬文,古本而非今本。什么是经典诠释的理想状态呢?乾嘉学者的回答是:故训而非语录,讲经而非讲道,实证而非虚辞。

阮元在为王引之的《经义述闻》作序时举了两个有关意义误解的著名例子,充分说明了乾嘉学者的阐释立场:

> 昔郢人遗燕相书,夜书,曰:"举烛。"因而过书举烛。燕相受书,说之曰:"举烛者,尚明也。尚明者,举贤也。"国以治。治则治矣,非书意也。郑人谓玉未理者璞,周人谓鼠未腊者璞。

[①] 《日知录集释》卷一八《四书五经大全》,页812。

周人曰："欲买璞乎？"郑贾曰："欲之。"出其璞，乃鼠也。夫误会举烛之义，幸而治；误解鼠璞则大谬。由是言之，凡误解古书者，皆举烛、鼠璞之类也。古书之最重者莫逾于经。经自汉晋以及唐宋，固全赖古儒解注之力。然其间未发明而沿旧误者尚多。①

"郢书燕说"源于郢人书信本身的错误，燕相根据偶尔写错的文本作出了与郢人原义毫不相干的解释。"郑璞周鼠"的误会则源于郑人与周人语言之间的地域性差异。尽管"郢书燕说"似的创造性发挥未尝无益，但在阮元这样的清代正统派学者眼里，再完美的误解终究是误解，均当在摒弃之列。阮元以为，自汉晋唐宋以来对经书的误解无非这两种情况：一是"郢书燕说"，即经书本身的问题；一是"郑璞周鼠"，即语言的差异问题（只不过周、郑之间的地域性差异换为先秦与汉晋唐宋之间的时间性差异）。也就是戴震所说："缘词生训者，所释之义，非其本义（此即郑璞周鼠）；守讹传谬者，所据之经，并非其本经（此即郢书燕说）。"②而要纠正经学阐释中"未发明而沿旧误者"的情况，就得考察郢人书信的"本意"如何，周人卖璞的"本义"如何。因此，清儒的"返经汲古"包含着两个任务：其一，重返未经后儒篡改的原始文本——"本经"；其二，汲取最符合经典文本原义的解释——"古义"。清代学术活动多由这两个任务派生出来。

关于"本经"的确立，由经学而派生出辨伪、校勘、辑佚等专门之学。

---

① 阮元《经义述闻序》，《经义述闻》卷首，页1，《高邮王氏四种》之三，清道光七年本，江苏古籍出版社1985年影印。案："郢书燕说"典出《韩非子·外储说左上》，"郑璞周鼠"典出《尹文子·大道下》。
② 《戴东原集》卷一〇《古经解钩沉序》。

首先，所谓"本经"当是真书而非伪书，所以治经必须辨伪。清代学者"返经"、"穷经"的根本理由是："圣人之道，在六经而已矣。……六经以外，别无所谓道也。"[①]一切关于儒家政治学、社会学、哲学、伦理学、史学的阐释都得依据六经的原始文本，即由圣人制作的文本。然而，儒家经典文本传世两千多年，其间经历多次战乱造成的文化浩劫和传统断裂，其间以讹传讹甚至有意伪造的现象在所难免。众所周知，文本是一切阐释活动的最根本的依据，也是决定阐释意向的最根本的要素。这意味着，传讹或作伪的经典文本必然造成对"圣人之道"的曲解和误解，而在清儒看来，这种曲解和误解会导致整个儒家思想体系的混乱，危害极大。辨伪名著《考信录》的作者崔述指出：

> 若伪撰经传，则圣人之言行悉为所诬而不能白，譬如权臣擅政，假天子之命以呼召四方，天下之人为所潜移默转而不之觉，其所关于宗社之安危者非小事也。[②]

比如《古文尚书》，两千多年来一直是历代王朝颁布的所谓修身、齐家、治国、平天下的教科书，尤其是"人心惟危，道心惟微，惟精惟一，允执厥中"十六个字，是所谓尧、舜、禹三圣"传心之要"，成为宋、元、明理学最神圣的信条[③]。但据清初阎若璩《尚书古文疏证》详细考辨，证明此经确实是伪书，由此可见晚明诸儒"置四海之困穷不言，而终日讲危微精一之说"，实在是盲从伪经而偏离了真正的"圣人之道"。所以要尊经，首先必须疑经，这是清代辨伪者的共识。如前所述，从宋庆历年间，就已出现疑古之风，欧阳修、郑

---

① 崔述《考信录提要》卷上，《崔东壁遗书》，页2，上海古籍出版社1983年版。
② 同上，页11。
③ 参见顾炎武《日知录》卷一八《心学》，《日知录集释》，页816—819。

樵、朱熹等有宋一大批学者对经书多有怀疑，清儒的辨伪正是这种学风的继承。阎若璩作《尚书古文疏证》，自称与朱熹的工作一脉相承："吾为此书，不过从朱子引而伸之，触类而长之耳。"① 不过，宋儒的疑古多以"理义大本"为依据，清儒则更注重文献资料方面的实际证据，更注重对"传记所载与注疏所释往往与经互异"的复杂现象的考辨。换句话说，宋儒偏重于"大胆假设"，有开创之功；清儒更注意"小心求证"，多考信之获。如阎若璩疑古文《尚书》的思路虽从朱熹而来，然而"引经据古，一一陈其矛盾之故，古文之伪乃大明"。由于证据确凿，所以尽管毛奇龄作《古文尚书冤词》"百计相轧，终不能以强辞夺正理，则有据之言先立于不可败也"。②

其次，所谓"本经"，应是正文而非谬文，所以治经必须校勘。戴震指出："经文有一字非其解，则于所言之意必差，而道从此失。"③举例来说，《礼记·王制》中有"虞庠在国之四郊"一句，唐孔颖达《礼记正义》的经文和注文"四"都作"西"。然而根据《礼记·祭义》关于"天子设四学"的注文"四学谓周有四郊之虞庠"，再考之以《大戴礼记》王肃、刘芳、皇侃、崔灵恩、杜佑诸家的注疏，无不作"四郊"，可见孔本之误。这虽然只是一个字的问题，却直接牵涉对周代学校制度的理解，正如段玉裁所说，若从孔氏的底本作"西郊"，则因一字之误而使"周制四郊小学遂不传矣"。而古代的典章制度在清儒的眼里，其实就是"圣人之道"的体现。所以校勘对于"本经"的复原和"本义"的理解，其意义非同小可。针对经典文本的校勘，段玉裁在《与诸同志书论校书之难》中提出了具体可行的方法：

---

① 阎咏《尚书古文疏证序》，阎若璩《尚书古文疏证》卷首，页7，清乾隆十年眷西堂本，上海古籍出版社1987年影印。
② 《四库全书总目》卷一一二《经部·书类》二《古文尚书疏证》提要，页101。
③ 《戴东原集》卷九《与某书》。

> 校书之难,非照本改字、不讹不漏之难也,定其是非之难。是非有二:曰底本之是非,曰立说之是非。必先定其底本之是非,而后可断其立说之是非。……何谓底本?著书者之稿本是也。何谓立说?著书者所言之义理是也。……故校经之法,必以贾还贾,以孔还孔,以陆还陆,以杜还杜,以郑还郑,各得其底本,而后判其义理之是非,而后经之底本可定,而后经之义理可以徐定。不先正注疏释文之底本,则多诬古人;不断其立说之是非,则多误今人。①

段玉裁把校勘工作分为两步:第一步是定底本之是非,第二步是定立说之是非。儒家经典是引起无数注释的源头著作,现存的经典是由历代经师的解说沉积而成,比如《礼记》有郑玄为之作注,郑玄注有孔颖达为之作疏,而经、注、疏又有宋人为之整理合并。照理说,每一层解说承接着同一个底本,但事实上,在经典的流传过程中,由于人工抄写、刊刻时的偶然疏忽,这种沉积难免会发生个别的错位现象,即经、注、疏底本之间的文字差异。当宋人以疏合经注强行将其改为一致之时,就出现了这样一个问题,经、注、疏各底本的原貌究竟是怎样的呢?所谓"定其底本之是非",即确定各本的本来面目。以前举《礼记·祭义》为例,郑注作"四郊",孔疏作"西郊",宋本将孔疏之"西郊"改为"四郊",以与郑注相合,但改后的孔疏疏文本身变得文理不通,这是因为孔疏的解释都依据作"西郊"的文本而展开。显然,这里有两个错位:孔疏之"西郊"非真正的郑注底本,宋本之"四郊"非真正的孔疏底本。所以,校勘的任务首先是要"以郑还郑"、"以孔还孔",各得其底本,恢复阐释

---

① 《经韵楼集》卷一二,道光元年刊本,《段玉裁遗书》下册,页1122—1125,台北大化书局1977年影印。

过程中每一层沉积的真相。然而，在"定其底本之是非"以后，校书者的任务并未完成，还须"断其立说之是非"，即根据"著书者所言之义理"来断定底本的正谬，也就是说，还须将底本的是非放到文本的上下文中去检验。比如，纯粹从底本之是非的角度来看，孔疏底本作"西郊"是正确的，作"四郊"是错误的。但如果据此而使《礼记·王制》经、注、疏的"西郊"皆沿误不改，"则孔疏之底本虽得，而于义理乃大乖也"，因为从上下文来看，它违背了《礼记》作者的本意。由此可见，依据著书者所言之义理来进行校勘，才能得到真正的"本经"。段玉裁这封论校勘的书信，包含着极丰富的阐释学内涵：即一方面通过底本是非的确定，真实地保留古人各种历史性理解的原貌，"不诬古人"，这意味着承认每一种历史性理解自身的价值；另一方面通过立说是非的判断，可靠地确立符合作者立言本意的原始文本，"不误今人"，这意味着阐释必须以回到作者的原意为指归。

再次，所谓"本经"，应是古本而非今本，所以治经必须辑佚。先秦儒家典籍经历秦始皇焚毁，澌灭殆尽，汉代经师故训又遭遇历代丧乱，散失甚多，如"两汉今文家说亡于魏、晋；古文家，郑之《易》，马、郑之《书》，贾、服之《春秋》，亡于唐、宋以后"[①]。在亡佚的书籍中，不仅包含着汉代经学家对经文的诠释，而且可能有更接近原始面貌的古老文本。正如戴震在为余萧客的《古经解钩沉》作序时所说：

> 六经者，道义之宗而神明之府也。古圣哲往矣，其心志与天地之心协，而为斯民道义之心，是之谓道。士生千载后，求道于典章制度，而遗文垂绝，今古悬隔，时之相去，殆无异

---

① 《经学历史·经学复盛时代》，页330。

地之相远。廑廑赖夫经师故训乃通,无异译言以为之传导也者。又况古人之小学亡,而后有故训;故训之法亡,流而为凿空,数百年已降,说经之弊,善凿空而已矣。虽然经自汉经师所授受,已差违失次,其所训释,复各持异解。余尝欲搜考异文,以为订经之助,又广挚汉儒笺注之存者,以为综考故训之助。……盖尝深嫉乎凿空以为经也。二三好古之儒,知此学之不廑在故训,则以志乎闻道也,或庶几焉。①

戴震在此从阐释学的立场指出了辑佚工作的重要性,其推论的逻辑如下:(1)圣人的"心志"(观念世界)因与"天地之心"(现象世界)相对应、相协调,而成为斯民应遵循的"道义之心";(2)圣人的"道义之心"通过典章制度的建立而体现出来;(3)典章制度保存于圣人的著作六经之中;(4)而六经"遗文垂绝,今古悬隔",意义难通,有赖于经师的故训作翻译;(5)而经师所传经典文本"差违失次",所作训释讲说"各持异解",有赖于辑佚而为"订经之助"和"综考故训之助";(6)所以,稽古钩沉有助于得经师故训的"本义",并有助于得经师所据之"本经",由"本经"而得古代典章制度,由典章制度而得圣人的"道义之心"。也就是说,辑佚的目的不仅在故训,而且在"闻道",不仅在遗文的搜罗,而且在义理的发现。

二、通诂明道:本义的确立

经学史学家皮锡瑞认为,清代经师有功于后学者有三事:一是

---

① 《戴东原集》卷一〇《古经解钩沉序》。

"辑佚书",二是"精校勘",三是"通小学"①。如果说前二事相当于恢复郢人书信未误的"稿本"之原貌,免遭燕相"举贤"的臆解的话,那么后一事则相当于帮助郑人弄清周人卖璞的"本义"如何,免得上了"鼠肉"的当。换言之,如果说辑佚、校勘是因确立"本经"的任务而派生出来的话,那么小学(包括文字、声韵、训诂之学)的发展壮大则是探求经典"古义"的结果。

当钱谦益、顾炎武强调"圣人之经"和"圣人之道"的同一性之时,已预示着经学阐释学由抽象的义理层面向具体的文献层面的转移。稍后的朱彝尊站在小学的立场,又进一步提出"未有不识字而能通天地人之故者"的说法②,把文字视为通识义理的必要手段。惠士奇也坚信"经之义存乎训",只有做到"识字审音",才能"知其义"③。而到了乾嘉时期,经学阐释学的重心更几乎完全倾斜到语言文字上来。孔子"必也正名乎"的古老呼唤,激荡起"说文解字"的强烈共鸣④;"言以足志,文以足言"的古老箴言,转化为"以字考经,以经考字"的治学原则⑤。意义再也不是"无迹可求"的水月镜花,阐释再也不是"得意忘言"的醉翁瘾语,圣人之道切切实实地蕴藏在每一个可见可闻的字词的形、音、义之中。

钱大昕在《臧玉林经义杂识序》中满怀敬意地指出:"国朝通儒若顾亭林、陈见桃、阎百诗、惠天牧诸先生,始笃志古学,研覃经

---

① 《经学历史·经学复盛时代》,页330—331。
② 《曝书亭集》卷三四《重刊玉篇序》,《四部丛刊》本。
③ 《潜研堂文集》卷三八《惠先生士奇传》载其论《周礼》曰:"《礼经》出于屋壁,多古字古音。经之义存乎训,识字审音,乃知其义,故古训不可改也。"
④ 如江沅《说文解字注后叙》:"孔子曰:'必也正名。'盖必形声义三者正,而后可言可行也。亦必本义明,而后形声义三者可正也。"又卢文弨《说文解字读序》:"文与字古亦谓之名。……名者,王者之所重也。圣人曰:'必也正名乎。'"见段玉裁《说文解字注》卷末,页788—789,经韵楼藏版,上海古籍出版社1988年影印。
⑤ 陈奂《说文解字注跋》:"闻诸先生(段玉裁)曰:'昔东原师(戴震)之言:仆之学不外以字考经,以经考字。'"《说文解字注》卷末,页789。

训,由文字声音训诂而得义理之真。"[1]这与其说是清初通儒的真实写照,不如说是乾嘉学者树起的一面旗帜。事实上,"文字声音训诂"在清初学者那里,只居经学的一部分,而到了乾嘉时代,却占领了整个学术界的制高点。"由文字声音训诂而得义理之真",在乾嘉学者那里几乎成为一句口头禅,是毋庸置疑的基本原则。代表着清代学术最高成就的戴震、钱大昕、段玉裁、王念孙、王引之等人,无不以此为圭臬。

自先秦以来,关于文字、语言、思想、真理之间的关系有各种排列不同的形上等级制,除了"言以足志,文以足言"的古训里可能给文字留下一席之地外,其余如"书不尽言,言不尽意"、"不以文害辞,不以辞害志"、"得意忘象,得象忘言"、"去词去意得味"等诸多说法,都将文字视为不影响意义的可有可无的东西,视为阐释活动中可以超越、忘却甚至抛弃的部分。然而,这些高妙的理论往往忽视了这样一个事实,即"在阐释学中,语言是唯一的先决条件,其他一切所要发现的,包括其他客观的、主观的先决条件,都只能在语言中去发现"[2];更忽视了这样一个事实,即对于书面文本的阐释来说,文字是唯一的先决条件,其他的语言、思想、真理等,都只能在文字中去发现。所以,乾嘉学者对训诂之学的提倡,不过是遵循"语言是阐释学中唯一的先决条件"这一基本定理而已。

在乾嘉学者看来,晋人的"傅会凿空",宋人的"师心自用",明人的"荒经蔑古",都因鄙视训诂之学而往往误解甚至歪曲六经的本意。比如欧阳修解《诗经》虽号称得其"本义",却遭到清儒的指责:"欧阳永叔解'吉士诱之'为挑诱,后儒遂有诋《召南》为淫奔

---

[1]《潜研堂文集》卷二四《臧玉林经义杂识序》。
[2] Friedrich Schleiermacher, *Hermeneutics: The Handwritten Manuscripts*, trans. James Duke and Jack Forstman, p.50.

而删之者。古训之不讲,其贻害于圣经甚矣!"① 显然,在恢复经典文本的"本义"方面,宋儒与清儒各有不同的出发点,前者以"义理"为标尺,后者以"故训"为依据。

戴震称得上是乾嘉学派阐释学理论的奠基人,他比清初学者更明确地意识到"通诂"对于"明道"的决定作用,由此一再呼吁重视小学文字在经学阐释学上的价值:

> 经之至者,道也。所以明道者,其词也。所以成词者,未有能外小学文字者也。由文字以通乎语言,由语言以通乎古圣贤之心志。譬之适堂坛之必循其阶,而不可以躐等。②
>
> 经之至者,道也;所以明道者,其词也;所以成词者,字也。由字以通其词,由词以通其道,必有渐求。③
>
> 今人读书尚未识字,辄目故训之学不足为其究也。文字之鲜能通,妄谓通其语言;语言之鲜能通,妄谓通其心志,而曰傅合不谬,吾不敢知也。④
>
> 凡学始乎离词,中乎辨言,终乎闻道。离词则舍小学故训无所藉,辨言则舍其立言之体无从而相接以心。⑤
>
> 惟空凭胸臆之卒无当于贤人圣人之理义,然后求之古经;求之古经,而遗文垂绝,今古悬隔也,然后求之故训。故训明则古经明,古经明则贤人圣人之理义明,而我心之所同然者乃因之而明。⑥

---

① 《潜研堂文集》卷二四《经籍籑诂序》。
② 《戴东原集》卷一〇《古经解钩沉序》。
③ 同上卷九《与是仲明论学书》。
④ 同上卷三《尔雅注疏笺补序》。
⑤ 同上卷一一《沈学子文集序》。
⑥ 同上《题惠定宇先生授经图》。

在戴震的理论体系里,尽管"小学文字"仍处在形上等级制的底层,但已成为构筑经义大厦最根本的基座,成为通向圣贤之道神圣殿堂的必由之路:不可越等的台阶和不可踏错的门径[①]。尤为值得注意的是,"书"、"言"、"意"、"道"等玄而又玄的形上等级,在戴震这里一变而为循序渐进的可操作的"由字通词,由词通道"的阐释程序。以上言论可以说是对清代经学阐释学的性质和任务最简单明了而又最实事求是的表述,所以在乾嘉学者中引起广泛的回响。如钱锺书先生所说:"乾嘉'朴学'教人,必知字之诂,而后识句之意,识句之意,而后通全篇之义,进而窥全书之指。"[②]

钱大昕是这一理论最热烈的拥护者,他不仅在为戴震作的传记中转引上述言论,而且在不少文章中一再诵说相同的观点:

> 夫穷经者必通训诂,训诂明而后知义理之趣。[③]
>
> 尝谓六经者,圣人之言。因其言以求其义,则必自诂训始。谓诂训之外别有义理,如桑门以不立文字为最上乘者,非吾儒之学也。[④]
>
> 有文字而后有诂训,有诂训而后有义理。训诂者,义理之所由出,非别有义理出乎训诂之外者也。[⑤]
>
> 六经皆载于文字者也,非声音则经之文不正,非训诂则经之义不明。[⑥]

---

① 阮元引申戴氏之说曰:"圣人之道,譬若宫墙,文字训诂,其门径也。门径苟误,跬步皆岐,安能升堂入室乎?"《揅经室一集》卷二《拟国史儒林传序》,《四部丛刊》本。
② 《管锥编》,页171。
③ 《潜研堂文集》卷二四《左氏传古注辑存序》。
④ 同上《臧玉林经义杂识序》。
⑤ 同上《经籍籑诂序》。
⑥ 同上《小学考序》。

> 夫六经皆以明道，未有不通训诂而能知道者。①

乾嘉学者阐释理论的基本逻辑是：圣贤之道保存于六经之中，六经的载体是文字，文字记录着语言，具有声音和意义，因此，要阐明圣贤之道，就必须弄懂文字的声音和意义，从而真正理解六经的旨意。这本来是文本阐释的最基本原则之一。不过，魏晋和宋明的解经者似乎并不介怀文字语言的障碍，常以所谓"略其玄黄而取其俊逸"的姿态肆逞臆说。为此乾嘉学者特别强调"文字"→"训诂"→"义理"的先后关系。

在乾嘉学者的文集中，随处可见"古字"、"古言"、"古文"、"古形"、"古音"、"古义"、"古书"、"古经"、"古训"之类的字眼。而他们的解经也不同于一般的文本诠释，带有强烈的"释古"色彩。这种"释古"倾向实际上源于对解经者和六经之间的时间距离的深刻理解。正如戴震所感叹的那样：

> 盖士生三古后，时之相去千百年之久，视夫地之相隔千百里之远无以异。昔之妇孺闻而辄晓者，更经学大师转相讲授而仍留疑义，则时为之也。②

按照西方传统阐释学的观点，文本在某个给定的时间段内具有的意义同解释者所处的时间段之间存在着间距，这是为了达到正确理解而必须克服的障碍。而按照乾嘉学者的观点，克服这一障碍的首要办法是，尽可能返回距离文本形成时间最近的解释，"欲识古训，当于年代相近者求之"③。卢文弨在论及《尔雅》汉注优于晋注时，作了这样一个比喻："夫时之近远，犹夫州土之各异。以吴人解越人之言，

---

① 《潜研堂文集》卷三三《与晦之论尔雅书》。
② 《戴东原集》卷三《尔雅文字考序》。
③ 《抱经堂文集》卷六《尔雅汉注序》。

纵不尽通，犹得其六七，燕秦之士必不逮焉。故吾亦不谓李、孙诸人之解之尽得也，然其是者必贤于后人所见。"①事实上，清儒崇尚汉学的最根本的理由，就是所谓"去古未远"、"去圣未远"②。具体说来，汉人去古未远的优势在于："其所见多古字，其习读多古音，故其所训诂，要于本旨为近，虽有失焉者寡矣。"③由于时间距离与空间距离的相似性质，距圣人时代最近的汉代经师的"故训"，无异于通晓外国语的翻译，是跨越"今古悬隔"的时间鸿沟的重要桥梁④。

在乾嘉学者的眼里，时间距离造成的理解障碍，更多地属于语言隔阂而非概念差异。他们相信，圣人之道并没有什么神秘可言，当初的妇孺都可做到"闻而辄晓"。后人的疑义乃缘于时过境迁的全方位的语言演变。因此，要克服这一障碍，需进一步超越汉人讲授，楔入文本形成时间段内的语言系统，"因文字而得古音，因古音而得古训"⑤。清代小学由经学的附庸而蔚为一大国，实与此认识有密切关系。

经书的载体是文字，而文字"有古形，有今形，有古音，有今音，有古义，有今义"⑥，因此清儒把小学分为三方面的内容：一、研究古今字形之变的文字学，研究古今字音之变的声韵学，研究古今字义之变的训诂学。⑦

---

① 《抱经堂文集》卷六《尔雅汉注序》。
② 案：朱彝尊《授经图序》《重刊玉篇序》、惠士奇《礼说》、钱大昕《臧玉林经义杂识序》《左氏传古注辑存序》、卢文弨《九经古义序》等文都有此语。
③ 《抱经堂文集》卷二《九经古义序》。
④ 《戴东原集》卷一〇《古经解钩沉序》："而遗文垂绝，今古悬隔，时之相去，殆无异地之相远。廑廑赖夫经师故训乃通，无异译言以为之传导者也。"
⑤ 《潜研堂文集》卷二四《小学考序》。
⑥ 王念孙《广雅疏证》卷首段玉裁《广雅疏证序》，页1，中华书局1983年影印清嘉庆年间王氏家刻本。又见《经韵楼集》卷八《王怀祖广雅注序》，《段玉裁遗书》，页1006。
⑦ 案：谢启昆撰《小学考》五十卷，分训诂、文字、声韵、音义四类，但音义类并非属于专门之学，正如谢氏所说："训诂、文字、声韵者，体也；音义者，用也。"见《小学考》卷首《小学考序》，页5，汉语大词典出版社1997年影印清光绪浙江书局刊本。

先看文字学。字形与字义的关系主要表现为"六书"中的象形、会意、指事三体,通过字形笔画直接表示意义,形声字中的偏旁部首也有表义的作用。因此,要读懂儒家经典,必须考察字形。乾嘉学者意识到,字形虽较字音稳定得多,但仍存在着时间距离带来的影响,这具体表现为两点。其一,字形的变化掩没了制字的本义。先秦儒家经典最早应是由籀文记录下来的,但由春秋战国至秦汉魏晋,文字经历了古籀、篆、隶、楷的变化,"自隶书行而篆之意浸失"①,字形与字义的关系由显而隐。其二,字典类书籍在辗转的传抄刊刻过程中,难免会出现字形上的鱼鲁亥豕,而这种错误很难被发现。"凡言音言义之书有讹字,尚可据理正之",而专载字形之书,"其讹者终古承讹而已矣"②。正如黄绍武所说:"是谈经史所必资,弗正之,是为小学妨害也。"③由此可见,治经必须解决年代久远造成的字形变化和讹误的问题。清儒特别看重东汉许慎的《说文解字》,其理由之一就在于,该书"主小篆而参之以古文大篆,其所为说解,十三万三千四百余字,未尝废隶书"④,是"今所赖以见制字之本源者"⑤,是跨越文字上的时间间距的重要桥梁。

再看声韵学。汉代古文经学家相信文字起源于"依类象形",是对自然印迹的模仿,而非语音的记录,所以"六书"中最重"象形"一体。不过,汉儒并不废字音,所以《说文解字》仍兼有声读。而后来王安石作《字说》,却以形取义,把字的产生看作"凤鸟有文、

---

① 卢文弨《抱经堂文集》卷三《说文解字读序》。案:戴震《与王内翰凤喈书》亦曰:"自有书契已来,科斗而篆籀,篆籀而徒隶,字画俛仰,寖失本真。"《戴东原集》卷三。
② 段玉裁《汪本隶释刊误序》,《段玉裁遗书》附刘盼遂辑校《经韵楼集补编》卷上,页1163。
③ 同上,引黄氏语。
④ 同上,页1162。
⑤ 卢文弨《抱经堂文集》卷三《说文解字读序》。

河图有画"的自然现象①,所以"往往舍声而求义,穿凿傅会"②。按照现代语言学的观点,语言符号(sign)是有声意象(sound-image)和概念(concept)的统一体③。汉字虽不同于拼音文字,但作为一种符号仍是有声意象(字音)和概念(字义)的结合。乾嘉学者从"形声相加,故六书唯谐声为多"的现象看出④,声音比字形笔画与意义的关系更为密切。他们坚信,字的创造应是音先于形,"圣人之制字,有义而后有音,有音而后有形",根据这一原理反向推导,"学者之考字",就应该"因形以得其音,因音以得其义"⑤。有鉴于此,他们提出了"诂训之旨,本于声音"的阐释学原则。然而,文字的字形作为一种所谓的"痕迹"(trace),一旦书写下来就有固定的形式,而语音却始终处于变动之中。同一个汉字,在不同的地域和不同的时代,读音都会有差异。正如钱大昕所说:"文字者,终古不易,而音声有时而变。五方之民,言语不通,近而一乡一聚,犹各操土音,彼我相嗤,矧在数千年之久乎!"⑥这意味着根据文字今日的读音来推测其"古义",就像郑人根据自己"玉未理者"的读音来理解周人的"鼠未腊者"一样。那么,要跨越时间距离造成的有声意象与概念之间的错位,就必须"就古音以求古义,引伸触类,不限形体"⑦,尽可能楔入经典文本形成的时间段内的语音系统。乾嘉学者清醒地认识到,古今只是相对的时间概念,"古今者,不定之名也。三代为古,则汉为今;汉魏晋为古,则唐宋以下为今"⑧。反映在语音方面,

---

① 王安石《进字说表》,《临川先生文集》卷五六,页608,中华书局上海编辑所1959年版。
② 《潜研堂文集》卷二四《小学考序》。
③ See Ferdinand de Saussure, *Course in General Linguistics*, p.67.
④ 《潜研堂文集》卷二四《小学考序》。
⑤ 段玉裁《广雅疏证序》。
⑥ 《潜研堂文集》卷二四《诗经韵谱序》。
⑦ 《广雅疏证》卷首王念孙自序,页2。
⑧ 同上卷首段玉裁序,页1。

"古音"也就有时间段的区别,举例来说,在汉代,"支"、"佳"为一部,"脂"、"微"、"齐"、"皆"、"灰"为一部,"之"、"咍"为一部,未尝淆借通用;晋宋以后就有些混用的现象出现;而到了唐代的功令就注明,"支"、"脂"、"之"同用,"佳"、"皆"同用,"灰"、"咍"同用。这说明"古音"截然分为三段[①]。所以,清儒根据"去古未远"的原则,超越晋、宋、隋、唐,直接致力于恢复汉代的语音系统,并在此方面取得了很大的成绩。

最后看训诂学。所谓"训诂",相当于语义学。治经学的根本目的在于"得义",因而从阐释学的角度来看,训诂实为小学的核心,文字、声韵之学归根结底都为训诂服务,辨古今之形,考古今之音,都是为了明古今之义。时间距离造成的语义障碍集中于以下三个问题。

第一个问题是怎样考察字词的本义或古义。相对而言,字词的本义可以较易获得,比如许慎《说文解字》的旨要,就"在明文字之本义而已",借助该书大致可解决第一个问题。不过,许书原文释义好用"互训"的方法,字义多有含糊之处,如"讽"、"诵"二字,许书释曰:"讽,诵也,从言风声;诵,讽也,从言甬声。"而段玉裁注则善于用"分训"的方法,辨析同义词之间的细微差别,如释"讽"、"诵"二字,依据《周礼·大司乐》注"倍文曰讽,以声节之曰诵",谓"倍同背,谓不开读也。诵则非直背文,又为吟咏,以声节之。《周礼经》注析言之,讽、诵是二;许统言之,讽诵是一也"[②]。江沅称段注之要旨,"在善推许书每字之本义而已矣",的确,经过段注的发明,古字的古义才真正大著于世。

可是,懂得字的"古义"并不等于能读懂"古经",因为字的意义既有"本义",又有"余义"、"引申义"、"假借义"[③],特别是"假

[①] 《戴东原集》卷一〇《六书音均表序》。
[②] 《说文解字注》三篇上言部,页90。
[③] 江沅《说文解字注后叙》,《说文解字注》,页788。

借",是先秦古籍中特有的语言现象,也是导致后世经学家误解经义的主要根源。《尔雅》对字义的解释与《说文》时有出入,《说文》的字义与经典亦时有扞格,大多是"假借"造成的后果。诚如王引之所说:"如'由',用也;'猷',道也;而又为词(虚词)之'於'。若皆以'用'与'道'释之,则《尚书》之'别求闻由古先哲王','大诰猷尔多邦',皆文义不安矣。"①因此乾嘉学者面临的第二个问题是,怎样正确判断字词的假借义。王念孙、王引之父子在吸收戴震、段玉裁等人治学经验的基础上提出一条"由声音通训诂"的阐释学原则:

> 诂训之指,存乎声音。字之声同声近者,经传往往假借。学者以声求义,破其假借之字,而读以本字,则涣然冰释。如其假借之字而强为之解,则诘鞫为病矣。②

这条原则的基本理论根据是:"声同字异,声近义同,虽或类聚群分,实亦同条共贯。"③王念孙相信,声音相同或相近的字同属于一个意义家族,而这个家族中的字在经典文本中可以相互替代,这叫作"假借"。王氏父子以此思路来诠释经典,很多疑难的字义迎刃而解。比如《尚书·尧典》"光被四表"句,戴震谓"然则《尧典》古本必作'横被四表'……'横'转写为'桄',脱误为'光'。追原古初,当读古旷反,庶合充廓广远之义"。而王引之则曰:"'光'、'桄'、'横',古同声而通用,非转写讹脱而为'光'也。三字皆充广之义,不必古旷反而后为'充'也。……则光被之光作横,又作广,字异

---

① 《经传释词》王引之自序,页1,岳麓书社1984年版。
② 《经义述闻》卷首王引之序引王念孙语,页2。
③ 《广雅疏证序》,页2。

而声义同，无烦是此而非彼也。"①

然而，倘若遇到一字多音的情况，"破其假借之字，而读以本字"的方法也有麻烦，因为多音意味着多义。这就出现第三个问题：怎样确定字词在经典文本上下文中的意义。也就是说，知道一个字词的"本义"、"假借义"还不够，还须视其"在此处"的"文义"如何。而在这一点上，乾嘉学者也做得很出色。王氏父子《经义述闻》训释文义，特别注意文义和文理，每言"揆之文义"、"寻绎文义"、"寻文究理"，又屡言依某说"则隔断上下语脉"、某说于"文义不合"、"文义不伦"、"文义未协"、"文不相属"等，"与语言环境限定字词具体涵义之原理相合"②。钱锺书曾批评乾嘉朴学教人"知字之诂"、"识句之意"到"通全篇之志"、"窥全书之指"，是只知"一边"的"初桄"。其实，像《经义述闻》这样注意文义、语境的阐释，已接近钱锺书所设计的理想境界："积小以明大，而又举大以贯小；推末以至本，而又探本以穷末；交互往复，庶几乎义解圆足而免于偏枯，所谓'阐释之循环'者是矣。"③

当今学者论中国阐释学的方法，有所谓"本质还原法——向事物之原初状态的还原"和"存在还原法——向领会之原初状态的还原"两种④，这固然是贯穿中国阐释学的重要传统，然而，人的存在归根结底是一种语言的存在，所以一切所谓"本质还原"和"存在还原"的阐释，最终必须体现为一种"语言的还原"。也就是说，忽略名物、象数、声音、文字之学，脱离圣人经典形成的时间段内的语言系统，"切己体认"式的存在还原法是不可能真正返回事物之原初状态的。事实上，宋明理学家的经学阐释，不是离"本义"更近，

---

① 《经义述闻》卷三《光被四表》，页65、66。
② 参见《经义述闻》卷首许嘉璐《弁言》，页4。
③ 《管锥编》，页171。
④ 见李清良《中国阐释学》，页18—41。

而是更远。虽然其在哲学上自有其独到且有益之处,但其在阐释学上的有效性却不可与乾嘉学派的"语言还原法"同日而语,因为前者"虚则易歧",后者"实则难假"。

三、实事求是:诠释的验证

阮元在为《经义述闻》作序时评价该书说:"凡古儒所误解者,无不旁征曲喻,而得其本义之所在。使古圣贤见之,必解颐曰:'吾言固如是,数千年误解之,今得明矣。'"①类似的话我们在赵时揖为金圣叹作《贯华堂评选杜诗序》中也见过:"先生之解杜,若杜呼先生而告之曰:'仆之意有若是焉。'不然,何意之隐者、曲者、窈渺然其远者,先生皆得观见而悉数之耶?"②不过,这两本著作虽都号称真正超越了时间间距的障碍而得古人本义,但其阐释的有效性是截然不同的。

金圣叹解杜诗来自读者个人的体验推测,尽管精彩绝伦,却只是主观的想象,缺乏客观的检验标准。正如苏轼号称杜甫托梦来解释《八阵图》诗的原意一样,所谓杜甫告诉金圣叹"仆之意有若是焉"的说法,不过是一厢情愿的托梦而已,很难说是权威的解释,因为不同的读者可以做不同的梦。而王引之《经义述闻》对经典的诠释,则是经过有效性验证的最具有或然性的解说:其一,王氏的"同声通用"的训释,得到古音韵学研究结果的认可,也就是公共语言规范的认可,符合所谓"合法性"的标准;其二,王氏阐明了文本的每一个语言成分,将这些语言成分相互组合起来而非彼此孤立起来进行阐释,符合所谓"相应性"的标准;其三,王氏的解释

---

① 《经义述闻》卷首阮元序,页1。
② 赵时揖《贯华堂评选杜诗序》,见《杜集书录》内编卷八,页480。

"遍考群经"、"遍考书传",颇重视古语的规律和古书的惯例,符合所谓"范型合适性"的标准;其四,王氏关于文义、文理的语境分析,符合所谓"连贯性"的标准①。更重要的是,王氏的每一条解释必有证据,不作臆测,尽管声称"以己意逆经意",而"己意"绝非一己之臆说,乃是"参之他经,证之成训"而得②,所以其阐说多具有公论的性质。

其实,不仅《经义述闻》如此,王氏的其他著作也都强调验证,王引之《经传释词》确定词义的基本原则就是:"揆之本文而协,验之他卷而通。虽旧说所无,可以心知其意者也。"③钱熙祚总结其释词之法有六:一、"举同文以互证";二、"举两文以比例";三、"因互文而知其同训";四、"即别本以见例";五、"因古注以互推";六、"采后人所引以相证"④。六条方法的精神无非都是为获得最充分有效的验证。

这种强调验证的学风,不只是王氏父子独有的家学特色,也是乾嘉学者所共同遵循的基本规则。进一步而言,这是对清初顾炎武、阎若璩等人的治学方法的继承。顾炎武作《日知录》,"每一事必详其始末,参以证佐,而后笔之于书。故引据浩繁,而牴牾者少"⑤。他自述治音韵学的过程:"列本证、旁证二条。本证者,诗自相证也;旁证者,采之他书也。二者俱无,则宛转以审其音,参伍以谐其韵。"⑥阎若璩"平生长于考证,遇有疑义,反覆穷究,必得其解乃

---

① 美国学者赫施提出,验证某种解说比其他解说更具或然性(probability),有四条标准(criterion):合法性(legitimacy)、相应性(correspondence)、范型合适性(generic appropriateness)和连贯性(coherence)。参见 E. D. Hirsch, *Validity in Interpretation*, p.236。
② 《经义述闻》卷首王引之自序引家大人(王念孙)语曰:"前人传注不皆合于经,则择其合经者从之。其皆不合,则以己意逆经意,而参之他经,证以成训。"页2。
③ 《经传释词》卷首王引之自序,页3。
④ 同上卷末钱熙祚跋,页244。
⑤ 《四库全书总目》卷一一九子部杂家类三《日知录》提要,页1029。
⑥ 《音论》卷中《古诗无叶音》,《四库全书》本。

已"①。顾氏作《日知录》的最初动因类似"返经汲古",无非是对宋明理学空疏无根的反动,其学术目的在于"经世致用",更确切地说,是为反清复明作准备,希望"有王者起,得以酌取焉"②。不过,当清王朝的统治已日益稳固之后,他的考证之学便违背了他经世致用的初衷,成为回忌时讳、与世无争的学者"为学术而学术"的工具。事实上,黄汝成的《日知录集释》就汇集有清近百位名家的疏说,乾嘉学者大多包含在内,足可见其"综核名实"的考据学方法对清代经学阐释学的影响③。戴震在与姚鼐的书信中谈及治学的得失经验,便是对顾、阎学风的继承发展:

> 凡仆所以寻求于遗经,惧圣人之绪言暗汶于后世也。然寻求而获,有十分之见,有未至十分之见。所谓十分之见,必征之古而靡不条贯,合诸道而不留余议,巨细毕究,本末兼察。若夫依于传闻,以拟其是;择于众说,以裁其优;出于空言,以定其论;据于孤证,以信其通。虽溯流可以知源,不目睹渊泉所导;循根可以达杪,不手披枝肄所岐,皆未至十分之见也。以此治经,失不知为不知之意,而徒增一惑,以滋识者之辨之也。……既深思自得而近之矣,然后知孰为十分之见,孰为未至十分之见,如绳绳木,昔以为直者其曲于是可见也;如水准地,昔以为平者其坳于是可见也。夫然后传其信,不传其疑,疑则阙,庶几治经不害。④

所谓"十分之见",就是其理解和解释,无论巨细本末,每一处都可

---

① 《潜研堂文集》卷三八《阎先生若璩传》。
② 《亭林文集》卷三《与友人论门人书》,《顾亭林诗文集》,页47。
③ 参见《日知录集释》卷首黄汝成叙,页1—6。
④ 《戴东原集》卷九《与姚孝廉姬传书》。

以得到有效的验证，都符合合法性、相应性、范型合适性、连贯性的标准。而所谓"未至十分之见"，多有主观假设的成分，依赖于"传闻"、"众说"、"空言"和"孤证"，缺乏令人信服的证据。这种"无征不信"的态度，实为乾嘉学者普遍遵循的学风，因而其对经典文本的阐释，也最具有或然性（probability）和可信性（plausibility）。戴震治学，"有一字不准六书，一字解不通贯群经，即无稽者不信，不信者必反复参证而后即安，以故胸中所得，皆破出传注重围"①。段玉裁注《说文》，"详稽博辨"，凡旧本《说文》中有"为后人窜改者、漏落者、失其次者"，"一一考而复之，悉有左证，不同臆说"②。刘台拱"穷治诸经，于三礼尤粹，研精考证，不为虚辞臆说，凡所发明，旁引曲证，与经文上下语气吻合，无少穿凿"③。惠栋的《九经古义》"单词片义，具有证据"④。类似例子，不胜枚举。可以这样说，"考证"、"参证"、"左证"、"曲证"、"证据"等"证"字的合成词，是乾嘉学者的自我申说和相互标榜的最重要的关键词。而"考证"一词正如其英文翻译的概念一样，实际上是一种关于文本校订和批评的学问⑤，特指文本的原文和本义的考证。因此我们可将所谓"考证学"视为一种独特的阐释学方法。

梁启超在《清代学术概论》中总结乾嘉学派（正统派）有特色的学风十条，其中就有五条关于验证，所言如下：

---

① 余廷灿《戴东原先生事略》，《存吾文稿》，《清代诗文集汇编》第365册，页463，上海古籍出版社2010年版。
② 《说文解字注》卷末卢文弨《说文解字读序》，页790。
③ 段玉裁《刘端临先生家传》，《段玉裁遗书》附刘盼遂辑校《经韵楼集补编》卷上，页1182。
④ 《抱经堂文集》卷二《九经古义序》。
⑤ 如北京外国语大学英语系词典组编《汉英词典》（修订版缩印本）"考据"条译作"textual criticism; textual research"，"考证"条译作"make textual criticism; do textual research"，页676—677，外语教学与研究出版社1997年版。

一、凡立一义，必凭证据，无证据而以臆度者，在所必摈。二、选择证据，以古为尚，以汉唐证据难宋明，不以宋明证据难汉唐。据汉魏可以难唐，据汉可以难魏晋，据先秦西汉可以难东汉，以经证经，可以难一切传记。三、孤证不为定说，其无反证者姑存之，得有续证则渐信之，遇有力之反证则弃之。四、隐匿证据或曲解证据，皆认为不德。五、最喜罗列事项之同类者，为比较的研究，而求得其公则。①

值得注意的是，他们依凭的证据都是来自文献，即文字的载籍，没有文献证明的解释都称为"臆度"。换言之，他们始终将其经学诠释控制在语言文字所能企及的范围，或者说控制在有文献资料能够证明的范围，不愿做过分的形而上的演绎。这里实际上隐含着这样一种阐释学观念：在文本诠释中，所谓"言外之意"的探究是无法证伪的空谈，只有那些有文字资料作证据的诠释才是真正有效的。凌廷堪有段论述颇能说明乾嘉学者重考证的理由："昔河间献王实事求是，夫实事在前，吾所谓是者，人不能强辞而非之，吾所谓非者，人不能强辞而是之也。如六书、九数及典章制度之学是也。虚理在前，吾所谓是者，人既可别持一说以为非，吾所谓非者，人亦可别持一说以为是也。如理义之学是也。"②在他们眼里，凡是"见仁见知"的诠释都无真理可言，因为文本的真理只有一个，那就是蕴藏在"实事"之中的"是"。

　　所谓"实事求是"，在清儒那里表现为知识的考古，举凡一切有助于经典阅读的古代知识，均在研讨的范围。

　　清代金石之学的发达即与此有关。金石是古代书籍以外的另一

---

① 《清代学术概论》十三，页34—35。
② 《校礼堂文集》卷三五《戴东原先生事略状》，《安徽丛书》第四期《凌次仲先生遗书》。

种文献载体,在保存文本的原初状态方面,具有书籍所不能取代的独特价值。诚如钱大昕所说:"盖以竹帛之文,久而易坏,手钞板刻,展转失真。独金石铭勒,出于千百载以前,犹见古人真面目,其文其事,信而有征,故可宝也。"[1]特别是在文本的文字方面,"虽千百年之后,犹能辨其点画,而审其异同"[2],这对于恢复经籍的原貌大有裨益。具体说来,金石上所刻"国邑大夫之名,有可补经传所未备者,偏旁篆籀之字,有可补《说文》所未及者"[3]。所以从阐释学的角度说,金石学具有"与经史相表里"、"阐幽表微,补阙正误"的功能。[4]

典章制度之学兴起也是如此。其动机大抵源于这样的认识:"贤人圣人之理义,非它,存乎典章制度者是也。……理义不存乎典章制度,势必流入异学曲说而不自知。"[5]清儒相信,原始儒家思想并不是一种空洞抽象、危微精一的东西,而是体现在具体的社会礼仪制度之中,并由经典文本记载保留下来。所以,通过稽考《周礼》、《仪礼》、《礼记》中的典章制度来推求"贤人圣人之理义",就可做到"确有据依",不致"空凭胸臆"[6]。从文本的阅读与理解来看,典章制度的考证也是必不可少的,"诵古《礼经》,先《士冠礼》,不知古者宫室衣服等制,则迷于其方,莫辨其用","不知少广旁要,则考工之器,不能因文而推其制"[7]。文本的正确解释,有赖于对相关知识的谙熟。

同样的道理,地理之学也是阅读经典所必备的知识。中国数千

---

[1] 《潜研堂文集》卷二五《关中金石记序》。
[2] 同上《山左金石志序》。
[3] 《揅经室三集》卷三《积古斋钟鼎彝器款识序》。
[4] 参见《潜研堂文集》卷二五《关中金石记序》;《亭林文集》卷二《金石文字记》,《顾亭林诗文集》,页29。
[5] 《戴东原集》卷一一《题惠定宇先生授经图》。
[6] 同上。
[7] 同上卷九《与是仲明论学书》。

年来改朝换代，总伴随着地名的改动，因而地名沿革也是时间距离带来的理解障碍之一。比如读《尚书》、《周礼》，"不知古今地名沿革，则《禹贡》、《职方》失其处所"①。同时，要返回作者创作时的原初状态，了解文本创作的背景，也需要有地理知识的支持。阎若璩有句名言："孟子言读书当论其世，予谓并当论其地。"②并根据这一观点撰《四书释地》四卷、《释地余论》若干篇。显然，清代地理学的兴盛正是缘于读古书的需要。

总而言之，清代经学阐释学在很大程度上把阐释活动当作一种知识的考古，无论是本文的复原、本义的重建，还是本事的指认、本意的推测，无不以"实事求是"为圭臬，甚至可以一言以蔽之曰："阐释即实证。"

这种考证的癖好也影响到诗歌文本的诠释。如冯应榴注苏诗，"因援证群书，并得诸旧注本参稽辨补，朝夕不辍者凡七年而粗就"③，于注释前专著"旧注辨订"一万五千余字，"于古典之沿讹者正之，唱酬之失考者补之，舆图之名同实异者核之"④。又如杨伦注杜诗，"栖屑之出《北史》，扶侍之出《汉书》，《寄韩谏议诗》枫香之当引《十洲记》，《江楼夜宴诗》海查之当引《拾遗记》，皆旧注搜索所未及。其余订正舛讹，不一而足。又《昔游诗》商山、吕尚，当指汾阳、邺侯；《瞿唐出峡诗》伊、吕、韩、彭，断指杜相、崔旰。考证详确，尤能发前人所未发"⑤。正因如此，清代的诗歌注释者尽管也声称"以意逆志"，但其尚考证的实质与明代诗歌阐释尚灵悟的倾向已有很大的不同。钱谦益在《吴江朱氏杜诗辑注序》中指责明末注杜诗者"影明隙见，熏染于严仪（羽）、刘会孟（辰翁）之邪论，

---

① 《戴东原集》卷九《与是仲明论学书》。
② 《潜研堂文集》卷三八《阎先生若璩传》。
③ 《苏文忠公诗合注》卷首冯应榴自序，页2，日本京都中文出版社1979年版。
④ 《潜研堂文集》卷二六《苏诗合注序》。
⑤ 杨伦《杜诗镜铨》卷首周樽序，页6—7，中华书局上海编辑所1962年版。

其病屡传而滋甚",而赞赏朱鹤龄"订正字如数契齿,援一义如征丹书"的考证态度①。可以说,清代诗歌阐释学的出发点,也像其他学术一样,是对明代诗歌阐释学(包括评点和注释)的一大反动。

明代诗歌评点"借杯浇臆"的态度固不必深论,因为其目的本来就不在"明作者立言之旨意",而就是那些号称"以意逆志"的诗歌注释本,也多强调"欣然会意"、"偶有触发"、"精思妙悟"之类的主观性理解与解释,主张"触类而长之"、"引伸触长"的合理想象推测,而相对忽视知识性的笺注。所以凡有关"注事释文"的内容,无论是引申、驳正还是删削,他们大多取材旧本或依据旧本,很少有自己的考证②。虽然他们也像宋人一样以领悟作者的创作意图为最终目的,但却缺乏宋人那种对"史"与"事"探讨的热情,因而在阐释态度上更与"尚味"的评点学相接近。其中明末的王嗣奭稍有不同,注意到"知人论世"之说,但他将"以意逆志"之"意"讲成臆,也是为了肯定以一己之私意解诗的合理性,与评点学"借杯浇臆"多少有些关系。③

从理论上讲,"以意逆志"是以读者的现今视野去迎合作者的原初视野,以回到作者本意为目的。但在具体操作中,却可能出现两种完全不同的倾向:一种是以读者之"意"为中心,根据"理在人心,古今

---

① 《牧斋有学集》卷一五《吴江朱氏杜诗辑注序》,《四部丛刊》本。
② 如张𬘡《杜律本义引》曰:"证事释文,多因诸旧,增损详略,悉可意会。大抵理在人心,古今不异,以意逆志,是为得之。昔山谷黄太史观杜诗,尝欲于欣然会意处笺数语,复恐人求之于易,谓不若使学者思而自得之。"《杜工部诗通》附《本义》卷首,页500。又张𬘡《杜诗五言选序》曰:"余家藏旧本,暇日为订其舛讹,释其大义,刻之郡斋,用贻同志。观者精思妙悟,触类而长之,由清江之意而逆杜子之志,以上溯三百篇之旨,诗道尽在是矣。"《杜诗详注》附编《诸家论杜》,页2328。又谢杰《杜律詹言自序》曰:"用是不揣,姑会其意,而为之词。取材诸家,发以肤见,窃附古者以意逆志之谊。"《杜集书录》内编卷六,页333。又王嗣奭《杜臆原始》曰:"偶有触发,遂逐章作解。……引伸触长,往往得未曾有。"《杜臆》卷首,页1,中华书局1963年版。
③ 《杜臆原始》曰:"草成而命名曰《臆》,臆者,意也。'以意逆志',孟子读诗法也。诵其诗,论其世,而逆以意。"《杜臆》卷首,页1—2。

不异"的原则,用自己的主观经验去揣测悬想作者的心理,所谓"逆以意",从而根据感情去推测作者的创作意图;另一种是以作者之"志"为中心,设法恢复重建作者的语境,返回作者创作时间段内的生活状态,所谓"论其世",从而根据背景去判断作者的创作意图。前一种倾向由于以读者之"意"为中心,主观的审美判断力和艺术理解力变得非常重要,因而相对鄙薄所谓"旁搜博取"的笺注形式,而以心领神悟为旨归,其极端者流于印象主义。后一种倾向由于以作者之"志"为中心,客观的历史事实和名物知识变得非常重要,因而避免采用所谓"师心臆说"的解说形式,而以疏通证明为任务,其极端者接近考据主义。

在明代,自然是以读者之"意"为中心的阐释倾向占上风。而到了清初,除了金圣叹等个别才子型人物之外,作者之"志"的还原以及验证逐渐成为解诗的通则。就连几位不言"笺注"而号称"说"、"阐"、"意"的解诗者,也较明人多了几分客观求证的态度。

黄生在《杜诗说序》中把诗歌理解视为"出户而迎远客"的过程,读者对文本的真正理解是"知其所由之道,然后从而迎之,则宾主欢然把臂,欣然促膝",在对话中获得了共同的语言。但读者之"意"在迎接作者之"志"时很可能出现语境错位,或"求之太深",或"失之过浅",就好比宾主错失于空间的歧路上。造成"宾主相失"的原因,并不仅仅在于"以文害辞,以辞害意",而一是读者和作者在心理结构方面的差异,所谓"理在人心,古今不异"的原则并不成立,穿凿附会的发生"良由杜公之志非犹夫人之志";二是读者和作者在知识水平方面的差异,"浅智肤闻之士"难以企及杜甫"集诗之大成"的境界。"以意逆志"最终目的是"期于杜公(作者)之志无憾",即文本本义的还原,所以不能轻凭己意"漫为之说","我之意逆杜之志"的结果,有待于"大雅君子"的验证。①

---

① 黄生《杜工部诗说》卷首,日本京都中文出版社1976年版。

黄生的说法与前揭南宋姚勉的观点有较大的差异。姚勉坚信"心同，志斯同矣"，由于读者和作者具有共同的人性，因而"吾意如此，则诗之志必如此矣"；黄生则承认读者和作者之间人性的差别、志向的高低、知识的深浅、见闻的多寡都可能导致"意"和"志"的不同。姚勉相信通过"置心平易"可以避免个人主观成见，也就是说"逆志"的有效性可以通过心理控制来实现；黄生则意识到个人的理解难免有"不中窾会"者，"逆志"的有效性自己不能判定，避免主观成见的有效办法是付诸公论，因为公论中才可能有真正的共同人性。这种看法在乾嘉学者钱大昕的《虞东学诗序》中得到呼应，钱氏称赞顾古湫解《诗经》，"不以一己之意为是，而必求诸古今之公论，以推诗人之志，设孟氏而在，其必谓之善说《诗》矣"①。从这里可以看出，宋人力图把"吾意"和"私意"区别开来，而清人则以"公论"与"私意"相对立。"吾意"与"私意"的区别取决于内心的一种意念，即所谓"涵泳"、"体认"，是非常主观主义的东西；而"公论"和"私意"的区别则可由语言文字的规则和其他公认的知识来进行验证。所谓"公论"，类似美国学者费什（Stanley Fish）提出的"阐释共同体"（interpretive community）的概念②，即一个读者的理解正确与否取决于阐释共同体的种种准则和预设的验证。

卢元昌《杜诗阐》的动机是借注释杜诗来忘却自己的"忧患"，这类似"借杯浇臆"的著作。然而，他的阐说仍然明确表示以作者之"志"为中心："以意逆志，既又发其言中之意，意中之言，使当年幽衷苦调曲传纸上。"所以他的著作虽号称"阐"，不曰"注"，不曰"笺释"，但并非"师心臆说"，而是"旁罗博采，凡注家所未及

---

① 《潜研堂文集》卷二四《虞东学诗序》。
② 参见 Stanley Fish, *Is There a Text in This Class?—The Authority of Interpretive Communities*, Harvard University Press, 1980, p. 335。

者约千有余条"①。鲁超称《杜诗阐》"不逞臆解,不务凿空,语而详,择而精"②,已有清儒"实事求是"的特点。

在清初的注诗者中,陈式所持的阐释观念似稍显例外,"杜意"的命名,乃有意提倡一种"主观范式",以与笺注性著作相区别。他在卷首的《读杜漫述》中表达了两个观点:其一,"注杜注经,本非一体",即诗歌文本阐释具有不同于经学文本阐释的特殊性,所以他以比兴说杜诗,"不同朱子(朱熹《诗集传》)胪列,恐涉训诂";其二,"'诗史'二字之不可为据",即诗歌文本与历史文本的记载并非完全对等,脱离作者语境的"以史证诗"是荒谬可笑的③。尽管如此,由于他的"意"以"古人作诗之微旨"为指归,因而仍未放弃"注"的实证精神。方孝标称"其考据之精博,不异介甫之遗逸毕搜,傅卿之十门聚阅"④。潘江更对他描述如下:

> 每遇一作,先审其命题之指归,既按其字句以研其义,既又考之时势以处其地,既又合之《本传》、《年谱》以证其伪,既又证之经史子集以取其据,既又参之舆图方俗、官爵制度以通其故,既又核之鸟兽、草木、虫鱼以穷其变。当其冥思默会,辗转中宵,忽而疑窦欲开,鬼神来牖,夫然后纡曲以意之,而其想愈灵;层折次第以意之,而其味愈永;极浅深、兼虚实以意之,而其解愈神也。又宁有弗当乎杜意者哉!⑤

首先,陈式意识到作者之"意"受到语言的、社会的、历史的、文

---

① 以上引文均见卢元昌《杜诗阐》卷首《杜诗阐自序》,《杜诗丛刊》第三辑,页11—12,台北大通书局1974年版。
② 同上卷首鲁超《杜诗阐序》,页7。
③ 《问斋杜意》卷首陈式《读杜漫述》,转引自《杜集书录》内编卷四,页188—189。
④ 同上卷首方孝标《杜意序》,页187。
⑤ 同上卷首潘江《杜意序》,页188。

献的、地理的、制度的甚至自然的因素的制约,因而逆志就必须把这些因素结合起来考察。其次,他的考察具有实事求是的科学精神,所谓"考之"、"合之"、"证之"、"参之"、"核之"、"研其义"、"证其伪"、"取其据"、"通其故"、"穷其变",与后来乾嘉学者常用的关键词如出一辙。最后,他的阐释先审命题之旨归,即作者创作意图,根据旨归来分析字句之义,再参证各种相关联的因素,又根据字句义和诸因素推导出作者立言本意,反去复来,纡曲层折,由浅入深,深入浅出,由虚入实,由实返虚。当然,陈式解杜诗很难说真正遵循了这样的程序,甚至有可能并不将考证作为重点,但潘江的描述至少表达了清代主流解诗者向往的一种阐释理想。关于陈式《问斋杜意》的阐释思想,后文将再作分析,兹不赘述。

事实上,清代标榜"以意逆志"的解诗者,大多数对"臆解"保持了相当的警惕,因此,在揭示作者意图和文本本义时,考证学上的推理和验证更多地超过心理学上的同情和共鸣。如浦起龙在《读杜心解》的《发凡》中宣称:"既乃摄吾之心印杜之心,吾之心闷闷然而往,杜之心活活然而来,邂逅于无何有之乡,而吾之解出焉。"[1]说得非常玄乎,影响仿佛,近乎评点者的口吻,很容易使人联想起钟惺、谭元春有关读者和作者之间的精神对接的论述。然而,其"心解"的长处却恰恰不在义解之合理,而在考证之精到,"其间考订年月,印证时事,颇能正诸家之疏舛"[2]。他在《发凡》中声称,除了援据史书以注"古事"、"时事"之外,于诗中有关地志、天文的知识,亦详加考证,"今地界则取衷于《唐书》,而证之舆图、统志以求其合。天文则取衷于《晋书》。盖《晋·天文志》于诸史最详,其星象名号与世传《观象清类》所云,并皆吻合。……惟《伤春》诗之执法则指势星

---

[1] 浦起龙《读杜心解》卷首《发凡》,页5。
[2] 《四库全书总目》卷一七四集部别集类存目一《读杜心解》提要,页1534。

而言,《晋·志》以后无此名,参之石氏《星经》始定"①。

四、诗史互证:背景的指认

在清代诗歌阐释学中,最能显示考证学精神的就是所谓"以史证诗"和"以诗证史",或曰"诗史互证"。②

中国历史上重要的改朝换代常常带来学术上的转型,也随之带来阐释学观念的演变。就诗歌阐释学而言,宋朝的灭亡标志着"诗史"观念的淡薄,在明代更出现了"反诗史"的论调。而由明入清,出于对前朝空疏学风的反思和批判,"诗史"观念不仅卷土重来,而且变本加厉,具有一种强烈的"反反诗史"的自觉。在由《钱注杜诗》拉开序幕的清代诗歌阐释学舞台上,"以诗为史"的声音比任何时代都更加响亮。

一方面,清代诗注中的历史主义思维方式仿佛是宋代诗歌阐释学的隔代遗传,具体说来,表现为以下几点。

其一,重年谱。如钱谦益的杜诗笺注就"考旧注以正年谱,仿苏注以立诗谱"③,于杜甫年谱表中分"纪年"、"时事"、"出处"、"诗"四栏,将时代、历史与诗人、诗歌一一对应起来比较④。钱龙惕告诫注李商隐诗者当先立年谱:"古人读其书,论其世,即如注陶渊明、杜子美之诗,必先立年谱,然后其游历出处,感时论事,皆可考据。师欲注义山,当先事此。"⑤钱大昕《郑康成年谱序》指出:

---

① 浦起龙《读杜心解》卷首《发凡》,页7。
② 关于这几个概念的论述参考了郝润华的观点,见《〈钱注杜诗〉与诗史互证方法》,黄山书社2000年版。
③ 《钱注杜诗》卷首钱谦益《草堂诗笺元本序》,页2,中华书局上海编辑所1958年版。
④ 同上卷首《年谱》,页38。
⑤ 钱龙惕《玉谿生诗笺叙》,《李商隐诗歌集解》附录二《各本序跋凡例》,页2020—2021,中华书局1988年版。

"读古人之书，必知其人而论其世，则年谱要矣。"① 代表了清人对年谱重要性的基本认识。

其二，尚编年。吴见思认为："杜诗必应用编年者。"② 杨伦指出："诗以编年为善，可以考年力之老壮，交游之聚散，世道之兴衰。"③ 冯应榴更明确说："编年胜于分类。"④ 浦起龙《读杜心解》于分体之下又编年，其编纂方式便颇为清代学者所诟病。其实，浦氏本人在该书《发凡》中也承认："编年为上，古近分体次之，分门为类者乃最劣。盖杜诗非循年贯串，以地系年，以事系地，其解不的也。"⑤ 由此可见，"编年为善"在清代已成为解诗者的无须争辩的常识。

其三，贵本事。如钱龙惕笺释李商隐诗，"因取新、旧《唐书》并诸家文集小说有关李诗者，或人或事，随题笺释于下"⑥。苏轼诗诸家注也颇重本事，王文诰集成前人苏诗编年和注释，其目的就在于使"本诗本事，血脉贯通，上下相维，合为具体"⑦。同时，清代也出现了一些仿宋计有功《唐诗纪事》的著作，如厉鹗《宋诗纪事》、查为仁《诗余纪事》等，目的都在提供有关诗人和诗歌的背景资料，"俾读者展卷时，怳然如聆其笑语，而共其游历也"⑧。

另一方面，这种历史主义思维方式又表现出一些不同于宋代诗歌阐释学的新特点。

首先是"诗史"的概念进一步扩展。在宋代，"诗史"一词是杜甫的专用词，偶尔也指其他诗人纪实性的作品。而在清代，"诗史"

---

① 《潜研堂文集》卷二六《郑康成年谱序》。
② 《杜诗论文·凡例总论》，《杜诗丛刊》第4辑，页122，台北大通书局1974年版。
③ 《杜诗镜铨》卷首《凡例》，页11。
④ 《苏文忠公诗合注》卷首《凡例》，页3。
⑤ 《读杜心解》卷首《发凡》，页8。
⑥ 钱龙惕《玉谿生诗笺叙》，《李商隐诗歌集解》，页2021。
⑦ 《苏文忠公诗编注集成》卷首《凡例》，页29，清嘉庆二十四年武林韵山堂藏版，台北学生书局1967年影印。
⑧ 厉鹗《樊榭山房文集》卷四《绝妙好词笺序》，《四部丛刊》本。

的概念已推衍到更多诗人的作品中。宋人注苏轼诗的主要兴趣在于其"用事"之博,然而在清代,苏诗则因其反映时代生活的"诗史"性质而几乎被视为"杜甫二世"。正如韩崶所说:

> 注古人之诗难矣,注大家之诗更难,若夫杜少陵、苏长公二家之诗则尤有难者。盖少陵丁天宝之季,出入戎马,跋履关山,感事撼怀,动有关系,非熟于有唐一代之史者,不能注杜集也。长公(苏轼)亲见庆历人才之盛,备知安石变法之弊,进身元祐更化,卒罹绍圣党祸。凡所感激,尽吐于诗,其诗视少陵为多,其荣悴升沉亦与少陵仅以奔赴行在者异。少陵事状颇略,而长公政绩独详,唐之杂纂不载少陵,而两宋纪录非长公不道。故注苏较难于注杜,虽熟有宋一代之史,势不能括其全。①

由于苏轼比杜甫更多地参与了当时的政治,因而苏诗甚至比杜诗与历史的关系更密切。除此之外,李商隐、李贺的作品也被清人纳入"诗史"的视野,如朱鹤龄论述李商隐诗说:

> 吾观其活狱弘农,则忤廉察;题诗九日,则忤政府;于刘蒉之斥,则抱痛巫咸;于乙卯之变,则衔冤晋石;太和东讨,怀"积骸成莽"之悲;党项兴师,有"穷兵祸胎"之戒。以至《汉宫》、《瑶池》、《华清》、《马嵬》诸作,无非讽方士为不经,警色荒之覆国。此其指事怀忠、郁纡激切,直可与子美(杜甫)相视而笑。②

---

① 《苏文忠公诗编注集成》卷首韩崶序,页19。
② 朱鹤龄《愚庵小集》卷七《笺注李义山诗集序》,页305—306,上海古籍出版社1979年版。

正因有这种"诗史"的先入之见,即使是李商隐的艳词,那些没有任何纪实因素和时间标志的文本,也被清人视为"诗史"的一种变体,"盖得子美之深而变出之者也"①。这种眼光使得清人甚至从李贺这样享年不永而极富想象力的"诗鬼"的作品中,也看出历史的幻影来。姚文燮注李贺诗声称:"故必善读史者,始可注书;善论唐史者,始可注贺。"②又说:"世多以诗注诗,而不知本于《骚》;又以《骚》注诗,而不知本于史。"③如其注李贺《马诗》之二,原诗云:"腊月草根甜,天街雪似盐。未知口硬软,先拟蒺藜衔。"姚注云:

> 时皇甫镈、程异用事,务专谄佞,招致朋党。腊月草根甜,诮穷途者甘其饵也。天街雪似盐,言阴寒之极,状小人肆志盈庭也。所用之人,必承顺意旨,故先衔其口,以试其可否耳。④

正如何永绍在《昌谷集注序》中所揶揄的那样:"长吉生平不敢自为史,古今人亦并不知长吉之为史。乃一旦以史加长吉,长吉亦将自信为史,……长吉未有不哑然失笑者。"⑤姚文燮将"史"强加于古人诗歌,自另有其"借杯浇臆"的目的,然而,在清代像这样把诗歌当作历史来阅读的实在不乏其人。

其次是"以史证诗"方法的确立。有学者认为,"以史证诗"的方法在汉代即被广泛运用,在宋代更形成一时风气。严格说来,这种说法并不太准确,我以为引用史料来说明"诗人的创作背景及诗歌的创作年代"的诗注方法,只能叫作"以史释诗"。为什么这样说

---

① 朱鹤龄《愚庵小集》卷七《笺注李义山诗集序》,页307。
② 《昌谷集注》卷首姚文燮自序,《李贺诗歌集注》,页369。
③ 同上卷首宋琬《昌谷注叙》引姚氏语,页376—377。
④ 同上卷二,页415。
⑤ 同上卷首何永绍序,页379。

呢？因为"证"字具有考据验证的含义，宋人注诗的方法似不足以当此。只有将考证学重证据、求实事的精神融入"以史释诗"的方法中，才算得上真正的"以史证诗"。能做到这一点的是清人而不是宋人。以宋人的注杜为例，虽然其注释重视诗歌与史事相结合，但于史料之恰当与否、本事之真实与否则无暇顾及，野史传闻、街谈巷议，往往引之为据，未作深考，有些注解甚至在未考史传或史传失载的情况下，不惜编造史事来傅会诗意。换言之，宋人注诗"史"的意识固然很强，而"证"的观念则稍嫌缺乏。包括宋代最著名的几部杜诗注本，都不免有此病。正因这样，宋人注杜不仅遭到"反诗史"论者的嘲笑，也引起"反反诗史"论者的强烈不满。钱谦益总结宋以来注杜的错缪共八条：一、"伪托古人"；二、"伪造故事"；三、"傅会前史"；四、"伪撰人名"；五、"改窜古书"；六、"颠倒事实"；七、"强释文义"；八、"错乱地理"。这八条相当于法庭上的伪造证据，在阐释学上不具备任何合法性和有效性。显然，包括宋人在内这些做法正与考证学"实事求是"、"无征不信"的原则完全相反。可以说，严格意义上的"以史证诗"在《钱注杜诗》中才真正得到确立，其所谓"证"，一是以史证诗编年之误，如《注杜诗略例》曰：

> 旧史载高适代崔光远为成都尹，谱以为摄也，遂大书于上元二年曰："十月以蜀州刺史高适摄成都。"唐制，节度使阙，以行军司马摄知军府事，未闻以刺史也。元微之《墓志》载嗣子宗武，谱以宗文为早世也，遂大书于大历四年曰："夏复回潭州，宗文夭。"按樊晃小集，叙子美殁后，宗文尚漂寓江陵也。若此之类，则愚而近于妄矣。①

---

① 《钱注杜诗》卷首《注杜诗略例》，页13。

二是以史考订旧注之误，如《三绝句》"前年渝州杀刺史"两句注：

> 渝州杀刺史，鲍钦止谓段子璋。子璋反梓州，袭绵陷剑，于渝无与也。师古云：吴璘杀渝州刺史刘下，杜鸿渐讨平之。瞿封杀开州刺史萧崇之，杨子琳讨平之。黄鹤云：事在大历元年与三年。考《杜鸿渐传》，无讨平吴璘事。大历三年，杨子琳攻成都，为崔宁妾任氏所败，何从讨平开州。天宝乱后，蜀中山贼塞路，渝、开之乱，史不及书，而杜诗载之。师古妄人，因杜诗而曲为之说，并吴璘等姓名，皆师古伪撰以欺人也。注杜者之可恨如此。①

三是以史证诗之本意，如《诸将五首》之五注"军令分明数举杯"：

> 《新书》：鸿渐入成都，政事一委崔宁，日与僚属杜亚、杨炎纵酒高会。《羯鼓录》载鸿渐出蜀，至嘉陵江，与从事杨崖州、杜亚登驿楼望月，行觞燕语，遂命家僮取鼓与板笛。此云"军令分明数举杯"，盖暗讥其日饮不事事也。《八哀诗》于严武云："岂无成都酒，忧国只细倾。"则鸿渐之纵饮，于忧国之志荒矣。②

尽管与后来乾嘉学者的考证功夫相比，《钱注杜诗》的考证还显得粗糙一些，但毕竟体现了清初考证学风向诗歌阐释学的渗透。事实上，清代那些批评《钱注杜诗》的人，也在走着和他相同的路子，只是

---

① 《钱注杜诗》卷五，页160。
② 同上卷一五，页517。

在证据搜求方面更加严密。如朱鹤龄指责钱注错误时提出：

> 地理、山川、古迹，须考原始及新旧《唐书》、《元和郡县志》，不得已乃引《寰宇记》、《长安志》以及近代书耳。"春风回首仲宣楼"，应据盛弘之《荆州记》甚明，今乃引《方舆胜览》高季兴事，季兴五代人也，季兴之仲宣楼，岂即当阳县仲宣作赋之城楼乎？……注子美诗须援据子美以前之书，类书必如《类聚》、《初学》、《白帖》、《御览》、《玉海》等方可引用。①

这段话要求注释诗歌文本时，所有的文献证据不得晚于诗人生活的年代。这里隐含着一个极有价值的观点，即意识到诗歌文本的历史性问题，诗歌文本的形成受制于特定的语境，因而只有恢复这一特定的语境，才可能回到作者的创作原生态。就杜诗而言，所谓"语境"，包括他生活时期的地理、山川、古迹、典故等的文献记载，即可能对杜诗发生影响的一切语言材料。由于对杜诗发生影响的语境，其时间段的下限只可能在诗人去世之前，因而只有杜甫在世时已有的语言材料，才能作为诠释杜诗的有效证据。这条阐释原则显然使"以史证诗"的方法更具科学性。

还有就是"以诗证史"方法的提出。黄宗羲在《姚江逸诗序》中说："孟子曰：《诗》亡然后《春秋》作。是诗之与史相为表里者也。故元遗山《中州集》窃取此意，以史为纲，以诗为目，而一代之人物赖以不坠。钱牧斋（谦益）仿之，为《明诗选》。"②在这里，黄宗羲肯定了诗歌在保存历史资料方面的重要价值。他又进一步指出："今之称杜诗者，以为诗史，亦信然矣。然注杜者，但见以史证

---

① 《愚庵小集》卷一〇《与李太史论杜注书》，页465—467。
② 《南雷文案》卷一《姚江逸诗序》，《四部丛刊》本。

诗,未闻以诗补史之阙,虽曰诗史,史固无藉乎诗也?"①这更是提出了一种新的阐释学观念,即要求诗歌注释中文学因素和历史因素的互补。诗歌文本借助历史典籍的证据而弄清它产生的背景,这叫"以史证诗";历史典籍凭借诗歌文本的证据而修补它的舛陋,这叫"以诗补史之阙",或简称"以诗证史"。黄宗羲注意到,此前的注杜者,只有以史证诗的一面,因而希望能有人"以诗补史之阙"。而同时代的钱谦益,正是这种观念的信奉者和实践者。钱氏编《列朝诗集》收明代两千多位诗人的作品,并各为"小传"详叙诗人身世,固然是出于"借诗以存史"的目的,而他笺注杜诗,也往往注意到杜诗能补史之阙、正史之误的作用。试举《钱注杜诗》两条为例,如注《八哀诗·赠左仆射郑国公严公武》"谒帝萧关城":

> 《旧书》:至德初,武仗节赴行在,房琯以武名臣之子,素重之,至是首荐才略可称,累迁给事中。按公此诗,则武亦如张镐、房琯,以玄宗命赴行在者也。房琯首荐之,而旋坐琯党,诏书与刘秩并列,亦以蜀郡旧臣之故也。当据以补唐史之阙。②

这是以诗补史之阙。又如注《八哀诗·赠司空王公思礼》"请罪将厚责":

> 《安禄山事迹》:十六日,玄宗幸蜀,十七日至金城宿。是夜王思礼自潼关至,始知哥舒翰被擒,以思礼为河西陇右节度使。即令赴镇。《旧》、《新》二书记思礼纛下被释,与公诗合。而《通鉴》载思礼自潼关至,在次马嵬驿之前。又云即授节度

---

① 《万履安先生诗序》,《南雷续文案·撰杖集》,《四部丛刊》本。
② 《钱注杜诗》卷七,页204。

使,恐当有误。①

这是以诗正史之误。在这里,诗歌不再是被当作虚构的文学文本,而是被当作真实的历史记录;杜甫也不再是个感情丰富的诗人,而是一个洞晓时事、思路清晰的史学家。如果说宋人诠释杜诗还主要是关注杜甫及其诗歌本身的话,那么,钱谦益则已经将视野扩展到杜诗以外的历史。《钱注杜诗》不仅满足了黄宗羲这样的历史学家对诗歌文本的要求,而且也得到黄生这样"以意逆志"的说诗者的赞扬:"近钱牧斋笺注杜集,引据该博,矫伪铲讹,即二史(《旧唐书》、《新唐书》)之差谬者,亦参互考订,不遗余力,诚为本集大开生面矣。"②到了乾嘉时代,"以诗证史"的方法在王文诰的《苏诗编注集成》中表现得更为充分。王氏在检讨《宋史》和苏诗旧注后发现:"变法改法之不明,则由于史陋;朔党洛党之不辨,则由于史讳;纪时纪事之不当,则由于注诬;改编补编之不确,则由于注淆。"③因此,他特别对于苏诗与宋史的关系作了繁复的考辨,诚如阮元所说:"王君学识淹通,深于史,所撰《苏文忠公诗编注集成》尤精博,匪特聚百家为大成,更可订元修《宋史》之舛陋。"④甚至可以说,《苏诗编注集成》证史的热情已大大超过了释诗的兴趣,本来作为诗歌背景的历史,在这里走到了前台,成了主角。

最后一点是"诗史互证"方法的形成。所谓"诗史互证",指在同一首诗的注释中,将诗歌文本和历史文本相互进行印证,或借以

---

① 《钱注杜诗》卷七,页201。案,此处举例参考了郝润华《〈钱注杜诗〉与诗史互证方法》(页77、79)。
② 《杜诗说》卷一一《最耒阳以仆阻水书致酒肉疗饥荒江诗得代怀兴尽本韵至县呈聂令陆路去方田驿四十里身行一日时属江涨泊于方田》,页422,黄山书社1994年版。
③ 《苏文忠公诗编注集成》卷首阮元序,页7—8。
④ 同上,页3。

考辨两种文本各自的正误，或借以说明诗歌旨意和历史事实。这种方法也以《钱注杜诗》运用得最为普遍和纯熟。如《送重表侄王砅评事使南海》"王珪"条注曰：

> 《新书》：珪始隐居时，与房玄龄、杜如晦善。母李尝曰：尔必贵，但未知所与游者何如人，而试与偕来。会玄龄等过其家，李窥大惊，敕具酒食，欢尽日。喜曰：二客公辅才，汝贵不疑。《复斋漫录》：房、杜旧不与太宗相识。太宗起兵，玄龄杖策谒军门，乃荐如晦。珪则建成诛后始见召。以史传参考，诗为误也。《西清诗话》：以《新唐书》所载，质之子美是诗，则珪之妇杜，非其母李也。且一妇人识真主于侧微，其事甚伟。史阙而不录，是诗载之为悉，世号诗史，信不诬也。①

杜诗中写到了王珪之妻卖首饰款待唐太宗、房玄龄、杜如晦等人的故事，钱注认为，以史传参考，则杜诗有误，而以杜诗为据，则史传失载。诗歌文本和历史文本互相作为判断对方真伪的证词。又如《承闻河北诸道节度入朝欢喜口号绝句十二首》之十一"李相将军拥蓟门"注曰：

> 《旧书》：光弼轻骑入徐州，田神功遽归河南。尚衡、殷仲卿、来瑱皆惮其威名，相继赴阙。及其惧鱼朝恩之害，不敢入朝，人疑其有异志，因此不得志，愧耻成疾而薨。公则以诸将入朝，归功临淮，以白头赤心许之。《八哀诗》云："直笔在史臣，将来洗箱箧。"此公之直笔也。中兴战功，首推郭、李，并受朝恩、元振谗构，郭以居中自保，李以在边受疑，亦有幸不

---

① 《钱注杜诗》卷八，页252。

> 幸耳。此诗以李、郭并诵,良有深意,史臣目论,多所轩轾,不亦陋乎!①

关于李光弼的心迹,杜诗与《旧唐书》所写不同。这里以史书证杜诗所言之事,又以杜诗证史书评论之失,俨然以杜甫为"直笔",史臣为"曲笔"。诗史互证的结果,说明杜甫之诗,不单具"善陈时事"的史才,而且有"褒贬善恶"的史德和史识。这种文本"互证"的方法,钱谦益称之为"相发明"②。值得注意的是,《钱注杜诗》中除了引史籍与诗互证的情况外,还有诗与诗之间的"相发明",如《寄李十二白二十韵》注引李白诗曰:"白此诗,纪放逐之故,与公(杜)诗相发明,故备载于此。"③又《小至》注引李白诗曰:"二公诗,正可相发明也。"④也就是说,文学文本相互之间也可作为验证对方真实性的证词。王文诰在《苏文忠公诗编注集成》自序中记述了一个故事,也有"相发明"的说法:

> 乾隆庚寅,诰七龄矣,方从塾师章句读。会有求贷于先君者,已而以《文忠公诗文集》为报。先君举以授诰,且诏曰:"异日汝与经史相发明也。"诰谨受而藏之。⑤

将诗文集"与经史相发明",这是王文诰父亲的愿望,也是清儒特别是乾嘉学者的共同理想。它是一种复兴"古道"的目标,也是实现目标的手段。事实上,前举顾炎武的"列本证、旁证二条"、戴震的

---

① 《钱注杜诗》卷一五,页534。
② 如《钱注杜诗》卷一二《有感五首》之五笺引李肇《国史补》,又引《送陵州路使君》诗,曰:"与此正相发明。"页431。案:郝润华引此笺作《诸将五首》,殊误。
③ 同上卷一〇,页367。
④ 同上卷一六,页563。
⑤ 《苏文忠公诗编注集成》卷首王文诰自序,页28。

"必征之古而靡不条贯"、王引之的"参之他经，证之成训"，莫不可看作一种文本之间的相互验证。

进一步而言，"诗史互证"或诗文"与经史相发明"，不过是中国阐释学中"文本互文性"的古老观念的逻辑演变而已。章学诚所谓"六经皆史"、"《易》象包六艺"，正是这种文、史、哲不分家的"文本互文性"观念最简要的表述[①]。事实上，从两汉诸儒的"谶纬"、两晋诸僧的"格义"，到唐代《文选》诸注的引经据典、宋代杜诗诸注的释事释史，中国最正统的阐释著作所采用的方法，几乎使用的都是以其他文本来解释或印证"本文"的方法。无疑，在注释者的意识中，任何一个文本都与其他文本存在着互文关系，如果要理解或解释一首诗歌，就得在类书中搜求"出处"、"故实"，在史籍中查找"时事"、"本末"，在经籍中傅会"立意"、"用心"。正因如此，我们或许可以将中国古代笺注类著作中的这种意识称为"互文性阐释学"（intertextual hermeneutics）。至于清代诸儒，则是在前人的基础上更加增强了这种"互文性阐释学"的实证性。

不可否认，"诗史互证"不仅有助于读者读懂杜甫、苏轼那些叙事成分较浓的诗歌，而且对于了解诗人在特定历史环境中的情感状态也大有裨益。不过，文学文本和历史文本毕竟具有不同的性质，即使是纪实性的诗歌，经过诗人的情感处理以及诗歌的形式制约，都会与史籍有别，何况那些历史因素并不明显的抒情性诗歌，与史籍的关系相隔更远。考证学的方法只能用于辨证"实事"的真伪，一旦它试图僭越去证实"心迹"的曲直，便很可能弄巧成拙。钱谦益笺注《洗兵马》诗，尽管引证史实颇为详尽，但断定杜诗的主旨是刺肃宗不能尽子道，便难免穿凿附会之讥。这倒并不在于钱笺不合诗意，而在于诗意本身不属于实证的范围，所谓"虚理在前，吾

[①] 《文史通义新编》内篇一《易教上》、《易教下》，页1、8。

所谓是者,人既可别持一说以为非,吾所谓非者,人亦可别持一说以为是也"①。乾嘉学者治学始终将阐释控制在语言文字能企及的范围,不作"言外之意"的考证,不失为明智之举。

关于史证方法的局限性,钱锺书有一段颇为学者称引的著名论述:

> 文学创作的真实不等于历史考订的事实,因此不能机械地把考据来测验文学作品的真实,恰像不能天真地靠文学作品来供给历史的事实。历史考据只扣住表面的迹象,这正是它的克己的美德,要不然它就丧失了谨严,算不得考据,或者变成不安本分、遇事生风的考据,所谓穿凿附会;而文学创作可以深挖事物的隐藏的本质,曲传人物的未吐露的心理,否则它就没有尽它的艺术的责任,抛弃了它的创造的职权。考订只断定已然,而艺术可以想象当然和测度所以然。②

这里很可能影射当代学术中以陈寅恪为代表的诗史互证的方法,应该说批评得有一定的道理。不过,当学者们将这段论述当作阐释学观点来称引时,便可见出其逻辑并不严密。因为文学创作和历史考订二者并不在同一平面,用于文学作品的历史考订,是一种阐释方法,与之相对应的应是文学阐释方法而非文学创作。换言之,钱锺书在讨论了史学方法阐释文学作品的局限性之后,并未提出更合理的可避免"穿凿附会"的文学性阐释方法,而是偷换了概念,将文学创作作为一种阐释方法来和历史考订较优劣,这显然难以服人。同时,历史考订也并非像钱氏所说"只扣住表面的迹象",它不仅会提供文

---

① 《校礼堂文集》卷三五《戴东原先生事略状》。
② 《宋诗选注·序》,页3—4。

学作品的互文（intertext），也可揭示文学作品的上下文（context），所谓"知人论世"，正是历史考订对钩稽心迹的辅助作用。其实，"断定已然"也是文学作品阐释过程中不可缺少的步骤，只要历史考订不越界去"想象当然和测度所以然"，就完全可以用于解释文学作品。事实上，早在清初就有学者对"考订"和"想象测度"两种阐释诗歌的方法作了更实事求是的比较：

> 注者，征引事实，考究掌故，上自经史，以下逮于稗官杂说，靡不旁搜博取，以备注脚，使作者一字一句，皆有根据，是之谓注。意者，古人作诗之微旨，有时隐见于诗之中，有时侧出于诗之外，古人不能自言其意，而以诗言之，古人之诗，亦有不能自言其意，而以说诗者言之。是必积数十年之心思，微气深息，以与古人相遇。①

可以说，"注"就是一种"断定已然"的历史考订，而"意"就是一种"想象当然和测度所以然"的文学性（艺术性）阐释。"注"是"意"的基础，解决背景和知识方面的问题，以言内之事（"本事"和"故事"）为诠释对象；"意"是"注"的深化，探索含义和意图方面的问题，以言外之意为诠释目标。所以，"注"的内容必须有根据，而"意"的内容就可以进行合理的想象与测度。《钱注杜诗》分为"注"和"笺"两部分，正是力图将"断定已然"和"想象当然"、"测度所以然"结合起来，在准确考订史料的基础上对诗人的创作意图进行自以为合理的推测。钱谦益自诩"若《玄元皇帝庙》、《洗兵马》、《入朝》、《诸将》诸笺，凿开鸿蒙，手洗日月，当大书

---

① 《问斋杜意》卷首张英序，转引自《杜集书录》内编卷四，页185。

特书，昭揭万世"①。的确，这些笺注在引证考辨史料方面非常出色，虽然在"意逆"杜甫心理方面不免受到后人的指责，但那属于阐释学上永远无法避免的"见仁见知"，即伽达默尔所说的"理解的历史性"，并不是其笺注方法本身的过错。

把历史考订的"注"和文学诠释的"意"结合起来的方法，可以说是清代诗歌注解最典型的范式。而这种范式的理论根据，是来自"知人论世"与"以意逆志"两个古老的阐释学观念的联手。可以说，历史考订是"知人论世"的最佳手段，而文学阐释的想象测度则是"以意逆志"的必要方法。我们注意到，尽管孟子的这两个观点早在宋代就为"尚意"、"释史"的解诗者所推崇，但都是在不同的场合下被分别引用，相互之间并没有关系。明代人更少"论世"的概念，直到王嗣奭在《杜臆原始》里才首次提出"诵其诗，论其世，而逆以意"，而这时已是清初顺治二年了。从此以后，"知人论世"与"以意逆志"的结合，便有了一种理论的自觉，几乎成为清人解诗不言而喻的通则。声称"以意逆志"者，多主张以"知人论世"为前提：

> 吾谓读古人书者，必以心心古人，而以身身古人，则古人见也。人不能身心为贺，又安能见贺之身心耶？故必善读史者，始可注书；善论唐史者，始可注贺。②

> 说诗最忌穿凿，然独不曰"以意逆志"乎？今以"知人论世"之法求之，言外隐衷，大堪领悟，似凿而非凿也。③

> 至于前人往矣，后人生于数百千年以下，取数百千年以上之诗，伏而诵之，若非脱去形骸，独以神运，以古人之心为心，

---

① 《钱注杜诗》卷首钱谦益《草堂诗笺元本序》，页2。
② 《李贺诗歌集注》二姚文燮注《昌谷集》卷首《昌谷诗注自序》，页369。
③ 冯浩《玉谿生诗集笺注》附录二《发凡》，页822，上海古籍出版社1979年版。

以古人之境为境，设身处地，情性融洽，则我之精神命脉与古人之精神命脉，隔碍不通，又何能领略其中之甘苦。……然欲论其文，必论其人，欲论其人，必论其世。苟于作者生平之事迹，君臣之际遇，品诣之崇卑，贤奸之分判，一事不合，则古人之面目不明，精神反晦，此编纪之不可不详。①

善哉，孟子之言诗也，曰："说诗者不以文害辞，不以辞害志；以意逆志，是为得之。"顾意逆在我，志在古人，果何修而能使我之所意，不失古人之志乎？此其术，孟子亦言之曰："诵其诗，读其书，不知其人可乎？是以论其世也。"是故由其世以知其人，由其人以逆其志，则古诗虽有不能解者寡矣。②

而号称"知人论世"者，多标举以"以意逆志"为目的：

孟子之论诗曰："颂其诗，读其书，不知其人，可乎？是以论其世也。"诗有关于世运，非作诗之实乎？……是故注杜者必反覆沉潜，求其归宿所在，又从而句栉字比之，庶几得作者苦心于千百年之上，恍然如身历其世，面接其人，而慨乎有余悲，悄乎有余思也。③

惟设身处地，因诗以得其人，因人以论其世，虽一登临感兴之暂，述事咏物之微，皆指归有在，不为徒作。……今也年经月纬，句栉字比，以求合乎作者之意，殆尚所云镜象未离铨者。④

诵诗论世，知人阐幽，以意逆志，始知三百篇皆仁圣贤人

---

① 王文诰《苏文忠公诗编注集成》卷首达三序，页15—16。
② 《观堂集林》卷二三《玉溪生诗年谱会笺序》。
③ 仇兆鳌《杜诗详注》卷首原序，页1—2。
④ 杨伦《杜诗镜铨》卷首《自序》，页8—9。

发愤之所作焉,岂第藻绘虚车已哉!①

在不少清人眼里,"断定已然"的历史考订与"想象当然和测度所以然"的文学诠释之间不存在任何界限,也没有任何操作的困难。因为二者都有一个共同的目标,那就是实现与生活在千百年以上另一个时代中的诗人的约会和对话,通过阐释的循环("反覆沉潜"),楔入他的时代("年经月纬"),楔入他的文本("句栉字比"),因而也就楔入他的心灵("精神命脉")。正因如此,大多清人深信,"知人论世"与"以意逆志"的结合,是使一切诗歌文本都能得到合理诠释的百战百胜的方法,"古诗虽有不能解者寡矣"。

五、抉隐阐幽:意图的索解

清人之所以崇奉"知人论世"与"以意逆志"相结合的巨大效力,就在于相信所有的诗歌都由特定的事件触发并寄托了诗人特定的情志,或者说相信所有诗歌要么是时代的传记,要么是个人的自传或日记。也许是经历了亡国之悲和接连不断的文字狱,清人比任何时代的诗歌诠释者都更看重诗歌的比兴寄托的功能,特别醉心于还原诗人所处时代的政治环境,醉心于揭示诗人基于某种政治原因而深藏于其中的隐秘指涉。《钱注杜诗》浓墨重彩的部分是诗人与唐代政治史的关联,而对那些以写景为主的小诗的笺注则往往轻轻带过。指责钱氏"坏心术,堕诗教"的浦起龙也同样对诗歌与政治的关系着迷,他以为唐初以后诗歌,"大都所谓流连景光、陶写性灵之什,不注可也;惟少陵、义山两家诗,非注弗显"②,其原因自然在

---

① 陈沆《诗比兴笺》卷首魏源序,页1—2,上海古籍出版社1981年版。
② 《读杜心解》卷首《发凡》,页5。

于二家诗与政治史的密切关系。

如果说杜甫诗主要是以其"诗史"的价值为清人尊重的话,那么李商隐则是以其比兴深微而特别引起清人笺注的兴趣。朱鹤龄有一段话代表了清代李诗笺注者的共同观点:

> 古人之不得志于君臣朋友者,往往寄遥情于婉娈,结深怨于蹇修,以序其忠愤无聊、缠绵宕往之致。唐至太和以后,阉人暴横,党祸蔓延,义山陷塞当涂,沉沦记室,其身危,则显言不可而曲言之;其思苦,则庄语不可而谩语之。莫若瑶台璚宇、歌筵舞榭之间,言之可无罪,而闻之足以动。其《梓州吟》云:"楚雨含情俱有托。"早已自下笺解矣。吾故为之说曰:义山之诗,乃风人之绪音,屈宋之遗响,盖得子美之深而变出之者也。①

他认为,李诗是杜诗精神的忠实继承者,同样反映了唐代历史,同样抒发了忠愤的感情,只是在言说方式的采用上有所差异。杜诗较多地采用直言其事的"赋"的手法,所谓"显言"和"庄语",而李诗则更常用含蓄朦胧的"比兴"之词,所谓"曲言"和"谩语"。在清人看来,无论是"赋"还是"比兴",都是特定的事件和情志的表现,都有一个作者所想表达的意思。所以,理解者和注释者也完全可以通过对"比兴"之词的诠解,获得作者所想"直赋"的内容。正如戴震所说:"赋直而比曲,比迩而兴远。兴既会其意矣,则何异于比;比如见其事矣,则何异于赋。"②只要诗人之意存在于章句之中,不管是"显言"、"庄语"还是"曲言"、"谩语"就都可索解。说到底,比兴只是赋的"变出之者",和赋一样承载着"言志"这一

---

① 《愚庵小集》卷七《笺注李义山诗集序》,页306—307。
② 《戴东原集》卷一〇《诗比义述序》。

最基本的功能。

"比兴"特别是"兴"的定义,在中国古代诗学中向来歧见百出,精彩纷呈,因当代学术界对此早有过全面总结,用不着我在此饶舌。使我感兴趣的是,明、清两代文人对"比兴"的理解到底有何不同,而这种不同对各自时代的诗歌阐释学到底有何影响。据我考察,从表面看来,明、清文人都承认"比兴"的"假物讽喻"的传统定义。不过,在这共同的老字号招牌下,他们所贩卖的"比兴"却完全是不同的货色。

其一,明代唐音派最重视比兴的形象性,"知《易》者可与言《诗》,比兴者,悬象之义也"①,将比兴和意象的概念联系起来。而清代笺注者更注意比兴的思想性,"使读者知比兴之所起,即知志之所之也"②,将比兴和情志联系起来。

其二,明代唐音派注重比兴偶然感发的一面,"比物陈兴,不期而与会者,诗之道也"③,"诗有不立意造句,以兴为主,漫然成篇,此诗之入化也"④,反对"必然必不然"的"意"的介入,因而宁愿欣赏民间歌谣的自然之音。而清代笺注者却强调比兴有意结构的一面,"词不可径也,故有曲而达;情不可激也,故有譬而喻焉"⑤,将比兴看作关于"本朝之治忽理乱"的有为而作⑥,因而独独欣赏苦心孤诣的士大夫之辞。

其三,明代唐音派倾向于把比兴之诗视为一种不确定的文本,"夫诗比兴错杂,假物以神变者也。难言不测之妙,感触突发,流动

---

① 《空同集》卷六六《论学上篇第五》。
② 陈沆《诗比兴笺》卷首魏源序,页1。
③ 康海《对山集》卷三三《太微山人张孟独诗集序》,《四库全书》本。
④ 《四溟诗话》卷一,《历代诗话续编》本,页1152。
⑤ 《诗比兴笺》卷首魏源序,页1。
⑥ 程梦星《李义山诗集笺注凡例》曰:"诗须有为而作也。义山于风云月露之外大有事在,故其于本朝之治忽理乱往往三致意焉。"《李商隐诗歌集解》附录二《各本序跋凡例》,页2034。

情思"①，就是说诗像《易》一样，其意义始终处于不断的神秘莫测的流动变化之中。清代笺注者则相信比兴之诗有确定的意义，"托芳草以怨王孙，借美人以喻君子"②，形象与观念之间可以一一相对应。

其四，明代唐音派注重"兴"的含蓄效果，由"兴"与"象"的关系而推导出"兴象风神"的概念③。清代笺注者则崇尚"兴"的寄托功能，由"兴"与"托"的关系而特别标举"寓意深而托兴远"④。所以尽管明人说"比兴杂出，意在辞表"，清人也说"比兴意在言外"，但二者的性质却完全不同。正如钱锺书所说："夫'言外之意'（extralocution），说诗之常，然有含蓄与寄托之辨。诗中言之而未尽，欲吐复吞，有待引申，俾能圆足，所谓'含不尽之意，见于言外'，此一事也。诗中所未尝言，别取事物，凑泊以合，所谓'言在于此，意在于彼'，又一事也。前者顺诗利导，亦即蕴于言中，后者辅诗齐行，必须求之文外。含蓄比于形之与神，寄托则类形之与影。"⑤

其五，明代唐音派认为比兴之诗具有抗诠释性，"心了了而口不能解"，"若水月镜花，勿泥其迹可也"。所以钟惺《唐诗归》常用"说不出"、"深妙难言"之类的评语代替解释。清代笺注者则认为比兴之诗具有可诠释性，"非可以神会而不可以迹求者也"⑥，无论诗人怎样寄托遥深，读者都能够细探心曲。所以尽管吴乔说："盖赋必意在言中，可因言以求意；比兴意在言外，意不可以言求。"⑦但还是敢于将李商隐《无题》的旨意一一指实。

---

① 《空同集》卷五二《缶音序》。
② 《愚庵小集》卷七《笺注李义山诗集序》，页306。
③ 胡应麟论诗倡"兴象风神"，见《诗薮》内编卷五，页100。
④ 姚培谦《李义山诗集笺注》卷首黄叔琳序，页1，日本京都中文出版社影印松桂读书堂藏版，1979年。
⑤ 《管锥编》，页108—109。
⑥ 《李义山诗集笺注》卷首黄叔琳序，页1。
⑦ 吴乔《西昆发微序》，《李商隐诗歌集解》附录二《各本序跋凡例》，页2024。

显而易见，正是由于对"比兴"的不同理解，清代最有代表性的诗歌阐释学才完全与明代诗歌阐释学分道扬镳。由于将"兴"理解为含蓄，明代最佳的评点本往往能遗貌取"神"；由于将"兴"视为寄托，清代最拙的笺注本则不免捕风捉"影"。当然，清人的理解更符合儒家经典阐释学的传统定义，那就是"引譬连类"的联想功能，将鸟兽草木等自然物象看作人伦社会和观念世界的对应物，看作说理喻意的媒介。清代笺注者的认识，是汉儒关于《国风》、《离骚》讽喻观念在阐释学领域的一次重要复兴，也是对明代诗歌阐释学的又一大反动。

比兴是一种隐喻或象征，用此物象暗示彼观念。在《诗经》、《楚辞》的时代，比兴隐喻功能的实现，主要依赖于使用所谓"公共象征"（public symbol）或"惯用性象征"（conventional symbol），也就是一套积淀着集体无意识的原型系统。在这套原型系统中，每一个物象都有一个约定俗成的意义，"善鸟香草，以配忠贞；恶禽臭物，以比谗佞；灵修美人，以媲于君；宓妃佚女，以譬贤臣；虬龙鸾凤，以托君子；飘风云霓，以为小人"[1]。按照《诗经》、《楚辞》笺注者的观点，依此原型系统中约定俗成的隐喻关系，便可通过诗中比兴所使用的物象猜测出诗人想表达的意思。所以，对于理解《诗经》、《楚辞》这样的文本，后世读者有必要知道每个物象在此原型系统中的公共象征意义。正是在这个意义上，戴震才认为："不知鸟兽虫鱼草木之状类名号，则比兴之意乖。"[2]

然而，随着时代的推移、文本的层累以及文学的自觉时代的到来，先秦诗歌原型系统中物象的象征意味越来越淡化或越来越隐微。借用戴震的话来说："昔之妇孺闻而辄晓者，更经学大师转相讲授而

---

[1]《楚辞》卷一《离骚经序》，《四部丛刊》本。案：魏源《诗比兴笺序》引此申说"比兴"之义。

[2]《戴东原集》卷九《与是仲明论学书》。

仍留疑义。"①时间距离阻隔了先秦诗歌中"引譬连类"的象征意义。由于"自汉以来，词人鲜用兴义"，"彩丽竞繁，而兴寄都绝"，所以尽管唐代以来还是有不少诗格类著作在不断地试图制造新的"公共象征"系统，试图将六朝以后诗歌中的鸟兽虫鱼草木再作先秦式的"比兴"联想，但其理解与解释已不再具备公认的合法性。如梅尧臣《续金针诗格》解杜诗"旌旗日暖龙蛇动，宫殿风微燕雀高"两句，以为"旌旗喻号令，日暖喻明时，龙蛇喻君臣，言号令当明时，君所出，臣奉行也。宫殿喻朝廷，风微喻政教，燕雀喻小人，言朝廷政教才出，而小人向化，各得其所也"，就被胡仔讥为"非知诗者"②。的确，杜诗原题为《奉和贾至舍人早朝大明宫》，其中"旌旗日暖"、"宫殿风微"都是眼前景的实写，与设计物象来寄托思想的象征手法颇有不同。这正如黄庭坚《大雅堂记》所言：

彼喜穿凿者，弃其大旨，取其发兴于所遇林泉人物草木鱼虫，以为物物皆有所托，如世间商度隐语者，则子美之诗委地矣。③

换言之，将形神兼备的"兴象"当作形影不离的"兴寄"来诠释，是造成一切诗歌诠释中穿凿附会的根源。

但另一方面，作为象征手法的"兴"在中国诗歌传统中也从未绝迹。当集体性的物象原型系统的象征意味隐退之后，一种新的以"用事"为其特征的"私设象征"（private symbol）或"创造性象征"（created symbol）逐渐登上舞台。我这里所说的"用事"之"事"，不是指"据事以类义，援古以证今"的类比性例证，而是特指凝聚着历史故事或前人作品词语的具有情感性美感内涵的象征性符号。以李商

---

① 《戴东原集》卷三《尔雅文字考序》。
② 《苕溪渔隐丛话·后集》卷三四，页259。
③ 《豫章黄先生文集》卷一七。

隐的《锦瑟》诗为例,"事"就是锦瑟五十弦、庄生梦蝶、望帝啼鹃、沧海珠泪、蓝田玉烟等具有"出处"的词语,都寄托着李商隐个人隐秘的情感。我们之所以说这些典故是一种"私设象征",就因为它们在李商隐诗歌中所对应的意义与其原始意义并不一定相同,它们的象征性只有和诗人的身世联系起来才得以实现。从阐释学角度看,由于"私设象征"是一种非公共的、非惯例的象征,没有约定俗成的意义可言,没有现成思路可循,因而理解和解释起来难度很大且分歧极多。

在以比兴手法写成的诗歌中,文字、语言、意义之间的关系并非是"言以足志,文以足言"的彼此包容的递进关系,而是"言在此而意在彼"的相互分开的平行关系。吴乔举例说:

> 使《三百篇》皆赋,意犹可测;既有比兴,而执辞以求意,岂非韩卢之逐兔哉?如高骈诗云:"炼汞烧铅四十年,至今犹在药炉边。不知子晋缘何事,只学吹箫便得仙。"骈意自刺王铎拜都统,故隽永有味;若昧之为赋,谓是学仙之诗,即同嚼蜡。①

陆崑曾也认为:"诗自六朝以来,多工赋体,义山犹存比兴。读者每就本句索解,不特意味嚼蜡,且与通篇未免艮限列彘。"②那么,要探求比兴之意,只得抛开"因言求义"的训诂学方法,而采用"以意逆志"的心理学方法。换言之,乾嘉学者那种"由文字、声音、训诂而得义理之真"的做法在面对诗之比兴时是无从措手的,因为诗人所想表达的意图并不在语言文字的训诂之义中。

为了阐释李商隐诗中寄托的意义,清人不得不采用心理学的推测方法。问题在于,脱离了文词训释的意义推测又何以证明其不是主观

---

① 吴乔《西昆发微序》,《李商隐诗歌集解》附录二《各本序跋凡例》,页2024。
② 陆崑曾《李义山诗解凡例》,同上,页2026—2027。

臆断、穿凿附会呢？清人意识到，要解决这个问题，就必须在比兴的"此言"和"彼意"之间找到联结点，在平行的两岸间架起桥梁。在李诗中，"此言"的形态往往表现为"故实"，即一种凝聚着历史故事或前人作品词语的具有情感性美感内涵的艺术符号；"彼意"则是所谓"心曲"，即一个敏感的文人在晚唐牛李党争、藩镇割据的社会环境中所特有的深微想法。由于"故实"作为一种私设象征性符号可能具有多义性，或者同一个"故实"可能有不同的出处，而"心曲"在不同的场景中也各有其意向性，因而注释者的任务就是，一方面确定作者在特定场景中"心曲"的意向性，另一方面从"故实"中找出一种与此意向性相对应的寓意，或者找出"故实"与此意向性相对应的更准确的"出处"。清人相信，如果做到"心曲"的意向性与"故实"的象征性相重合，注释者便可实现与作者的真正对话。

为了达到这个目的，清人采用了"双重援据法"来解释诗意。所谓"双重援据法"，是指史实援据和典故援据的结合，史实援据在于揭示"心曲"的意向性，由知世、知人而知心；典故援据在于揭示"故实"的象征性，由知事、知词而知义。朱鹤龄在注杜诗时曾有过这样的看法：

且子亦知诗有可解，有不可解乎？指事陈情，意含风喻，此可解者也。托物假象，兴会适然，此不可解者也。不可解而强解之，日星动成比拟，草木亦涉瑕疵，譬之图罔象而刻空虚也。可解而不善解之，前后贸时，浅深乖分，欣忭之语，反作诽讥；忠剀之词，几邻怼怨，譬诸玉题珉而乌转舃也。①

在此，朱氏将诗歌文本分为两类：可解的是诗人有意而作之诗，不可

---

① 《愚庵小集》卷七《辑注杜工部集序》，页301—302。

解的是诗人无意而成之诗。他对"兴"的理解还带着明人的看法。值得玩味的是，这段话对"不可解而强解之"的批评不过是"务虚"的泛泛之论，而对"可解而不善解之"的批评则显然语有所指，具体说来，就是指钱谦益将歌颂胜利的《洗兵马》一诗解成"刺肃宗"的诽讥之词。这意味着朱氏的关注点是"可解"而怎样"善解之"的问题。据郝润华考证，这段话反映了朱鹤龄和钱谦益注杜的指导原则明显不同：朱氏侧重注释典故成语，钱氏主张诗史互证[①]。然而，当面对李商隐这样"寓意深而托兴远"的文本时，朱鹤龄不得不接受诗史互证的方法，也不得不去做有可能是"图罔象而刻空虚"的工作。

"双重援据法"也许是诠释"私设象征"类文本的相对有效的手段。类似"汉儒之笺疏名物"的朱鹤龄《笺注李义山诗集》，固然是"博考时事，推求至隐"[②]，而类似"宋儒之阐发理蕴"的程梦星《李义山诗集笺注》，同样是"或以彼诗证此诗，或以文集参诗集，兼复博稽史传，详考时事，谓某篇为某事而发，某什系某时所抒"[③]。程梦星虽自称"以意逆志，有见辄笺"，把重点放在诗意阐发上，并自谦"倘有以好新立异绳之者，请以《韩诗外传》为解"[④]，而实际上仍对考据方法具有相当的兴趣，这从他对朱鹤龄的批评中可见一斑：

> 长孺所辑，于时事多有疏漏，如《赠刘司户》、《哭刘司户》诸诗，必在刘司户既贬且卒之后，岂可系于大和二年方应制举之初？崇让宅诸诗，当在义山节次往来之时，岂可系于方别河阳之日？《过伊仆射旧宅》，未考事实，遂误订为楚中所作，

---

① 《〈钱注杜诗〉与诗史互证方法》，页58—60。
② 《愚庵小集》卷七《笺注李义山诗集序》，页307。
③ 汪增宁《李义山诗集笺注序》，案：《序》称"长孺（朱）注则汉儒之笺疏名物也；太史（程）注则宋儒之阐发理蕴也"。《李商隐诗歌集解》附录二《各本序跋凡例》，页2031—2032。
④ 程梦星《李义山诗集笺注凡例》，同上，页2033。

《上杜七仆射》二首,未究诗语,遂皆以为东川之诗。今重加考订,乃有归宿。①

他仍然相信准确理解诗意有待于准确考证事实。如果说程梦星是为求特定场景中的"心曲"而留心时事考订的话,那么,姚培谦的"先释其辞,次释其意",则是为了找出与作者"心曲"相对应的更准确的"故实",所谓"欲疏通作者之隐奥"②。所以他的《李义山诗集笺注》虽"本以释意为主","然于援引出处,亦多纠正",因而其注释能做到"每篇俱有着落"③。所谓"着落",就是阐释的有效性验证,它虽然不能证明解释的唯一正确,但却至少可以排除那些背景年代、词语典故方面都缺乏依据的臆说。这样的话,即使不同的注释者对诗歌的旨意作出不同的解释,但只要其解释有"着落",也就无妨并存。当清人采用"双重援据法"来解诗时,意味着他们在某种程度上已把象喻性文本当作记事性文本来对待。

意图论者总把"此言"(故实)与"彼意"(心曲)之间的关系看成是两点之间的关系,但在实际的阐释活动中,二者的关系倒更像圆心和圆周,"此言"的圆心可以和"彼意"的圆周上的若干点相连接,只要不超出语言指涉的有效半径,不同的解释都可能是合理的。这是因为"私设象征"并没有一个约定俗成的不言而喻的确定意义。比如关于《锦瑟》诗的理解,从宋以今就有若干种解释:怀人、咏物、悔恨、忧国、自题诗、自伤、悼亡,等等。尽管对诗意的理解大相径庭,但几乎每一种说法都可在诗的"故实"所蕴涵的象征意义中找到支持。《锦瑟》原诗如下:

---

① 程梦星《李义山诗集笺注凡例》,《李商隐诗歌集解》附录二《各本序跋凡例》,页2034。
② 姚培谦《李义山诗集笺注》卷首《例言》,页7。
③ 同上卷首黄叔琳序,页3。

> 锦瑟无端五十弦，一弦一柱思华年。庄生晓梦迷蝴蝶，望帝春心托杜鹃。沧海月明珠有泪，蓝田日暖玉生烟。此情可待成追忆，只是当时已惘然。

一旦阐释者把此诗的私设象征和形式上的所有特征纳入自己选定的类型框架，所有的故实便都对号入座地形成一个统一的整体。比如，怀人说自有根据：

> 李商隐有《锦瑟》诗，人莫晓其意，或谓是令狐楚家青衣名也。①
>
> 锦瑟是青衣名，见唐人小说，谓义山有感作者。观此诗结句及晓梦、春心、蓝田、珠泪等，大概无题中语，但首句略用锦瑟引起耳。……只将题面作青衣，诗意作追忆，读之自当踊跃。②

如果唐人小说所言"本事"属实，那么这种追忆青衣侍女锦瑟的解释完全成立。咏物说亦不无道理：

> 此出《古今乐志》，云："锦瑟之为器也，其弦五十，其柱如之，其声也，适、怨、清、和。"案李诗，"庄生晓梦迷蝴蝶"，适也；"望帝春心托杜鹃"，怨也；"沧海月明珠有泪"，清也；"蓝田日暖玉生烟"，和也。一篇之中，曲尽其意。③

除了《古今乐志》的记载以外，这种说法还有两个强有力的证据：一

---

① 刘攽《中山诗话》，何文焕辑《历代诗话》本，页287。
② 《李商隐诗歌集解》编年诗《锦瑟》笺评引胡应麟语，页1423。
③ 同上引黄朝英《缃素杂记》记苏轼语，页1422—1423。

是"《庄生》、《望帝》皆瑟中古曲名"①;二是唐人描写音乐诗惯例,"皆欲写其音声节奏,类以景物故实状之"②。悔恨说似也可讲得通:

> 细味此诗,起句说"无端",结句说"惘然",分明是义山自悔其少年场中,风流摇荡,到今始知其有情皆幻,有色皆空也。次句说"思华年",懊悔之意毕露矣。此与香山《和微之梦游》诗同意。"晓梦"、"春心"、"月明"、"日暖",俱是形容其风流摇荡处,着解不得。③

这种解释可以从晚唐进士集团风流浮华的若干逸事中得到证明,并非无稽之谈。忧国说稍嫌牵强,但仍有"故实"的象征义的支持:

> "梦蝶",谓当时牛、李之纷纭;"望帝",谓宪、敬二宗被弑,五十年世事也。"珠有泪",谓悼亡之感;"蓝田玉",即龙种凤雏意,五十年身事也。④

因为望帝之死有被弑一说,从而与唐朝君王被弑的史实有对应之处。自题诗说的解释也可自圆其说:

> 所谓"一弦一柱思华年"也,隐然为一部诗集作解。疑义山题此以冠卷首,后人因之,故诸本皆首此篇也。……又案《困学纪闻》引司空表圣云:"戴容州谓诗家之景,如蓝田日暖,良玉生烟,可望而不可置于眉睫之前也。李义山'玉生烟'之

---

① 《李商隐诗歌集解》编年诗《锦瑟》笺评引邵博语,页1423。
② 同上引胡仔语,页1423。
③ 同上引叶矫然语,页1429。
④ 同上引杜庭珠语,页1427。

句,盖本于此。"此说是也。①

其最基本的根据是"宋本《义山集》旧次,《锦瑟》冠首",同时"蓝田"句的出处与诗有关。与之相比,自伤说似更为雄辩:

> 此篇乃自伤之词,骚人所谓美人迟暮也。"庄生"句言付之梦寐;"望帝"句言待之来世;"沧海"、"蓝田",言理而不得自见;"月明"、"日暖",则清时而独为不遇之人,尤可悲也。②

因为感叹自己在社会政治中怀才不遇,的确是《离骚》以来文人诗最重要的比兴传统,而诗中的意象和故实的象征意义又能很好地与此主题契合。当然,在所有的解释中,悼亡说得到更多人的首肯:

> 意亡者善弹此,故睹物思人,因而托物起兴也。瑟本二十五弦,一断而为五十弦矣,故曰"无端"也,取断弦之意也。"一弦一柱"而接"思华年"三字,意其人年二十五而殁也。胡蝶、杜鹃,言已化去也;珠有泪,哭之也;玉生烟,葬之也,犹言埋香瘗玉也。③

此说之所以更有说服力,就在于它得到了更多的互文"相发明",例如:琴瑟喻夫妻的公共象征,《房中曲》"归来已不见,锦瑟长于人"的本集内证,《祭外舅王茂元文》"植玉求归,已轻于旧日;泣珠报惠,宁尽于兹辰"的用典惯例,"庄生蝴蝶,望帝杜鹃,同是物化"的原典本义,整体与局部都能丝丝入扣而无扞格龃龉。尽管如此,

---

① 《李商隐诗歌集解》编年诗《锦瑟》笺评引张采田语,页1432—1433。
② 同上引何焯语,页1426。
③ 同上引朱彝尊说,页1424。

悼亡说也只是关于《锦瑟》的若干种解释中相对更具或然性的一种。

以上诸多说法中，前两种为宋人的解释，后五种为清人的解释。照乾嘉学者的治学原则，宋人"去古未远"，也许青衣之说最合"本义"。然而，在诗歌笺注者这里，"古义"却不断被推翻，"新说"不断提出来。最有趣的是何焯，先是同意自题诗说，接着又主张自伤说，而最后归结于悼亡说。①这意味着他在更新观点时也在不断地更换着证据，显然，证据并不是一个客观存在的"实事"，而更像是自我辩护的讼词。

由此看来，在注解"私设象征"构成的文本中，无论采取怎样的"双重援据法"，都仍然无法避免诠释的多元化。这是一个谁也无法超越的阐释学的循环，所谓的证据，其实是出于阐释者预先的意图假设的选择。面对诗歌文本，考证只能排除无效的解释，却不能确定唯一有效的解释，这一点非常重要。所以，在评价《锦瑟》诗的各种解释时，我没有使用意图论者常用的指责他人的"穿凿附会"一词（顺便说，在"杜诗学"的历史上，几乎每一个后来的注释者及其朋友都会用这一词来指责旧注本的疏漏），而认为上述每一种解释都有其一定的合理性，因为所谓作者的意图，不过是解释者自己的理解而已。

综上所述，考证方法对于经学文本和诗歌文本的有效性验证颇有差别。而在诗学领域，面对纪实性的诗史和象征性的寄托，考证所取得的效果也大为不同，在杜诗笺注里行之有效的诗史互证，在李诗笺注中却往往事倍功半。如被王国维高度赞许的张采田的《玉谿生诗年谱会笺》，其对政治影射着迷似的索隐就很难让人恭维。其

---

① 参见《李商隐诗歌集解》编年诗《锦瑟》笺评，页1425—1426。案：王应奎《柳南随笔》载："何太史义门以为此义山自题其诗以开集首者。"《李义山诗集辑评》何氏朱笔批曰："此篇乃自伤之词。"《义门读书记》则曰："此悼亡之诗也。"刘学锴、余恕诚谓前两种说法"疑非何氏评"，然《义门读书记》中曾自供对于自题诗说，"初亦颇喜其说之新"，足见何焯对此诗的理解先后不同。

解《锦瑟》的"沧海"、"蓝田"两句如是说:"则谓卫公毅魄久已与珠海同枯,令狐相业方且如玉田不老。卫公贬珠崖而卒,而令狐秉钧赫赫,用'蓝田'喻之,即'节彼南山'意也。"①坐实珠、玉为李德裕、令狐绹,可谓捕风捉影,如此考证,真乃心劳而日拙。

清代学者一直在认真对抗着明代文人"借杯浇臆"的阐释态度,然而,阐释的多元化仍通过证据的多元化顽强地表现出来。乾嘉学者卢文弨在《校本韩诗外传序》中说过一段很通达的话:

> 夫诗有意中之情,亦有言外之旨。读诗者有因诗人之情,而忽触夫己之情;亦有己之情本不同乎诗人之情,而远者忽近焉,离者忽合焉。诗无定形,读诗者亦无定解。试观公卿所赠答、经传所援引,各有取义,而不必尽符乎本旨,则三百篇犹夫三千也。②

这是对"诗无达诂"的重新诠释,也是为"断章取义"的再次辩护,由于诗歌文本本身的不稳定性,因而读诗者有权根据自己的性情作出不同于他人的理解。诗歌文本没有圈死的意义,可以在援引取义中不断派生、转移、膨胀、扩大。这使我们想起钟惺关于"诗"是"活物"的定义,非常有趣,分别代表着尚"实事"与尚"虚辞"两个时代学风的学者,竟然在对诗歌阐释多元化的认识上殊途同归。

事实上,乾嘉学者比前人更清醒地意识到诗歌文本与经学文本的差异,经学文本中的《诗》就可以"破'古经'之例"。如戴震《毛诗补传序》提出:"诗之词不可知矣,得其志则可以通乎其词;作诗者之志愈不可知矣,断之以思无邪之一言,则可以通乎其志。"③就

---

① 转引自《李商隐诗歌集解》编年诗《锦瑟》笺评,页1432。
② 《抱经堂文集》卷三《校本韩诗外传序》。
③ 《戴东原集》卷一〇。

与他在《古经解钩沉序》中所说的"由文字以通乎语言,由语言以通乎古圣贤之心志"的程序刚好相反①。而他在《诗比义述序》中认为:"《易》曰:'引而信之,触类而长之。'《诗》之比兴固如是。"②也和明代那些"以意逆志"注杜诗者的主张大致相似。钱大昕的《虞东学诗序》虽然要求"说诗者"应做到"以意逆志"与"知人论世"相结合,但却对"赋诗断章,不必尽合乎诗之本旨"的"引诗者"表示宽容③。

至于清代以桐城人为中心的阐释传统,从清初就保留了相当强烈的"师心自用"的倾向。桐城人姚文燮《昌谷诗注》与陈式《问斋杜意》显示出迥异于其他清代笺注本的阐释态度,以至于我们可以将其称为清代阐释学中的"桐城派"④。陈式反对"训诂"和"诗史"的观点固然是清人中的别调,姚文燮将"诗史"的称号强加于"诗鬼"李贺,似乎也另有寄托。换言之,当姚氏不顾李诗文本的性质而强以"史"解之时,也就和陈式的主观"意"解相去不远。正如陈式在《重刻昌谷集注序》中所说:"余第以少陵之有注与昌谷之无注适等,固常不惮浩繁,尽取诸体而阐之以当日作诗之意。其与姚子初不相谋而实若相谋,同于意取之旨也。"⑤在这里,陈式透露出桐城派不约而同的"意取"式的诗歌阐释宗旨。有意思的是,《昌谷集注》和《问斋杜意》都分别有阵容强大的作序的队伍,除了自序之外,前者有陈式、钱澄之、陈焯等九人为序,后者有方孝标、张英、徐秉义等七人为序。这些序中有好些观点,可看作清代"宋学"阐释学的宣言,不乏精彩之处。试举数说如下:

---

① 《戴东原集》卷一〇。
② 同上。
③ 《潜研堂文集》卷二四。
④ 除了姚文燮和陈式外,为《昌谷集》作序的钱澄之,为《问斋杜意》作序的张英、方孝标等也都是桐城人。
⑤ 《昌谷集注》卷首,《李贺诗歌集注》,页371。

然则思者，作诗之则；意者，说诗之方也。后世善说《诗》者，子夏而后，无如申公、辕固生、韩婴。史之称婴也，曰："推《诗》之意，为《内》、《外传》。"称固也，则曰："无传疑，疑者则阙不传。"夫既推其意，何有疑？然非有疑有不疑，又何以为善推其意乎？……少陵志在用世，而无热中善宦之心。而说之曰"诗史"也，曰"一饭不忘君"也，于其稍涉隐见者，必强指之，以为某章讥宫廷，某章讥藩镇……岂少陵哉！……（陈式）尝自云：读杜如读《易》，日新月异，变动不居。……二如注杜三十年，犹不敢名其编曰说诗，曰说意，盖以为少陵之所重在意，而不在国地、官爵、制度与风俗也。二如以稷契之才，遭乱困顿，遇亦略与少陵同。故有时以二如说少陵之意，亦有时以少陵说二如之意。苟得其合，则二如之意，即少陵之意，若少陵复起，亦不能违二如之意。又岂在国地、官爵与制度、风俗之备不备乎？①

余受而卒读，盖深有得于子舆氏"以意逆志"之言。心领神悟，扫尽从来荆榛，一以己意探得之。……吾尝恶读杜之凿与窃者，欲反求于己，而问斋先得我心之所同然。②

注者，征引事实，考究掌故，上自经史，以下逮于稗官杂说，靡不旁搜博取，以备注脚，使作者一字一句，皆有根据，是之谓注；意者，古人作诗之微旨，有时隐见于诗之中，有时侧出于诗之外，古人不能自言其意，而以诗言之，古人之诗，亦有不能自言其意，而以说诗者言之。是必积数十年之心思，微气深息，以与古人相遇。③

郭之注《庄》也，可以庄自庄而郭自郭也；即可以郭为庄

---

① 《问斋杜意》卷首方孝标序，《杜集书录》内编卷四，页186—187。
② 同上徐秉义序，页185。
③ 同上张英序，页185。

也；即可以郭不必为庄而庄不必有郭也。……使我尽如贺意，我之幸也，贺之幸也。即我未必尽如贺意，而贺亦未必尽如我意。第孤忠哀激之情，庶几稍近。且我见如是，而令读者不得不信为是，即令贺亦自爽然不得不认为是。①

甚矣！注书之难于著书也。著书者亦欲自成一家言耳，其有言也已为政；注书者己无心而一以作者之心为心，其有言也，役焉而已。故曰：著书者无人，注书者无我。然自孔子《系辞》以来，如郭象之注《庄》，王辅嗣之注《易》，旁通发挥，往往出于古人意言之外，亦何尝不用我也！曰：非我也，古人之意之所在也。"书不尽言，言不尽意"，"以意逆志，是为得之"。若惟言之是尊，毋敢略出己见，疑者阙之，未详者置之，惟通其章句而已，是训诂之学也。是以无我之弊，流为训诂。②

以上种种看法多与清代正统的受考证学影响的阐释观念相左：(1) 把意测看作解诗的基本方法，并未将考据的验证作为附加条件；(2) 认为善说《诗》者是以"意推"为特色的齐、鲁、韩三家诗，而非古文学派的毛诗；(3) 反对"诗史"之说，认为以史证诗的方法不足取；(4) 认为诗歌是像《易》一样变动不居的文本，可以在不断的解说中生出新的意义；(5) 认为诗歌阐释的目的在于阐发诗人之意，而不在于国地、官爵、制度、风俗等知识的援引；(6) 认为读者之意与作者之意可以相互阐释，读者的理解具有即使作者"复起"也不能"违"的权威性；(7) 主张诗歌阐释应"反求诸己"，用"一己之意"去解释；(8) 把诗歌分为"注"与"意"两个层次，认为考证的方法只在解决字句的根据方面有效，要理解作者的创作意图只有用超越言句

---

① 《昌谷集注》卷首姚文燮自序，《李贺诗歌集注》，页368—369。
② 同上钱澄之序，页372。

的"意"的方法;(9) 认为诗歌文本本身是沉默的,古人之诗不能"自言其志",有待说诗者的阐发;(10) 读者的理解可以异于作者的本意,可以像郭象注《庄子》一样,"庄自庄而郭自郭",符合作者本意的阐释固然很好,不合本意的理解同样有价值;(11) 尽管承认"著书者无人,注书者无我"的一般原理,但却相信阐释活动应该有"我"的介入,"我"的介入不仅不须避免,还应当提倡;(12) 认为训诂之学虽不会导致主观臆断,但却始终只能停留在章句语言的层面,无法到达古人的意言之外,从而丧失了阐释的意义。

在"桐城派"的观念里,显然夹杂了魏晋玄学和宋明理学的阐释思想,那就是对读者的创造性"误解"给予更多的肯定。尽管《昌谷集注》和《问斋杜意》的注释都遭到后人的质疑,但他们那种"旁通发挥"的诠释态度,对那些视解诗为史证、将笺注等训诂的考据癖患者来说,多少有几分针砭的作用,因为阐释学最根本的任务是:"与作者一样甚至比作者更好地理解其语言。"①

---

① Schleiermacher, *Hermeneutics: The Handwritten Manuscripts*, p.112.

主要参考文献

一、中文书目（以汉语拼音为序）

B

《抱经堂文集》，〔清〕卢文弨著，四部丛刊正编本。
《本事诗》，〔唐〕孟棨著，历代诗话续编本，中华书局1983年版。
《本体与诠释》，[美]成中英著，生活·读书·新知三联书店2000年版。
《避暑录话》，〔宋〕叶梦得著，津逮秘书本。
《碧岩录》，〔宋〕重显颂古、克勤评唱，佛藏要籍选刊，上海古籍出版社1994年版。

C

《沧浪诗话》，〔宋〕严羽著，历代诗话本，中华书局1981年版。

《藏海诗话》,〔宋〕吴可著,历代诗话续编本,中华书局1983年版。
《草堂诗笺》,〔宋〕鲁訔编次、蔡梦弼会笺,台北广文书局1971年影印本。
《禅源诸诠集都序》,〔唐〕释宗密著,大正新修大藏经第四十八卷。
《禅宗语言》,周裕锴著,复旦大学出版社2017年版。
《成实论》,[古印度]诃梨跋摩著、〔后秦〕鸠摩罗什译,大正新修大藏经第三十二卷。
《诚斋集》,〔宋〕杨万里著,四部丛刊正编本。
《出三藏记集》,〔南朝梁〕僧祐著,大正新修大藏经第五十五卷。
《传家集》,〔宋〕司马光著,文渊阁四库全书影印本。
《春秋繁露》,〔汉〕董仲舒著,四部丛刊正编本。
《春秋诗话》,〔清〕劳孝舆著,岭南丛书本,广东高等教育出版社1996年版。
《春秋左传正义》,〔晋〕杜预注、〔唐〕孔颖达疏,十三经注疏本。
《崔东壁遗书》,〔清〕崔述著、顾颉刚编订,上海古籍出版社1983年版。

D

《大佛顶如来密因修证了义诸菩萨万行首楞严经》,〔唐〕般剌密帝译,大正新修大藏经第十九卷。
《大慧普觉禅师语录》,〔宋〕蕴闻编,大正新修大藏经第四十七卷。
《大明度经》,〔三国吴〕支谦译,大正新修大藏经第八卷。
《戴东原集》,〔清〕戴震著,四部丛刊正编本。
《道与逻各斯》,张隆溪著、冯川译,四川人民出版社1998年版。
《德国思想家论中国》,江苏人民出版社1989年版。
《东窗集》,〔宋〕张扩著,文渊阁四库全书影印本。
《东塾读书记》,〔清〕陈澧著,四部备要本。

《读杜诗愚得》,〔明〕单复著,四库全书存目丛书集部第4册。
《读杜心解》,〔清〕浦起龙著,中华书局1961年版。
《读书堂杜工部诗集注解》,〔清〕张溍著,四库全书存目丛书集部第5册。
《杜工部诗通》,〔明〕张綖著,四库全书存目丛书集部第4册。
《杜工部诗说》,〔清〕黄生著,日本京都中文出版社1979年影印本。
《杜集书录》,周采泉著,上海古籍出版社1986年版。
《杜诗论文》,〔清〕吴见思著,杜诗丛刊第4辑,台北大通书局1974年影印本。
《杜诗本义》,〔明〕张綖著,杜诗丛刊第2辑,台北大通书局1974年影印本。
《杜诗阐》,〔清〕卢元昌著,杜诗丛刊第3辑,台北大通书局1974年影印本。
《杜诗分类》,〔明〕傅振商编,四库全书存目丛书集部第5册。
《杜诗解》,〔清〕金人瑞解,上海古籍出版社1984年版。
《杜诗详注》,〔清〕仇兆鳌注,中华书局1979年版。
《杜臆》,〔明〕王嗣奭著,中华书局1963年版。
《段玉裁遗书》,〔清〕段玉裁著,台北大化书局1977年影印本。
《对山集》,〔明〕康海著,文渊阁四库全书影印本。

E

《尔雅注疏》,〔晋〕郭璞注、〔宋〕邢昺疏,十三经注疏本。
《二十世纪西方文论述评》,张隆溪著,生活·读书·新知三联书店1986年版。

F

《法华经疏》,〔南朝宋〕竺道生著,卍续藏经第150册。
《法华经义记》,〔南朝梁〕法云著,大正新修大藏经第三十三卷。
《法华义疏》,〔隋〕吉藏著,大正新修大藏经第三十四卷。
《法言义疏》,〔汉〕扬雄著、〔清〕汪荣宝疏,海王邨古籍丛刊本,中国书店1991年版。
《翻译名义集》,〔宋〕法云著,大正新修大藏经第五十四卷。
《樊榭山房文集》,〔清〕厉鹗著,四部丛刊正编本。
《梵学集》,饶宗颐著,上海古籍出版社1993年版。
《方言》,〔汉〕扬雄著,四部丛刊正编本。
《分门集注杜工部诗》,四部丛刊正编本。
《汾阳无德禅师语录》,〔宋〕楚圆集,大正新修大藏经第四十七卷。
《焚书》,〔明〕李贽著,中华书局1961年版。
《傅与砺诗文集》,〔元〕傅若金著,文渊阁四库全书影印本。
《佛果圜悟禅师碧岩录》,〔宋〕重显颂古、克勤评唱,大正新修大藏经第四十八卷。
《佛教与中印文化交流》,季羡林著,江西人民出版社1990年版。

G

《高僧传》,〔南朝梁〕慧皎著,大正新修大藏经第五十卷。
《高僧传》,〔南朝梁〕慧皎著,佛藏要籍选刊,上海古籍出版社1994年版。
《公孙龙子悬解》,王琯著,中华书局1992年版。
《古诗纪》,〔明〕冯惟讷编,文渊阁四库全书影印本。
《古诗源》,〔清〕沈德潜辑,中华书局1977年版。

《古尊宿语录》,〔宋〕赜藏主集,佛藏要籍选刊,上海古籍出版社1994年版。

《顾亭林诗文集》,〔清〕顾炎武著,中华书局1983年版。

《龟山先生语录》,四部丛刊续编本。

《观堂集林》,民国丛书本,上海书店1992年版。

《管锥编》,钱锺书著,中华书局1979年版。

《管子校正》,〔清〕戴望著,诸子集成本第5册,中华书局1959年版。

《广雅疏证》,〔清〕王念孙著,中华书局1983年影印本。

H

《海德格尔选集》,孙周兴选编,上海三联书店1996年版。

《韩非子集解》,〔清〕王先慎注,诸子集成本第5册,中华书局1959年版。

《韩诗外传》,〔汉〕韩婴著,四部丛刊正编本。

《汉书》,〔汉〕班固著,中华书局1983年版。

《汉魏两晋南北朝佛教》,郭朋著,齐鲁书社1986年版。

《汉魏两晋南北朝佛教史》,汤用彤著,中华书局1983年版。

《河南程氏外书》,〔宋〕程颢、程颐著,四部备要本。

《何大复集》,〔明〕何景明著,中州古籍出版社1989年版。

《荷泽神会禅师语录》(敦煌本),[日] 铃木贞太郎、公田连太郎校订,日本森江书店1934年版。

《鹤林玉露》,〔宋〕罗大经著,中华书局1983年版。

《洪驹父诗话》,〔宋〕洪刍著,宋诗话辑佚本,中华书局1980年版。

《宏智禅师广录》,〔宋〕集成等编,大正新修大藏经第四十八卷。

《后村先生大全集》,〔宋〕刘克庄著,四部丛刊正编本。

《后汉书》,〔南朝宋〕范晔著,中华书局1982年版。

《后山居士文集》，〔宋〕陈师道著，上海古籍出版社1984年影印本。
《后山诗话》，〔宋〕陈师道著，历代诗话本，中华书局1981年版。
《后山诗注》，〔宋〕陈师道著、任渊注，四部备要本。
《怀麓堂诗话》，〔明〕李东阳著，文渊阁四库全书影印本。
《黄氏补注杜诗》，〔宋〕黄希、黄鹤注，文渊阁四库全书影印本。
《晦庵先生朱文公文集》，〔宋〕朱熹著，四部丛刊正编本。

J

《集千家注批点杜工部诗集》，〔宋〕刘辰翁批点，元刊本，日本八木书店1981年影印本。
《集千家注批点补遗杜诗集》，〔宋〕刘辰翁批点，杜诗丛刊第1辑，台北大通书局1974年影印本。
《集注分类东坡先生诗》，〔宋〕苏轼著、王十朋集注，四部丛刊正编本。
《剑南诗稿》，〔宋〕陆游著，汲古阁本。
《江湖后集》，〔宋〕陈起辑，文渊阁四库全书影印本。
《焦氏笔乘》，〔明〕焦竑著，粤雅堂丛书本。
《校礼堂文集》，〔清〕凌廷堪著，安徽丛书第四期，凌次仲先生遗书本。
《今古文经学新论》，王葆玹著，中国社会科学出版社1997年版。
《金明馆丛稿初编》，陈寅恪著，上海古籍出版社1980年版。
《金圣叹批本西厢记》，〔清〕金人瑞批改、张国光校注，上海古籍出版社1986年版。
《经学历史》，〔清〕皮锡瑞著、周予同注释，中华书局1959年版。
《经义述闻》，〔清〕王引之著，江苏古籍出版社1985年影印本。
《经传释词》，〔清〕王引之著，岳麓书社1984年版。
《景德传灯录》，〔宋〕释道原著，大正新修大藏经第五十一卷。
《九家集注杜诗》，〔宋〕郭知达集注，文渊阁四库全书影印本。

《居士传》,〔清〕彭际清著,卍续藏经第149册。

K

《空同集》,〔明〕李梦阳著,文渊阁四库全书影印本。
《困学纪闻》,〔宋〕王应麟著,四部丛刊三编本。

L

《老学庵笔记》,〔宋〕陆游著,中华书局1997年版。
《老子本义》,〔清〕魏源著,诸子集成本第3册,中华书局1959年版。
《老子注》,〔魏〕王弼注,诸子集成本第3册,中华书局1959年版。
《楞伽阿跋多罗宝经》,〔南朝宋〕求那跋陀罗译,大正新修大藏经第十六卷。
《楞伽师资记》,〔唐〕净觉著,大正新修大藏经第八十五卷。
《冷斋夜话》,〔宋〕惠洪著,文渊阁四库全书影印本。
《李长吉歌诗汇解》,〔唐〕李贺著、〔清〕王琦汇解,上海古籍出版社1977年版。
《李商隐诗歌集解》,〔唐〕李商隐著,刘学锴、余恕诚集解,中华书局1988年版。
《李义山诗集》,〔清〕朱鹤龄笺注、沈厚塽辑评,中华书局香港分局1978年影印本。
《李太白全集》,〔唐〕李白著、〔清〕王琦注,中华书局1993年版。
《理学·佛学·玄学》,汤用彤著,北京大学出版社1991年版。
《礼记正义》,〔汉〕郑玄注、〔唐〕贾公彦疏,十三经注疏本。
《历代诗话》,〔清〕吴景旭辑,文渊阁四库全书影印本。
《梁谿集》,〔宋〕李纲著,文渊阁四库全书影印本。

《梁谿漫志》,〔宋〕费衮著,上海古籍出版社1985年版。
《林间录》,〔宋〕惠洪著,佛藏要籍选刊,上海古籍出版社1994年版。
《麟原文集》,〔元〕王礼著,文渊阁四库全书影印本。
《列子集释》,杨伯峻集释,中华书局1979年版。
《刘禹锡集》,〔唐〕刘禹锡著,中华书局1990年版。
《六度集经》,〔三国吴〕康僧会译,大正新修大藏经第三卷。
《六一诗话》,〔宋〕欧阳修著,历代诗话本,中华书局1981年版。
《六祖大师法宝坛经》,〔元〕宗宝编,大正新修大藏经第四十八卷。
《陆九渊集》,〔宋〕陆九渊著,中华书局1980年版。
《吕氏春秋》,〔汉〕高诱注,诸子集成本第6册,中华书局1959年版。
《吕氏家塾读诗记》,〔宋〕吕祖谦著,四部丛刊续编本。
《论衡集解》,〔汉〕王充著、〔清〕刘盼遂集解,古籍出版社1957年版。
《论语注疏》,〔魏〕何晏集解、〔宋〕邢昺疏,十三经注疏本,中华书局1980年影印本。
《论语集解义疏》,〔南朝梁〕皇侃疏,丛书集成初编本。
《论语逐字索引》,香港中文大学中国文化研究所编,商务印书馆(香港)有限公司1995年版。

M

《毛诗正义》,〔汉〕毛亨传、郑玄笺、〔唐〕孔颖达疏,十三经注疏本。
《扪虱新话》,〔宋〕陈善著,丛书集成初编本。
《梦溪笔谈》,〔宋〕沈括著,四部丛刊续编本。
《孟子正义》,〔清〕焦循著,中华书局1987年版。
《孟子注疏》,〔汉〕赵岐注、〔宋〕孙奭疏,十三经注疏本。
《孟子逐字索引》,香港中文大学中国文化研究所编,商务印书馆(香港)有限公司1995年版。

《密斋笔记》,〔宋〕谢采伯著,文渊阁四库全书影印本。
《妙法莲华经文句》,〔隋〕智顗著,大正新修大藏经第三十四卷。
《妙法莲华经玄赞》,〔唐〕窥基著,大正新修大藏经第三十四卷。
《明诗话全编》,吴文治主编,江苏古籍出版社1997年版。
《明史》,〔清〕张廷玉等著,中华书局1974年版。
《明文海》,〔清〕黄宗羲编,文渊阁四库全书影印本。
《牧斋初学集》,〔清〕钱谦益著,四部丛刊正编本。
《牧斋有学集》,〔清〕钱谦益著,四部丛刊正编本。
《墨子间诂》,〔清〕孙诒让著,中华书局1986年版。
《墨庄漫录》,〔宋〕张邦基著,四部丛刊三编本。

N

《南雷文案》,〔清〕黄宗羲著,四部丛刊正编本。
《南雷续文案》,〔清〕黄宗羲著,四部丛刊正编本。
《能改斋漫录》,〔宋〕吴曾著,中华书局1960年版。

O

《欧阳文忠公集》,〔宋〕欧阳修著,四部丛刊正编本。

P

《平斋文集》,〔宋〕洪咨夔著,四部丛刊续编本。

Q

《前贤小集拾遗》,〔宋〕陈起辑,南宋群贤小集本。
《潜夫论》,〔汉〕王符著,四部丛刊正编本。
《潜溪诗眼》,〔宋〕范温著,宋诗话辑佚本,中华书局1980年版。
《潜研堂文集》,〔清〕钱大昕著,四部丛刊正编本。
《钱锺书散文》,钱锺书著,浙江文艺出版社1997年版。
《钱注杜诗》,〔清〕钱谦益笺注,中华书局1958年版。
《〈钱注杜诗〉与诗史互证方法》,郝润华著,黄山书社2000年版。
《清史稿》,赵尔巽等著,中华书局1977年版。
《清正存稿》,〔宋〕徐鹿卿著,文渊阁四库全书影印本。
《全上古三代秦汉三国六朝文》,〔清〕严可均辑,中华书局1987年影印本。
《全宋文》,曾枣庄、刘琳主编,巴蜀书社1990年版。

R

《日知录集释》,〔清〕顾炎武著、黄汝成集释,花山文艺出版社1990年版。

S

《三国志》,〔晋〕陈寿著,中华书局1982年版。
《山谷题跋》,〔宋〕黄庭坚著,津逮秘书本。
《山谷诗集注》,〔宋〕黄庭坚著、任渊注、黄宝华点校,上海古籍出版社2003年版。
《珊瑚钩诗话》,〔宋〕张表臣著,历代诗话本,中华书局1981年版。

《尚书古文疏证》，〔清〕阎若璩著，上海古籍出版社1987年影印本。
《尚书正义》，〔汉〕孔安国传、〔唐〕孔颖达疏，十三经注疏本。
《深雪偶谈》，〔宋〕方岳著，学海类编本。
《诗本义》，〔宋〕欧阳修著，四部丛刊三编本。
《升庵诗话》，〔明〕杨慎著，历代诗话续编本，中华书局1983年版。
《诗归》，〔明〕钟惺、谭元春编，四库全书存目丛书集部第337—338册。
《诗话总龟》，〔宋〕阮阅辑，人民文学出版社1987年版。
《诗集传》，〔宋〕朱熹注，上海古籍出版社1980年版。
《诗镜总论》，〔明〕陆时雍著，历代诗话续编本，中华书局1983年版。
《诗薮》，〔明〕胡应麟著，上海古籍出版社1979年版。
《诗纬集证》，〔清〕陈乔枞集证，纬书集成本，上海古籍出版社1994年影印本。
《石林诗话》，〔宋〕叶梦得著，历代诗话本，中华书局1981年版。
《石门文字禅》，〔宋〕惠洪著，四部丛刊正编本。
《史记》，〔汉〕司马迁著，中华书局1975年版。
《世说新语笺疏》，〔南朝宋〕刘义庆著、余嘉锡笺疏，上海古籍出版社1996年版。
《释名》，〔汉〕刘熙著，四部丛刊正编本。
《水心先生文集》，〔宋〕叶適著，四部丛刊正编本。
《说文解字》，〔汉〕许慎著，中华书局1979年版。
《说文解字段注》，〔清〕段玉裁注，成都古籍书店1981年影印本。
《说文解字注》，〔清〕段玉裁注，上海古籍出版社1988年影印本。
《四库全书总目》，〔清〕纪昀等著，中华书局1981年版。
《四溟诗话》，〔明〕谢榛著，历代诗话续编本，中华书局1983年版。
《四书章句集注》，〔宋〕朱熹集注，新编诸子集成本，中华书局1983年版。
《松巢漫稿》，〔宋〕徐瑞著，豫章丛书本。

《宋高僧传》,〔宋〕赞宁著,中华书局1987年版。
《宋人年谱集目/宋编宋人年谱选刊》,吴洪泽编,巴蜀书社1995年版。
《宋诗选注》,钱锺书著,人民文学出版社1979年版。
《宋史》,〔元〕脱脱等著,中华书局1977年版。
《宋文宪公全集》,〔明〕宋濂著,四部备要本。
《苏轼文集》,〔宋〕苏轼著,中华书局1986年版。
《苏轼诗集》,〔宋〕苏轼著,中华书局1982年版。
《苏文忠公诗编注集成》,〔清〕王文诰著,台北学生书局1967年影印本。
《苏文忠公诗合注》,〔清〕冯应榴注,日本京都中文出版社1979年影印本。
《隋书》,〔唐〕魏徵等著,中华书局1982年版。

T

《〈坛经〉对勘》,郭朋著,齐鲁书社1981年版。
《坛经校释》,郭朋著,中华书局1983年版。
《汤显祖集》,〔明〕汤显祖著,中华书局1962年版。
《汤用彤学术论文集》,汤用彤著,中华书局1983年版。
《唐诗纪事校笺》,〔宋〕计有功著、王仲镛校笺,巴蜀书社1989年版。
《唐音癸签》,〔明〕胡震亨著,上海古籍出版社1981年版。
《陶渊明集》,〔晋〕陶渊明著、逯钦立校注,中华书局1979年版。
《苕溪渔隐丛话》,〔宋〕胡仔著,人民文学出版社1981年版。

W

《王弼集校释》,〔魏〕王弼著、楼宇烈校释,中华书局1980年版。
《王荆文公诗李壁注》,〔宋〕王安石著、李壁注,上海古籍出版社
    1993年影印本。

《王廷相集》，〔明〕王廷相著，中华书局1989年版。
《王文公文集》，〔宋〕王安石著，上海人民出版社1974年版。
《维摩诘所说经》，〔后秦〕鸠摩罗什译，大正新修大藏经第十四卷。
《渭南文集》，〔宋〕陆游著，四部丛刊正编本。
《魏书》，〔北齐〕魏收著，中华书局1974年版。
《温公续诗话》，〔宋〕司马光著，历代诗话本，中华书局1981年版。
《文山先生全集》，〔宋〕文天祥著，四部丛刊正编本。
《文史通义新编》，〔清〕章学诚著、仓修良编，上海古籍出版社1993年版。
《文心雕龙注》，〔南朝梁〕刘勰著、范文澜注，人民文学出版社1978年版。
《文选》，〔南朝梁〕萧统选、〔唐〕李善注，中华书局1977年影印本。
《文章辨体汇选》，〔明〕贺复徵编，文渊阁四库全书影印本。
《文则》，〔宋〕陈骙著，文渊阁四库全书影印本。
《闻一多全集》，闻一多著，上海开明书店1948年版。
《五灯会元》，〔宋〕普济著，中华书局1984年版。

X

《西方美学史》，朱光潜著，人民文学出版社1979年版。
《西方哲学原著选读》，商务印书馆1981年版。
《西溪丛语》，〔宋〕姚宽著，文渊阁四库全书影印本。
《习学记言》，〔宋〕叶適著，文渊阁四库全书影印本。
《习学记言序目》，〔宋〕叶適著，中华书局1977年版。
《先秦两汉文学批评史》，顾易生、蒋凡著，上海古籍出版社1990年版。
《小学考》，〔清〕谢启昆著，汉语大词典出版社1997年影印本。
《新批评——一种独特的形式主义文论》，赵毅衡著，中国社会科学出版社1986年版。
《须溪集》,〔宋〕刘辰翁著,豫章丛书本。
《续高僧传》,〔唐〕道宣著,大正新修大藏经第五十卷。
《雪坡舍人集》,〔宋〕姚勉著,豫章丛书本。
《荀子集解》,〔清〕王先谦集解,中华书局1988年版。

Y

《遗山先生文集》,〔金〕元好问著,四部丛刊正编本。
《仪礼注疏》,〔汉〕郑玄注、〔唐〕贾公彦疏,十三经注疏本。
《揅经室集》,〔清〕阮元著,四部丛刊正编本。
《严羽集》,〔宋〕严羽著、陈定玉辑校,中州古籍出版社1997年版。
《晏子春秋集释》,吴则虞集释,中华书局1982年版。
《扬子法言》,〔汉〕扬雄著,四部丛刊正编本。
《扬子法言》,〔汉〕扬雄著、〔晋〕李轨注,诸子集成本第7册,中华书局1959年版。
《伊川击壤集》,〔宋〕邵雍著,四部丛刊正编本。
《艺文类聚》,〔唐〕欧阳询编,上海古籍出版社1982年版。
《野客丛书》,〔宋〕王楙著,文渊阁四库全书影印本。
《尹文子》,〔清〕钱熙祚校,诸子集成本第6册,中华书局1954年版。
《饮冰室合集》,梁启超著,中华书局1989年影印本。
《隐秀轩集》,〔明〕钟惺著,上海古籍出版社1992年版。
《瀛奎律髓汇评》,〔元〕方回选评、李庆甲集评校点,上海古籍出版社1986年版。
《永觉元贤禅师广录》,〔清〕道霈重编,卍续藏经第125册。
《愚庵小集》,〔清〕朱鹤龄著,上海古籍出版社1979年影印本。
《渔洋精华录集释》,〔清〕王士禛著,李毓芙等整理,上海古籍出版社1999年版。

《玉篇》,〔南朝梁〕顾野王著,字典汇编第11册,国际文化出版公司1993年版。

《玉谿生诗集笺注》,〔唐〕李商隐著、〔清〕冯浩笺注,上海古籍出版社1979年版。

《豫章黄先生文集》,〔宋〕黄庭坚著,四部丛刊正编本。

《元丰类稿》,〔宋〕曾巩著,四部丛刊正编本。

《袁宏道集笺校》,〔明〕袁宏道著、钱伯城笺校,上海古籍出版社1981年版。

《筠州洞山悟本禅师语录》,〔日〕慧印校,大正新修大藏经第四十七卷。

《韵语阳秋》,〔宋〕葛立方著,历代诗话本,中华书局1981年版。

Z

《增广笺注简斋诗集》,〔宋〕陈与义著、胡穉笺注,四部丛刊正编本。

《肇论》,〔后秦〕僧肇著,佛藏要籍选刊,上海古籍出版社1994年版。

《肇论》,〔后秦〕僧肇著,大正新修大藏经第四十五卷。

《肇论疏》,〔唐〕元康疏,大正新修大藏经第四十五卷。

《中国禅宗通史》,杜继文、魏道儒著,江苏古籍出版社1993年版。

《中国阐释学》,李清良著,湖南师范大学出版社2001年版。

《中国佛教史》,任继愈著,中国社会科学出版社1981年版。

《中国佛学源流略讲》,吕澂著,中华书局1979年版。

《中国古代文体形态研究》,吴承学著,中山大学出版社2000年版。

《中国古代文学批评方法研究》,张伯伟著,中华书局2002年版。

《中国历代文论选》,郭绍虞主编,上海古籍出版社1980年版。

《中国评点文学史》,孙琴安著,上海社会科学院出版社1999年版。

《中国诗学》，叶维廉著，生活·读书·新知三联书店1992年版。
《中国诗学之精神》，胡晓明著，江西人民出版社1991年版。
《中国思想史：七世纪前中国的知识、思想与信仰世界》，葛兆光著，复旦大学出版社1998年版。
《中国文化的清流》，王晓毅著，中国社会科学出版社1991年版。
《中国文献学》，张舜徽著，中州书画社1982年版。
《中国文学理论批评史》，敏泽著，吉林教育出版社1993年版。
《中国训诂学》，冯浩菲著，山东大学出版社1995年版。
《周礼注疏》，〔汉〕郑玄注、〔唐〕贾公彦疏，十三经注疏本。
《周易集解》，〔唐〕李鼎祚集解，巴蜀书社1991年版。
《周易与中国文学》，陈良运著，百花洲文艺出版社1999年版。
《周易正义》，〔魏〕王弼、〔晋〕韩康伯注，十三经注疏本。
《朱子语类》，〔宋〕黎靖德编，中华书局1986年版。
《朱自清古典文学论文集》，朱自清著，上海古籍出版社1981年版。
《竹坡诗话》，〔宋〕周紫芝著，历代诗话本，中华书局1981年版。
《注解章泉涧泉二先生选唐诗》，〔宋〕谢枋得注解，清刻本。
《注维摩诘经》，〔后秦〕僧肇注，大正新修大藏经第三十八卷。
《庄子集释》，〔清〕郭庆藩辑，中华书局1982年版。
《祖堂集》，〔南唐〕静、筠著，佛藏要籍选刊，上海古籍出版社1994年版。

二、外文书目

Derrida, Jacques, *Of Grammatology*, translated by Gayatri Chakravorty Spivak, Johns Hopkins University Press, 1976.

Dilthey, Wilhelm, *Gesammelte Schriften*, Vol. VII, Leipzig and Berlin, 1927.

Fish, Stanley, *Is There a Text in This Class?—The Authority of Interpretive*

Communities, Harvard University Press, 1980.

Gadamer, Hans-Georg, *Truth and Method*, 2nd. rev. ed. translation revised by Joel Weinsheimer and Donald G. Marshall, Sheed & Ward, 1989.

Heidegger, Martin, *Sein und Zeit*, Max Niemeyer Verlag, 1949.

Hirsch, Jr., E. D., *Validity in Interpretation*, Yale University Press, 1967.

Hoy, David Couzens, *The Critical Circle: Literature, History, Philosophical Hermeneutics*, University of California Press, 1978.

Jauss, Hans Robert, *Aesthetic Experience and Literary Hermeneutics*, translation by Michael Shaw, University of Minnesota Press, 1982.

Lopez, Jr., Donald S., On the Interpretation of the Mahayana Sutras, in *Buddhist hermeneutics*, edited by Donald S. Lopez Jr., University of Hawaii Press, 1988.

Richards, I. A., *Practical Criticism*, London, 1929.

Roy J. Howard, *Three Faces of Hermeneutics*, University of California Press, 1982.

Saussure, Ferdinand de, *Course in General Linguistics*, translation by Wade Baskin, introduction by Jonathan Culler, Fontana/ Collins, 1974.

Schleiermacher, Friedrich, *Hermeneutics: The Handwritten Manuscripts*, translation by James Duke and Jack Forstman, Scholars Press, 1977.

Kidder Smith Jr., Peter K. Bol, Joseph A. Adler, and Don J. Wyatt, *Sung Dynasty Uses of the I Ching*, Princeton University Press, 1990.

后 记

立秋已数日,大阪还是没有一丝凉意,窗外天很蓝,云很白,而阳光也很毒。室内的空调使人想起故乡成都那"一凉恩到骨"的夜雨,有了它的陪伴,我才不至于热昏在马拉松式的写作的终点线上。

这是我第一次从阐释学的角度来审视中国古代学术。原想将研究对象控制在文学阐释学的范围,但写起来就没法收拾,只得硬着头皮窜进自己本不熟悉的领域。这一方面固然是因为中国古代有文史哲不分家的传统,经学、玄学、佛学、理学总要在文学上空留下影响的阴云,另一方面我也不想给自己画地为牢,守着一块学术码头盼望有一天当上掌门人。我总想越界,但这与浮躁无关,我相信,中国古代文本的基本特点是互文性,而学术研究也应该始终坚持"互文性阐释"的传统。

同时代的学者对我影响最大的是张隆溪和葛兆光二位学长,本书的撰述动机多少与《道与逻各斯》和《中国思想史》的触发有关,并且在写作的过程中总有一种潜意识的和这两部著作对话的愿望。然而回头来看，真所谓"汗流籍湿走且僵"，何能望其项背。其实，当年申请这个研究题目，就有点不知天高地厚。记得宋代有个文人，醉中作《诗话》数篇，醒来题了一首诗："坐井而观天，遂亦作天论。客问天方圆，低头惭客问。"这就是我此刻心态的真实刻画。

然而，我并没有后悔当年的冲动，中国古代典籍中丰富的阐释学思想，大大出乎我的意料。限于体例和篇幅，本书所展示的仅仅是冰山之一角。读者会发现，《文心雕龙》及南北朝文学批评，《文选注》、《五经正义》及隋唐儒家注疏，陆九渊、王守仁心学及狂禅的著述，王夫之、叶燮等一大批清代诗歌批评，都未纳入本书的研究范围，真是挂一漏万。由于我在每个朝代只选择最有代表性的阐释学思想，所以有相当多精彩的言论不得不放弃。同时，限于认识能力，本书对中国古代哲人阐释思想的阐发还很浅薄，有待研究者进一步发挥。总之，我认为，从阐释学的角度来讨论中国学术，还有相当广阔的前景。

读者会注意到，本书不时有借用西方阐释学理论之处，可能比拟有些不伦不类。特别是因笔者前来日本时，忘记带上几本阐释学名著的中文译本，只得利用大阪大学的外文原版，这就可能会出现理解和翻译双重失真的问题。希望读者能以"得意忘言"的态度，对我"郢书燕说"的行为表示一些宽容。

从课题立项到现在，已过了五个多春秋，写作一直是在负债的心情下进行的。我不知道这是人文学者的必然生存方式，还是当前科研体制造成的打工式的困境。但我仍很快乐：因为我活着，所以我写作。

本书得到国家九五社科基金、四川省学术和技术带头人培养基金、四川大学汉语史和中国古典文献学211工程基金的资助，在此谨表示衷心的感谢。还有那些关心和支持本书写作的前辈学者和同事，特别是我的老师项楚先生，他的呵护我将永远铭记在心。

我要感谢大阪大学的高桥文治教授的关心指导。特别要感谢浅见洋二先生，他不仅给我的研究提供诸多方便，还以他独特的学术思维方式不断激起我的灵感。还有加藤聪先生，我在使用电脑方面遇到麻烦，总是能得到他热情的帮助。我要感谢大阪大学文学部文学研究科中国文学研究室和图书馆，其丰富的藏书使我的研究获益匪浅。当然，还要感谢怀德堂纪念会提供的研究基金，其对学术无偿支援的行为令我非常感动。更要感谢日本学术振兴会给我提供了一次难得的国际学术交流的机会，使我能与日本同行一起探讨更多的问题。

写到此，大阪的夜幕已降临，群鸦返巢，鸣蝉已歇，又一股热流涌上心头。那是年逾八旬的慈父写来的《和思亲吟》："海天遥隔且莫愁，术业正值更成秋。椿萱无恙忧何急，东渡有为应远游。"正是白发苍苍的双亲，给困于思乡愁绪中的我极大的鼓励和鞭策，而区区此书又怎能"报得三春晖"呢？还有妻子陆萍，在大阪的一年，她承担了一切家务和教育孩子的任务，使我享受到日本男人式的礼遇，"濡沫伊为举案妻"，这感情又岂是一个"谢"字了得！

谨以此书献给我所爱的人！

周裕锴

2002年8月14日于大阪大学文学部

重版说明

本书于2003年由上海人民出版社出版,今作若干修订,由我社重版。

复旦大学出版社
2019年6月

图书在版编目(CIP)数据

中国古代阐释学研究/周裕锴著. —上海:复旦大学出版社,2019.6(2020.4 重印)
ISBN 978-7-309-14143-6

Ⅰ.①中… Ⅱ.①周… Ⅲ.①阐释学-思想史-中国-古代 Ⅳ.①B089.2-092

中国版本图书馆 CIP 数据核字(2019)第 016863 号

中国古代阐释学研究
周裕锴 著
责任编辑/王汝娟
复旦大学出版社有限公司出版发行
上海市国权路 579 号 邮编:200433
网址:fupnet@fudanpress.com http://www.fudanpress.com
门市零售:86-21-65642857 团体订购:86-21-65118853
外埠邮购:86-21-65109143 出版部电话:86-21-65642845
上海盛通时代印刷有限公司

开本 890×1240 1/32 印张 13.625 字数 324 千
2020 年 4 月第 1 版第 2 次印刷

ISBN 978-7-309-14143-6/B·686
定价:85.00 元

如有印装质量问题,请向复旦大学出版社有限公司出版部调换。
版权所有 侵权必究